# LA CONNAISSANCE INUTILE

## DU MÊME AUTEUR

Histoire de Flore, 1957.
Pourquoi des philosophes ?, 1957.
Pour l'Italie, 1958.
Le Style du Général, 1959.
Sur Proust, 1960.
La Cabale des dévots, 1962.
En France, 1965.
Contrecensures (recueil d'articles), 1966.
Lettre ouverte à la droite, 1968.
Penseurs grecs et latins, 1968.
La Philosophie classique, 1969.
Ni Marx ni Jésus, 1970.
Pourquoi des philosophes ? et la Cabale des dévots, nouvelle édition en un volume précédés de la Philosophie depuis 1960. Nouvelle édition augmentée, 1976.
Idées de notre temps (recueil d'articles), 1972.
La Tentation totalitaire, 1976.
Descartes inutile et incertain, 1976.
La Nouvelle Censure, 1977.
Un festin en paroles, 1978.
La Grâce de l'État, 1981.
Comment les démocraties finissent, 1983. Avec le concours de Branko Lazitch.
Le Rejet de l'État (recueil d'articles), 1984.
Une anthologie de la poésie française, 1984.
Le Terrorisme contre la démocratie, 1987.
Le Style du Général, nouvelle édition augmentée d'une étude : De la légende vivante au mythe posthume, 1988.

JEAN-FRANÇOIS REVEL

# LA CONNAISSANCE INUTILE

BERNARD GRASSET
PARIS

Tous droits de traduction, de reproduction et d'adaptation
réservés pour tous pays.
© *Éditions Grasset & Fasquelle, 1988*

*A Olivier Todd.*

CHAPITRE PREMIER

## LA RÉSISTANCE À L'INFORMATION

La première de toutes les forces qui mènent le monde est le mensonge. La civilisation du XX$^e$ siècle a reposé, plus que toute autre avant elle, sur l'information, l'enseignement, la science, la culture, bref la connaissance, ainsi que sur le système de gouvernement qui, par vocation, en ouvre l'accès à tous : la démocratie. Sans doute, comme la démocratie même, la liberté de l'information est-elle en pratique répartie de façon fort inégale sur la planète. Et il est peu de pays où elles aient l'une et l'autre traversé le siècle sans interruption, voire sans suppression pour plusieurs générations. Mais, si lacunaire et syncopé soit-il, le rôle joué par l'information chez les hommes qui décident des affaires du monde contemporain, et dans les réactions des autres à ces affaires, y est sans conteste plus important, plus constant et plus général qu'aux époques antérieures. Ceux qui agissent ont de meilleurs moyens de savoir sur quelles données appuyer leur action, et ceux qui subissent sont bien mieux renseignés sur ce que font ceux qui agissent.

Il est donc intéressant de rechercher si cette prépondérance de la connaissance, sa précision et sa richesse, sa diffusion toujours plus large et plus rapide, ont entraîné, comme il serait naturel de s'y attendre, une gestion de l'humanité par elle-même plus judicieuse que jadis. La question importe d'autant plus que le perfectionnement accéléré des techniques de transmission et l'accroissement continuel du nombre des individus qui en profitent feront plus encore du XXI$^e$ siècle l'âge où l'information constituera l'élément central de la civilisation.

En notre siècle se trouvent tout à la fois davantage de connaissances et davantage d'hommes qui ont connaissance de ces connaissances. En d'autres termes, la connaissance a progressé, et elle a été apparemment suivie dans son progrès par l'information, qui en est la dissémination dans le public. D'abord l'enseignement tend à se prolonger de plus en plus tard et à se répéter de plus en plus souvent dans le cours de la vie, ensuite les outils de communication de masse se multiplient et nous couvrent de messages à un degré inconcevable avant nous. Qu'il s'agisse de vulgariser la nouvelle d'une découverte scientifique et de ses perspectives techniques, d'annoncer un événement politique ou de publier les chiffres permettant d'apprécier une situation économique, la machine universelle à informer devient de plus en plus égalitaire et généreuse, ne cessant de résorber la discrimination ancienne entre l'élite au pouvoir qui savait très peu et le commun des gouvernés qui ne savait rien. Aujourd'hui, les deux savent ou peuvent savoir beaucoup. La supériorité de notre siècle sur les précédents semble donc tenir à ce que les dirigeants ou responsables de tous domaines disposent de connaissances plus fournies et plus exactes pour préparer leurs décisions, cependant que le public, de son côté, reçoit en abondance les informations qui le mettent en mesure de juger du bien-fondé de ces décisions. Une si faste convergence de facteurs favorables a dû en bonne logique très certainement engendrer une sagesse et un discernement sans exemples dans le passé et, par conséquent, une amélioration prodigieuse de la condition humaine. En est-il ainsi ?

L'affirmer serait frivole. Notre siècle est l'un des plus sanglants de l'histoire, il se singularise par l'étendue de ses oppressions, de ses persécutions, de ses exterminations. C'est le XXᵉ siècle qui a inventé ou du moins systématisé le génocide, le camp de concentration, l'anéantissement de peuples entiers par la famine organisée, qui a conçu en théorie et réalisé en pratique les régimes d'asservissement les plus perfectionnés qui aient jamais accablé d'aussi grandes quantités d'êtres humains. Ce tour de force ruine, semble-t-il, l'opinion selon laquelle notre temps aurait été celui du triomphe de la démocratie. Et cependant il l'a bien été, en dépit de tout, pour une double raison. Il s'achève, malgré tant d'efforts déployés, avec un plus grand nombre de démocraties, et qui sont en meilleur état de fonctionnement qu'à aucun autre moment de l'histoire. De plus, même bafouée, la démocratie s'est imposée à tous comme valeur théorique de référence. Les seules divergences à son sujet portent sur la manière de l'appliquer, sur la « fausse » et la « vraie » mise en œuvre du principe démocratique. Même si l'on dénonce le mensonge des tyrannies qui prétendent s'exercer au nom d'une prétendue « authentique » démocratie ou dans l'attente d'une démocratie parfaite mais éternellement future, on doit reconnaître que l'espèce des régimes dictatoriaux fondés sur un rejet revendiqué, explicite, doctrinal du principe même de la démocratie a disparu avec l'effondrement du nazisme et du fascisme en 1945, puis du franquisme en 1975. Les survivances en sont marginales. Au moins les tyrannies plus récentes en sont-elles réduites, nous l'avons vu, à se justifier au nom de la morale même qu'elles violent, acculées ainsi à des acrobaties verbales qui, à force de monotonie dans l'invraisemblance, font chaque jour moins de dupes. Au demeurant, l'emploi de ce double langage n'enterre pas le problème de l'efficacité de l'information. Les dirigeants totalitaires disposent de l'information à titre professionnel autant que les dirigeants démocratiques, même s'ils s'acharnent à en priver leurs ressortissants, sans y parvenir complètement d'ailleurs. Les échecs économiques des pays communistes, par exemple, ne proviennent pas de ce que leurs chefs en ignoreraient les causes. Ils les connaissent en général assez bien et le laissent percer à l'occasion. Mais ils ne veulent pas ou ne peuvent pas les supprimer, du moins pas totalement, et se bornent le plus souvent à s'attaquer aux symptômes, de peur de mettre en péril un ordre politique et social plus précieux à leurs yeux que la réussite économique. Dans ce cas, au moins, le motif de l'inefficacité de l'information se comprend. Ce peut être par suite d'un calcul somme toute rationnel qu'on s'abstient d'utiliser ce que l'on sait. Car il existe des circonstances fréquentes, dans la vie des sociétés comme dans celle des individus, où l'on évite de tenir compte d'une vérité qu'on connaît fort bien, parce qu'on agirait contre son propre intérêt si l'on en tirait les conséquences.

Toutefois, l'impuissance de l'information à éclairer l'action ou, même, seulement la conviction serait une disgrâce banale si elle ne résultait que de la censure, de l'hypocrisie et du mensonge. Elle resterait même encore compréhensible si l'on ajoutait à ces causes les mécanismes à demi sincères de la mauvaise foi, si bien décrits depuis longtemps par tant de moralistes, de romanciers, de dramaturges, de psychologues. On peut pourtant s'étonner de voir l'ampleur inaccoutumée atteinte aujourd'hui par ces mécanismes. Ils disposent d'une véritable industrie de la communication. D'une sévérité globalement sommaire mais courante pour les professionnels de la communication, autant que pour les hommes politiques, le public tend à considérer la mauvaise foi presque comme une seconde nature chez la plupart des individus dont la mission est d'informer, de diriger, de penser, de parler. Se pourrait-il que l'abondance même des connaissances accessibles et des renseignements disponibles excitât le désir de les ensevelir plutôt que de les utiliser ? Se pourrait-il que l'approche de la vérité déchaînât le ressentiment plus que la satisfaction, la sensation d'un péril plus que celui d'un pouvoir ? Comment expliquer la rareté de l'information exacte dans les sociétés libres, d'où ont disparu en grande partie les obstacles matériels à sa diffusion, si bien que les hommes peuvent aisément la connaître s'ils en sont curieux ou simplement s'ils ne la repoussent pas ? Oui, c'est par cette interrogation que l'on aborde aux rives du vrai mystère. Les sociétés ouvertes, pour reprendre l'adjectif d'Henri Bergson et de Karl Popper, sont à la fois la cause et l'effet de la liberté d'informer et de s'informer. Pourtant ceux qui collectent l'information semblent y avoir pour souci dominant de la falsifier, et ceux qui la reçoivent de l'éluder. On invoque sans relâche dans ces sociétés un devoir d'informer et un droit à l'information. Mais les professionnels se montrent aussi empressés à trahir ce devoir que leurs clients le sont peu à jouir de ce droit. Dans la flatterie mutuelle des partenaires de la comédie de l'information, producteurs et consommateurs feignent de se respecter alors qu'ils ne font que se craindre en se méprisant. Ce n'est que dans les sociétés ouvertes que l'on peut observer et mesurer le zèle authentique des hommes à dire la vérité et à l'accueillir, puisque son règne n'y est entravé par rien d'autre qu'eux-mêmes. De plus, et ce n'est pas le moins intrigant, comment peuvent-ils agir à ce point contre leur propre intérêt ? Car la démocratie ne peut pas vivre sans une certaine dose de vérité. Elle ne peut pas survivre si cette vérité en circulation tombe au-dessous d'un seuil minimal. Ce régime, fondé sur la libre détermination des grands choix par la majorité, se condamne lui-même à mort si les citoyens qui effectuent ces choix se prononcent presque tous dans l'ignorance des réalités, l'aveuglement d'une passion ou l'illusion d'une impression passagère. L'information en démocratie n'est si libre, si sacrée que pour avoir assumé la fonction de contrecarrer tout ce qui obscurcit le jugement des citoyens, ultimes décideurs et juges de l'intérêt général. Mais qu'advient-il si c'est l'information elle-même qui s'ingénie à obscurcir le jugement des juges ? Or ne voit-on pas, le plus souvent, que les moyens de communication qui cultivent l'exactitude, la compétence et l'honnêteté constituent la portion la plus restreinte de la profession, et leur audience le plus petit secteur du public ? N'y voit-on pas que les journaux, émissions, magazines ou débats télévisés, les campagnes de presse qui remuent les profondeurs et y soulèvent les lames les plus puissantes se caractérisent, sauf exception, par un contenu informatif dont la pauvreté le dispute à la fausseté ? Même ce que l'on appelle le journalisme d'investigation, loué comme l'exemple même du courage et de l'intransigeance, obéit dans une large mesure à des mobiles que ne dicte pas toujours le culte désintéressé de l'information, celle-ci fût-elle vraie. Fréquemment on met en relief un dossier parce qu'il est susceptible par exemple de détruire un homme d'État, et non pour son importance intrinsèque ; on néglige ou on minimise tel autre dossier, d'infiniment plus de conséquence pour l'intérêt général, mais dénué d'utilité personnelle ou partisane à court terme. Du dehors, le lecteur distingue à grand-peine ou pas du tout l'opération noble de l'opération mesquine. Mais quoi que l'on dise du journalisme (et j'en dirai bien davantage plus loin), on doit se garder d'incriminer les journalistes. Si un trop petit nombre d'entre eux, en effet, servent réellement l'idéal théorique de leur profession, c'est, j'y reviens, que le public ne les y incite guère ; et c'est donc dans le public, en chacun de nous, qu'il faut chercher la cause de la suprématie des journalistes peu compétents ou peu scrupuleux. L'offre s'explique par la demande. Or la demande, en matière d'information et d'analyse, émane de nos convictions. Et comment se forment-elles ? Nous prenons nos partis les plus chers dans de tels abîmes d'approximation, de prévention et de passion que, par la suite, nous humons et soupesons dans un fait nouveau moins son exactitude que sa capacité à servir ou à desservir un système d'interprétation, un sentiment de confort moral ou un réseau d'alliances. Selon les lois qui gouvernent ce mélange de mots, d'attachements, de souhaits, de haines et de craintes que nous appelons opinion, un fait n'est ni réel ni irréel : il est désirable ou indésirable. C'est un complice ou un comploteur, un allié ou un adversaire, ce n'est pas un objet à connaître. Cette préséance de l'utilisation possible sur le savoir démontrable, nous l'érigeons même parfois en doctrine, nous la justifions dans son principe.

Que nos opinions, fussent-elles désintéressées, proviennent d'influences diverses, parmi lesquelles la connaissance du sujet figure trop souvent au dernier rang, derrière les croyances, le milieu culturel, le hasard, les apparences, les passions, les partis pris, le désir de voir la réalité se conformer à nos préjugés, la paresse d'esprit, voilà qui n'est pas bien nouveau, depuis le temps que Platon nous a enseigné la différence entre l'opinion et la science. D'autant moins nouveau que l'essor de la science depuis Platon ne cesse d'accentuer la distinction entre le vérifiable et l'invérifiable, entre la pensée qui se démontre et celle qui ne se démontre pas. Mais constater que nous vivons aujourd'hui dans un monde plus façonné que jadis par les applications de la science ne revient pas à établir que davantage d'êtres humains pensent de façon scientifique. L'immense majorité d'entre nous utilise les outils créés par la science, se soigne grâce à la science, fait ou ne fait pas d'enfants grâce à la science, sans prendre part, intellectuellement parlant, à l'ordre des disciplines de pensée qui engendrent les découvertes dont nous profitons. Même, d'ailleurs, la minorité infime qui pratique ces disciplines et accède à cet ordre acquiert ses convictions autres que scientifiques de façon irrationnelle. Il se trouve que le travail scientifique, par sa nature particulière, comporte et impose de façon prédominante des critères impossibles à éluder durablement. De même, un coureur à pied, fût-il largement dément ou stupide hors du stade, accepte dès qu'il y entre la loi rationnelle du chronomètre. Rien ne lui servirait de multiplier, comme l'homme politique ou l'artiste, les affiches et les placards publicitaires, ou de tenir des réunions publiques pour proclamer qu'il est champion du monde, qu'il court le cent mètres en huit secondes, quand tous savent et peuvent vérifier qu'on ne le chronomètre jamais en moins de onze. Obligé, par la loi même de la piste, à la rationalité, il est fort capable dans le métro de prendre l'escalier roulant à l'envers. Un grand savant peut se forger ses opinions politiques et morales de façon aussi arbitraire et sous l'empire de considérations aussi insensées que les hommes dépourvus de toute expérience du raisonnement scientifique. Il n'existe pas au sein de sa personne d'osmose entre l'activité où sa discipline le contraint à ne rien affirmer sans preuve et ses jugements sur les choses de la vie et les affaires courantes, où il obéit aux mêmes entraînements que n'importe quel autre homme. Il peut, tout comme lui, de façon tout aussi imprévisible, pencher vers le bon sens ou vers l'extravagance, et se dérober devant l'évidence quand elle contrarie ses croyances, ses préférences ou ses sympathies. Par conséquent, vivre à une époque modelée par la science ne rend aucun de nous plus apte à se comporter de façon scientifique en dehors des domaines et des conditions où règne sans équivoque la contrainte des procédures scientifiques. L'homme, aujourd'hui, lorsqu'il a le choix, n'est ni plus ni moins rationnel et honnête qu'aux époques définies comme préscientifiques. On peut même avancer, pour en revenir au paradoxe déjà évoqué, que l'incohérence et la malhonnêteté intellectuelles sont d'autant plus alarmantes et graves de nos jours que nous avons précisément sous les yeux avec la science le modèle de ce qu'est une pensée rigoureuse. Mais le chercheur scientifique n'est pas un homme par nature plus honnête que l'ignorant. C'est quelqu'un qui s'est volontairement enfermé dans des règles telles qu'elles le condamnent, pour ainsi dire, à l'honnêteté. Par tempérament, tel ignorant peut être plus honnête que tel savant. Dans les disciplines qui, par leur objet même, ne peuvent pas comporter de contrainte démonstrative totale, s'imposant de l'extérieur à la subjectivité du chercheur, par exemple les sciences sociales et l'histoire, on voit aisément sévir hélas ! la légèreté, la mauvaise foi, la trituration idéologique des faits, les rivalités de clan, qui prennent à l'occasion le pas sur le pur amour du vrai, par lequel on se prétend consumé.

Il importe de rappeler ces notions élémentaires car on ne comprend rien aux affres de notre époque, supposée scientifique, si l'on ne voit que, par « comportement scientifique », il ne faut pas entendre exclusivement l'ensemble des démarches propres à la recherche scientifique au sens strict. Se comporter scientifiquement, autrement dit en réunissant rationalité et honnêteté, c'est ne se prononcer sur une question qu'après avoir pris en considération toutes les informations dont on peut disposer, sans en éliminer aucune à dessein, sans en déformer ni en expurger aucune, et après en avoir tiré de son mieux et de bonne foi les conclusions qu'elles paraissent autoriser. Neuf fois sur dix, l'information ne sera pas assez complète et son interprétation assez indubitable pour conduire à une certitude. Mais si le jugement final a donc rarement un caractère pleinement scientifique, en revanche l'attitude qui y conduit peut toujours avoir ce caractère. La distinction platonicienne entre l'opinion et la science ou, pour mieux traduire (à mon avis), entre le jugement conjectural (*doxa*) et la connaissance certaine (*épistémê*) tient d'ailleurs à la matière sur laquelle on opine et non à l'attitude de celui qui opine. Qu'il s'agisse de simple opinion ou de connaissance certaine, dans les deux cas Platon suppose la logique et la bonne foi. La différence découle de ce que la connaissance certaine porte sur des objets qui se prêtent à une démonstration irréfutable, tandis que l'opinion se meut dans des domaines où nous ne pouvons réunir qu'un faisceau de vraisemblances. Reste néanmoins que l'opinion, même simplement plausible et dénuée de certitude absolue, peut être ou ne pas être atteinte de façon aussi rigoureuse que possible, sur la base d'un examen honnête de toutes les données accessibles. La conjecture n'est pas l'arbitraire. Elle ne requiert ni moins de probité, ni moins d'exactitude, ni moins d'érudition que la science. Elle en demande, au contraire, peut-être davantage, dans la mesure où la vertu de prudence constitue son principal garde-fou. Donc le souci de la vérité, ou de son approximation la moins imparfaite, la volonté d'utiliser de bonne foi les informations à notre portée découlent d'inclinations personnelles tout à fait indépendantes de l'état de la science au moment où l'on vit. Selon toute probabilité, le pourcentage des humains possédant ces inclinations ne devait pas, aux époques préscientifiques, être inférieur à ce qu'il est aujourd'hui. Ou plutôt, on voudrait savoir si l'existence sous nos yeux d'un modèle de connaissance certaine détermine parmi nous l'apparition d'un plus grand pourcentage de personnes enclines à penser rationnellement. Sans risquer encore d'hypothèse sur ce point, rappelons-nous seulement, pour l'instant, qu'en tout état de cause la plus grande part, et de loin, des questions à propos desquelles l'humanité contemporaine forme ses convictions et prend ses décisions relève du secteur conjectural et non du secteur scientifique de la pensée. Nous n'en avons pas moins une supériorité considérable sur les hommes qui ont vécu avant nous, car, dans ce secteur conjectural même, nous pouvons exploiter une richesse d'informations qui leur était inconnue. Indépendamment même de l'avantage que constitue la science, nos chances, par conséquent, sont plus grandes que jamais, dans les autres domaines aussi, de trouver assez souvent ce que Platon appelait l'« opinion vraie », c'est-à-dire la conjecture qui, sans reposer sur une démonstration contraignante, se trouve être exacte. Mais profitons-nous de ces chances autant que nous le pourrions ? C'est de la réponse à cette question que dépend la survie de notre civilisation.

## 2
## QU'EST-CE QUE NOTRE CIVILISATION ?

Il peut paraître futile de parler de « notre » civilisation, puisque l'humanité actuelle ne peut se considérer comme étant une seule et même civilisation ni sous le rapport des institutions politiques, ni sous celui de la richesse et du niveau technique, ni par ses lois civiles et pénales, ni par ses coutumes, moins encore par ses croyances, ses mentalités, ses religions, ses morales, ses arts. Bien plus, la tendance à revendiquer la diversité, la particularité, l'« identité » culturelles, comme on a pris l'habitude significative de dire, a prévalu, depuis le milieu du XX$^e$ siècle, sur l'acceptation de critères universels de civilisation, fussent-ils vagues. La décolonisation a encore accentué la récusation de ce qu'en simplifiant on nomme le « modèle occidental », entendu à la fois comme recette de développement économique et comme prépondérance supposée d'un rationalisme qui remonte, dit-on, au siècle des Lumières, et que l'Occident même conteste. N'est-il pas allé jusqu'à souscrire humblement à cette condamnation de l'ethnocentrisme, à cette relativisation des cultures, à cette proclamation de l'équivalence de toutes les morales ? Les Occidentaux sont même paradoxalement presque les seuls à l'avoir fait, car les porte-parole des cultures non occidentales, du moins dans leurs proclamations les plus aiguës, paraissent avoir repris à leur compte et remis à l'honneur l'intolérance ethnocentrique, qui avait été la règle dans les communautés humaines du passé, condamnant comme sottes, impures, voire impies les façons de vivre des autres, et par-dessus tout le « modèle occidental ». C'est le fait, en particulier, de l'Islam, dans les manifestations les plus virulentes de sa renaissance moderne, mais pas seulement de l'Islam.

Le moment semble donc mal choisi pour parler d'une civilisation commune, alors que l'humanité se rue à nouveau et de propos délibéré vers la fragmentation, glorifie l'incompréhension réciproque et volontaire des cultures. Avons-nous jamais été plus éloignés d'un système de valeurs universellement partagé ? Pourtant, la contradiction n'est flagrante qu'en apparence. Si diverses soient-elles, toutes les civilisations vivent de nos jours dans une perpétuelle interaction, dont la résultante commune pèse à terme plus lourd sur chacune d'entre elles que ses particularités séparatrices. On admet désormais comme une évidence l'existence de cette interaction dans les domaines économique, géopolitique et géostratégique. En revanche on mesure moins, en dépit de tous les bavardages, à quel point l'instrument principal en est devenu l'information, agent permanent de l'omniprésence de la planète à elle-même. Non l'information vraie, certes, justement toute la question est là, mais le torrent continuel des messages, qui commence à inonder les esprits dès l'école : car l'enseignement n'est pas autre chose que l'une des branches de l'information. A chaque minute, l'homme contemporain a une image du monde et de sa société dans le monde. Il agit et réagit en fonction de cette image. Il ne cesse de la transformer ou de la confirmer. Plus elle est fausse, plus ses actions et ses réactions sont dangereuses, pour lui-même comme pour les autres. Mais il ne peut plus ne pas en avoir l'image, ou ne l'avoir que bornée aux seules réalités qui l'environnent. Du moins ce cas est-il maintenant rarissime, et en voie d'extinction.

La revendication de l'« identité culturelle » sert d'ailleurs aux minorités dirigeantes du tiers monde à justifier la censure de l'information et l'exercice de la dictature. Sous prétexte de protéger la pureté culturelle de leur peuple, ces dirigeants le tiennent le plus possible dans l'ignorance de ce qui se passe dans le monde et de ce que le monde pense d'eux. Ils laissent filtrer ou ils inventent, au besoin, les informations qui leur permettent de masquer leurs échecs et de perpétuer leurs impostures. Mais l'acharnement même qu'ils déploient à intercepter, à falsifier, voire à confectionner de toutes pièces l'information montre à quel point ils ont conscience d'en dépendre, plus même, s'il se peut, que de l'économie ou de l'armée. Combien de chefs d'État de notre temps ont dû leur gloire non à ce qu'ils faisaient, mais à ce qu'ils faisaient dire !

La destruction de l'information vraie et la construction de l'information fausse découlent donc d'analyses fort rationnelles, et parfaitement conformes au « modèle occidental » qu'elles sont censées rejeter. L'Occident a depuis longtemps compris que, dans une société qui respire grâce à la circulation de

## Qu'est-ce que notre civilisation ?

l'information, régler cette circulation constitue un élément déterminant du pouvoir. Sur ce point du moins, les protecteurs de l'identité culturelle n'ont fait aucune difficulté pour suivre les enseignements de la « rationalité » occidentale.

Quant à l'irrationalité de l'Occident, s'il fallait en signaler l'une des manifestations, il suffirait de citer nos controverses sur le rationalisme. Qu'après quelque trois millénaires d'entraînement à la discussion philosophique les esprits élevés dans la tradition occidentale n'aient pas perdu le vice de disserter sur des notions abstraites sans les avoir définies, cela confirme qu'une civilisation peut s'être construite tout entière sur des méthodes de pensée qui, néanmoins, ne sont effectivement pratiquées que par une infime minorité de ses membres. En particulier, les philosophes de notre temps, si soucieux de bel esprit, mais oublieux des techniques rudimentaires de la discussion et de l'investigation intellectuelles que nous ont enseignées Platon et Aristote, n'ont guère aidé leurs contemporains à réfléchir avec sérieux. Ne nous étonnons donc pas de voir avec tant de fréquence les échanges de vue sur des concepts élémentaires tourner en rond dans la confusion la plus désespérante. Mais, objectera-t-on, pourquoi faut-il réfléchir avec sérieux ? J'accepte l'objection : ce n'est nullement là une obligation, sinon par rapport à certains objectifs déterminés. Construire un avion ne découle d'aucun impératif inhérent à la condition humaine. On peut s'en dispenser. Mais, si on décide de le faire, on ne construira pas d'avion capable de voler si l'on n'observe pas les normes de la pensée rationnelle. Ce qui, au demeurant, ne comporte pas la conséquence que la rationalité gouverne toutes les activités de l'ingénieur en aéronautique, heureusement pour lui : il peut peindre, composer de la musique ou en écouter, pratiquer une religion, sans cesser pour autant de dessiner des avions. Souhaitons que les Mexicains ne deviennent surtout pas rationnels quand il s'agit d'art : mais je doute qu'on puisse assainir les finances du Mexique autrement que par un calcul rationnel. Qu'un ministre des Finances cinghalais de mes amis consulte un sorcier pour faire désenvoûter sa belle-mère, voilà qui peut me surprendre, mais son « identité culturelle » en la matière ne me regarde ni ne me gêne, quoiqu'elle me paraisse irrationnelle et inefficace, même par rapport au problème de la belle-mère. En revanche, quand ce même ministre participe à une conférence du Fonds monétaire international, il s'insère sans échappatoire possible dans le contexte universel de la rationalité économique. Alors, à titre professionnel, il en approuve les axiomes. Les rejeter reviendrait pour lui à s'exclure du système ou à en provoquer la paralysie. Dans la sphère rationnelle, on ne peut agir que rationnellement, mais il va de soi que la réalité et la vie comportent bien d'autres sphères.

Cette distinction, en outre, n'implique pas que tout homme se comporte immanquablement de façon rationnelle même dans les domaines que seule la raison peut et devrait régir. Si c'était le cas, l'humanité serait sauvée depuis longtemps. Or l'humanité n'agit pas autant qu'on le dit dans le sens de ses intérêts. Elle fait preuve, dans l'ensemble, au contraire, d'un désintéressement déconcertant, puisqu'elle ne cesse de se fourvoyer avec opiniâtreté dans toutes sortes d'entreprises aberrantes qu'elle paye d'ailleurs fort cher. Quant à la rationalité, répétons que de nombreuses activités de l'homme n'en relèvent aucunement, et que, dans celles même qui en relèvent, nous persistons à nous en écarter chaque fois que nous espérons pouvoir le faire impunément.

On a presque honte d'avoir à insister sur de tels truismes. C'est que le mot rationalisme n'a cessé de changer de signification. Il peut, par exemple, désigner les grands systèmes métaphysiques du XVIIe siècle et vouloir dire, comme chez Descartes ou Leibniz, que l'univers est rationnel parce que Dieu même est Raison. Il peut également désigner, au siècle suivant, le contraire, si bien que le « culte de la Raison » prend alors une acception avant tout antireligieuse et athée. La Raison devient la faculté humaine par excellence, les « Lumières » s'opposent aux « superstitions », à la barbarie, aux restrictions « liberticides » que n'autorise aucune loi. Universelle, identique chez tous les hommes, pour peu qu'on n'en trouble pas la transparence, la Raison, selon cette philosophie, a seule compétence pour expliquer la nature, formuler la loi morale, définir le système politique, garantir à la fois les droits de l'homme et l'autorité légitime des gouvernants. A partir du début du XIXe siècle (le mot se forge et se répand d'ailleurs à ce moment), les adeptes du rationalisme, ce sont avant tout les ennemis des dogmes et les fidèles de la science.

Même si elle a perdu, très récemment d'ailleurs, son caractère antireligieux, la conception intellectuelle et morale du rationalisme héritée des Lumières reste présupposée et sous-jacente dans tout le monde contemporain. Quand un pays sinistré a besoin de médicaments et de vivres, il fait appel à la rationalité occidentale et non à sa propre identité culturelle. Le rationnel sert de référence explicite ou implicite chaque fois que se signe quelque part une pétition contre une oppression, une violation des droits de l'homme, une persécution, un coup d'État, une dictature, le racisme, une guerre, une injustice sociale ou économique. Bien entendu, la plupart des sociétés, des gouvernements, des partis, des coteries, se servent de cet étalon pour juger et condamner autrui beaucoup plus qu'eux-mêmes. Néanmoins, c'est bien cet instrument de mesure qu'ils acceptent, même s'ils trichent furieusement dans la manière de s'en servir. En un autre sens encore, le mot rationalisme, au XIXe et au XXe siècle, s'utilise péjorativement pour désigner l'attitude bornée, appelée en français par dérision « scientisme », idée fixe qui consiste à ramener toute l'activité de l'esprit à sa composante logique, en méconnaissant l'originalité et la fonction du mythe, de la poésie, de la foi, de l'idéologie, de l'intuition, de la passion, du culte du beau ou même de la soif du laid et du mal, du désir de la servitude et de l'amour de l'erreur. Mais à partir de la critique de cette vue étroite on glisse trop volontiers à la thèse plus ou moins avouée selon laquelle il n'existerait en fin de compte aucune différence entre les conduites rationnelles et les autres ; ou, pour mieux dire, qu'il n'existerait pas de conduites réellement rationnelles ni de connaissances réellement scientifiques. Toutes les conduites seraient irrationnelles, et toutes les connaissances seraient des façons de voir d'égale valeur. Les conduites dites rationnelles ne le seraient qu'en apparence et les façons de voir découleraient d'un choix lui-même toujours passionnel et idéologique.

Cette dernière hypothèse serait-elle exacte, commençons par le souligner, qu'elle n'ôterait pas pour autant son caractère rationnel à un certain groupe de conduites et de connaissances, ni son efficacité probablement supérieure. Même si c'est un sectarisme scientiste qui me pousse à expliquer ma grippe par un virus plutôt que par un mauvais sort jeté par un voisin malintentionné, il subsiste que j'augmenterai mes chances de la guérir en m'attaquant au virus plutôt qu'au voisin. Bien qu'il se trouve des millions de gens, jusque dans les citadelles du rationalisme occidental, pour croire ou se figurer croire à l'astrologie, ces mêmes personnes, quand elles veulent se prémunir contre un éventuel danger futur, plutôt que leur astrologue vont consulter leur agent d'assurances. Le plus farouche défenseur de l'occultisme préfère, avant de prendre la route, confier la révision de sa voiture à un mécanicien plutôt qu'à un magicien. De même, les guides intellectuels ou politiques des sociétés où s'exalte l'« identité culturelle » antioccidentale vivent et fonctionnent dans deux secteurs à la fois : un secteur verbal, où ils chantent l'« identité culturelle », et le secteur opérationnel, où ils savent fort bien que les tracteurs et les engrais valent mieux pour l'agriculture que les discours.

Trop souvent, bien sûr, le secteur incantatoire, et en particulier idéologique, prévaut en pratique sur la rationalité. Mais les conséquences néfastes de cette préférence sévissent, inéluctables, tôt ou tard. Il arrive même que les responsables de cette erreur, ou leurs successeurs, finissent par la dénoncer sinon toujours par la corriger. On entend périodiquement ces palinodies dans les pays communistes, et aussi dans plusieurs nations du tiers monde, par exemple après les stupidités de la mode du « développement autocentré ». Le haut-parleur qu'utilise l'idéologie de l'identité culturelle ou du socialisme fait place, quand il le faut, à un autre, fourni par la rationalité économique. Un chef d'État que je connais bien prononce, le matin, une diatribe enflammée contre les compagnies multinationales et déploie, le soir, tous ses efforts et son charme pour inciter le président d'une de ces mêmes compagnies à venir investir chez lui et y créer une filiale. Voyons là non point une contradiction, mais tout au plus un dédoublement. Pour cause d'identité culturelle, ce dirigeant doit d'abord sacrifier au lyrisme tiers-mondiste et, ensuite, comme il faut bien vivre, il doit se mettre au boulot et réintégrer l'univers logique, afin d'attirer les capitaux. Quels que soient les aveuglements idéologiques et les extravagances de la propagande, il existe ainsi pour la première fois, de nos jours, un fonds commun mondial d'informations et de rationalité où tous les gouvernements se retrouvent, au moins par intermittence, et où même les plus délirants font une incursion forcée de temps à autre. Tout pays aujourd'hui vit sous l'influence de ce fonds mondial d'informations, soit pour en tirer parti, soit pour y résister, soit pour tenter de l'adultérer à son profit, mais sans jamais réussir à s'y soustraire, ni à échapper au contrecoup de ce qui s'y déverse à chaque instant.

On peut donc sans raccourci excessif parler de « notre civilisation » en renvoyant par cette expression à une relative unité, fût-elle brisée par des myriades d'antagonismes et de différences. Songeons que le temps n'est pas si reculé où les habitants de certaines parties du monde ignoraient l'existence même d'autres parties du monde et n'avaient aucune notion précise, quand ils en avaient, de ce qui se déroulait dans celles dont ils pouvaient avoir entendu parler. Comparé à ce morcellement d'avant-hier en aires isolées, que séparaient une absence complète ou une rareté extrême, une parcimonie dérisoire de la communication, notre monde est un tout, non, certes, uniforme, mais dont les composants agissent, à chaque minute du jour et de la nuit, les uns sur les autres, par le canal et par la force de l'information. Son avenir dépend donc, et ceci est beaucoup moins couramment compris, de l'utilisation correcte ou incorrecte, honnête ou malhonnête de cette information. Quel est donc le destin de l'information dans cette civilisation qui vit d'elle et par elle ? C'est la question majeure. A quoi sert-elle et comment se sert-on d'elle, pour le bien, pour le mal, le succès ou l'échec, pour soi-même ou contre soi-même, pour instruire ou pour tromper autrui, s'entendre ou se battre, nourrir ou affamer, asservir ou libérer, humilier l'homme ou le respecter ? Cette question ne peut évidemment être ni posée ni traitée de la même manière selon que l'on prend en considération les dirigeants ou les peuples, les sociétés démocratiques ou les régimes totalitaires, les connaissances directement en rapport avec les problèmes politiques et stratégiques ou les autres, les sociétés autoritaires traditionnelles ou les dictatures modernes, les pays qui ont atteint depuis longtemps un bon niveau d'éducation ou ceux qui pâtissent encore d'un enseignement insuffisant, ceux qui disposent d'une grande densité de journaux et de médias ou ceux dans lesquels ils sont rares et pauvres de contenu, les pays laïcs ou les pays théocratiques, parmi ces derniers les intolérants ou ceux qui s'ouvrent au pluralisme religieux. Enfin, la question ne se pose pas non plus de la même manière selon qu'elle concerne les intellectuels ou bien les gens qui n'ont ni le loisir, ni la prétention ni la responsabilité de rassembler, de vérifier, d'interpréter les informations et d'en tirer les idées qui influenceront l'opinion publique. Malgré ces différences entre les sociétés contemporaines et entre les membres de chacune d'entre elles, une grande nouveauté surnage : la difficulté, pour y voir clair et agir judicieusement, ne tient plus aujourd'hui au manque d'information. L'information existe en abondance. L'information est le tyran du monde moderne, mais elle en est aussi la servante. Nous sommes certes très loin de savoir dans chaque cas tout ce que nous aurions besoin de savoir pour comprendre et agir. Mais les exemples foisonnent encore plus d'occurrences où nous jugeons et décidons, prenons des risques et en faisons courir aux autres, convainquons autrui et l'incitons à se décider, en nous fondant sur des informations que nous savons fausses, ou du moins sans vouloir assez tenir compte d'informations tout à fait sûres dont nous disposons ou pourrions disposer si nous le voulions. Aujourd'hui comme jadis, l'ennemi de l'homme est au fond de lui. Mais ce n'est plus le même : jadis, c'était l'ignorance ; aujourd'hui, c'est le mensonge.

# 3

## DU MENSONGE SIMPLE

La notion de mensonge peut paraître trop grossière, trop rudimentaire pour convenir à l'ensemble des comportements de résistance à l'information que j'essaye de décrire. Elle ne les recouvre pas tous, je m'empresse de l'admettre. Entre l'erreur involontaire et la tromperie délibérée s'étalent maintes variétés d'hybrides où les deux se mélangent selon tous les dosages possibles. On sait quelle place occupent dans notre activité psychique les délicates associations de fausseté et de sincérité ; le besoin de croire, plus fort que le désir de savoir ; la mauvaise foi, par laquelle nous prenons la précaution de nous dissimuler la vérité à nous-mêmes pour être plus sûrs de notre fermeté quand nous la nierons devant autrui ; la répugnance à reconnaître une erreur, sauf si nous pouvons l'imputer à nos qualités ; enfin et surtout notre capacité d'implanter dans notre esprit ces explications systématisées du réel que l'on nomme idéologies, sortes de machines à trier les faits favorables à nos convictions et à rejeter les autres. La curiosité que montrent, depuis toujours, pour ces aspects de notre vie spirituelle philosophes, historiens, moralistes, sociologues leur a inspiré tant de réflexions sardoniques ou amères, d'analyses perspicaces et de formules piquantes, elle a suggéré aux dramaturges et aux romanciers tant de scènes comiques ou lugubres, que nous en sommes devenus quelque peu ingrats pour le mensonge à l'état brut, servi au naturel, celui qu'on pratique en toute conscience de tromper. Nous tendons à en sous-évaluer la place et à en sous-estimer le rendement. Une remarque peut nous aider à réparer cette injustice ; rappelons-nous que toutes les manœuvres et contorsions mentales et morales que nous avons évoquées ont un but commun : nous épargner d'utiliser l'information et surtout empêcher de la laisser utiliser, donc de la laisser circuler. Il est bien évident qu'à cet effet le mensonge simple constitue le moyen le plus économique. Si plaisantes soient les ingénieuses figures du ballet immémorial et sans cesse renouvelé que danse l'homme pour éviter la vérité, même quand elle se dresse au milieu de son chemin, convenons qu'il est plus commode encore de s'en débarrasser avant qu'elle ne devienne visible. L'idéologie, la mauvaise foi sont des solutions complexes, coûteuses en énergie, en temps et même en intelligence. Leur emploi ne se justifie donc qu'en cas d'échec du mensonge pur. Cet échec est du reste beaucoup moins fréquent que ne l'insinuent les adeptes des subtilités superflues.

Aucun mensonge ne saurait s'imposer durablement dans les sciences exactes. Il s'y produit bien, de temps à autre, des supercheries. Elles peuvent tromper quelque temps la communauté scientifique, mais elles relèvent en fin de compte de la psychopathologie. Leurs auteurs savent au fond d'eux-mêmes qu'elles ne manqueront pas d'être éventées à bref délai et qu'ils payeront leur gloire éphémère d'un déshonneur définitif. Un rare exemple de longévité d'une escroquerie scientifique fut celui en Union soviétique de la théorie biologique de Lyssenko, qui s'imposa de 1935 à 1964 : ou, plus exactement, qui fut imposée par un État totalitaire à tout un pays comme doctrine officielle. Mais le lyssenkisme ne jouit jamais du moindre crédit dans les milieux scientifiques internationaux. Lyssenko, qui repoussait la théorie chromosomique, niait l'existence des gènes et flétrissait en termes bouffons la « déviation fasciste et trotskiste-boukhariniste de la génétique », dut l'hégémonie locale de sa biologie délirante moins à son habileté comme imposteur qu'à la volonté politique de Staline et de Khrouchtchev. Ce fut un succès du pouvoir plus que du charlatanisme, de la force plus que du talent. Ce n'en fut pas moins un succès exceptionnel du mensonge. Pendant trente ans, une immense population, coupée de toute information scientifique extérieure, fut contrainte de vivre le rêve d'un illuminé soutenu par un État totalitaire. Les authentiques biologistes furent persécutés, emprisonnés, déportés, fusillés ; les manuels scolaires, les encyclopédies, les cours universitaires, expurgés de toute référence à la science véritable, réputée « science bourgeoise » et opposée à la « science prolétarienne ». Le désintéressement sublime de ce mensonge intellectuel est attesté en outre par les effets désastreux du lyssenkisme sur l'agriculture soviétique. Rien de plus émouvant, d'ailleurs, pour ceux qui croient encore aux vertus rédemptrices du renoncement, que l'ascèse avec laquelle Staline et Khrouchtchev saccagèrent leur agriculture par tous les moyens, y compris les moyens scientifiques. Car l'« agrobiologie » de Lyssenko, décrétée agronomie d'État, professait l'inutilité des engrais, interdisait les hybridations, puisqu'il était notoire, d'après la doctrine, qu'une espèce se transformait d'elle-même en une autre sans croisement — le seigle en blé, le chou en rave, le pin en sapin, et réciproquement. Le grand homme prescrivit aux paysans le « blé fourchu des pharaons », qui fit tomber de moitié les rendements, déjà fortement amputés par la collectivisation forcée des terres, qui avait précédé. La tragi-comédie lyssenkienne nous conte l'étrange histoire, difficile à croire en notre siècle, d'une théorie scientifique imposée à un pays par les mêmes moyens que la prohibition de l'alcool aux États-Unis, mais avec un coefficient de réussite plus élevé, la police d'un État totalitaire étant incomparablement plus efficace que celle d'une démocratie.

Si, pour cette raison, en démocratie, aucune supercherie dans les sciences exactes ne peut recevoir par la voie autoritaire le statut de doctrine officielle, universelle et obligatoire, en revanche, dans les sciences humaines, sociales, économiques, historiques, régies par un système de preuve par nature moins rigoureux, on parvient à tromper l'opinion publique, et même l'opinion scientifique, sans aucun besoin de recourir à la contrainte étatique. Certes l'on ne se prive pas éventuellement d'employer la contrainte hiérarchique, c'est-à-dire d'exploiter une position universitaire élevée dans la bureaucratie de l'esprit pour promouvoir ses conceptions et ses disciples. Mais ce n'est là qu'un adjuvant, et l'essentiel demeure la force de persuasion que l'on incorpore à une pseudo-démonstration.

L'on vit ainsi surgir, au XIXe siècle, l'un des plus gros et, à terme, des plus néfastes mensonges scientifiques des temps modernes : le mythe aryen. L'étude du sanscrit et des parentés structurales que les comparaisons révélaient avait permis d'identifier le groupe des langues dénommées indo-européennes. Cette découverte conduisit plusieurs générations de savants à postuler, derrière cette vaste unité linguistique, l'unité correspondante d'un substrat racial. Ils fabriquèrent ainsi de toutes pièces les « Aryens », race asiatique, vaguement indo-persane, fondement inattendu de la supériorité des..., Germains. L'Europe s'inventa des ancêtres, auxquels elle opposa une autre fantaisie pseudo-scientifique, en inférant aussi gratuitement d'un groupe de langues une race, la race « sémitique », dénuée de tout support anthropologique sérieux.

Au XXe siècle on aura vu des sociologues aménager les résultats de certaines enquêtes afin de démontrer par des chiffres que, par exemple, les élèves des classes terminales de l'enseignement secondaire qui accédaient ensuite à l'enseignement universitaire provenaient tous de la « bourgeoisie ». On accréditait ainsi l'idée que l'éducation dans les sociétés libérales, loin de remplir la fonction égalisatrice qu'on lui prête depuis qu'elle se démocratise, ne constitue en fait qu'un instrument de passation du pouvoir entre générations au sein de la classe dominante. On s'abstenait, bien entendu, de remonter jusqu'à la génération des grands-parents, dans l'échantillon scolaire choisi, ce qui eût achevé de détruire une thèse déjà fragile sans discrète épuration des données au stade des parents.

En particulier, l'enquêteur ne tenait pas compte des éléments « bourgeois » qui ne parvenaient pas à terminer leurs études secondaires et donc, à plus forte raison, à suivre l'enseignement supérieur. Un tableau honnête et complet étalé sur deux ou trois générations aurait mis en évidence un double mouvement : un mouvement ascensionnel depuis les catégories plus pauvres vers les diplômes donnant accès aux carrières moyennes ou supérieures, et un mouvement de chute des enfants nés dans des familles aisées vers des occupations médianes, ou médiocres, en tout cas moins bonnes que celles de leurs parents, faute des diplômes nécessaires pour faire mieux. Cette peinture exacte aurait révélé, dans l'ascension professionnelle liée aux études, l'action de deux facteurs : un facteur social indéniable, procurant aux enfants de milieux aisés et cultivés des conditions plus favorables qu'aux autres, et un facteur personnel, exprimant le don, l'intelligence, le goût d'apprendre. Le second facteur, au fil de l'évolution historique et au fur et à mesure de la démocratisation de l'enseignement, devient-il peu à peu plus déterminant que le premier ? C'est toute la question. Or la théorie de l'origine purement socio-économique du succès scolaire et universitaire s'accompagne d'un postulat qui consiste à nier toute inégalité de dons intellectuels entre les enfants et même toute diversité de ces dons. Il n'y a pas, il ne doit pas y avoir de bons et de mauvais élèves, il n'y a que des victimes ou des bénéficiaires des injustices sociales. On voit comment le premier mensonge, niant tout effet égalisateur d'une éducation démocratisée, conduit au second, niant qu'il existe des dispositions plus ou moins prononcées pour le travail intellectuel. Il faut à tout prix masquer le fait que de nombreux enfants issus de milieux modestes réussissent dans leurs études et dans leur carrière mieux que nombre d'enfants issus des milieux aisés. Pour y parvenir, on est même allé, passant de la théorie à la pratique, jusqu'à proposer des réformes de l'enseignement expressément conçues pour empêcher les enfants les plus doués et les plus travailleurs de progresser plus vite que les autres. Tout bon élève étant suspect de ne l'être que parce qu'il appartient aux classes privilégiées, et le bon élève qui n'y appartient pas ayant le tort d'infirmer la théorie, la justice exige, plus loin nous verrons comment, que tous les élèves deviennent mauvais, afin que tous puissent repartir ensemble et du bon pied vers un avenir égalitaire et radieux.

Bien que la frontière reste assez floue, dans les sciences sociales, entre le mensonge flagrant et la déformation idéologique plus ou moins consciente, qui constitue un phénomène différent, nous pouvons parler de mensonge quand nous avons affaire à une falsification palpable des chiffres, des données, des faits. Un secteur où la science économique a fait fleurir avec une luxuriance débordante ce type de mensonge est celui qui traite des pays en voie de développement. Ce furent des motifs avant tout politiques qui inspirèrent la grande imposture du tiers-mondisme, mais les mensonges scientifiques de certains économistes, démographes ou agronomes ont fourni à cette imposture maints slogans qui l'ont soutenue et répandue. Des expressions telles que « des dizaines de millions d'enfants meurent chaque année de dénutrition dans le monde », « les pays riches deviennent de plus en plus riches et les pays pauvres de plus en plus pauvres », « la situation alimentaire mondiale ne cesse de se dégrader », « il y a chaque jour davantage de misère dans le tiers monde », « la vache du riche mange le grain du pauvre », « échange inégal », « pillage des matières premières », « dépendance », « échec de la révolution verte », « cultures vivrières sacrifiées aux cultures d'exportation », « le Fonds monétaire international affameur du tiers monde », « les compagnies multinationales manipulent à leur guise les cours mondiaux », traduisent, dans le meilleur des cas, des théories trop vagues pour qu'on puisse les vérifier ou les réfuter, et, dans le pire, qui est le plus fréquent, des contrevérités cyniques, en opposition avec l'expérience la plus aisément contrôlable. Encore n'ai-je point examiné pour le moment le tissu conjonctif qui rattache insensiblement la sociologie à l'idéologie, la connaissance à l'hallucination : je me suis borné à mentionner quelques exemples de mensonges scientifiques parmi les plus matériellement tangibles.

Le mensonge scientifique est donc d'autant plus marginal qu'une science est davantage une véritable science. Il devient d'autant plus envahissant qu'une science est plus conjecturale, et d'autant plus tentant qu'elle se prête davantage à être exploitée comme source d'arguments dans le débat politique. De par leur nature même, certains domaines, quoique nous y disposions de connaissances précises, favorisent pourtant l'éclosion de thèmes dictés surtout par l'imagination, la passion et la propagande. Par exemple, les discussions sur les dangers des centrales et, à plus forte raison, des armements nucléaires, bien que légitimes et nécessaires, joignent fréquemment la fiction à la réalité, de manière à effrayer le public plutôt qu'à l'informer avec exactitude du dossier. Il arrive que des savants se fassent les propagateurs de ces déformations et leur apportent la caution de leur célébrité. Mais, encore une fois, on ne peut aisément décider, dans ces abus de confiance, ce qui est dû au mensonge volontaire, à l'autosuggestion idéologique ou à la faiblesse de caractère face aux pressions. Sauf exception, l'exploitation de l'autorité scientifique à des fins de propagande non scientifique relève moins du mensonge simple que du mensonge complexe. J'y reviendrai donc en son lieu.

En revanche, le mensonge simple, volontaire, consciemment employé comme moyen d'action, est une pratique courante dans le domaine politique, qu'il émane des États, des partis, des syndicats, des administrations publiques ou d'autres centres de pouvoir. Il est banal de dire que le mensonge fait partie intégrante de la politique, qu'il constitue un moyen de gouvernement comme d'opposition, un instrument dans les relations internationales, qu'il est un droit, un devoir même, quand des intérêts supérieurs sont en jeu, une sorte d'obligation professionnelle, ne fût-ce que sous la forme du secret. Reste néanmoins que notre accoutumance même à ces triviales constatations finit par nous voiler l'ampleur et l'influence du fléau constaté. La tromperie ambiante et envahissante qui baigne l'humanité ne peut aller sans altérer la perception qu'elle a de son propre état et des facteurs qui le déterminent.

Du point de vue de la liberté d'informer et de s'informer, et surtout de la *possibilité* d'être informé, c'est-à-dire de la possibilité qu'une information variée et relativement exacte parvienne d'elle-même à tous dans la vie quotidienne comme un fait naturel, même quand on ne la recherche pas, le monde se divise en trois secteurs : le secteur du mensonge d'État, organisé et systématique ; le secteur de l'information libre ; le secteur de la sous-information. Dans le premier secteur, celui des régimes totalitaires, dominent la censure — qui est une défense passive contre les informations indésirables — et la propagande, qui est une technique active, consistant à reconstruire, voire à inventer de toutes pièces l'actualité pour la mettre en accord avec l'image souhaitée par le pouvoir. Dans le secteur libre règne l'information très abondante et d'assez bonne qualité qui caractérise les sociétés démocratiques, avec des variantes selon, en particulier, le degré de contrôle des moyens audiovisuels par l'État, les partis, les religions ou les syndicats. Le troisième secteur est un mélange des deux premiers, avec des dosages divers de dictature et de liberté, suivant les pays, mais il souffre surtout d'une grande pauvreté. Censurée ou pas, l'information s'y caractérise surtout par son indigence. On pourrait penser que ce troisième secteur correspond, de façon nettement tranchée, au tiers monde. Ce serait là une erreur. D'abord, une large part du tiers monde, au sens économique, fait partie des systèmes totalitaires communistes. Ensuite, plusieurs pays du tiers monde, et non des moindres — songeons notamment à l'Inde, au Brésil, aux Philippines —, jouissent d'institutions démocratiques, fussent-elles récentes, fragiles et sujettes à des éclipses. Ces pays ont une presse et des médias souvent même plus fournis, plus variés, voire plus indépendants du pouvoir que certains pays développés. Enfin, lorsque des dictatures s'installent là où existait une tradition de liberté de la presse — au Chili depuis 1973, en Uruguay ou au Pérou durant les années soixante-dix —, la censure ne parvient pas toujours à supprimer autant qu'elle le voudrait l'information. Elle doit supporter, même si elle les persécute et finit éventuellement par les interdire, certains titres anciens, connus à l'étranger et défendus par des journalistes et des propriétaires coriaces. Reste que dans son ensemble et dans sa logique dominante, même, parfois, là où l'information est libre ou pourrait l'être, le tiers monde est affligé par une disette de nouvelles qu'aggrave l'omnipotence des slogans simplistes de la propagande.

Ce qui frappe, d'abord, dans ce découpage rapide en trois secteurs principaux, c'est que le secteur de l'information libre y est minoritaire, comme l'est la démocratie politique même, ce qui ne constitue guère une nouveauté. De plus, comme je l'ai déjà remarqué dans un précédent livre[1], le comptage habituel des pays démocratiques dans le monde, qui dépasse à peine le tiers des membres des Nations unies, pèche encore par optimisme. Car, parmi ces pays, on en trouve beaucoup qui figurent entre les moins peuplés de la planète : ainsi la Suisse, la Belgique, le Danemark, l'Autriche, par exemple, ou le Canada, immense mais dont on oublie qu'il n'a que 25 millions d'habitants. Quand on évalue, en proportion de la population mon-

---

1. *La Tentation totalitaire*, Laffont, 1976.

diale, combien sont les êtres humains librement informés, on trouve un pourcentage plus bas encore qu'on ne le supposait au premier coup d'œil sur la liste. Deux progrès sont pourtant venus corriger cette triste impression : la démocratie a légèrement regagné en superficie dans le monde depuis 1975 ; par ailleurs, les émetteurs d'information du monde libre débordent toujours davantage sur le monde totalitaire et sur les dictatures tiers-mondistes, qui d'ailleurs s'en plaignent assez : les agences de presse, la presse elle-même, quoique au compte-gouttes, les radios, les télévisions même — au voisinage des frontières et bientôt par satellite — acheminent jusqu'aux publics du monde totalitaire ou sous-développé, ou les deux à la fois, une partie des nouvelles et des commentaires que leurs gouvernements préféreraient leur laisser ignorer. Tenons compte néanmoins aussi d'un mouvement dans l'autre sens : la propagande du monde totalitaire pénètre sans obstacle dans le monde libre, lequel, même, s'y montre souvent très réceptif.

Un autre aspect frappe l'attention, dans le tableau que j'ai ébauché, à savoir que le mensonge politique, aujourd'hui, et c'est une nouveauté, vise à tromper avant tout les opinions publiques. Le mensonge politique à l'ancienne visait à tromper d'autres gouvernements. De nos jours, ce mensonge direct entre puissants ne peut presque plus exister. Surabondamment ravitaillé en renseignements publics ou secrets, chaque dirigeant sait à quoi s'en tenir sur les moyens de l'autre, ses ressources, sa puissance militaire, la solidité interne de son pouvoir. Tous deux peuvent continuer, certes, à se duper réciproquement sur leurs intentions, mais il est désormais rarissime qu'ils parviennent à se mentir avec succès sur les faits. Du moins n'y parviennent-ils que par un détour, un ensemble de procédés indirects, auxquels notre époque a donné le nom de désinformation et qui ont tous pour point commun d'empoisonner les sources d'information de l'autre, en lui donnant l'illusion qu'il a découvert tout seul, grâce à son habileté et à l'excellence de ses services, ce qu'on a fabriqué tout exprès et subrepticement poussé dans sa direction pour le lui faire avaler. Au demeurant, la désinformation influence dans une large mesure les gouvernements à travers leurs opinions publiques, qu'elle prend donc souvent pour première cible. Elle agit sur les journaux, les médias, les experts, les instituts de recherche, les Églises, qui conditionnent l'opinion tout en harcelant les dirigeants de leurs admonestations et de leurs conseils.

C'est donc au premier chef contre l'opinion publique, autrement dit contre l'humanité dans son ensemble, et pas seulement contre les gouvernements, que sévit le mensonge ou la privation de vérité, qui en est la forme élémentaire. Pourquoi ? « La première de toutes les forces est l'opinion publique », a dit Simón Bolívar. C'est bien la raison pour laquelle ceux qui ont tout à redouter du fait que l'opinion publique soit trop bien informée ont intérêt à faire en sorte que la première de toutes les forces qui pèsent sur elle soit le mensonge.

Dans les systèmes totalitaires, le mensonge n'est pas seulement l'une des armes du pouvoir politique ou des intérêts corporatistes, il tapisse et capitonne la vie publique tout entière. Il est l'enduit masquant le fossé qui bée entre la domination exclusive du parti unique et son évidente incapacité à gérer la société. Dans ce type de régime, le mensonge n'est pas seulement une ruse intermittente, il est l'affirmation permanente du contraire de ce que tout le monde peut constater. D'ailleurs, l'autorisation exceptionnelle de dire ce que tout le monde sait, ou plutôt, de dire à voix haute ce que tout le monde disait depuis longtemps à voix basse, tel est précisément le sens exact du mot *glasnost*, mis à la mode par Gorbatchev. Ce mot qu'on a traduit à tort en Occident par « ouverture » ou « transparence » signifie plutôt « divulgation » ou « publication ». C'est l'acte par lequel on ouvre au discours public ce qui était de notoriété publique : l'alcoolisme, l'absentéisme, la corruption, l'insuffisance et la mauvaise qualité de la production. Ces moments de divulgation surviennent lors des successions, quand un nouveau dirigeant peut rendre responsable de l'état catastrophique de l'économie son prédécesseur et non le système. C'est ce que l'on a vu après la mort de Mao comme après celle de Brejnev, dont Gorbatchev fut le premier réel successeur valide, quoique Andropov, malgré sa maladie, eût esquissé brièvement une opération de *glasnost* en proclamant notamment ouverte la lutte contre l'écart entre le travail réel et le travail fictif. Réduire un peu cet écart entre la fiction et la réalité, quand il est devenu si grand que le système même en est menacé de décomposition, tel est le but de la divulgation, qui est principalement dénonciation des manquements individuels et bureaucratiques. Mais, dans la mesure où elle ne s'en prend pas à la cause véritable et ultime de l'échec global, à savoir le système même, elle ne met pas fin au mensonge fondamental sur lequel est bâtie toute la société. Parce qu'un mauvais système peut se permettre encore moins d'erreurs qu'un bon système, comme un organisme anémique peut beaucoup moins facilement recouvrer ses forces après une affection, un abus, un accident, qu'un organisme en pleine santé, les réformateurs totalitaires pourchassent les défaillances et les tricheries dans l'exécution des tâches, comme d'ailleurs ils encouragent la publication dans leur presse de critiques contre les bousilleurs subalternes et les innombrables pannes de la machine, à condition qu'on ne profère pas l'intolérable : que c'est la machine même qui est mauvaise et qu'il faut la remplacer par une autre entièrement différente. Même dans la sincérité, il faut mentir sur l'essentiel. Le mensonge totalitaire est l'un des plus complets que l'histoire ait connus. Son but est à la fois d'empêcher la population de recevoir des informations de l'extérieur et d'empêcher le monde extérieur de connaître la vérité sur la population, en rendant impossible, en particulier, ou extrêmement difficile un travail correct des journalistes étrangers sur place. Dans les relations internationales également, l'usage que font les totalitaires du mensonge flagrant dépasse la moyenne mondiale. Tous les auteurs qui ont raconté cette immersion dans le mensonge, les Orwell, Soljenitsyne, Zinoviev — car seul le génie littéraire peut faire éprouver par ceux qui l'ignorent une expérience quasiment indicible dans le langage logique des experts —, tous ont insisté sur l'idée que le mensonge est non pas un simple adjuvant, mais une composante organique du totalitarisme, une protection sans laquelle il ne pourrait rester en vie.

On entend souvent des citoyens de pays démocratiques louer un homme politique pour sa ruse, son art d'embobiner l'opinion et de duper ses rivaux. C'est un peu comme si les clients d'une banque en plébiscitaient le directeur pour ses talents de pickpocket. La démocratie ne peut pas vivre sans la vérité, le totalitarisme ne peut pas vivre sans le mensonge ; la démocratie se suicide si elle se laisse envahir par le mensonge, le totalitarisme s'il se laisse envahir par la vérité. Comme l'humanité se trouve engagée dans une civilisation commandée par l'information, une civilisation qui ne serait pas viable si elle restait gérée de façon prédominante sur la base d'une information constamment falsifiée, je crois indispensable, si toutefois nous voulons persévérer dans la voie où nous sommes, l'universalisation de la démocratie et, de surcroît, son amélioration. Mais je crois plus probable, dans l'état présent des mœurs, des forces et du vouloir-vivre, le triomphe du mensonge et de son corollaire politique.

# 4
## LE GRAND TABOU

On ne peut étudier au grand jour l'information dans le monde contemporain qu'à partir d'un point d'observation situé dans une démocratie. Seule la démocratie permet d'observer sans entrave à la fois son propre système et les deux autres : le système totalitaire et toutes les variantes du système mixte, où se mêlent censure et liberté. Dans une démocratie seulement, un simple citoyen peut en effet entreprendre de telles enquêtes et en divulguer les résultats pour les proposer à la réflexion publique. Certes, je ne doute pas que les dirigeants des pays totalitaires, leurs services spécialisés, leurs ambassades effectuent des études très poussées de la presse occidentale, de nos médias, de notre opinion publique, dont ils démontrent chaque jour si bien connaître le fonctionnement. Ils savent également fort bien, et pour cause, comment eux-mêmes monopolisent l'information chez eux et dans quel dessein. Mais, de par la nature même de leur système, aucune de ces données n'est mise à la libre disposition du public, et aucun citoyen ordinaire n'a licence ni possibilité de se renseigner à sa guise sur la situation de l'information mondiale, encore moins de publier un travail sur ce thème s'il parvenait à en réaliser un. Dans les contrées de censure mitigée, il arrive qu'un intellectuel fasse paraître un livre ou un article sévère pour l'information de son pays, mais il est rare que ses déclarations remuent les foules et se voient offrir la chance d'un débat national marqué par un minimum d'impartialité. En fait, l'intellectuel du tiers monde publiera le plus souvent son étude dans un pays étranger, ce qui le placera dans une position fausse et le fera taxer de trahison. De même, l'intellectuel des pays totalitaires ne s'exprime pleinement et ouvertement qu'une fois en exil, ce qui le fait condamner comme renégat dans son propre pays et le rend suspect aux yeux de la gauche des pays démocratiques. La *glasnost* gorbatchévienne vient d'en haut, pas d'en bas. D'où il ressort que, pour des raisons tant matérielles que morales, l'information sur l'information n'est praticable que dans le secteur démocratique de la planète. Là seulement on a toute liberté et commodité d'observer à la fois les deux autres systèmes et le sien propre, mais, nécessairement, de l'intérieur de celui-ci, et avec une vision affectée par les remous de cet univers démocratique. L'observateur y est de la sorte soumis à toutes les pressions, agitations, distorsions et déformations inhérentes à la vie de la démocratie. L'information sur l'information subit le contrecoup de la guerre civile légale qui se déroule sans relâche au sein de la civilisation démocratique et, plus qu'ailleurs, au sein de son système culturel, dont fait partie l'information. Elle est une des armes de combat, dans ces conflits internes, et elle se déforme, en conséquence, et se détourne de sa destination première et naturelle. L'obstacle à l'objectivité de l'information, en démocratie, n'est donc plus ou est très peu la censure, ce sont les préjugés, la partialité, les haines entre partis politiques et familles intellectuelles, qui altèrent et adultèrent les jugements et même les simples constatations. Plus encore parfois que la conviction, c'est la crainte du qu'en-dira-t-on idéologique qui tyrannise et qui bride la liberté d'expression. Ce qui paralyse le plus, quand la censure a cessé d'exister, c'est le tabou.

Rappelons-le, le tabou est une interdiction rituelle, que Roger Caillois, dans *l'Homme et le Sacré*, définit très justement comme un « impératif catégorique négatif ». Il ajoute que le tabou consiste toujours en une défense, jamais en une prescription. Mais toute défense implique prescription : vous interdire de traverser ce champ qui est devant vous, c'est vous prescrire de le contourner. Quel est le plus fort tabou de notre époque, dans les démocraties, depuis la Seconde Guerre mondiale ? Sans conteste, à mon avis, c'est celui qui interdit à tout écrivain, à tout journaliste, à tout homme politique de mentionner une atteinte aux droits de l'homme, un abus de pouvoir quelconque, un banal échec économique, bref de donner une information sur un fait se situant dans une société classée par convention « à gauche » sans signaler aussitôt une imperfection équivalente dans une dictature de droite ou une société capitaliste démocratique.

Un ami, auquel j'avais montré les premières pages de ce livre quand je venais de le commencer, me dit en me les rendant : « J'ai respiré quand j'ai lu votre condamnation du mythe aryen. Pourtant, trop nombreux dans ce texte sont encore les exemples choisis au détriment de la gauche. Le lecteur pensera d'emblée : *allons bon ! le voilà retombé dans ses vieilles obsessions. Il nous annonce un livre sur l'information, et il nous refait son numéro contre le totalitarisme.* Veillez, je vous en prie, ou bien à rester dans les généralités philosophiques, ou bien à ne jamais citer aucun cas gênant pour la gauche sans amener aussitôt un exemple accablant pour la droite, et plutôt deux contre un si possible. »

Les démocraties, au XXe siècle, ont été menacées dans leur existence par deux ennemis totalitaires, décidés, par doctrine et par intérêt, à les faire disparaître : le nazisme et le communisme. Elles ont réussi à se débarrasser du premier, au prix d'une guerre mondiale. Le second subsiste. Il ne cesse depuis 1945 de gagner en puissance et d'élargir son empire. Or la gauche n'en a pas moins imposé le mythe bizarre que les deux totalitarismes sont restés et restent également actifs, également présents, également dangereux, et que c'est donc un devoir de ne jamais attaquer ou critiquer l'un sans attaquer l'autre. Encore cette égalité de traitement et cette rigoureuse équivalence entre un totalitarisme qui n'existe plus et un totalitarisme qui existe toujours représentent-elles une position considérée comme déjà penchant à droite. C'est la limite à ne pas dépasser dans l'hostilité au communisme, sous peine d'être soi-même suspect de fascisme, ou de sympathie pour les « totalitarismes de droite ». Dans les pays démocratiques, les communistes, pour des raisons évidentes, mais aussi le gros des bataillons de la gauche non communiste, pour des raisons plus troubles, refusent ou ont refusé pendant longtemps de voir dans le communisme un totalitarisme. Dans la plus grande partie du tiers monde, c'est encore ce refus qui prévaut. Selon cette vision des choses, en voie d'extinction au niveau rationnel, mais toujours influente au niveau irrationnel, le totalitarisme ne subsisterait que dans sa version fasciste, soutenue et favorisée par l'« impérialisme », lequel ne saurait être qu'américain. C'est donc le seul qu'il faille réellement combattre, en incluant dans ce combat une vigilance de tous les instants à l'égard des renaissances, censées être incessantes ou imminentes, du péril nazi en Europe de l'Ouest. Si, à partir de 1975 environ, une partie de la gauche se résigne à parler et à laisser parler de menace totalitaire communiste, cette tolérance ne saurait aller jusqu'à autoriser la droite à en faire autant, puisque celle-ci est congénitalement suspecte de ne mentionner le communisme que pour mieux passer sous silence le fascisme. Seule la gauche peut déplorer avec toutes les garanties morales les horreurs du communisme. Vous n'avez droit à la parole que si vous vous êtes antérieurement vautré dans l'éloge de Mao, de Castro ou des Khmers rouges. Ou, pour le moins, aucune dénonciation du communisme, si elle vient du camp libéral, ne saurait passer la douane idéologique de la gauche si elle ne s'accompagne de son contrepoids exact de dénonciation d'un forfait fasciste. Un écrivain polonais vivant à Paris, Piotr Rawicz, m'a raconté vers le milieu des années soixante-dix avoir donné à un journal un article sur divers livres traitant du communisme et du nazisme. En conclusion de son compte rendu, il avait écrit : « De toute manière, le nazisme possède à mes yeux une grande supériorité sur le communisme : c'est qu'il a disparu en 1945. » Quand il ouvrit le journal pour y lire son article imprimé, il constata que cette dernière phrase en avait été enlevée.

On sent qu'il ne faut pas que le nazisme ait disparu. La plus grande victoire que les démocraties modernes aient remportée au cours de leur histoire ne doit, apparemment, avoir donné aucun résultat. Un peu de clarté : que le monde libre reste vigilant et intransigeant à l'égard de toute renaissance ou de tout symptôme de renaissance, en son sein ou dans sa sphère d'influence, d'une extrême droite antidémocratique, c'est tout naturel, c'est à la fois une obligation et une précaution élémentaire. Qu'en outre la connaissance et la conscience historiques de la grande pathologie totalitaire des années trente soient perpétuées, développées, diffusées par l'histoire et l'enseignement, c'est indispensable pour permettre à l'homme de mieux se comprendre lui-même et de se méfier davantage de ses propres inclinations. Mais, devant les résurrections hallucinatoires du danger nazi, on a l'impression qu'il s'agit de tout autre chose, qu'il s'agit de faire comme si ce danger demeurait ou redevenait le même qu'en 1933 ou en 1939, comme si nous ne l'avions pas effacé avec tant de sang et de souffrances, comme si notre civilisation n'avait finalement pas rejeté de son organisme ce venin fatal, avec une lucidité sans doute tardive (il en va toujours ainsi dans les démocraties), mais au bout du compte héroïque et intraitable, comme si, après tant d'abominations que nous n'avions ni vu venir ni voulu prévenir, nous n'avions pas en définitive, et au prix fort, fait triompher la cause du Bien. Personne n'en doute, le nazisme et le fascisme ont constitué des perversions politiques et morales dont l'Europe s'est rendue coupable. C'est bien pourquoi elle s'est soulevée contre ces régimes, non sans une dure expiation, les a combattus, détruits, éliminés de la réalité, depuis un demi-siècle bientôt, et, je crois, éliminés de toute perspective plausible dans l'avenir. Que demander de plus ?

Dans quel but feindre de se trouver face aux mêmes monstres qu'avant la guerre ? A quel besoin répond le culte à rebours de ces momies ? La réponse à cette question ne s'écarte pas du thème de ce livre, bien au contraire, car elle peut aider à comprendre en partie comment s'est construite la grille à travers laquelle notre époque lit l'information.

Le procès de Klaus Barbie, en 1987, à Lyon, ville où l'accusé avait dirigé la Gestapo sous l'Occupation, fit resurgir les sentiments troubles des Français à l'égard de cette période. Et pas seulement des Français, puisque toute la presse européenne et américaine se passionna pour l'affaire. D'un côté, la France avait toujours souhaité que Barbie fût extradé, ou enlevé, pour pouvoir le juger. D'un autre côté, dès la capture, et durant tous les préparatifs du procès, on entendit s'exprimer la crainte lancinante que Barbie ne se servît du prétoire pour « salir la Résistance », c'est-à-dire ne livrât les noms d'agents doubles ou de traîtres, informateurs de la Gestapo, ou d'authentiques résistants qui auraient parlé sous la torture, sans que jamais personne le sût par la suite. Voilà déjà qui dénote une attitude incohérente à l'égard de l'information. D'une part, on suscite un procès à des fins éducatives, plus que répressives, pour faire toute la lumière sur cette période et pour que les jeunes générations n'en oublient pas l'atrocité. C'est fort salubre. D'autre part, on refuse que la recherche de la vérité aille jusqu'au bout. Or n'est-il pas d'un immense intérêt moral aussi de faire constater à la jeunesse que la nature humaine hélas ! est encline à collaborer avec le plus fort, et pas seulement sous les occupations, que tout pouvoir totalitaire sécrète la bassesse autour de lui, que, pour cette raison, il vaut mieux vivre en démocratie, sous la seule autorité de lois qui contraignent l'homme à la vertu ? C'était là le sens de ce procès, sa portée pédagogique, n'est-il pas vrai ? Jacques Chaban-Delmas, ancien grand résistant, ancien Premier ministre, président de l'Assemblée nationale, vint expliquer à la télévision, peu avant la première audience, qu'ayant examiné certains documents confidentiels et réputés explosifs, il tenait à rassurer entièrement les survivants de la Résistance et autres personnalités actives ou inactives durant l'Occupation : ces maudits documents ne contenaient rien qui pût les inquiéter ; aucun traître, aucun agent double, ni agent simple, n'avait échappé à l'épuration, en 1944 ; personne n'avait rien à craindre ; aucun, absolument aucun ex-collaborateur des services allemands n'avait coulé de jours paisibles, voire fait une brillante carrière sous les IV$^e$ et V$^e$ Républiques, faute d'avoir été détecté à la Libération. Cette catégorique assertion, de toute évidence, a beau émaner de Chaban-Delmas, elle est invraisemblable et provient du rituel de l'exorciste plus que du souci d'accroître la lucidité historique et politique des citoyens. J'entends bien que Barbie risquait de mentir pour se venger en calomniant des innocents et en semant la discorde entre les anciens résistants et le doute dans le pays. Mais quelle naïveté que d'avoir recherché ce procès sans avoir envisagé ce risque ! Dès lors qu'on le prenait, il fallait réfléchir avec sérieux à une parade, autre que le mythe infantile d'une France immaculée, du moins où aucun coupable n'aurait échappé à la justice.

De leur côté, durant les préparatifs du procès, les porte-parole des organisations juives et de l'association SOS Racisme déclarent, au cours de conférences de presse et dans diverses interviews, que la France n'a pas suffisamment réglé leur compte aux responsables de la collaboration. Ce qui est aussi faux que l'affirmation précédente. Sans être infaillible ni exhaustive, ni toujours équitable, l'épuration française a été fort sévère : 10 000 fusillés, des centaines de milliers de condamnés à des peines de prison ou à l'« indignité nationale ». Les sanctions, même après leur terme, notaient pour longtemps d'infamie ceux qui en avaient été l'objet et leur rendaient difficile le retour à une vie normale. Quiconque a vécu cette période en France ne peut avoir oublié l'atmosphère de chasse à l'homme qui alors s'installa, de façon bien compréhensible, au sortir des horreurs de la guerre, contre les complices des nazis et même contre les simples sympathisants du régime de Vichy. Mais pourquoi déclare-t-on d'un côté que l'épuration ne laissa échapper aucun traître, de l'autre qu'elle reste à faire ? C'est que la première affirmation a pour fonction de permettre d'éluder la vérité historique, la seconde de propulser une fable politique, à savoir que le nazisme demeurerait un danger actuel, un volcan actif en pleine éruption. En effet, si l'épuration a tourné court, alors les nazis sont encore parmi nous, c'est clair. Bref, il n'y avait qu'une poignée de complices français de Hitler sous l'Occupation, mais les collabos pullulent aujourd'hui — c'est logique ! Tout en s'abstenant de livrer au regard des historiens l'éventuelle face cachée de la Résistance, il faut saisir l'occasion du procès Barbie pour mobiliser les énergies contre le nazisme omniprésent, de toute évidence, n'est-ce pas ? en tant que menace actuelle. Car elle est actuelle, cette marée fasciste, elle nous entoure et monte autour de nous. Le 9 mai 1987, les télévisions françaises insistent longuement sur le défilé des habituelles trois douzaines de néo-nazis s'exhibant à Lyon dans des uniformes de fantaisie. Là est le grand danger de l'heure ! Il est temps de réagir. Avec un zèle qui eût été plus opportun en 1933, on organise donc des colloques de mise en garde ; par exemple contre les « révisionnistes », ces historiens ou pseudo-historiens qui soutiennent que les chambres à gaz n'ont jamais existé. Au lieu de les traiter comme ils mériteraient de l'être, c'est-à-dire comme une poignée de lunatiques, odieux sans doute, mais dérisoires, on orchestre contre eux la publicité de l'indignation grondante, qui leur confère une notoriété à laquelle ils n'auraient certes pas pu prétendre avec leurs seules marottes de maniaques marginaux. Ce qui n'aurait dû être écarté que d'une chiquenaude méprisante suscite des appels à la levée en masse du peuple contre, apparemment, une seconde invasion de blindés hitlériens. Au lieu de réfuter avec froideur et sobriété les élucubrations des soi-disant révisionnistes, pourquoi les grossir démesurément, jusqu'à en faire un nouveau III$^e$ Reich en gestation, sinon parce que en s'échauffant contre un danger imaginaire on se dispense de combattre les dangers présents et bien réels ? Pourfendre les cendres d'un passé que, par ailleurs, on ne veut pas vraiment connaître fatigue moins que tenir tête au danger totalitaire bien vivant que nous ne voulons pas voir devant nous aujourd'hui.

Toutes différentes étaient l'analyse et la préoccupation de Simone Veil, la célèbre femme politique française, ancienne présidente de l'Assemblée européenne et ancienne déportée, lorsqu'elle refusait, disait-elle alors, la « banalisation » du génocide. J'approuve son refus. Pourtant j'avoue ne pas très bien saisir le sens de son expression. Si elle entend par là qu'il faut refuser l'oubli du génocide de la Seconde Guerre mondiale, ou une tendance à le dépeindre comme moins scandaleux qu'il ne fut, je suis d'accord, mais je ne vois guère se manifester cette indifférence au passé, sinon chez les énergumènes révisionnistes déjà mentionnés. L'histoire, l'enquête, les récits, le roman, le journalisme, le film, la fiction ou le document télévisés, plutôt de plus en plus nombreux à mesure qu'on s'éloigne de la période des faits, me paraissent au contraire n'avoir pas cessé d'entretenir et de développer notre connaissance historique du cauchemar nazi en général et de l'Holocauste en particulier, d'approfondir notre sentiment de l'inconcevable, de l'inacceptable, de l'imprescriptible devant ce que l'homme s'est fait alors à lui-même. Je ne perçois aucune accoutumance rétrospective à ces crimes contre l'humanité, aucune indulgence rétroactive à leur égard, aucune usure de la sensibilité à leur évocation, peut-être même au contraire. Si, en revanche, Mme Veil entend par « banalisation » la tiédeur désinvolte avec laquelle nous avons vu et voyons encore se dérouler sous nos yeux certains des génocides non plus passés, mais fort présents, du coup je partage bien davantage son inquiétude. En effet, voir s'émousser notre sensibilité aux génocides en cours tendrait à prouver que nous ne tirons pas les enseignements de notre souvenir des génocides révolus. La connaissance des crimes passés deviendrait pour nous une circonstance aggravante si elle ne nous servait pas à empêcher les crimes présents et futurs. Le culte du souvenir, c'est d'abord, bien entendu, l'hommage que nous devons à la mémoire des victimes, mais ce doit être aussi la source d'une vigilance accrue contre la *répétition* des génocides, et pas seulement aux mêmes endroits contre les mêmes personnes, mais *où que ce soit, contre qui que ce soit*. Or si des génocides se sont « banalisés » dans les années soixante-dix et quatre-vingt, ce sont ceux du présent, non ceux du passé. Ce qui s'est banalisé, pour nous, ce n'est pas le génocide de la Seconde Guerre mondiale dans notre mémoire, ce sont, sauf quelques exceptions, les génocides en train de se perpétrer dans le monde contemporain, sous notre regard. Traiter le passé comme actuel et l'actuel comme passé me semble une mauvaise manière de préparer l'avenir[1].

Notre vigilance à l'égard du passé nazi a plusieurs fonctions. L'une, indispensable, est de ne pas laisser s'en estomper le souvenir ni s'en perdre la leçon. Une autre est le contraire : elle est d'en refouler certains aspects, faute de pouvoir les avouer ou les assumer. Une troisième fonction enfin, et c'est en pratique la plus importante, est de les revivre au présent sur le mode imaginaire et artificiellement héroïque, de conserver au nazisme un statut de danger actuel, d'y rattacher toutes sortes de phéno-

---

1. J'ai saisi au vol et au hasard d'une écoute de radio, en mai 1987, ces mots d'un rescapé d'une rafle antijuive due à Barbie : « J'attends une condamnation tout à fait exemplaire. Pas à cause de l'homme : Barbie est un personnage tout à fait secondaire. Ce qu'il faut condamner c'est l'idéologie qui l'a engendré. » J'avoue quant à moi avoir été habité par une attente inverse quand débuta le procès. J'éprouve alors un désir, peut-être pas très noble, de vengeance pour les victimes, je veux l'humiliation publique d'un individu pour lequel j'éprouve une profonde répulsion, je souhaite qu'on lui mette le nez dans ses crimes. Mais l'idéologie qui l'a engendré me semble condamnée sans appel depuis plusieurs décennies, fort heureusement. Pour ce qui est de la théorie, la question est réglée, me semble-t-il, et je redoute de ne voir fleurir dans ce domaine, à l'occasion du procès, que des lieux communs grandiloquents qui, eux, oui, « banaliseront » l'horreur. D'ailleurs, s'il s'agissait de ne frapper qu'une idéologie, et non pas un homme, c'était déjà fait : Barbie, avec l'idée qu'il incarnait, avait été condamné deux fois à mort par contumace à l'issue de deux procès, quelques années après la guerre.

mènes du monde contemporain, de manière à entretenir le mythe qu'il existe encore dans l'humanité de cette fin du XX$^e$ siècle et vraisemblablement pour longtemps non pas un seul mais deux totalitarismes de poids sensiblement égal.

Cette équivalence factice a pour fonction aussi de minimiser les méfaits du communisme, de le faire apparaître comme moins redoutable et moins condamnable, de même que la peur, en elle-même légitime, du communisme a, de façon absurde, servi de justification à ceux qui soutinrent ou excusèrent le nazisme, avant 1945. Raisonner ainsi était déjà une erreur quand il existait réellement deux totalitarismes et non pas un seul : mais absoudre ou tolérer l'un, alors que l'autre a disparu, devient une aberration abyssale, qui n'a même plus l'excuse d'être un faux calcul.

Le rappel des crimes hitlériens devrait avoir pour effet de nous inciter à prévenir le retour de nouveaux crimes semblables ou, quand nous ne pouvons les empêcher, de nous rendre beaucoup plus sévères que jadis pour leurs auteurs. Or, c'est le contraire qui se produit. Les génocides nazis et fascistes du passé servent de circonstances atténuantes aux génocides communistes du présent ou aux exterminations tiers-mondistes « révolutionnaires ». L'« Empire du mal » sur notre planète n'est plus l'URSS ou un autre pays socialiste, Vietnam, Cambodge ou Éthiopie. Trois pays sont « programmés » pour ce titre : l'Afrique du Sud, Israël et le Chili.

Il ne faudrait pas croire que cette atténuation des forfaits actuels du totalitarisme communiste au moyen du passé nazi est le seul fait d'une gauche complaisante ou aveuglée. Ainsi, toujours à l'occasion du procès Barbie, dans un journal de droite, *le Figaro* (6 mai 1987), un journaliste de droite, André Frossard, ancien résistant, connu pour la ferveur de sa foi catholique, pour la finesse de son intelligence et pour son hostilité au communisme, déclare que l'on ne peut pas, malgré tout, comparer les crimes soviétiques et le goulag, quelque horreur qu'ils inspirent, aux crimes nazis, parce qu'« il n'y a pas eu en Russie un système qui prévoit la liquidation de tout être humain sous prétexte de sa non-conformité aux normes ». L'extermination nazie s'en prend, elle, dit-il, à des gens qui « n'ont commis d'autre faute que de venir au monde ».

Comme le lecteur sait qu'une telle erreur historique ne peut pas être volontaire chez cet auteur, elle démontre par conséquent l'intériorisation du tabou idéologique, même chez les adversaires de l'idéologie communiste. Bien entendu, il ne faut pas confondre la répression, même très sanguinaire, l'internement ou la déportation, même quand ils font périr des hommes par centaines de milliers, avec l'extermination planifiée, préméditée, d'une catégorie entière d'êtres humains pour le simple motif qu'ils appartiennent, précisément, à cette catégorie. De même, on distingue couramment les crimes de guerre, commis dans le feu et le prolongement de l'action, et les crimes contre l'humanité, résultant de la froide volonté de détruire un groupe d'hommes déterminé. Il y a prescription pour les premiers après un laps de temps, les seconds sont imprescriptibles. Mais, justement, l'histoire du communisme international, contrairement à l'affirmation d'André Frossard, offre maints exemples d'extermination décidée à froid contre une catégorie sociale ou socioprofessionnelle ou une population bien définie, avec souvent, de surcroît, une nuance raciale : au début des années trente eut lieu par exemple le génocide des Ukrainiens, au moyen d'une famine qui, on l'a prouvé de façon concluante aujourd'hui, fut provoquée et organisée par Staline[1].

Cette destruction systématique par la faim voulait frapper cette population en tant, d'abord, que regorgeant de paysans indépendants, et récalcitrants devant la collectivisation forcée des terres, les koulaks, puis en tant qu'ukrainienne, c'est-à-dire non russe. Autant de victimes périrent alors dans la seule Ukraine du fait de cette famine politique que plus tard dans toute l'Europe du fait de l'Holocauste. Que le lecteur veuille bien se respecter et me respecter assez pour ne pas supposer que je cherche à « banaliser » l'Holocauste juif : je cherche au contraire à débanaliser le génocide ukrainien.

Doit-on considérer l'exécution en masse d'opposants politiques, réels ou inventés, ou d'une classe dont le genre de vie contrevient aux normes, comme d'une essence différente de l'exécution pour des motifs purement raciaux ? Les Soviétiques décimés lors de la grande purge de 1937, les Cambodgiens massacrés par les Khmers rouges à la fin des années soixante-dix, les Tibétains tués ou acculés à la mort par les Chinois depuis 1950 — un million, la moitié de la population —, toutes ces victimes sont mortes non pas même pour avoir tenté de se rebeller, mais parce qu'elles avaient eu le tort de naître dans des catégories sociales, religieuses, professionnelles, supposées faire « objectivement » obstacle par leur seule existence à l'apparition de l'« homme nouveau », notion raciste d'ailleurs. Ce ne sont là que quelques exemples contemporains, et je pourrais en donner plusieurs autres, au Vietnam, en Chine ou en Afrique.

1. Robert Conquest, *The Harvest of Sorrow*, 1986.

Là nous avons bien affaire à des crimes contre l'humanité et non à des crimes de guerre. Aucune guerre ne les sous-tend, ni civile ni étrangère, sauf dans le cas du Tibet ; et encore l'excuse ne vaut-elle guère, ici non plus, car l'extermination des Tibétains est devenue massive surtout pendant la « Révolution culturelle » chinoise, bien après l'achèvement de la conquête, après l'annexion et la « pacification ». Les Chinois punissaient de mort tout Tibétain surpris en train de prier ou... de parler tibétain ! La religion, la langue même devaient donc être effacées de la surface de la planète. Ces événements, tant au Tibet qu'au Cambodge, se déroulèrent, qui l'ignore ? largement après la Seconde Guerre mondiale, et pourtant je ne sache pas que la pédagogie de l'Holocauste ait atténué la placide indifférence et la complicité passive des Occidentaux devant ces crimes contre l'humanité. Ceux-ci avaient de graves défauts qui les empêchaient d'exciter notre zèle indigné : ils étaient en train d'avoir lieu, ils se déroulaient devant nous, et ils étaient « de gauche ».

Je rappelle que je ne traite ce sujet à ce stade de mon livre que pour justifier l'apparent déséquilibre éventuel des exemples que je choisirai par la suite. Ce que je veux démontrer, à titre préalable, est que je n'ai pas à observer un équilibre entre une source réelle de falsification de l'information et un fantasme. L'efficacité de la source réelle, en effet, provient en partie de ce fantasme, qui crée un terrain favorable à toutes les fausses équivalences : par exemple entre l'Empire soviétique et l'apartheid sud-africain. On peut juger et je juge le second phénomène aussi odieux, plus odieux pour la dignité humaine immédiate que le premier. Mais il en diffère complètement et par ses causes, et par sa nature, et par ses actes, et par son évolution possible, et par ses répercussions futures. Mentionner ces deux cas comme étant deux formes d'un même totalitarisme constitue en soi une information fausse, qui ne peut conduire qu'à des politiques catastrophiques. La confusion, d'ailleurs, profite au seul système soviétique, car, si l'on entend souvent dire : « Vous n'avez pas le droit de dénoncer le danger soviétique tant que vous n'aurez pas démantelé l'apartheid », on n'entend jamais ou l'on n'ose jamais dire l'inverse. Le déséquilibre se crée donc ici, à la racine même de la perception, qui érige en objet un « totalitarisme de droite » supposé, dans le monde actuel, aussi pesant, menaçant, homogène et international que le « totalitarisme de gauche ». Or cette altération de la perception découle en partie de la persistance imaginaire du nazisme — à moins que la réciproque ne soit vraie et que la résurrection imaginaire ne soit cultivée que pour permettre d'entretenir l'illusion d'une égalité des prétendus « deux » dangers totalitaires. Ce parallélisme postiche profite évidemment au totalitarisme communiste, principal danger mondial de cette nature aujourd'hui. Mon but dans ce livre étant de décider si la vérité est mieux connue et mieux utilisée que jadis, je devais donc décrire dès maintenant quelques conséquences du mythe de l'éternité du nazisme.

En voici encore une, dont je fus l'artisan candide et stupéfait, puis le spectateur, de plus en plus intéressé par les dessous du cyclone que j'avais malgré moi soulevé. Le samedi 4 novembre 1978, parut dans l'hebdomadaire *l'Express* dont j'avais pris la direction deux mois auparavant, un long entretien avec Louis Darquier de Pellepoix, qui avait été commissaire général aux Questions juives sous Vichy, entre mai 1942 et février 1944. Un journaliste l'avait retrouvé, toujours en vie, en Espagne, où il avait fui après la Libération. Pour moi, faire connaître au public cet entretien se justifiait à plusieurs titres. C'était d'abord un document historique. L'histoire consiste à recueillir les témoignages de tous les acteurs, et non pas seulement de ceux qui vous sont sympathiques. Il n'y avait eu que deux commissaires aux Questions juives sous l'Occupation, Xavier Vallat, mort en 1972, et ce Darquier, octogénaire, malade, qui n'en avait plus pour longtemps à pouvoir parler (il devait mourir en 1981). Or, en trente-quatre ans, pas un seul journaliste, pas un seul historien n'était allé le voir ! Étrange incuriosité ! Bizarre conception de la recherche ! Qui évaluera un jour les pertes définitives d'information dues à la négligence professionnelle dans le reportage et les sciences historiques ? L'entretien avec Darquier présentait en outre selon moi un intérêt psychologique et philosophique : il permettait de toucher du doigt ce qui se passe exactement dans la tête d'un doctrinaire totalitaire. Tous les hommes nourrissent des opinions subjectives, insoutenables, intransigeantes, mais ce qui distingue la conviction totalitaire est qu'elle passe aux actes pour anéantir, si elle le peut, tous ceux qui ne la partagent pas ou qu'elle désigne comme ennemis. Comment s'élabore-t-elle ? Comment prend-elle possession d'un cerveau humain, au point de lui faire considérer comme normaux l'emprisonnement, la déportation, le meurtre de ses semblables ? Petit commerçant de Cahors, Darquier (dont la rallonge nobiliaire « de Pellepoix » était de pure fantaisie) n'en construisait pas moins sa vision du monde à l'aide des mêmes idées fixes que les champions intellectuels et littéraires de l'antisémitisme d'alors, les Céline, Drieu La Rochelle, Brasillach, Maurras ou Rebatet. La culture, l'intelligence, le génie même n'avaient donc pas de prise sur ce type de fantasme et lui apportaient leur concours suivant les mêmes mécanismes que l'ignorance et l'imbécillité. A une époque aussi ravagée que la nôtre par les idéologies totalitaires, il ne me paraissait pas superflu de produire un spécimen permettant de mieux en saisir la genèse mentale et, aussi, la résistance aux démentis infligés par les faits. Darquier refusait farouchement de se dédire et d'avouer avoir erré si peu que ce fût. Il ne se distinguait, sur ce point non plus, en rien d'autres criminels totalitaires d'une intelligence bien supérieure à la sienne, par exemple les dirigeants de la première période, la plus stalinienne, de la Pologne communiste. Ces dirigeants, un quart de siècle après avoir été chassés du pouvoir, racontent avec une inconsciente franchise dans un livre édifiant, « *ONI* » (« Eux »), leurs échecs et leurs forfaits, mais ils concluent tous qu'ils ne se sont jamais trompés et assurent fièrement qu'ils agiraient comme ils ont agi s'ils devaient recommencer[1].

Toutes ces raisons de publier l'entretien me parurent tellement évidentes, la cause, devant le regard de l'histoire, tellement entendue, les propos de Darquier même, dans son abject plaidoyer, d'une fausseté tellement palpable qu'à vrai dire je n'eus pas, quand je pris ma décision, le sentiment de donner au public un document bien original. Je me rappelle qu'un vendredi, veille de la sortie du numéro, interrogé sur ce qu'il contiendrait par un confrère de la presse radiophonique, je ne mentionnai qu'en passant l'entretien avec Darquier, plutôt archéologique à mes yeux, pour vanter plus longuement les mérites d'une enquête sur l'« Avenir des instituteurs », sujet de la couverture.

Durant le week-end me parvinrent cependant les premiers roulements de tonnerre de l'orage que j'avais sans préméditation déchaîné. J'attribuai d'abord à la simple sottise quelques bribes de commentaires attrapées au vol sur les ondes et où l'on semblait inexplicablement croire que les énormités de Darquier traduisaient la pensée du journaliste, voire que Darquier était le nom d'un collaborateur du journal ! Un malentendu si grossier, me dis-je, ne résisterait pas à la lecture du texte par toute personne de bonne foi. Ma perplexité grandit lorsque, le lundi

---

1. Teresa Toranska, « *ONI* », *Des staliniens polonais s'expliquent*, traduit du polonais par Laurence Dyèvre, préface de Jan Krauze, Flammarion, 1986.

matin, j'entendis Simone Veil, dans une émission matinale très écoutée, parler de ce qui devenait ainsi soudain un sujet de discorde nationale. C'est précisément au cours de cette conversation à la radio que Simone Veil brandit, à ma connaissance, pour la première fois, l'accusation de « banalisation » du nazisme, terme que je persiste à tenir en l'occurrence pour un contresens. En effet, diriger la lumière sur les actes et les pensées des criminels politiques empêche, au contraire, l'accoutumance aux horreurs totalitaires et prévient donc la tendance à les passer peu à peu par profits et pertes. Comment à la fois proclamer la nécessité de lutter contre le risque d'oubli de l'Holocauste par les jeunes générations et dénoncer comme une « banalisation » la divulgation d'un document qui en ravive le souvenir en montrant justement comment le dessein peut en naître chez les hommes ? Car la valeur pédagogique et prophylactique de l'histoire des génocides reste nulle si nous ne comprenons pas comment n'importe quel homme peut en devenir l'auteur ou le complice. Le spectacle du passé doit nous inciter non à la bonne conscience puisée dans la condamnation rétrospective du mal, mais à la méfiance vis-à-vis de notre propre capacité de le commettre. En chacun de nous sommeille un Darquier de Pellepoix. C'est pour cette raison que des génocides continuent de s'exécuter tous les jours et aussi parce que, s'ils ont pour auteurs nous-mêmes ou nos amis, nous ne les appelons plus génocides.

Nous sommes aveugles à la logique de l'aberration quand elle a son siège en nous-mêmes. Ainsi, le mouvement contre le racisme et pour l'amitié entre les peuples (MRAP), organisation de façade du parti communiste, qui prit bien entendu part à la campagne contre *l'Express* dans l'affaire Darquier, avait pour secrétaire général un homme qui, lui-même juif, avait néanmoins approuvé, en communiste discipliné, la répression antisémite de Staline, lors du complot dit « des blouses blanches », en 1953. Ou encore Claude Lanzmann, créateur de cet impérissable monument cinématographique et historique sur l'Holocauste qu'est *Shoah*, met en doute (voir *les Temps modernes*, février 1987) la responsabilité soviétique dans le massacre de milliers d'officiers polonais à Katyn, en 1940. Quoique les historiens aient surabondamment confirmé cette responsabilité, établie dès 1943 dans un rapport de la Croix-Rouge, Lanzmann parle avec un scepticisme opiniâtre des crimes « imputés » à Staline par la « propagande nazie ». Se rend-il même compte qu'il se laisse ainsi envahir par une obsession de nier ce qui lui déplaît identique à celle qui pousse un Robert Faurisson et les

« révisionnistes » à mettre en doute les preuves de l'existence des camps de la mort ? Ses faux camps de la mort à lui, mais soviétiques ceux-là, sont ceux où, avant juin 1941, furent de surcroît déportés 2 millions de Polonais, dont la moitié au moins périrent de mauvais traitements.

Tout en développant son argumentation, discutable à mes yeux mais respectable, sur le danger de « banaliser » le nazisme, Simone Veil avait reconnu, avec sa coutumière honnêteté, qu'on ne pouvait bien sûr se méprendre ni sur les intentions du journal ni sur les sentiments du journaliste qui avait interrogé Darquier. En effet, il est difficile d'éprouver quelque incertitude à ce sujet en lisant ne fût-ce que les répliques servant d'entrée en matière :

« *L'Express* : Monsieur, il y a tout juste trente-six ans vous avez livré aux Allemands 75 000 hommes, femmes et enfants. Vous êtes l'Eichmann français.

« *Louis Darquier de Pellepoix* : Qu'est-ce que c'est que ces chiffres ?

« *L'Express* : Tout le monde les connaît. Ils sont officiels. On les trouve aussi dans ce document. (*Je lui montre, ouvert à la bonne page, le* Mémorial de la déportation des Juifs de France, *de Serge Klarsfeld.*) »

Dans toute la suite de l'entretien, nous avions intercalé en italique, chaque fois que notre camarade n'avait pas eu le temps de les détailler de vive voix, les renseignements qui réfutaient ou accablaient Darquier. Voici un échantillon de cette méthode :

« *L'Express* : Au mois de février 1943, vous avez proposé au gouvernement de Vichy un certain nombre de mesures auxquelles les Allemands eux-mêmes n'avaient pas songé.

« *Citation intercalée. "Déclaration de Louis Darquier de Pellepoix au* Petit Parisien, *le 1$^{er}$ février 1943.*

"*Je propose au gouvernement :*

"*1. D'instituer le port obligatoire de l'étoile jaune en zone non occupée.*

"*2. D'interdire aux Juifs, sans aucune dérogation, l'accès et l'exercice des fonctions publiques. Quels que soient, en effet, la valeur intellectuelle et les services rendus par un individu juif, il n'en reste pas moins qu'il est juif et que, par cela même, il introduit dans les organismes où il occupe une fonction, non seulement une résistance naturelle aux opérations d'aryanisation, mais encore un esprit qui modifie, à la longue, d'une façon profonde la valeur de toute l'Administration française.*

"*3. Le retrait de la nationalité française à tous les Juifs qui l'ont acquise depuis 1927...*"

*Le grand tabou*

« *L. Darquier* : Cette histoire d'étoile jaune en zone libre, je ne m'en souviens pas. Il doit s'agir encore de votre propagande juive...

« *L'Express* : Absolument pas. C'est là, noir sur blanc, dans le Petit Parisien du 1ᵉʳ février 1943.

« *L. Darquier* : Peut-être... Peut-être... »

Et encore ce passage, où c'est notre collaborateur, Philippe Ganier-Raymond (lequel, à un moment, se fait traiter par Darquier d'« agent de Tel-Aviv ») qui cite la pièce accusatoire :

« *L. Darquier* : Les Allemands n'arrêtaient pas de me mettre des bâtons dans les roues.

« *L'Express* : Ah bon ! Alors, que signifie cette note du 29 mai 1943, adressée à Roethke, le successeur de Dannecker, à Knochen : *"A plusieurs reprises, Darquier nous a demandé d'appuyer ses projets de loi, car, depuis longtemps, il a perdu tout espoir que le gouvernement français accepte un seul de ses projets"* ?

« *L. Darquier* : C'est encore un faux ! Un faux fabriqué après coup par les Juifs ! Ah, ces Juifs, ils sont impayables ! »

Ces lignes — et il en est de plus violentes — auraient dû par avance pulvériser toute possibilité de malentendu et toute tentative, malveillante ou stupide, pour prêter à *l'Express* une quelconque connivence avec l'ancien commissaire général aux Questions juives.

Il n'en arriva pas moins que la presse dans sa majorité réagit comme si nous avions voulu procéder à une réhabilitation de l'antisémitisme des temps vichyssois ! Parfois j'assiste à l'un de ces colloques nobles et opulents où mes confrères, éperdus de scrupules, s'interrogent sur les mystères de l'objectivité, cet idéal que tous affirment poursuivre avec une inflexible ardeur, mais qui, hélas ! à les entendre, est aussi insaisissable que la perfection divine. Alors je ne puis m'empêcher de rire sous cape en songeant à cet épisode et à tant d'autres, où j'ai vu médias et journaux, en toute connaissance de cause, faire semblant d'avoir constaté le contraire flagrant de ce qu'ils avaient fort bien vu, lu ou entendu. L'ennemi intérieur de l'objectivité de l'information est souvent plus redoutable que l'ennemi extérieur, l'attirance du mensonge que les menaces de la censure.

Mais pourquoi en étions-nous réduits à nous défendre comme si, malgré toutes nos précautions de présentation, *l'Express* avait entériné pour son compte en 1978 les éructations d'un rebut des années quarante, alors que l'on connaissait par ailleurs les prises de position systématiques du journal en faveur de la cause juive et de l'État d'Israël, et que ses deux propriétaires successifs, l'ancien, Jean-Jacques Servan-Schreiber, et le nouveau, James Goldsmith, étaient tous deux juifs ou à demi juifs, et que le président de son comité éditorial se nommait Raymond Aron ?

Si je laisse de côté les gens qui, sous la pression de la campagne et moins par malignité que par bêtise, crurent de bonne foi au ralliement de *l'Express* à Darquier, je trouve quatre raisons au plat contresens que l'on commettait ou feignait de commettre.

La première raison est politique. La gauche détestait *l'Express*, considéré comme ayant « viré à droite » depuis 1972. Elle ne lui pardonnait pas ses critiques de l'Union de la gauche et de son Programme commun. Les premiers dans la presse française, nous avions, en 1974, publié en exclusivité les bonnes feuilles de *l'Archipel du Goulag*. En janvier 1976, Jean-Jacques Servan-Schreiber avait décidé de consacrer un numéro entier, dont le tirage exceptionnel fut de un million d'exemplaires, à la présentation d'extraits de mon livre, *la Tentation totalitaire*, opération que la gauche avait ressentie comme une agression. D'où la haine et le désir de vengeance qui seuls peuvent expliquer, par exemple, qu'un journaliste aussi malin que Pierre Viansson-Ponté ait signé à la première page du *Monde*, le 7 novembre 1978, un article où il feignait de gémir sur la conversion de *l'Express* à l'antisémitisme et à la collaboration. Ce cas est l'un des très nombreux où l'on voit la gauche non communiste, qui se prétend intellectuellement autonome, tomber, aussitôt qu'elle polémique, dans le débraillé stalinien le plus vulgaire. Mais la joie de se dire : « On ne va pas les rater, cette fois », n'était pas non plus étrangère à la droite ; sa rancune remontait à nos luttes pour l'indépendance de l'Algérie, puis contre la plupart des mesures politiques ou économiques des présidents de Gaulle et Pompidou. Notre soutien mitigé au président Valéry Giscard d'Estaing, qui d'ailleurs n'avait pas derrière lui toute la droite, ne suffisait pas à effacer des animosités qu'attisait en outre un esprit d'élégante concurrence commerciale chez des confrères ravis de nous créer des ennuis.

Une deuxième raison, moins anecdotique et plus respectable, avait inspiré quelque affolement aux organisations juives, qui craignent toujours que l'évocation de l'antisémitisme passé, même pour en attacher au pilori les coupables, ne ravive ce vice au lieu de l'anéantir. On voit surgir ici à nouveau la contradiction entre la volonté de rappeler le passé, par piété due à la mémoire des victimes, et le désir de l'oublier, par peur de créer des remous qui se retourneraient contre les juifs. Chaque fois en France qu'un juif produit un essai, un ouvrage d'histoire, un film retraçant avec trop de précision l'idéologie et les persécutions antisémites, on voit se dresser à l'instant d'autres juifs pour reprocher à l'auteur de raviver les passions antijuives en s'adonnant à de malsaines exagérations. C'est ainsi que Raymond Aron, après avoir approuvé la publication de l'entretien et avoir cosigné avec moi dans le Monde une réfutation courroucée des allégations inacceptables et injustifiées de Viansson-Ponté, s'amollit un peu plus tard, circonvenu par des amis éminents de la communauté juive, et écrivit même en fin de compte dans l'Express un éditorial ambigu où sa solidarité avec le journal n'était pas ce qui frappait le plus. Aron tenait à ce que je l'associasse aux décisions, ce que je faisais bien volontiers, tout en étant lui-même foncièrement indécis, et surtout porté à fléchir jusqu'à se rétracter dès que pointaient les inéluctables tumultes qui suivent toute initiative audacieuse. Signe intéressant, les juifs immigrés et naturalisés juste avant ou juste après la guerre, venus presque tous d'Europe centrale, n'eurent jamais la moindre hésitation (eux ou leurs descendants) sur ce que nous avions voulu faire. Ils me soutinrent toujours dans les débats auxquels me convièrent plusieurs associations juives. Il leur paraissait d'une clarté aveuglante que placer devant tous les piteuses et nauséabondes ratiocinations d'un fanatique sanguinaire n'avait pour but et ne pouvait avoir pour effet que d'en dégoûter l'opinion publique. Car ils étaient historiquement indemnes, eux, des sentiments troubles qu'en compagnie de tous les autres Français, les juifs de vieille souche française éprouvaient vis-à-vis du passé fasciste de leur patrie, passé à la fois réprouvé et absous, honni et refoulé, escamoté le plus souvent et minimisé, condamné certes, mais surtout classé et qui devait le rester, en vertu d'une sorte de pacte d'oubli ou d'atténuation.

D'où la troisième raison qu'ont les Français de jouer la comédie de la surprise horrifiée quand on leur met sous le nez un fragment de leur histoire : et pas seulement les Français, mais tous les Européens, puisqu'en dehors des Britanniques, des Suisses et des Suédois, les Européens ont tous apporté leur pierre à la construction de l'édifice totalitaire qui s'est effondré en 1945. En l'espèce, le document Darquier rappelait désagréablement aux purs Français qu'il avait existé un nazisme d'origine purement française. Le nazisme qui avait sévi sur notre territoire n'était pas tout entier dû à la défaite de 1940 et à l'Occupation. Le boutiquier de Cahors, triomphalement élu, dès avant la guerre, au conseil municipal de Paris, en 1935, sur un programme dont l'article unique était l'antisémitisme, n'avait été ni importé du dehors ni imposé par les envahisseurs. Ce dont beaucoup eurent peur, dans la tornade soulevée par le document de *l'Express*, ce fut, comme ce devait l'être lors du procès Barbie, que l'on se remît à fouiller dans le passé de la collaboration et de la Résistance. Ce désagrément, d'ailleurs, ne manqua pas de survenir. Dans l'entrain de la réouverture des dossiers, on prononça des noms de personnalités encore actives et haut placées, qui avaient été vichyssoises et même un peu davantage. Leur panique vint grossir le flot des protestations. Et, comme ces gens avaient d'excellentes accointances professionnelles et mondaines, je vis un jour le propriétaire du journal, Jimmy Goldsmith, faire irruption dans mon bureau lors d'une séance du comité éditorial, ce qui constituait du reste une incongruité de sa part, se laisser tomber avec accablement dans un fauteuil et, la main au front, l'air grave, articuler à plusieurs reprises sur un ton tragique : « Nous ne voulons pas de sang ! Nous ne voulons pas de sang !... » Juste ciel ! Quand donc avions-nous voulu du sang ? Interdits, nous nous interrogeâmes du regard. Quel sang avions-nous pu ou pourrions-nous verser ? Il s'agissait, en réalité, non point de la vie, mais de la réputation et du confort civique de quelques relations de Jimmy, relations dont le dossier, quoique amnistié depuis longtemps, n'était pas vide. Tout comme Aron avait été chambré par certaines organisations juives, qu'égarait à mon avis une bien piètre analyse, Jimmy l'avait été par d'anciens collabos, aujourd'hui intégrés à l'establishment des affaires dont il faisait lui-même partie. Ou, plutôt, l'un et l'autre avaient subi l'une et l'autre pression. Pour se faire chapitrer par les vichystes, Aron avait sous la main son grand ami Alfred Fabre-Luce, ancien doctrinaire de la collaboration, mais repenti et dont Aron avait « oublié » le passé, quoiqu'il ne l'eût pas ménagé pendant la guerre, à Londres, dans son journal *la France Libre*. Fabre-Luce, à quelque temps de là, me prit à part et à partie (au cours d'une réception chez Aron, précisément), hochant la tête et me tançant : « C'est du joli, ce que vous avez fait ! Nous allons vers une nouvelle épuration ! Vous avez rouvert la porte à la discorde civile. »

La quatrième raison des réactions étranges qui agitèrent alors les Français est la plus intéressante parce qu'elle est la plus irrationnelle et aussi la plus lourde de conséquences. Elle repose sur notre besoin de mimer la bataille contre l'antisémitisme, l'Holocauste, la collaboration, le nazisme et le fascisme, *comme si c'était une bataille actuelle*. Il s'agit d'abord d'une satisfaction symbolique et d'une revanche onirique : nous livrons le combat que nous n'avons pas livré en 1942, du moins pas tous, loin de là. Ensuite, dans cette bataille contre des spectres, la victoire est assurée. Le résultat est connu d'avance, Darquier est d'ores et déjà vaincu. A la bonne conscience fort légitime qu'ont tous ceux qui se rangent dans le camp du Bien s'ajoute le plaisir de le faire sans risque. Enfin, en donnant l'assaut contre un ennemi qui n'existe plus, on peut se dire qu'on remplit son devoir de défenseur de la liberté, ce qui dispense de l'accomplir face aux menaces concrètes, actuelles et réelles qui la mettent en péril, mais qui sont évidemment beaucoup plus difficiles à contrecarrer.

Il n'est pas jusqu'à la magistrature française qui, dans cette grande mobilisation nationale des énergies, n'ait eu à cœur de manifester contre le régime de Vichy le courage qui lui avait déplorablement fait défaut trente-cinq ans plus tôt. L'avocat de *l'Express* et futur ministre de la Justice, Robert Badinter, avec qui je déjeunai début novembre, pour des raisons d'ailleurs sans rapport avec l'affaire, me dit avoir trouvé, la veille, le parquet (comme on appelle en France le local du palais réservé aux membres du ministère public en dehors des audiences) tout « frémissant et bruissant » de la colère soulevée par l'affaire Darquier. Je devais m'attendre à des poursuites. En droit strict, le simple fait d'imprimer, en effet, des propos du genre de ceux de Darquier, même en les désapprouvant avec énergie, constitue le délit matériel d'incitation à la haine raciale. Comment s'y prendre, dès lors, quand on veut publier le témoignage d'un personnage historique exprimant des thèses périlleuses pour les droits de l'homme ? En théorie, chaque fois qu'on réimprime la page d'Aristote justifiant l'esclavage ou *l'Essai sur l'inégalité des races humaines* de Gobineau, on tombe sous le coup de la loi, qui ne retient que la matérialité du délit et non l'intention scientifique de l'éditeur. Du moins l'appréciation de cette intention appartient-elle entièrement à l'autorité judiciaire. Or si l'intention de *l'Express* était claire, celle du parquet ne l'était pas moins. Elle visait, une fois de plus, à jouer la comédie en feignant de croire que le journal avait non pas présenté au public un document sur des faits vieux de bientôt quatre décennies, sans la moindre équivoque dans son jugement moral, mais fabriqué un manifeste antisémite de son cru. Des rumeurs se répandirent même, allant jusqu'à mettre en doute l'authenticité de l'interview, comme si nous avions forgé à des fins de propagande nazie et le personnage et ses dires. On me somma de produire l'enregistrement. Or, aucune loi ne dit que toute interview doit être enregistrée. Des milliers d'interviews ont été réalisées avant l'invention du magnétophone. Et, depuis cette invention, tout interviewé n'accepte pas la présence d'un instrument qui parfois le gêne. J'ai personnellement interviewé deux fois Valéry Giscard d'Estaing durant sa présidence, et une fois le roi d'Espagne, sans magnétophone. Leurs propos n'en furent pas moins fidèlement transcrits. De leur côté, maints journalistes préfèrent travailler en prenant des notes. Au surplus, les délires de Darquier étaient fort connus. Il en avait même paru de la même farine dans *le Monde* quelques années auparavant sans, chose bizarre, soulever alors d'ouragan, ni même le moindre courant d'air. Nous étions en plein surréalisme judiciaire, mais, comme me le dit sur un ton bonasse et amusé Alain Peyrefitte, le ministre de la Justice alors en fonction, « il eût été inconcevable que l'action publique ne se mît pas en route ». La route se révéla être une impasse. Je fis devant un juge d'instruction courtois et consterné une déposition circonstanciée et sincère, ensuite je n'entendis plus jamais parler de rien. J'ajoute que j'avais pris la précaution, en préparant la publication de l'entretien, de m'enquérir auprès de la Chancellerie de la situation du dossier Darquier, par téléphone, très exactement le 27 août 1978. On m'avait répondu que Darquier avait été condamné à mort par contumace le 10 décembre 1947, que sa peine avait été prescrite en 1968 et que ne subsistait plus à son encontre que l'interdiction de séjour. La mascarade idéologique attribuant à *l'Express* les thèses du criminel que nous mettions en accusation lassa très vite, mis à part un épilogue bouffon de la Ligue des droits de l'homme, plus sourcilleuse dans ce cas que lorsqu'elle avait accordé sa bénédiction aux verdicts de Moscou en 1937. Henri Noguères, son président, me réclama un « droit de réponse », de même longueur que le factum réprouvé. Je le lui reconnus, par bonté d'âme, contre toute rationalité juridique — mais j'attends toujours son texte.

Le véritable épilogue, à vrai dire, et le résultat positif de cette agitation furent la diffusion, en février 1979, par la deuxième chaîne de télévision française, du feuilleton américain *Holocauste* qui racontait le calvaire d'une famille juive allemande lors de la montée de l'antisémitisme au début du III$^e$ Reich et son martyre durant les années de la « solution finale ». Fidèle à son inconséquence, la France, tout en ne cessant de clamer son désir de conjurer l'oubli, avait, par l'entremise de sa télévision d'État, refusé d'acheter *Holocauste*, qui avait été présenté à un festival international peu auparavant et dont les droits avaient été acquis par les plus importantes télévisions du monde, y compris l'allemande. Le président de la première chaîne française (dite TF1) avait motivé son refus par des scrupules d'ordre

*Le grand tabou*

artistique, trouvant ce film de mauvaise qualité et indigne de nos petits écrans. Une aussi méprisante excommunication faisait rire. La télévision française, dans sa production de fiction, avait été constamment incapable de prendre à bras-le-corps de grands sujets contemporains, de les traiter de façon simple et directe, dans un style à la fois populaire et soigné, sérieux et vrai. Notre fiction se partageait entre des bouche-trous indigents et une pacotille d'œuvres de prétendue avant-garde, à l'esthétisme prétentieux, qui ne contentaient que leurs auteurs. Ce que nous faisions ou, plutôt, ce que nous avions fait le mieux, c'était le téléfilm historique, en général tiré d'un roman classique, et à condition que le sujet eût au moins un siècle et ne prêtât point trop à controverse. Il fallait distraire sans instruire. *Holocauste* était tout le contraire de cette production conventionnelle. Les producteurs avaient eu le courage de choisir un des thèmes les plus douloureux de notre époque, une honte pour l'humanité, un scénario inconfortable et perturbateur. La trame historique était solide, les caractères fortement posés et interprétés par de grands acteurs, la dramatisation était romancée sans fioriture de mauvais aloi mais sans simplisme. Raymond Aron qui, jeune chercheur à Berlin durant les années trente, y avait été témoin de la période, me dit combien l'avait frappé la vérité psychologique de certains personnages dont il avait bien connu les équivalents réels. Il revoyait par la mémoire une copie conforme de ce grand médecin juif, dont les ancêtres, dans le film, n'ont jamais été autre chose qu'allemands, dont le patriotisme, les états de service, la sensibilité, la culture et le goût sont totalement allemands, et qui ne peut donc pas croire à la vraisemblance des persécutions qui commencent ni par conséquent s'en méfier. Que la nécessaire schématisation d'un feuilleton télévisé pût, çà et là, confiner au mélodrame, on ne s'en étonnera pas. Mais il faut s'entendre. Lorsqu'on a sans cesse à la bouche les expressions d'art populaire et de culture de masse, on doit accepter les simplifications qui en sont inséparables et qui, après tout, caractérisent aussi une part importante du roman populaire au XIXe siècle. Sinon, que l'on se borne à des documentaires stricts, très supérieurs en qualité historique, mais qui ne toucheront jamais le grand nombre. Claude Lanzmann, qui travaillait alors à *Shoah*, s'employa tant qu'il put à faire campagne contre la diffusion d'*Holocauste* en France, craignant que cela ne lui coupât l'herbe sous le pied et ne gâchât le sujet. Outre que cette attitude ne trahissait qu'un faible respect pour la liberté de choix du public, elle se fondait sur une erreur de diagnostic : *Shoah* non seulement transcende de très loin en valeur le feuilleton américain, mais c'est une œuvre d'une autre nature. Les deux films ne font pas du tout appel au même type de curiosité ni d'émotion. Ils n'ont pas plus de raison de se nuire ou de s'exclure qu'il n'y en aurait d'interdire *Quo vadis* pour assurer le succès de *l'Histoire du déclin et de la chute de l'Empire romain*. Sienkiewicz a eu des dizaines de millions de lecteurs (et davantage de spectateurs encore ont vu les nombreux films adaptés de son roman), mais je doute qu'il en ait par là retiré un seul à Gibbon.

Je me scandalisai qu'un pays chatouilleux sur le chapitre de l'antisémitisme au point de confondre éditorial et document journalistique, 1978 et 1942, et si préoccupé de perpétuer le souvenir du génocide, fût néanmoins le seul à ne pas diffuser la première narration télévisée de qualité et de quelque ampleur qui avait été réalisée sur cette tragédie. J'entrepris donc de faire dans *l'Express* quelque propagande pour alerter le public et tâcher de faire revenir les autorités compétentes sur leur décision. Cela me valut aussitôt d'être accusé, au cours d'une conférence de presse, par le président de TF1 de m'être fait le commis voyageur d'*Holocauste* parce que mon éditeur, Robert Laffont, en avait publié en livre le scénario (ce qui m'avait d'ailleurs totalement échappé) et que la diffusion du film pousserait les ventes. On admirera, une fois de plus, l'élévation morale du débat d'idées en France, et notamment le sens de la déontologie que manifestait par cette imputation calomnieuse le responsable d'un grand service public. Suivait-il des consignes politiques ? Je l'ignore. Désir de Valéry Giscard d'Estaing de ne pas voir se réveiller les sympathies pro-israéliennes ? de ne pas désobliger les Allemands ? C'eût été bien naïf de sa part, mais les hommes d'État le sont souvent. Toujours est-il que j'adressai désormais notre supplique pour *Holocauste* à la deuxième chaîne (dite Antenne 2). Elle fit savoir qu'elle aimerait beaucoup passer le film, mais qu'elle ne disposait pas des crédits nécessaires à l'achat des droits. J'ouvris aussitôt dans les colonnes du journal une souscription pour « venir en aide à la télévision française nécessiteuse » et les dons affluèrent. Car après quelques semaines d'« affaire Darquier », l'opinion publique s'était retournée en faveur de *l'Express*, tant éclataient l'inanité des accusations dont nous étions l'objet et la malveillance des intentions qui les inspirait. Je n'ignorais pas qu'un organisme d'État n'avait pas le droit d'accepter de dons. Notre souscription n'était qu'une manière d'entretenir l'intérêt. Les souscripteurs furent remboursés dès que nous eûmes gain de cause. Car, finalement, le président d'Antenne 2, Maurice Ulrich, homme fin et de grand flair, me téléphona un jour pour m'annoncer qu'il venait d'acheter les droits d'*Holocauste*. Le succès d'audience et le retentissement firent, je crois, qu'il n'eut pas à se repentir de sa décision.

Dans les exemples que j'ai analysés, les attitudes dominantes mélangent un refus de connaître l'histoire avec un besoin de la revivre sous forme de mise en scène. L'ignorance volontaire du passé entraîne la falsification du présent. Telle est la fonction du tabou.

---

1. Dans l'article mentionné plus haut, page 51, Raymond Aron écrit, à propos de la publication de l'entretien avec Darquier: « Absent de Paris au moment où la décision fut prise, je ne connus pas le texte à l'avance et le comité éditorial ne put en discuter. » (*L'Express*, N° 1427, 11 novembre 1978). Cette phrase ne correspond pas à mon souvenir. S'il est exact qu'Aron ne lut pas l'entretien, je lui dis que je l'avais et comptais le publier. Il ne fit aucune objection de principe et partit en voyage. En fait, ni lui ni moi n'imaginions les tempêtes que soulèveraient la sottise et la malveillance.

## FONCTION DU TABOU

La gauche, même et surtout non communiste, a besoin d'entretenir la fiction qu'il existe un totalitarisme de droite aussi imposant qu'en 1935 ou en 1940, à l'échelle mondiale, de manière à pouvoir passer l'éponge sur le totalitarisme communiste. Certes, des violations des droits de l'homme, des tyrannies, des répressions, des exterminations et même des génocides foisonnent en dehors du secteur communiste de la planète. C'est une évidence, et ils ont foisonné bien avant que le communisme ne fît son apparition. Qu'il faille les combattre et s'efforcer de créer une sorte d'ordre démocratique mondial, tout homme honnête en est convaincu. Mais c'est précisément ce que nous ne faisons pas. Car nous nous interdisons de comprendre et donc de traiter les maux que nous prétendons attaquer, quand nous assimilons les uns aux autres et ramenons à l'unité supposée d'un totalitarisme d'essence nazie des réalités aussi disparates que l'apartheid sud-africain, la dictature du général Pinochet au Chili, la répression de manifestations étudiantes par le gouvernement de Séoul ou encore, dans une démocratie, le renvoi dans leur pays d'origine d'immigrés clandestins dépourvus d'autorisation de séjour. Il est indispensable, d'une part, de lutter contre toutes les injustices dans le monde, d'autre part, de bien connaître le passé nazi. Mais nous ne voulons pas connaître le passé nazi, nous voulons l'utiliser pour projeter une couleur uniforme sur les atteintes contemporaines à la dignité humaine que, par cette confusion même, nous ne pouvons pas non plus bien connaître, ni expliquer ni extirper. Un double refus de l'information censure le passé nazi et travestit les atteintes actuelles aux droits de l'homme, la première opération servant à l'exécution de la seconde. D'où l'apparente inconséquence qui consiste à invoquer à tout propos et hors de propos le monstre nazi tout en protestant avec véhémence contre toute publication ou même réédition d'un document qui en éclaire les sources et les mécanismes. Avant l'affaire Darquier, j'avais vu surgir cette peur de la connaissance à l'occasion de la réédition de *la France juive* d'Edouard Drumont, en 1968, chez Jean-Jacques Pauvert. Supposant à tort que cette réédition figurait dans une collection dirigée par moi (mais, péché fréquent de trop de journalistes, il ne vérifia pas une « information » qui lui tenait à cœur), Jean-Francis Held (que j'engageai du reste plus tard à *l'Express*) me reprocha vivement dans *le Nouvel Observateur* de me conduire en agent propagateur de Drumont. Je ne voyais, quant à moi, que des avantages à permettre à mes contemporains de juger sur pièces Drumont, dont l'influence néfaste méritait une investigation. J'avais refusé de l'inclure dans ma collection parce qu'une Société des amis de Drumont, juridiquement habilitée à veiller sur les œuvres de cet auteur, se trouvait avoir le pouvoir d'imposer à l'éditeur, en guise de préface, une longue réhabilitation due à l'historien d'extrême droite Etienne Beau de Loménie. Autant je trouvais utile de rendre le document accessible, autant je réprouvais de tout mon être qu'on en fît l'éloge. Dans un article paru dans *l'Express* du 8 avril 1968, j'exposai ce point de vue, réfutai avec sévérité l'apologie de Beau de Loménie et invitai les lecteurs à s'interroger sur le mystère de la fortune dont avaient joui les théories abracadabrantes mais meurtrières de Drumont. *Le Nouvel Observateur* n'en persista pas moins dans son attaque contre moi, qu'il fit paraître *après* mon article, pourtant sans équivoque, je crois, mais qu'il feignit d'ignorer. Je fus donc conduit à répliquer à nouveau, dans *l'Observateur* même, cette fois. *La France juive* datant de 1866, il fallait de bien puissants motifs pour qu'on voulût cacher aux Français ce texte vieux de cent deux ans ! N'aurait-on pas dû plutôt se demander pourquoi ce grimoire stupide et vulgaire avait exercé sur notre culture jusqu'en 1939 un tel empire idéologique, si humiliant pour notre orgueil intellectuel ? Oubliait-on que Georges Bernanos, prophète du christianisme de gauche, avait lui-même publié en 1931 un pamphlet antisémite, *la Grande Peur des bien-pensants*, dédié à la mémoire et voué à la gloire d'Edouard Drumont, ouvrage toujours en vente ? On voyait déjà se déployer là les deux volets du comportement que j'ai tenté de décrire à propos de Barbie et de Darquier : brandir sans relâche l'épouvantail d'un danger totalitaire de droite autour de nous et cependant barrer la route le plus possible aux documents qui peuvent permettre au public de savoir ce qu'a été vraiment le totalitarisme de droite.

« *Pourquoi ne pas rééditer* Mein Kampf ? » m'objectait Held. « Pourquoi pas ? lui répondis-je. Et même, il le faudrait absolument. » Je poursuivais ainsi : « *Il faudrait absolument que le plus de gens possible eussent une connaissance approfondie d'un livre dont l'auteur a failli coûter la vie à l'Europe, a donné un goût de sang et de pourri à notre civilisation, marqué l'histoire du monde et ébranlé toute notre époque. Ou alors faut-il éternellement repartir de zéro ? Faut-il toujours aborder la tête vide et les mains nues les nouveaux assauts de la droite ? Ou vaut-il mieux être averti que ce ne sont pas là des phénomènes inédits ?*

« *Pour moi "démystifier" ce n'est pas trancher à la place des lecteurs mais les mettre en mesure de le faire par leurs propres moyens. Ce n'est pas juger pour eux, mais leur fournir les éléments qui leur permettront de juger.*

« *Notre illusion est de constamment nous imaginer que la droite sous sa forme virulente est un monstre enterré, et d'être toujours surpris et pris au dépourvu par ses résurgences. Pis encore, elle est de ne pas reconnaître dans ses manifestations actuelles la répétition de ses actes et de ses doctrines passées. A vingt ans, je pensais qu'à la suite des leçons de la Seconde Guerre mondiale, plus jamais on ne verrait de camps de concentration, et ils n'ont pas cessé d'exister ; que plus jamais on ne verrait de génocide, et ils se sont succédé sans interruption ; que plus jamais on ne verrait de racisme, et on ne voit que cela ; que plus jamais on ne verrait de grèves ou de manifestations pacifiques réprimées par la force, et c'est monnaie courante ; que plus jamais on ne verrait contestée, supprimée ou réduite la liberté de l'information, et les gouvernements ne la tolèrent pratiquement nulle part ; que plus jamais on n'assisterait à des coups d'État militaires, et rare est l'année qui ne nous en apporte pas un ; que plus jamais il n'y aurait de dictatures, et de quelque côté que je me tourne je n'aperçois quasiment que des dictatures ; que les garanties de l'individu face aux polices et à la justice deviendraient intouchables, et on compte sur les doigts d'une main les pays où elles sont à peu près respectées.*

« *Est-il donc judicieux de considérer les expressions passées de la pensée réactionnaire comme autant de curiosités préhistoriques, réfutées par les faits, et indignes d'être mentionnées ? Est-il logique d'ajouter aussitôt qu'il faut empêcher les gens de les lire parce que ça leur ferait du mal ? Ne désirons-nous pas plutôt faire le silence sur un passé dont nous avons honte ?*

« *Je crains qu'il n'y ait beaucoup à perdre à traiter ainsi nos concitoyens en enfants, incapables de penser par eux-mêmes et de se prononcer sur pièces, et je redoute qu'en voulant leur peindre un passé à l'eau de rose nous ne leur préparions une fois de plus un avenir au vitriol.* »

On le remarquera, j'élevais encore à l'époque avec quelque ingénuité cette objection : comment prétendez-vous apprendre aux jeunes esprits à identifier et à repousser la tentation nazie aujourd'hui si vous leur interdisez de prendre connaissance des sources idéologiques du nazisme d'hier ? Répandre la connaissance exacte du nazisme n'était pas du tout et n'est toujours pas le but recherché, je ne le voyais pas clairement alors. Le but recherché est double : d'une part, appliquer l'étiquette nazie sur toutes sortes de comportements qui peuvent être fort condamnables, mais qui n'ont rien à voir avec le nazisme historique ; d'autre part, empêcher de comprendre que le nazisme authentique n'existe plus et que le principal danger totalitaire, global et planétaire, depuis la défaite du nazisme, vient du communisme. Pour obtenir ce résultat, il est donc souhaitable d'entretenir la plus grande ignorance possible du passé, de manière à faciliter la plus grande tromperie possible dans le présent.

*\*\*\**

Les références historiques qui précèdent peuvent inciter à penser que mon hypothèse s'applique surtout au cas français et à celui des pays qui ont été occupés par les nazis ou les fascistes. Ces pays, en effet, entretiennent avec leur passé une relation trouble, due à leur désir de condamner et de nier tout à la fois la collaboration avec l'occupant totalitaire. Cette relation avec le souvenir devient encore plus morbide dans les pays qui ont été eux-mêmes les berceaux du nazisme et du fascisme. Pourtant, fait plus déconcertant, la manie actuelle de voir le fascisme partout actif, plusieurs décennies après sa mort, sévit aussi dans les pays qui n'ont été eux-mêmes ni fascistes ni occupés. Aux États-Unis, c'est plutôt le maccarthysme qui joue le rôle d'arme dissuasive face à toute critique dirigée contre la gauche et même contre le communisme totalitaire. L'accusation de « ressusciter le maccarthysme » ou de se livrer à la « chasse aux sorcières » guette tout intellectuel qui s'inquiète de la vulnérabilité idéologique de l'Occident aux thèmes de la propagande communiste. Comble du paradoxe, en Grande-Bretagne même, nation qui a plus que toute autre mérité de rester indemne de la névrose obsessionnelle à l'égard de l'extrême droite, on entend parfois qualifier de « fascistes » des gens qui ont simplement le tort de voter conservateur ou de refuser le désarmement unilatéral.

Ainsi, durant la campagne électorale du printemps de 1987, le *Guardian* compara Margaret Thatcher à un « général nazi ». Denis Healey, ancien ministre de la Défense et ancien chancelier de l'Échiquier travailliste, s'écria pour sa part devant une foule venue l'écouter que le gouvernement de Mme Thatcher était formé d'« esclaves de cette dame, survivants silencieux de son *holocauste* personnel[1] ». Étant donné les résonances qu'éveille le terme « holocauste », il faut attribuer de telles hyperboles à une malhonnêteté indigne ou à une complète inconscience. La « banalisation » de l'insulte suprême, toutefois, ne serait pas admise dans l'autre sens ; par exemple, les protestations auraient fusé si Mme Thatcher s'était avisée d'appeler M. Healey « tchékiste » ou « ami du goulag » parce qu'il affichait son admiration pour l'Union soviétique ou recommandait de renationaliser les entreprises qu'elle avait privatisées.

L'effervescence électorale n'explique pas seule ces excès de langage. Il est commode pour la gauche d'assimiler au fascisme les idées qui diffèrent des siennes et impérieux de gonfler le danger fasciste de manière à détourner l'attention publique du danger communiste. Ici, la lumière que projettent sur le présent les souvenirs de la Seconde Guerre mondiale sert à grossir des phénomènes marginaux et à fourrer dans le même moule des attitudes hétérogènes. Ainsi, à ma stupeur, je reçus, au début de 1985, une invitation à venir en tant qu'« expert » témoigner devant le Parlement européen à Bruxelles sur « la montée du fascisme et du racisme en Europe ». Comme les dernières dictatures fascistes, la grecque, l'espagnole et la portugaise, avaient précisément disparu d'Europe depuis dix ans, comme aucun parti à même de prendre le pouvoir ne se réclamait plus de leurs doctrines, comme rien de comparable aux puissantes « ligues » d'avant-guerre ne semblait de taille à subvertir les démocraties, j'aurais pu croire à un retard de la poste et me figurer devant une missive expédiée cinquante ans plus tôt. Mais en 1935 le Parlement européen n'existait point, et il fallait me rendre à l'évidence : c'était bien en septembre 1984, appris-je, que, sur proposition du groupe socialiste, le Parlement européen avait créé une commission d'enquête chargée d'examiner la montée du fascisme et du racisme en Europe. Ledit parlement, d'ailleurs, se sentant une mission universelle, invitait la commission à pourchasser le fléau fasciste bien au-delà des frontières de la Communauté, on se demande à quel titre. Mais, pour commencer, on allait nettoyer l'Europe. Ainsi, au moment où l'impéria-

---

1. Cité par *Il Giornale* de Milan (22 mai 1987).

lisme soviétique étendait toujours davantage sur nous et sur le monde entier le filet de son ingénieuse stratégie, où le terrorisme d'importation orientale s'acharnait contre les sociétés libérales, où nous souffrions d'une langueur chronique de l'emploi, où nos économies et nos technologies en retard se trouvaient bousculées par la concurrence commerciale du Japon et des nouveaux pays industriels, où le totalitarisme colonial se perpétuait en Europe centrale, aire voisine et parente, liée à nous par l'histoire et la culture, voilà que la question prioritaire, pour le Parlement européen, celle à laquelle il décidait de consacrer son temps et l'argent des contribuables, c'était la montée du fascisme, précisément dans une des rares régions de la planète où la démocratie paraissait assez solide pour en exclure à peu près certainement le retour — du moins dans le laps de temps que peut couvrir la prévision politique raisonnable. La question de la montée des périls fascistes fut également jugée prioritaire par dix-huit des vingt-quatre « experts » venus à Bruxelles, tous frais payés, pour déposer, de janvier à mars 1985, devant la commission. Je figurai parmi les six de la minorité qui estima plutôt résiduels, comparés au fascisme de masse d'avant-guerre, les groupes extrémistes de droite actuels[1].

L'énoncé même du thème soumis à l'enquête de la commission faisait craindre que le but poursuivi fût non pas l'information, mais la construction d'un objet idéologique. Une première opération d'alchimie verbale tendant à unifier des éléments disparates fut accomplie grâce à l'emploi de la notion de fascisme. On trouve effectivement épars à travers l'Europe des groupes ou groupuscules d'extrême droite, d'abord très petits, ensuite très hétérogènes, parmi lesquels entre autres quelques dizaines de plumitifs maniaques, nostalgiques de l'imagerie nazie ; des fidèles de la droite traditionaliste, éventuellement royalistes ou catholiques intégristes ; des sociétés de pensée sans activité politique, comme la nouvelle droite intellectuelle en France, à savoir les théoriciens des revues *Éléments* et *Nouvelle École*, antichrétiens, antiaméricains et anticapitalistes ; des groupes terroristes dits « noirs », dont les véritables inspirateurs

---

[1]. Les autres minoritaires furent les Pr Raoul Girardet et Olivier Passelecq (tous deux de l'Institut d'études politiques de Paris), le Pr Erwin Scheuch (RFA), André Glucksmann et le dissident soviétique Mikhaïl Voslensky. Les vingt-quatre dépositions sont celles dont le texte est reproduit intégralement dans les annexes du rapport final, que j'ai sous les yeux. Mais c'est en nombre très supérieur à ce chiffre que des personnalités venues de toute l'Europe — présidents d'associations diverses, députés, dirigeants syndicaux — furent invités à éclairer la commission.

et commanditaires restent d'ailleurs fort difficiles à identifier : en République fédérale d'Allemagne, écrit en effet un spécialiste du terrorisme, « tous, nous disons *tous* les groupes néo-nazis avérés sont ou ont été suscités, infiltrés et manipulés par l'Allemagne de l'Est[1] ». Aucun de ces groupes n'a jamais réuni assez d'électeurs pour porter un seul député dans un parlement. La seule formation néo-fasciste qui ait obtenu de façon suivie une représentation parlementaire est le MSI (Movimento Sociale Italiano), qui, grâce au mode de scrutin proportionnel, remporte régulièrement, avec 5 à 6 % des voix, quelques sièges. Mais, exclu de ce que les Italiens nomment l'« arc constitutionnel », c'est-à-dire traité à la Chambre comme s'il n'existait pas, ce parti, sans journaux ni accès aux combinaisons ministérielles, n'exerce en pratique aucune influence. Du reste, rompant sur ce point avec la doctrine fasciste d'avant-guerre, il s'est rallié en théorie aux principes démocratiques et s'interdit la voie putschiste, où sa faiblesse ne lui permettrait d'ailleurs de récolter que le ridicule et quelques mois de prison.

Les rédacteurs de la question perpétraient donc un double truquage : assimilation des groupes sporadiques d'aujourd'hui au fascisme d'avant-guerre ; unification factice de ces groupes. C'était la seconde fusion alchimique. Elle permettait de décanter la potion magique à l'état pur : l'urgence prioritaire et pressante de s'attaquer à un danger fasciste global. Comparer les chapelles excentriques et squelettiques de l'extrême droite fin de siècle avec les puissants partis de masse qui accaparaient la scène politique entre les deux guerres et finirent par l'occuper tout entière, voilà qui heurte par trop la vraisemblance. Aussi faut-il, pour qu'on prenne au sérieux l'assimilation, conférer à l'extrême droite contemporaine une certaine consistance, y in-

---

1. Xavier Raufer, *Terrorisme*, J.-J. Pauvert, 1984. L'auteur cite quelques faits à l'appui de sa thèse : « La veille de Noël 1959, des synagogues sont barbouillées de croix gammées dans de grandes villes allemandes. Immense émotion dans le monde entier. Le gouvernement fédéral présente ses excuses. La *Pravda*, en particulier, se déchaîne sur les "revanchards". On arrête deux "barbouilleurs", qui désignent leur chef : Bernhard Schlottmann, agent des services de renseignement de l'Allemagne de l'Est, agissant sur ordre de ses supérieurs.

« Au milieu de cent cas identiques, plusieurs sont spécialement révélateurs.
« Un dénommé Herbert Bormann monte, à Essen, un "groupe de combat national-socialiste démocratique", ou KDNS. Enquête. Bormann est, en Allemagne de l'Est, en tant que "communiste persécuté par les nazis", détenteur d'une carte officielle de... victime du fascisme ! Plus fort encore, le 15 janvier 1975, à 15 heures, la radio de propagande de l'Allemagne de l'Est, "Radio liberté et progrès", dénonce violemment la création, ce jour-là, de ce parti "anticommuniste et nazi"... qui ne sera fondé que le lendemain. »

troduire l'unité, la coordination, voire la concertation. Isolé, chacun de ces groupes est un moustique ; tous réunis dans un dispositif d'ensemble, ils peuvent paraître une armée d'éléphants. D'où la hantise de démontrer qu'ils forment une organisation internationale cohérente. Le 4 juin 1987 encore, l'hebdomadaire parisien de gauche, *l'Événement du jeudi*, faisait toute sa couverture avec ce titre en caractères énormes : « L'Internationale néo-nazie ». Toujours les grands problèmes d'actualité ! On notera en passant, ici aussi, une inversion dans la perception des menaces. A une époque où il existe une bien vivante, bien réelle et tout à fait gigantesque Internationale, celle qu'anime Moscou, à laquelle on ne peut dénier une certaine omniprésence et le titre d'acteur de premier rang dans les affaires du monde, l'imagination de la gauche se dépense frénétiquement pour rassembler les bribes de droitisme paléontologique coincées dans les interstices de nos sociétés amplement démocratiques, et pour nous hurler : « Détrompez-vous ! Ne tournez plus vos regards vers l'Est ! Regardez par ici ! Voyez l'Internationale néo-nazie ! C'est là qu'est le vrai danger ! » Et un hebdomadaire fait sa une là-dessus au moment même où Gorbatchev est en train de battre l'Europe à plate couture en poussant chaque jour un peu plus l'exécution de son plan de dénucléarisation de notre continent, très vieille ambition soviétique, destinée à provoquer le retrait américain et la dislocation du dispositif de sécurité mis en place quarante ans plus tôt, lors de la signature du Pacte atlantique. Foin de ces broutilles ! Parlons un peu des périls vraiment graves et, au besoin, fabriquons-les.

On pourrait interpréter cette attitude comme trahissant la secrète résignation d'une civilisation qui, se sachant impuissante à résister à la force qui, petit à petit, la domine, livre par compensation un combat théâtral contre un mal fictif ou, du moins, démesurément grossi. Pour enfler l'unité factice d'un nouveau fascisme international, pure construction de l'esprit, la recette bien connue de l'amalgame jette pêle-mêle dans la même marmite les excités du néo-nazisme musculaire, les criminels très redoutables du terrorisme que l'on voit noir, et exclusivement noir, ou encore les chercheurs scientifiques qui commettent l'erreur de choisir pour discipline la sociobiologie. Le *Guardian* et le *Times Literary Supplement*, le plus prestigieux hebdomadaire littéraire du Royaume-Uni, vont même jusqu'à confondre ou feindre de confondre les néo-libéraux français, disciples de Locke, Montesquieu et Tocqueville, avec la nouvelle droite, héritière de Gobineau et de Maurras. Incompétence ? Mauvaise foi ? Souvent les deux s'entraident[1]. La première étape consiste à gonfler et à unifier artificiellement les effectifs du fascisme, la seconde à y agréger la droite démocratique, les conservateurs, les partisans du libéralisme économique, les adversaires des nationalisations et du collectivisme. A la fin, tout le monde devient fasciste — sauf les socialistes et les communistes, bien sûr. Pis : désapprouver une personnalité de gauche, même sur un point sans rapport avec la politique, c'est tomber dans le fascisme, parfois. Marek Halter, d'ordinaire plus circonspect, écrit dans *Paris-Match* (1er juillet 1988) à propos de Marguerite Duras : « Certains lui reprochent le parisianisme de son papier sur l'affaire Villemin. Ce sont souvent les mêmes qui pardonnent à Céline d'avoir construit une partie de son œuvre sur le dos des juifs. » L'affaire Villemin est une affaire criminelle fort embrouillée sur laquelle Duras s'était prononcée de façon inconsidérée. Quel lien, diantre, peut bien exister entre réprouver son irresponsabilité dans une affaire de droit commun et approuver l'antisémitisme de Céline ? Un seul : ne pas suivre Duras dans ses divagations, c'est se rendre complice de l'Holocauste.

A la montée du fascisme, les auteurs du sujet d'enquête soumis à la perspicacité de la l'Assemblée européenne ajoutaient la montée du racisme. Il nous faut donc examiner la fonction politique de cette notion dans le tabou.

---

1. Le 6 février 1986, le *Guardian* s'en est pris à la revue *Commentaire*, fondée par Raymond Aron et dirigée par l'un de ses plus fidèles et remarquables héritiers intellectuels, Jean-Claude Casanova, en le classant, en ma compagnie d'ailleurs, dans la « nouvelle droite ». J'avais déjà eu droit au même traitement dans le *Times Literary Supplement* à propos de mon livre *le Rejet de l'État* (1984). On sait que la nouvelle droite française n'a rien à voir avec le libéralisme, qu'elle hait.

# 6
## FONCTION POLITIQUE DU RACISME

Ainsi le grand tabou a pour fonction de rendre légitime le totalitarisme « de gauche » — puisqu'on le qualifie encore de la sorte. En théorie, les gardiens du tabou veillent à l'équité de répartition des jugements que nous portons sur les deux totalitarismes. En pratique, cette impartialité apparente suppose la fabrication préalable d'un totalitarisme de droite qui, dans le contexte de la seconde moitié du XX$^e$ siècle, est une pure création de l'esprit, ce que l'on appelait dans l'ancienne philosophie un « être de raison ». On entendait par là non que cet « être » fût rationnel ou raisonnable, mais qu'il était un produit de notre faculté cogitante, un concept auquel ne correspondait aucun objet réel. Certes, ceux des régimes contemporains qui ne sont pas communistes ne sont pas tous démocratiques, tant s'en faut, mais les régimes non démocratiques et non communistes ne constituent pas une puissance politique et stratégique homogène bâtie selon un même principe, pourvue d'une même structure de pouvoir et inspirée par une même idéologie. En d'autres termes, il n'existe pas en 1988, année où paraissent ces lignes, de nazisme mondial qui serait l'antithèse jumelle du communisme mondial. L'égalité de traitement prétendue entre les deux profite donc au communisme. Celui-ci se voit par ce subterfuge absoudre ou, au pire, condamner avec sursis, sous prétexte que nous n'avons pas le droit moral de le déclarer ennemi du genre humain tant que le fascisme international n'aura pas lui aussi été extirpé. Comme le fascisme international n'existe pas, on ne risque pas de l'extirper de sitôt, ce qui confère une durée éternelle à l'immunité dont jouit le communisme. De plus, même sur le plan purement formel, verbal, l'égalité de traitement n'est pas respectée. Nous ne flétrissons pas les crimes commis contre l'humanité en Afghanistan avec la millième partie de la vigueur quotidienne que nous déversons dans nos diatribes contre l'apartheid sud-africain. Sur le plan économique, les firmes occidentales se retirent d'Afrique du Sud, tandis qu'elles multiplient les offres de service à l'Union soviétique. Sur le plan politique, aucun dirigeant politique d'un pays démocratique ne reçoit le général Pinochet ou ne lui rend visite. En revanche, le président de la République française et le président du Conseil italien ont reçu le général Jaruzelski, et le président du gouvernement espagnol a rendu visite à Fidel Castro. Le Premier ministre grec (socialiste, comme les trois précédents) a pris, lui, durant les années quatre-vingt, encore beaucoup plus catégoriquement position en faveur du communisme international et du terrorisme, chaque fois que l'occasion s'en est présentée. En pratique comme en théorie, l'égalité des deux dangers totalitaires est donc un mythe arrangé de telle manière qu'il tourne mécaniquement à l'avantage du communisme.

J'ai traité ailleurs de ce comportement absolutoire que j'ai appelé le « renvoi dos à dos »[1]. Si j'y reviens ici, c'est sous l'angle de l'information. Dans ce domaine, en effet, plus particulièrement, le processus du renvoi dos à dos joue avec régularité en faveur du communisme. La préoccupation d'éviter toute condamnation unilatérale du communisme « tant que subsistent des régimes fascistes » a conduit depuis très longtemps à une censure massive ou, pour le moins, à une atténuation de l'information sur le monde communiste et ses alliés officiels ou officieux, ainsi qu'à une accoutumance au caractère chronique des violations des droits de l'homme inhérentes au système communiste. Des régimes autoritaires du Chili après 1973, des Philippines jusqu'en 1986, de la Corée du Sud jusqu'en 1987, de l'Afrique du Sud, on peut dire tout ce que l'on veut, sauf que les informations nous font ou nous faisaient défaut à leur sujet. Nul ne soupçonnera les médias occidentaux de tendre à passer sous silence les forfaits et méfaits de ces gouvernements ou à sous-estimer l'ampleur des protestations et manifestations populaires dont ils sont la cible. Lorsqu'ils ébauchent des réformes allant dans la bonne direction, il est rare que nos médias daignent nous en informer, sinon du bout des lèvres et en général pour en souligner l'insuffisance. A l'inverse, toute annonce de réforme libérale voyant le jour dans un pays communiste est accueillie avec sympathie et confiance, détaillée et ressassée. Elle ne saurait passer inaperçue. L'annonce vaut

---

1. *Comment les démocraties finissent*, chapitre XXIV.

## Fonction politique du racisme

réalisation. En douter serait un signe de malveillance. Vis-à-vis des hommes d'État occidentaux, c'est une exigence de l'esprit critique, pour un journaliste, que de ne pas confondre les déclarations d'intention avec les actes. Vis-à-vis des hommes d'État soviétiques, c'est une attitude tendancieuse et partiale que de ne pas prendre les premières pour les seconds. Selon la *Neue Zürcher Zeitung*, les rédacteurs en chef des principaux journaux allemands ont rappelé à l'ordre plusieurs fois leurs correspondants à Moscou, en 1987, leur reprochant de montrer trop de scepticisme et de tiédeur à l'égard du programme de réformes de Gorbatchev. On les priait d'en parler désormais de façon plus constructive, avec plus d'entrain et de foi en l'avenir.

Telles sont quelques-unes des raisons pour lesquelles, dans un livre où je pose la question de savoir si les hommes de notre temps utilisent effectivement et désirent vraiment utiliser toutes les informations dont ils disposent, les exemples de dissimulation flagrante ou de négligence volontaire de la vérité que je rencontre le plus fréquemment se trouvent pour la plupart inévitablement situés du côté communiste et, de façon plus générale, à gauche. Longtemps la malhonnêteté intellectuelle a été à droite ou, du moins, équitablement répartie. Depuis 1945, cet élément essentiel du bonheur humain est égoïstement monopolisé par la gauche. Entre les deux guerres, les partisans de Hitler et ceux de Staline pouvaient rivaliser sur un pied d'égalité, dans la fourberie, sciemment et cyniquement pratiquée à l'intention des benêts de démocrates, à leurs yeux si faciles à duper. Depuis la disparition du nazisme, et surtout depuis que les socialistes européens et les « libéraux » américains, dans leur pratique du débat public, se sont mis à copier les procédés communistes, la malhonnêteté intellectuelle est à gauche. Ce n'est pas que la droite ait perdu l'envie de s'en servir, mais elle en a perdu le talent. Elle n'a plus ni les ressources philosophiques ni la virtuosité dialectique nécessaires. Même quand elle dit la vérité, on ne la croit plus. Quant aux libéraux, ils tombent dans les pièges de la gauche en acceptant ses postulats dans l'espoir de renouer un dialogue de bonne foi. Les malheureux ne comprennent pas que ces postulats sont agencés de telle manière qu'ils contiennent dans l'œuf leur inéluctable damnation.

Un bon exemple d'un de ces postulats empoisonnés est fourni par la notion de racisme, telle qu'on l'emploie de nos jours, notion si vague et si vaste qu'aucun démocrate, pour sincère et scrupuleux qu'il soit, ne peut éviter de tomber sous le coup de cette accusation.

La première étape de l'utilisation du racisme dans la construction du grand tabou consiste à ramener le multiple à l'un, c'est-à-dire à ramener toutes sortes de comportements, sans doute blâmables, mais de gravité, de nocivité et surtout d'origines diverses, à un seul concept fondamental : le racisme. La deuxième étape a pour but d'assimiler ce racisme unifié, obtenu par fusion en un seul bloc d'une myriade d'extraits de conduites discriminatoires ou méprisantes, au racisme idéologique, doctrinal et pseudo-scientifique des théoriciens du IIIe Reich. En une troisième étape, enfin, on qualifiera de discriminatoire et on ramènera donc au racisme, et par là même au nazisme, toute mesure ayant pour objet de trier des êtres humains et de les distinguer les uns des autres, fût-ce pour des raisons purement pratiques, d'ordre scolaire, sanitaire, professionnel ou strictement réglementaire. Par exemple, imposer un examen de sélection à l'entrée de l'université peut être une bonne ou une mauvaise mesure. On peut en discuter d'un point de vue pédagogique et social. Mais dans les manifestations de lycéens contre la sélection qui ont eu lieu en France au mois de décembre 1986 et en Espagne peu après, l'argumentation technique n'a joué aucun rôle. La rhétorique protestataire était tirée de la métaphysique antiraciste. Elle condamnait le principe de l'examen en tant que « comportement d'exclusion ». Le slogan était « non à la discrimination ». Autrement dit, l'aspirant à l'université dont on voulait vérifier les connaissances se comparait au noir d'Afrique du Sud ou au juif persécuté par Hitler. Le gouvernement qui proposait la sélection se retrouvait donc fasciste, par le biais d'un projet qui ne pouvait s'interpréter qu'à l'aide du paradigme raciste, puisque sélection universitaire implique séparation, exclusion, discrimination, et qui sait ? peut-être déportation...

Tout système totalitaire a pour ressort une idéologie dont la fonction est de justifier un plan de domination planétaire, qu'il réalise, entre autres moyens, par l'élimination, physique s'il le faut, des groupes hostiles ou encombrants. Dans l'idéologie communiste, ces groupes sont sociaux ; dans l'idéologie nazie, ils étaient raciaux. Fondée sur la thèse de l'inégalité biologique des races humaines, de la supériorité de certaines races sur d'autres, et sur le prétendu droit des races « supérieures » d'asservir, voire de faire disparaître les races dites « inférieures », impures ou nuisibles, la métaphysique raciste du nazisme a inspiré, on le sait, un programme d'extermination des juifs et des Tziganes d'Europe, d'asservissement des Latins et des Slaves. L'absurdité de la théorie ressort d'ailleurs entre autres preuves du fait que, nul anthropologue ne l'ignore, il n'existe pas de race juive. Le judaïsme et la judéité (ce dernier terme a été introduit par Albert Memmi pour désigner le sentiment d'appartenance à une tradition culturelle et coutumière des Juifs non religieux[1]) se rencontrent dans presque toutes les races humaines. Il est vrai, la contradiction dans les termes est presque une des conditions du sectarisme idéologique. Quel marxiste songe à constater qu'au long du XX$^e$ siècle les injustices sociales se réduisent dans les sociétés capitalistes et s'aggravent dans les sociétés socialistes ?

Le racisme nazi constitua donc une monstruosité bien définie, nettement localisée dans l'espace et dans le temps, une classification idéologique fondée sur une hantise du pur et de l'impur qui n'est pas étrangère, d'ailleurs, selon d'autres critères, à la mentalité ségrégative communiste, avec ses « rats visqueux », ses « vipères lubriques » et autres « chacals » ou « hyènes », dont on ne vient à bout qu'en les « liquidant » par les « luttes ». De même, sous la Révolution française, pendant la guerre civile de Vendée, la Convention proclama son ferme propos d'« exterminer les brigands de la Vendée », y compris la population civile, pour « purger entièrement le sol de la liberté de cette race maudite ». On appréciera la logique du raisonnement qui prône le génocide au nom de la liberté. Les « comportements d'exclusion » alliés à une idéologie totalitaire conduisent en effet à une telle logique.

En résulte-t-il que tout comportement xénophobe, se limitât-il à une certaine méfiance condescendante à l'égard de l'étranger, comme on en voit dans tous les pays, découle de l'idéologie nazie ou y conduit ? Si oui, alors l'humanité tout entière a toujours été nazie et l'est encore. Je dirai même qu'elle est incurable. Une seule solution : l'exterminer. La défiance, la peur ou le mépris vis-à-vis de l'individu différent, qui vient d'une communauté différente, parle une langue différente, pratique une religion différente, a une apparence physique différente, sont des sentiments anciens et universels. Ils donnent lieu à des conduites d'exclusion. Au mieux, de distinction, au pis, de ségrégation, qui sont les conduites spontanées, populaires hélas ! des hommes entre eux. Ce n'est pas un choix raisonné, c'est une donnée anthropologique. Pour surmonter ces sentiments et corriger ces conduites, il faut à chacun de nous une éducation, une philosophie politique, fruit d'une longue participation à la civilisation démocratique, d'une longue im-

---

1. Albert Memmi, *Portrait d'un Juif*, Paris, 1961.

prégnation des mentalités par une morale humaniste et universaliste. « C'est le racisme qui est naturel, écrit Albert Memmi, et l'antiracisme qui ne l'est pas : ce dernier ne peut être qu'une conquête longue et difficile, toujours menacée, comme l'est tout acquis culturel[1]. » Parvenir à ce que tous fassent leur cet acquis culturel est un résultat qui n'est pas facile à obtenir partout rapidement et que l'on n'obtiendra certainement pas en traitant de bourreau nazi tout individu dont l'âme recèle encore des relents de préjugés xénophobes ou racistes, et qui n'entretient pas avec son voisin maghrébin ou noir des rapports aussi fraternels et courtois qu'il serait souhaitable. En France, l'association SOS Racisme a souvent mené des campagnes dont le message principal était moins l'obligation morale de la compréhension mutuelle entre Français et Africains que l'excommunication des Français en tant qu'infâmes racistes tout juste bons à s'inscrire aux sections d'assaut hitlériennes. Il est évident qu'une généralisation aussi injurieuse ne peut que rendre ivres de rage toutes sortes de gens qui ne se sentent nullement racistes et n'ont pas l'intention de le devenir. Elle va tout à fait à l'encontre du but recherché, si toutefois le but recherché est bien d'améliorer les relations entre groupes d'origines différentes et non de les envenimer pour les exploiter politiquement.

Une erreur néfaste, je dirai même criminelle quand elle est volontaire, assimile au racisme idéologique et exterminateur les attitudes de rejet provoquées par de forts afflux de travailleurs immigrés. Sans doute ces attitudes sont-elles indésirables, sans doute faut-il les faire disparaître, mais on ne peut y parvenir que par l'éducation, l'explication, la persuasion, et surtout en remédiant aux conditions concrètes qui causent les frictions entre nouveaux venus et anciens résidents. Ce n'est pas en insultant ces derniers et en les traitant de fascistes que l'on a une chance de faire éclore en eux de bonnes dispositions à l'égard des immigrés qui, de leur point de vue, viennent les envahir. Ce n'est pas avec l'intolérance que l'on enseigne la tolérance. Comment prétendez-vous, en effet, inculquer à votre société le respect de la personne humaine vis-à-vis des immigrés, si vous pratiquez le mépris quand vous parlez à vos propres concitoyens ? Les mêmes qui dénoncent les « comportements d'exclusion » à l'égard des immigrés ou des malades du SIDA s'y livrent eux-mêmes sans retenue quand ils précipitent dans le gouffre infâme du racisme nazi et veulent frapper, en

---

1. Albert Memmi, *le Racisme (description, définition, traitement)*, Paris, Gallimard, 1982.

fait sinon en droit, de mort politique ceux de leurs concitoyens qui ont, sans aucun doute, le tort d'être hostiles aux immigrés, mais qu'il vaudrait mieux convaincre qu'excommunier.

Tous les brassages de populations, surtout en milieu urbain pauvre, engendrent entre communautés des frictions qui ont pour origine beaucoup moins le racisme que les difficultés de la vie. La meilleure preuve en est que ces frictions surgissent, par exemple, aux États-Unis entre hispaniques et noirs, entre noirs américains et noirs haïtiens ; en Inde, entre Bengalis résidant au Bengale et Bengalis venus du Bangladesh ; en Italie, au début des années soixante, entre Italiens du Sud venus en masse en Lombardie et au Piémont, pour profiter des emplois créés par l'essor industriel, et Italiens du Nord, qui traitèrent leurs concitoyens méridionaux souvent beaucoup plus mal que les Français n'ont traité les Maghrébins, ou les Allemands les Turcs, ou encore les Norvégiens les Pakistanais. Le gouvernement socialiste espagnol de Felipe González n'a pas cessé, durant les années quatre-vingt, croyant lutter contre le chômage, d'ériger des barrages contre l'immigration de provenance hispano-américaine, bien que ces immigrés ne fussent différents des Espagnols de la péninsule ni par la langue, ni par la religion, ni par la race (les Indiens purs ne cherchent jamais à émigrer en Europe). Il est intéressant de souligner que Felipe González a justifié sa politique à l'aide des mêmes raisons que Jean-Marie Le Pen en France : les immigrés chiperaient le travail des Espagnols. On a amplement démontré que ce calcul était presque toujours faux dans les pays développés, où peuvent coexister un chômage élevé et un besoin de main-d'œuvre. Dans certains cas, il est exact que l'immigrant risque de prendre le poste de travail d'un candidat du cru, mais c'est quand il est *plus qualifié* que ce dernier, hypothèse qui concerne donc l'immigration allant d'un pays plus développé à un pays moins développé, non l'inverse. Les refus de permis de séjour, les tracasseries et les expulsions que subissent, après 1982 en Espagne, les Hispano-Américains, de la part du gouvernement socialiste, choquent d'autant plus que des millions d'Espagnols ont continuellement trouvé et trouvent encore des emplois en Amérique latine, où ils ont afflué après la guerre civile et où ils ont, fort nombreux, conservé l'habitude et la faculté d'aller s'installer ensuite. Felipe González croyant, sans doute, protéger les intérêts des travailleurs espagnols n'en a pas moins commis sur ce point, à mon avis, une erreur économique et une mesquinerie morale. Est-ce pour ce motif qu'on aurait le droit de le traiter d'émule d'Eichmann ?

Lorsque les tensions raciales liées à l'immigration commencèrent en France à gonfler les effectifs du Front national, la gauche alors au pouvoir ne se préoccupa nullement de traiter en profondeur les causes de ces tensions. Elle vit dans l'ascension de Jean-Marie Le Pen une aubaine politique. D'une part, elle fit tout pour accréditer l'idée que le Front national de Le Pen était la résurgence de l'extrême droite totalitaire d'avant-guerre. D'autre part, elle modifia la loi électorale française de manière à permettre à cette extrême droite d'obtenir une représentation parlementaire et donc une légitimité. Enfin, elle accusa... les libéraux de complicité avec le Front national, c'est-à-dire, par extrapolation historique, avec le fascisme et le racisme. En somme, la boucle infernale était bouclée, l'accablante démonstration était parachevée, et c'était à l'établir que tendait le thème proposé à la commission d'enquête de l'Assemblée européenne : le Front national n'était autre que la réincarnation du parti national-socialiste, et la droite libérale ne différait pas en son essence du Front national, ni, à l'échelle européenne, du courant fasciste et raciste. Nous retrouvons là une vieille obsession des socialistes, qui ne les empêche d'ailleurs pas de se proclamer les champions de la tolérance et du pluralisme ; quiconque n'est pas socialiste ne saurait être un vrai démocrate.

Derechef, ce qui attire l'attention, dans la comparaison, devenue à la mode, entre le « phénomène Le Pen » et la naissance de la vague hitlérienne durant les années vingt et trente, c'est l'indigence de l'analyse et la négligence dans l'étude des informations. Lorsque Michel Rocard déclare : « Hitler, lui aussi, à ses débuts, n'avait derrière lui qu'une faible partie de l'électorat », il a raison dans ce sens qu'il vaut mieux soigner un mal dans ses commencements que plus tard. Mais il commet une grossière faute de logique, parce que, s'il est vrai que tout ce qui est devenu grand a commencé par être petit, en revanche tout ce qui est petit n'est pas destiné à devenir grand. Tout écolier sait, ou savait, en tout cas, au Moyen Age (mais il semble que nous ayons régressé, en logique formelle, depuis cette période), qu'un seul élément commun entre deux réalités ne rend pas communs tous les autres. S'il est exact que Louis Renault n'était qu'un tout petit garagiste avant de parvenir à être l'un des plus grands constructeurs du XX$^e$ siècle, il n'en résulte pas que les petits garagistes deviennent tous de grands constructeurs. Si Van Gogh, qui était un génie, n'a presque pas vendu de tableaux durant sa courte carrière, on ne saurait en déduire que tout peintre qui ne vend pas ses tableaux est un génie. Je reconnais, pour le déplorer, que la gauche, et les libéraux terrorisés par la gauche, se sont ingéniés à faire prospérer le Front national. Mais je ne suis pas sûr que leur don indéniable pour transformer les inconvénients en catastrophes suffise néanmoins à hisser le FN jusqu'à la puissance qu'eut en son temps le parti « socialiste national des ouvriers allemands » d'Adolf Hitler. Au lieu de se pencher sur les causes réelles de la montée électorale de Le Pen à partir de 1983, dans ce qu'elles avaient d'inédit, pour y apporter les remèdes spécifiques dont elles relevaient, nous nous sommes rués sur des analogies historiquement dérisoires et, de surcroît, très flatteuses pour Le Pen ! Car Hitler incarne pour nous le génie du mal, mais un génie du mal qui est malgré tout un génie. Comparer Le Pen à Hitler, c'est le placer au niveau d'un homme qui a su se rendre le maître absolu d'une nation de 80 millions d'habitants, première puissance industrielle d'Europe, qui a berné les plus fins diplomates et les plus grands politiques de son temps, construit en moins de dix ans la première armée du monde et la plus moderne, conquis en moins d'un an la totalité du Vieux Continent avec l'aide bienveillante, acquise soudain à l'instant décisif avec une confondante virtuosité, de l'Union soviétique. Sur le plan de la force pure — et la force pure exerce une grande séduction sur les humains, hélas ! — c'est faire beaucoup d'honneur à Le Pen que de le mettre dans la même catégorie que le chancelier du IIIe Reich, en tant que personnage historique. Je dirai même que c'est d'une insigne maladresse et d'une rare sottise. Quelle « image » on lui fournit, et gratis ! Le Pen jugé capable de bouleverser le cours de l'histoire mondiale, fût-ce pour le malheur de l'humanité, quelle promotion !

On se demande à quoi servent tous les instruments de connaissance nouveaux dont nous disposons : les sondages, les études d'opinion, les enquêtes sociologiques, les statistiques économiques, l'exploration des mentalités... Le Front national a pourtant été bien et savamment scruté, dans sa genèse, son recrutement électoral, son assise sociale. Par exemple, une enquête de 1984[1] montre clairement que la croissance de l'électorat de Le Pen provient principalement de réactions négatives à l'immigration, à l'emploi, à la délinquance, mais que l'opinion dans son ensemble continue à rejeter l'*idéologie* raciste, reste ferme dans son antiracisme de principe et, sauf une très petite minorité, approuve la poursuite en justice des comportements

---

1. *Les Français et les Immigrés*, par Muriel Humbertjean, chap. v du recueil annuel *SOFRES-Opinion publique*, Paris, Gallimard, 1985.

racistes. Bien plus, au sujet de la délinquance, « s'il est vrai, comme l'auteur de l'analyse du sondage, que la présence des immigrés est ressentie comme une menace par la population française, les immigrés ne sont pas considérés comme une cause première de l'insécurité ». Le devoir des élites politiques, au lieu d'insulter leurs concitoyens et de se livrer à des divagations historiques aussi stupides qu'intrépides, était de chercher *pourquoi* « la présence des immigrés est ressentie comme une menace », quelles sont les conditions de vie et les conduites collectives, tant du côté immigré que dans la population d'accueil, qui font sourdre ce sentiment, enfin quelles rectifications apporter aux unes et aux autres pour dissiper les méfiances et améliorer les rapports. Quelques heures, quelques minutes, même, d'un travail intellectuel peu fatigant auraient suffi à nos timoniers politiques et tribuns moralisateurs pour s'apercevoir, en jetant un coup d'œil sur cette enquête et quelques autres, que l'hostilité à l'immigration s'explique fort peu par l'idéologie, les convictions politiques ou l'appartenance socioprofessionnelle, et qu'en revanche elle diminue avec le *niveau d'instruction*. Faut-il être un grand sorcier pour deviner (je cite toujours) que « les plus fortes préventions à l'égard des immigrés sont exprimées par les personnes qui subissent le contact des immigrés à leur travail ou dans leur voisinage » ? Voilà pourquoi l'électorat du Front national comprend une proportion importante d'ouvriers et pourquoi il « bénéficie d'un transfert spécifique de la gauche vers l'extrême droite », comme nous le démontre Jérôme Jaffré, directeur des études politiques de la SOFRES. Ce transfert n'a fait que s'accélérer avec le temps. En 1987, le même auteur, analysant divers sondages, conclut que l'électorat de Le Pen comprend de plus en plus d'électeurs des catégories modestes et moyennes — ouvriers, employés, professions intermédiaires —, et de jeunes, en proportion supérieure à celle qu'attirent les autres partis. Cet électorat compte autant d'électeurs ayant voté Mitterrand que d'électeurs ayant voté Giscard en 1981[1]. Les

---

1. *Op. cit.*, chapitre X. On peut lire aussi un modèle de reportage par Christian Jelen (*le Point*, 20 juillet 1987) sur le milieu immigré et les réactions à ce milieu dans la ville d'Aix-en-Provence. Jelen y décrit notamment deux quartiers de cette ville qui depuis très longtemps votaient en majorité communiste et qui sont devenus, entre 1981 et 1986, des fiefs électoraux du Front national. Pour parer au racisme, on ferait mieux de diagnostiquer et d'éradiquer les causes profondes de ces évolutions que d'organiser aux frais des contribuables, place de la Concorde, pour le beau monde, des concerts de pop music qui ne servent qu'à promouvoir l'image publicitaire de quelques narcisses de la politique-spectacle et à irriter davantage encore les populations affectées par le néo-racisme plébéien.

sympathisants lepénistes transfuges des partis libéraux du centre et du centre droit n'atteignent plus que 12 %. C'est un démenti à un thème de propagande et de polémique parmi les favoris de la gauche : il est faux, en effet, que le mouvement Le Pen soit le prolongement et comme le durcissement naturel du libéralisme. Son électorat s'est « progressivement séparé de la droite classique[1] ».

Il est tout aussi substantiellement distinct des mouvements fascistes de la première moitié du XX$^e$ siècle, et les citoyens qui l'ont rallié songent assez peu, on s'en rend compte, à puiser leurs directives dans *Mein Kampf*, sauf, évidemment, si on les y encourage. A force de s'entendre traiter de pourvoyeurs des fours crématoires, ils peuvent finir par éprouver la curiosité d'aller regarder en quoi consiste la *Weltanschauung* national-socialiste qu'on leur attribue. En réalité, comme l'a très bien vu et dit un historien des plus compétents sur ce type de courants, Michel Winock, le mouvement de Le Pen se rattache bien plutôt à la vieille tradition du « national-populisme », qui n'est pas, au demeurant, propre à la seule France, mais dont, chez nous, le prototype fut, au XIX$^e$ siècle, le boulangisme[2], qui d'ailleurs échoua. Le national-populisme trouve son terrain dans les milieux modestes (petits Blancs, cols bleus aux États-Unis par exemple), possède une indiscutable propension au racisme et à la xénophobie, mais en tant que conduite irraisonnée et non comme idéologie argumentée ; enfin il constitue ou a constitué, en Europe du moins, une menace pour les institutions démocratiques. Les leçons de la Seconde Guerre mondiale ont disqualifié à jamais les programmes de la droite traditionaliste comme de la droite révolutionnaire d'avant-guerre, ouvertement favorables l'une et l'autre à l'établissement de régimes autoritaires et orientés vers la destruction de la démocratie. Ces droites avaient effectué un travail d'argumentation historique et théorique d'une ampleur au moins égale à celle de la littérature marxiste et qui, d'ailleurs, allait dans le même sens qu'elle sur certains points capitaux, en particulier la condamnation du capitalisme, du libéralisme, du parlementarisme, du suffrage universel comme mode de désignation des gouvernants. Cinquante années plus tard, Jean-Marie Le Pen ou tout autre, même s'ils

---

1. Jérôme Jaffré, « Ne pas se tromper sur M. Le Pen », *le Monde*, 26/5/1987.
2. Du nom du général Georges Boulanger (1837-1891), qui fut un temps très populaire et que la droite antirépublicaine crut capable de provoquer un changement de régime. Paradoxe classique : Boulanger fut une « créature » de Clemenceau, à l'époque leader de l'extrême gauche au Parlement.

en avaient envie, ne pourraient pas se permettre sans disparaître d'inscrire tout crûment la destruction de la démocratie dans leur programme — ce qui n'empêche pas, toujours d'après les sondages mentionnés plus haut, une majorité de Français de considérer Le Pen comme « un danger pour la démocratie ». Cela prouve, et c'est rassurant, que la vigilance reste grande, même si le FN s'abstient d'une rhétorique antidémocratique explicite.

Quant au racisme élémentaire, aux « comportements discriminatoires », déclarés ou latents, parfois meurtriers, le plus souvent récusés avec sévérité par la majorité de la population, c'est le racisme typique des conflits créés par l'immigration. Ce n'est point l'hostilité envers les immigrés qui s'expliquerait par un racisme préalable. C'est un racisme dérivé, non doctrinaire, qui s'explique par les mauvais rapports avec les immigrés. A partir du moment où l'on refusait de regarder en face la réalité de tels conflits, une réalité sociale de tous les temps, à partir du moment où il devenait réactionnaire d'apercevoir et de dire que tout fort afflux d'immigrés dans une communauté urbaine allume d'inévitables mésententes, à partir du moment où il était interdit d'envisager que les torts et les maladresses ne se trouvaient peut-être pas toujours tous du côté de la population d'accueil, dès lors on se dérobait devant le problème humain, économique, social, politique, scolaire, culturel, religieux de l'immigration. On était non plus un gouvernant, mais un démagogue, qui ne voulait voir la situation que sous l'angle du réquisitoire à en tirer contre ses adversaires, et qui ainsi pavait la route d'un autre démagogue, lequel n'avait plus qu'à se baisser pour ramasser les bénéfices de l'incompétence et de la lâcheté de nos autorités politiques et religieuses devant la réalité historique. Quand on n'a pas le courage et l'honnêteté d'aborder et de traiter une difficulté pour ce qu'elle est, quand on ne songe qu'à y puiser la matière de discours valorisants pour soi-même, on transforme la difficulté en charogne et, dès lors, on perd le droit moral de se boucher le nez quand elle commence à puer et attire les vautours. J'ai entendu de mes propres oreilles, dans une banlieue de Marseille, un instituteur traiter, en termes à peine voilés, des parents d'élèves de racistes parce qu'ils s'inquiétaient de voir leurs enfants inscrits dans des classes où près de la moitié des enfants ne parlaient pas couramment le français ! Il paraît que la suggestion de créer des classes spéciales de rattrapage pour enfants d'immigrés parlant mal ou pas du tout le français relève d'un « comportement discriminatoire ». A moi, c'est plutôt de ne pas le faire qui paraît relever d'un tel comportement. L'art pédagogique doit concevoir l'enseignement en fonction des besoins de l'élève, j'entends ses besoins de *progrès* : il n'est pas adaptation à son ignorance présente. A l'instar de ses mentors politiques, l'instituteur tout fier se disait probablement que, grâce à lui, le fascisme ne passerait pas : or il venait de fabriquer deux nouveaux électeurs du Front national.

Déjà, lorsque était apparue la « nouvelle droite », les socialistes ne l'avaient pas analysée en elle-même, ils l'avaient exploitée pour accuser les libéraux de complicité avec elle. A l'inverse du Front national, qui entassait des électeurs sans avoir beaucoup d'idées, la nouvelle droite rassemblait des idées, mais pas d'électeurs. Surtout, comme l'écrivait en 1979 Raymond Aron dans un éditorial de *l'Express*, elle s'interdisait « de porter un jugement sur le régime démocratique ». Aron poursuivait : « L'antiégalitarisme l'oriente vers la droite, mais une droite qui ne ressemble nullement à celle de Georges Pompidou, moins encore à celle de Giscard d'Estaing. De son point de vue, la droite démocratico-libérale ne représente qu'une version édulcorée du socialisme égalitaire et une version atténuée du mercantilisme américain. » J'irai plus loin : par son antiaméricanisme culturel, la nouvelle droite était plus proche des socialistes — Jack Lang ou Régis Debray par exemple — que des libéraux. Aucune de ces considérations ne retint, bien entendu, les leaders de la gauche de faire l'amalgame entre les libéraux et la nouvelle droite, comme ils devaient le faire plus tard entre libéraux et Front national.

Au cours d'une soirée contre le racisme, le 21 février 1985, à la Mutualité, la salle conspuait les orateurs de l'opposition libérale avant même qu'ils eussent atteint la tribune. L'antiracisme traduit une revendication morale universelle, il affirme la valeur absolue de la personne humaine. Le laisser se dégrader en thème de campagne pour élections cantonales, ce n'est guère respecter cette universalité de la loi morale. La conscience du Bien et du Mal n'appartient pas aux seuls titulaires des cartes des partis de gauche. Du point de vue de la feinte politicienne même, on ne voit guère quel bénéfice est escompté de ces outrances. Quand l'ancien Premier ministre, Laurent Fabius, se risque à prétendre ne plus voir de différence notoire désormais entre la droite et l'extrême droite, mesure-t-il l'énormité de ce qu'il avance ? Car s'il avait raison, cela signifierait que 60 à 65 % des Français seraient, selon la terminologie socialiste, des « fascistes ». Ou c'est faux, et alors on ne peut excuser ce propos irresponsable, ou c'est vrai, et alors la France se trouve dans un état désespéré, dont les socialistes, qui l'ont gouvernée, doivent compte à la nation.

Tout se passe donc comme si la gauche, soudain sevrée d'idéologie et de programmes, reconstruisait grâce au « péril fasciste » l'univers manichéen dont elle a besoin pour se sentir à l'aise. Qu'il s'agisse d'économie, de garanties sociales, de modernisation industrielle, de liberté de la presse ou de l'enseignement, tous les partis socialistes au pouvoir en Europe se rabattent en pratique vers le néo-libéralisme ou le simple réalisme. La défense, la politique étrangère, le tiers monde n'opposent plus guère, surtout en France, libéraux et socialistes le long de frontières bien tranchées.

A quoi donc la gauche peut-elle encore accrocher son identité ? Le parti communiste hiberne dans la glace idéologique, espérant subsister, ainsi lyophilisé à l'état d'embryon, jusqu'au IIIe millénaire. Le parti socialiste se mobilise pour le combat contre la « peste brune ».

Hélas, nous l'avons déjà vu, le « cas Le Pen[1] » se prête mal au manichéisme politique. Le loup croque dans toutes les bergeries. Le sondage IFOP-*le Point* du 29 avril 1985 montre que la plus forte antipathie pour les Arabes se rencontre chez les ouvriers, la plus faible chez les industriels, les gros commerçants et les professions libérales. Le préjugé raciste chevauche les classes sociales et les partis. Aussi ne peut-on l'exploiter dans une bataille où les bons et les méchants se rangeraient avec discipline selon les contours électoraux souhaités. Au demeurant, le pouvoir d'avant 1981, les municipalités de droite portent leur responsabilité, en ayant canalisé les immigrés vers les quartiers pauvres, où sévissaient déjà de mauvaises conditions de logement.

La xénophobie, en outre, n'explique pas seule la montée du Front national. Délaissant les clichés, *Sud-Ouest*, du 28 mars 1985, compare les cartes de l'augmentation du chômage et du recul de la gauche depuis 1981. Sur 26 départements où le vote d'extrême droite dépasse 9 % aux cantonales, 11 figurent parmi ceux où le chômage a crû de 70 % ou davantage depuis 1981. Dans la Loire, département de grande tradition ouvrière, avec un taux modéré d'immigrés, mais économiquement sinistré, le vote Le Pen atteint, dès 1984, 10,7 %. La majorité présidentielle (PS-MRG-PC) y tombe entre 1981 et 1985 de 52,8 % à 33,9 %. Même percée de Le Pen en Lorraine et en Alsace, où cependant, aussi, l'immigration demeure moins importante que dans le Midi.

1. Eric Roussel, *le Cas Le Pen*, Paris, J.-C. Lattès, 1985.

*Fonction politique du racisme*

Pourquoi deux amalgames odieux et dangereux ? Avec le premier, on rend coupable la société française des attentats antisémites commis par le terrorisme international[1]. Au moyen du second, on veut à tout prix nous forcer à voir dans les tensions de cohabitation, liées à l'immigration, la renaissance du racisme idéologique et totalitaire, le nazisme à ses débuts, avec sa doctrine systématisée et pseudo-scientifique sur l'inégalité des races humaines. Nous affrontons un défi à la fois moins grave et plus difficile. Le pire, il est vrai, a toujours ses partisans. Les fausses tragédies servent d'excuse à ceux qui ne peuvent résoudre les vrais problèmes.

*
**

Ainsi donc au lieu de chercher des remèdes appropriés aux difficultés pratiques et aux bouleversements psychologiques qu'amène toute forte concentration immigrée en milieu urbain, la gauche a consacré son énergie à les expliquer par le retour d'une vaste conspiration fasciste et raciste. Elle rattacha ensuite à cette théorie les attentats antisémites qui ensanglantèrent l'Europe à partir de 1980. Après avoir laissé dégénérer en xénophobie les ressentiments dus à l'immigration, elle y amalgama l'antisémitisme et le fascisme du passé, phénomènes sans aucun rapport avec le premier, pour imputer enfin, encore un coup, la responsabilité du glorieux paquet au libéralisme ! Très contente de sa trouvaille, elle put par conséquent négliger de s'occuper sérieusement et des causes du néo-racisme plébéien et du terrorisme international. « La multiplication d'attentats d'inspiration fasciste ou néo-nazie en Europe occidentale oblige pour le moins à s'interroger sur certaines convergences qui paraissent de moins en moins fortuites », pouvait-on lire dans l'éditorial du *Monde* des 5-6 octobre 1980, numéro dont la première page était tout entière barrée par le titre : « L'attentat contre la synagogue de la rue Copernic ». En première page également, ce même jour, sous le titre « L'État sans honneur », Philippe Boucher dénonçait « la tolérance active » et « la complicité passive de la police, des autorités, de l'État » à l'égard de l'extrême droite. Jacques Fauvet lui-même, le directeur

---

1. Au sujet de l'opération de propagande par laquelle la gauche tenta d'attribuer aux libéraux français ce qui appartenait au Proche-Orient, les attentats antisémites de la rue Copernic (3 octobre 1980) et de la rue des Rosiers (9 août 1982) à Paris, je renvoie à un livre précédent, *le Terrorisme contre la démocratie*, (Pluriel, 1987), notamment, Préface, pp. IX-XIII. Les socialistes français ont-ils conscience que ce genre de calomnie est exactement celui qu'utilisait Adolf Hitler pour se débarrasser de ses opposants ?

du journal, écrivait, toujours en cette même première page : « Toute à ses combats d'arrière-garde contre les mille et une variantes du marxisme, dont elle ne cesse pourtant de célébrer la mort, toute une classe intellectuelle, dominante dans les nouveaux cénacles et les grands médias, en a oublié de riposter et même de prêter attention aux articles et aux œuvres qui véhiculent une doctrine fondamentalement autoritaire, élitiste et raciste. »

Dans son numéro du 3-4 octobre 1982, sous le titre « Il y a deux ans Copernic », le Monde écrivait : « Il n'est plus question d'accuser l'extrême droite néo-nazie, de suggérer des origines espagnoles, chypriotes ou libyennes... Non ! La police est désormais sûre d'elle et le fut rapidement : l'attentat de la rue Copernic a été commis par un groupe palestinien marginal. » Je rends hommage à cet acte de contrition méritoire, en ajoutant que le groupe palestinien en question n'avait rien de marginal, qu'il n'était en outre pas dépourvu d'appuis libyens et syriens, et que, dans leurs articles de 1980, Philippe Boucher et Jacques Fauvet ne s'étaient pas bornés à incriminer l'« extrême droite néo-nazie » : ils mettaient en cause le gouvernement libéral de Giscard d'Estaing et Raymond Barre, ainsi que « toute une classe intellectuelle » — entendez : les « nouveaux philosophes », les « nouveaux économistes », les néo-libéraux —, les adversaires du totalitarisme en général, coupables de mener des « combats d'arrière-garde contre le marxisme ». Fauvet était visiblement peu renseigné sur l'orientation prise par le « sens de l'histoire », car en ces années-là, c'était plutôt le marxisme qui menait des « combats d'arrière-garde ».

A ce point-là d'imputation calomnieuse, nous sortons de la démocratie. Le combat politique en démocratie autorise peut-être (j'en disconviens, mais je m'y résigne) une certaine dose de falsification des faits pour les besoins de la polémique : non pas la falsification absolue. Celle-ci est justement ce qui caractérise les régimes totalitaires. Or on remarquera que des socialistes du courant dit démocratique en ont, dans les années soixante-dix, pris tranquillement l'habitude. Intervenant au cours d'une réunion du parti socialiste français le 28 juin 1987, Jean-Pierre Chevènement, qui fut ministre de l'Industrie, puis de l'Éducation, et en 1988 devint ministre de la Défense, lui l'« idéologue » notoire de son parti, reprend l'équation : racisme égale fascisme qui égale libéralisme. Quelle est sa démonstration ? Très simple. Les libéraux, dit-il, ont tourné en dérision celles de nos mesures, en 1982, qui étaient destinées à ralentir l'importation des magnétoscopes japonais. Ils sont donc favorables à la libre circulation des marchandises. Mais, une fois au pouvoir eux-mêmes, ils ont expulsé par avion, en 1986, une centaine d'Africains, immigrés clandestins en situation irrégulière. (Ce fut la fameuse querelle dite du « charter des Maliens ».) Conclusion : les marchandises ont plus de valeur pour les libéraux que les droits de l'homme[1].

Évidemment, si c'est avec une pensée de cette élévation et une probité de cet acabit que les socialistes entendent relever les défis de notre époque, nous n'avons plus qu'à nous voiler la face et à nous taire. Je relèverai dans cette tirade macaronique un seul point, parce qu'il dénote un nouvel allongement de la liste des comportements définis comme racistes et fascistes. Si, pour ne pas violer les droits de l'homme, un pays doit décider que tous les ressortissants étrangers, en provenance de tous les continents du monde, peuvent, en quantité indéterminée, franchir ses frontières et résider sur son territoire sans aucune autorisation préalable, sans permis de travail, sans ressources avouables, sans contrôle possible et sans limite de temps, alors je me demande quels pays échappent à l'accusation de fascisme et de racisme : en tout cas, pas ceux d'où proviennent la plupart des immigrés arrivant en France. En effet, les gouvernements du tiers monde se caparaçonnent en général de règlements très sévères et tracassiers (tout voyageur le sait d'expérience) en matière de visas, de contrôle aux frontières et de permis de séjour. Je ferai de plus observer qu'il faut être particulièrement inconscient pour prôner en Occident et seulement en Occident la suppression de tout contrôle des papiers d'identité et de toute expulsion d'étrangers en infraction avec les lois, à une époque où les démocraties, précisément, sont les nations les plus truffées de bandes terroristes de toutes provenances, qui s'y promènent déjà presque sans restriction. Toutefois, le plus intéressant, au terme de cet enchaînement d'idées, c'est que la gauche aboutit à incorporer au racisme, au fascisme, au nazisme même, une foule de réalités hétéroclites, grâce à la notion vaste et vague de « comportements d'exclusion ». Une fois que les libéraux l'eurent suivie sur ce terrain, tout devint racisme et hitlérisme : même isoler un malade contagieux, refuser un élève à un examen, renvoyer dans leurs pays respectifs les immigrants clandestins. C'est pour le coup que nous pouvons parler de « banalisation » du nazisme. Lorsque Simone Veil vulgarisa ce verbe, en 1978, elle commit par zèle un léger faux sens. Ce

---

[1]. On reprocha au ministre de l'Intérieur d'avoir embarqué avec trop de brutalité lesdits Maliens dans le charter. Mais attaquait-on vraiment la méthode, ou plutôt le sens même et le principe de l'expulsion ?

qu'elle voulait contrecarrer, c'était en fait la *justification* du nazisme (dont il n'était pas question, nous l'avons vu, dans la présentation des propos de Darquier) ou, mieux encore, la *normalisation* du nazisme, dans le sens de « présenter comme normal » le génocide. Mais la véritable banalisation, au sens propre du terme de « rendre banal », anodin, c'est ce à quoi nous assistons quand les obsédés de l'exclusion se mettent à voir l'hitlérisme partout et à plaquer ce concept historique et idéologique bien précis sur les moindres faits et gestes qui leur déplaisent. Quelle horreur peut inspirer le nazisme à la jeunesse si on lui dit que le gardien de la paix qui vérifie l'identité d'un passant est un nazi ? Après l'affaire du « charter des Maliens », le ministre de l'Intérieur de la « droite », Charles Pasqua, ayant poussé la provocation jusqu'à déclarer qu'il ne tenait pas spécialement à offrir l'avion aux clandestins expulsés et qu'il les mettrait volontiers, le cas échéant, dans un train, aussitôt le président de SOS Racisme, Harlem Désir, clama que Pasqua était un nouveau Klaus Barbie, puisque l'ancien chef de la Gestapo de Lyon fourrait, lui aussi, en 1943, dans des trains les victimes du nazisme, pour les expédier vers les camps de la mort. Lumineux, n'est-ce pas ? Le débat public ne cessait de s'élever, de s'affiner, de se préciser, de s'ennoblir. Au procès Schleicher, où étaient jugés des terroristes coupables d'avoir assassiné deux policiers en les achevant à terre après les avoir blessés, l'un des accusés hurla en direction de la cour : « Nous sommes ici devant les Sections spéciales de Vichy ! » Pourquoi pas ? N'était-il pas frappé d'un « comportement d'exclusion », en se trouvant traduit en justice pour meurtre ? Tout ce qu'il lisait et entendait ne lui enseignait-il pas que, pour attirer la sympathie, il suffit de traiter de vichystes, fascistes, racistes, tous ceux qui requièrent contre vous l'application de la loi ou même sont d'un avis différent du vôtre ? Peu à peu les libéraux, tétanisés par les remontrances de la gauche, en arrivèrent à confondre sous la même appellation infamante de « comportements discriminatoires » les simples applications de lois ou de règlements démocratiques et les authentiques vexations, brutalités ou crimes racistes. En revanche, quand c'était un Maghrébin qui avait commis un crime, bien des journalistes passaient le plus souvent sa nationalité sous silence, de peur d'être qualifiés à leur tour de racistes, ce qui accroissait l'irritation des résidents français des quartiers mixtes et déversait de nouvelles voix dans la hotte de Le Pen. Après avoir refusé de poser les problèmes spécifiques de l'immigration, on croyait les résoudre en niant l'existence du produit politique, le Front national, né de cet aveuglement. La vertu impuissante étant un luxe plus accessible que l'intelligence active, on se croyait quitte en psalmodiant les termes exécrés de « Dachau », ou « Treblinka », et en accusant de complaisance les libéraux qui désiraient réduire l'électorat du Front national grâce à l'action politique sur les données réelles de la vie en société, et non point en glapissant des formules conjuratoires aux pieds de la marionnette de Hitler. La débilité mentale atteignit des hauteurs encore inexplorées le jour où gauche et libéraux intimidés se ruèrent ensemble, tout en vociférant des injures les uns contre les autres, dans la dernière des farces et attrapes fabriquées par l'atelier de Jean-Marie Le Pen : sa proposition d'enfermer tous les « sidaïques » dans des « sidatoriums ». Il fit tomber tout le monde ou presque dans son piège. Les nazis ayant interné les homosexuels dans des camps et assassiné des handicapés, c'était à la seule lumière du procès Barbie que désormais il fallait soigner le SIDA !

La tempête du SIDA confirme, hélas ! cette règle qui veut que les hommes s'intéressent souvent moins à l'information qu'à ses répercussions possibles sur leurs croyances et leurs désirs. Pierre Bayle l'a depuis fort longtemps très bien dit : « Les obstacles à un bon examen ne viennent pas tant de ce que l'esprit est vide de science que de ce qu'il est plein de préjugés. » Même en matière scientifique et médicale, ce sont précisément les considérations scientifiques et médicales qui pèsent parfois le moins lourd dans nos débats. La gauche et les libéraux redoutent que la peur collective de l'épidémie ne favorise des comportements indignes et discriminatoires à l'égard des homosexuels, des drogués, des étrangers. La xénophobie due au SIDA sévit d'ailleurs partout : en Extrême-Orient contre les Européens, en Inde contre les Africains, en Italie contre les Suisses, en Angleterre contre les Écossais. La démagogie de l'extrême droite profite de la panique pour préconiser des mesures de bannissement. Elle suscite par réaction la tendance inverse, qui pousse à exagérer le danger de l'exclusion et à minimiser celui du virus et de la maladie.

Comment ne pas voir qu'entrer dans ce système de dénonciations furibondes doublées de diagnostics lénifiants constitue une victoire pour les démagogues ? A partir du moment où, en matière de dépistage, de soins hospitaliers, de prévention de la contagion, nos propos sont inspirés avant tout par la peur d'être confondus avec Jean-Marie Le Pen, il a déjà gagné. Il a obtenu que l'on ne se prononce plus sur le SIDA sinon par rapport à lui. Comme si c'était vraiment là l'essentiel de la question !

Ce qui frappe, dans cette polémique, c'est que les arguments ont glissé peu à peu hors du champ médical, scientifique et thérapeutique. L'épiscopat français a même senti le besoin de certifier que le SIDA n'était pas un châtiment de Dieu ! Au lieu que l'examen du problème serve à élaborer une politique, ce sont les « clivages » politiques qui servent de critères à l'analyse du problème. Sous prétexte, par exemple, qu'un contrôle généralisé, au demeurant irréaliste et irréalisable, de la société tout entière risque d'attenter aux libertés individuelles, faut-il renoncer à toute forme de dépistage systématique ? On n'aurait vu ça dans l'histoire d'aucune épidémie. Quelle valeur peuvent avoir, dans ces conditions, les statistiques rassurantes que nous invoquons ?

Il paraît contradictoire de vouloir combattre une maladie tout en se fixant comme doctrine qu'il est immoral de chercher à en connaître l'étendue dans la population. Il n'y a pas, il ne devrait pas y avoir d'antagonisme entre l'aspect médical et l'aspect moral du combat contre le fléau. Les deux aspects sont indissolublement liés. Ils l'ont été de tout temps en médecine. Les démagogues de gauche, qui nient l'aspect médical au nom de l'aspect moral, sont aussi dangereux que les démagogues de droite, qui nient l'aspect moral au nom de l'aspect médical.

Surtout, ce dont les scientifiques ne devraient tenir aucun compte, ce sont les pressions politiques et idéologiques. Qu'elles influent sur le débat est apparu nettement à la IIIe Conférence internationale sur le SIDA, au début de juin 1987, à Washington, et au colloque organisé quelques jours plus tard près d'Annecy par la Fondation Mérieux, les 20 et 21 juin, sur le thème « Épidémies et société ». Que la lutte contre le SIDA ne puisse se mettre en place sans l'action des politiques est une évidence, ne fût-ce qu'à cause des coûts gigantesques qu'elle va entraîner. Mais l'action politique est une chose et le préjugé ou la passion politiques en sont d'autres, qui nuisent d'ailleurs à l'action. Ce n'est pas sans stupeur, au cours de toute cette période d'interrogation et de discussions autour de la nouvelle maladie, que l'on entend certains sociologues incriminer seulement la « violence qu'exerce la société sur ses membres » ou proclamer que « le vrai danger, c'est la peur », comme si le virus HIV n'existait pas, était une pure invention des adversaires de la révolution sexuelle ou, au pire, un désagréable détail dans un tableau où l'essentiel serait constitué par les relations humaines.

Or il faudrait malgré tout ne pas oublier complètement que le SIDA était, à l'heure où ces propos étaient tenus, une maladie mortelle pour laquelle n'existait encore aucun traitement, et, par ailleurs, une épidémie. Le ministre français de la Santé du moment, Mme Michèle Barzach, a précisément contesté, au colloque d'Annecy, que le terme d'épidémie convînt au SIDA. Il ne s'agissait, selon elle, que d'une endémie. Pour le grand public, endémie a une résonance moins affolante qu'épidémie. Mais les historiens des maladies présents au colloque ont tous eu l'occasion de préciser poliment qu'une endémie n'est rien d'autre qu'une épidémie qui dure. La syphilis en Europe fut d'abord une épidémie, au XVI$^e$ siècle, après avoir été apportée du Nouveau Monde, puis elle devint une endémie, c'est-à-dire une « maladie indigène », à partir du siècle suivant. Comme l'expliqua le Pr Luc Montagnier dans sa communication, la diffusion du virus, aujourd'hui, comme celle des virus d'hier, se fait avant tout par brassage de populations.

La plupart des grandes épidémies du passé ont suscité des réactions irrationnelles parce que la connaissance humaine n'était pas encore parvenue au stade où elle pouvait identifier la cause du mal, déceler son mode de transmission et espérer trouver un moyen de le guérir. Nous devrions pouvoir éviter ces réactions irrationnelles, en cette fin du XX$^e$ siècle, puisque nous savons quelle est la nature du virus, en connaissons le mode de transmission et avons des raisons de croire qu'on trouvera une manière de le neutraliser. Mais la solution viendra de la recherche scientifique et de la prévention contre la contagion, de rien d'autre. Elle ne viendra ni de l'optimisme béat, ni de tirades sur le respect (indubitablement) dû à la personne humaine, ni d'anathèmes forcenés contre les « impurs ». Pour balayer ces déchets de la sous-pensée, il faut que les chercheurs ne se laissent pas terroriser, imposent plus énergiquement l'attitude scientifique et interviennent plus tôt dans le débat, chaque fois que prend naissance une nouvelle manipulation, de quelque bord qu'elle vienne.

Il est curieux de voir que certains fantasmes, par exemple le fantasme hitlérien lié au SIDA, semblent également répartis dans les familles idéologiques les plus opposées. A la conférence de Washington, une « Union contre le capitalisme et l'impérialisme » faisait distribuer des tracts dénonçant le SIDA comme « *une offensive raciste du gouvernement américain contre les gays et les noirs* ». A Paris, le mouvement gay a manifesté le 20 juin 1987 en arborant le triangle rose, rappel très clair de la persécution nazie contre les homosexuels. Certains manifestants s'étaient même déguisés en déportés de la Seconde Guerre mondiale, arborant la tenue sinistrement évocatrice des pensionnaires des camps nazis. En sommes-nous vraiment là ? Est-il sérieux de placer la question sur ce terrain ? Comment croire à la valeur des exhortations à cultiver la « mémoire » de l'Holocauste, si on assimile au nazisme les efforts d'autorités démocratiques pour lutter contre une épidémie ?

J'ignore si le virus HIV est hitlérien, fasciste, stalinien, trotskiste, déviationniste ou social-traître, s'il porte le triangle rose ou la croix gammée, et je pense que le virus lui-même l'ignore aussi. Je trouve ces hallucinations et ces vaticinations profondément consternantes. Au moment de la grande peste du XIVe siècle, les médecins de toute l'Europe discutaient entre eux pour savoir si le fléau se transmettait par les miasmes de l'air ou par le toucher. Le roi de France, désireux d'en avoir le cœur net, afin de prendre, le cas échéant, des mesures de prévention utiles à la population, demanda une consultation aux plus grands esprits de la Sorbonne. Après en avoir délibéré, ces représentants éminents de l'élite intellectuelle du pays rendirent leur arrêt : le mal ne provenait ni des miasmes ni du contact, mais d'une certaine conjonction astrologique des planètes !

Quoique nous ayons beaucoup plus de moyens d'information, je me demande si, devant le SIDA, nous sommes beaucoup plus intelligents.

$$*** $$

Derrière toute cette immense exagération d'un danger raciste et fasciste en Europe, comparable à ce qu'il avait été avant la Seconde Guerre mondiale, se cache en réalité un refus persistant, dans le droit-fil léniniste, de reconnaître l'authenticité de la démocratie libérale et pluraliste. Quoiqu'ils s'en défendent, les socialistes européens comme les « libéraux » américains, du moins nombre d'entre eux sinon la totalité, trouvent que la frontière entre les défenseurs et les ennemis de la démocratie et des droits de l'homme passe entre eux et les libéraux (au sens européen ; « conservateurs » au sens américain) et non point entre tous les démocrates et les communistes. En d'autres termes, les vrais totalitaires restent à leurs yeux les partisans du capitalisme et de la société ouverte, et, curieusement, ils le pensent même plus que par le passé. C'est le cas, depuis 1975 environ, pour la majorité des partis réunis dans l'Internationale socialiste, plus particulièrement les travaillistes britanniques, et le SPD allemand après que Helmut Schmidt eut perdu la Chancellerie. C'est le cas, bien entendu, plus encore, pour tout ce qui est à gauche des socialistes, les verts allemands, les « radicaux » américains, les adhérents à la Campaign for Nuclear

Disarmament au Royaume-Uni. Eux aussi manifestent toujours contre l'OTAN, les États-Unis, l'Occident, jamais contre l'Union soviétique, les dictateurs sandinistes du Nicaragua ou les staliniens d'Addis-Abeba qui déciment les malheureux paysans éthiopiens. Ils réclament bruyamment des élections libres en Corée du Sud, sans s'apercevoir qu'elles ont eu lieu, jamais en Angola ou au Mozambique ou au Vietnam. Le mythe de la renaissance en Europe d'un mouvement raciste et fasciste, dont les libéraux seraient les complices objectifs, voire les inspirateurs, répond à ce besoin que garde la gauche, malgré toutes ses conversions périodiques en sens contraire, de redessiner dans l'absolu la vieille séparation du monde en deux camps, les partisans et les adversaires du capitalisme libéral.

L'auteur du rapport final sur les travaux de la commission du Parlement européen, Dimitrios Evrigenis, reconnut d'ailleurs avec beaucoup de bon sens et d'honnêteté, pour finir, la puérilité des angoisses qui avaient motivé la mise en route de l'enquête. Le rapporteur concluait qu'il n'y avait pas de réelle montée fasciste en Europe, qu'on n'y constatait aucune contestation significative du système démocratique. En revanche, et on ne peut que lui donner raison, il signalait, dans le contexte d'une immigration mal gérée, une accentuation des tendances xénophobes, une exploitation politique de ces tendances, et une indulgence à l'égard de cette exploitation : ce que M. Evrigenis dénonçait, avec sagesse et un accablant humour linguistique, comme « l'apparition d'une espèce nouvelle : le *xénophobophile* ». Combattre la « xénophobophilie » constitue donc un devoir pour le démocrate et, heureusement, une tâche tout à fait à sa portée. La « xénophobophilie » est en effet un mal larvé ou patent dans toute société, un mal à surveiller et à neutraliser, certes, avec constance : ce n'est pas pour la démocratie le cataclysme final. Ce n'est pas davantage le péché absolu qui condamne à l'indignité notre civilisation libérale, comme la gauche voudrait nous en persuader.

## FONCTION INTERNATIONALE DE L'ANTIRACISME

Le vocabulaire politique manque à tel point de rigueur qu'on se demande si l'équivoque et l'obscurité n'y sont pas sciemment cultivées et entretenues. A propos d'une matière où règne tant de confusion dans les choses, que ne s'est-on efforcé d'introduire un peu de clarté au moins dans les mots! Ainsi, les termes libéral et libéralisme signifient, sur un bord de l'Atlantique, le contraire exact de ce qu'ils signifient sur l'autre; de même, en Amérique du Sud, le contraire de ce qu'ils signifient en Amérique du Nord. En Europe et en Amérique latine, un libéral est celui qui révère la démocratie politique, j'entends celle qui impose des limites à la toute-puissance de l'État sur le peuple, non celle qui la favorise. C'est, en économie, un partisan de la libre entreprise et du marché, bref du capitalisme. C'est, enfin, un défenseur des droits de l'individu. Il croit à la supériorité culturelle des « sociétés ouvertes » et tolérantes. Aux États-Unis, un « libéral » est tout le contraire : il soutient l'intervention massive de l'État dans l'économie et dans la redistribution autoritaire des richesses, il sympathise avec les régimes socialistes plus qu'avec le capitalisme, en particulier dans le tiers monde. Un « libéral » américain penche pour la thèse marxiste sur le caractère illusoire des libertés politiques lorsque l'égalité économique ne les accompagne pas. Un « radical » américain est, quant à lui, l'émule de nos révolutionnaires violents, et pas du tout de nos radicaux européens ou argentins, gens de négociation et de compromis. Un radical américain est un « libéral » qui devient adepte de la violence. Les « libéraux » américains, notamment dans les universités, ont, pendant des années, fermé les yeux sur les violations des droits de l'homme les plus rudimentaires par Fidel Castro, et ensuite par les sandinistes. Bref, ils s'apparentent à la gauche marxiste d'Europe, aux extrémistes du parti travailliste britannique, aux secteurs prosoviétiques quoique antistaliniens de l'Internationale socialiste des années soixante-dix et quatre-vingt, marquées par l'influence des Willy Brandt, Olof Palme ou Andréas Papandréou. Comme ces derniers, le « libéral » américain hait sa propre civilisation, déteste la culture occidentale et range parmi les péchés capitaux l'« impérialisme », c'est-à-dire, pour lui, toute tentative, même timide et avortée, de maintenir en vie cette civilisation et cette culture. Tout à l'opposé, un « conservateur », en Amérique du Nord, est en tout point pareil à ce que l'on désigne par le mot libéral en Europe et en Amérique latine, où, en revanche, un conservateur est, comme le veut l'étymologie, quelqu'un qui désire conserver en l'état tout ce qui existe. Or, comme le libéralisme, qu'il soit économique, politique ou culturel, ne peut se développer en Europe et en Amérique latine sans bouleversement, puisque ces continents ont été modelés, durant plusieurs décennies sinon siècles, par l'étatisme, le dirigisme, le socialisme, le corporatisme, tant dans la pratique que dans l'idéologie, les libéraux y sont donc non pas du tout des conservateurs, au sens littéral, mais des réformateurs : ils bousculent des habitudes ancrées et des idées reçues. Ils seraient bien plutôt révolutionnaires. L'adjectif « révolutionnaire » ne saurait en effet avoir de sens absolu. Il n'a de sens que relatif, puisqu'il qualifie un changement *par rapport* à un état donné. Cet état donné n'est pas le même partout ni toujours. Rien n'est révolutionnaire *en soi*. La « Révolution », en Chine ou à Cuba, est synonyme d'ordre établi, de pouvoir en place, lequel pouvoir se souhaite immuable et se désire en parfait état de « conservation ». Par voie de conséquence, le terme « conservateur » n'implique lui non plus aucun contenu permanent, n'offre aucun catalogue fixe de solutions, puisque ce qu'il s'agit de conserver ou de rejeter n'est jamais la même chose suivant les sociétés et les moments de l'histoire. Combien décourageant il est néanmoins de voir que, malgré les milliers de cours de « politologie » professés sur la planète, malgré les millions de mots de commentaires politiques qui s'écrivent et se prononcent chaque jour, nous ne parvenons pas à introduire un minimum d'ordre dans le vocabulaire politique le plus élémentaire. Pour ma part, le lecteur s'en sera peut-être aperçu, j'adopte ici l'expédient qui consiste à employer « libéral », « libéralisme », « conservateur » entre guillemets au sens américain, et sans guillemets au sens européen ou latino-américain.

Devant le flou du langage socialiste, il n'est pas moins aisé de prendre le change que devant celui du langage libéral. Je ferai le compte, le moment venu, de la demi-douzaine d'acceptions du mot « socialisme », toutes incompatibles entre elles, que nous employons couramment, comme si elles étaient interchangeables, ce qui achève de les rendre inintelligibles. Pour l'instant, je me bornerai à noter, en guise de préliminaire, que tout socialiste avec qui vous discutez refuse en général de souscrire explicitement à quelque définition que ce soit du socialisme, et qu'il récuse la validité de tous les exemples concrets de socialisme sur lesquels vous le priez de se prononcer. Le socialisme est toujours pour votre interlocuteur ce qui *n'est pas*, ce qui n'est « ni ceci ni cela ». Il *n'est pas* représenté par les divers régimes hélas! imparfaits qui s'en réclament, il *n'est pas* réductible à l'une ou l'autre des définitions qui figurent chez les bons auteurs, les innombrables programmes, et que vous soumettez à son approbation. Pourquoi cette dérobade, ou cette impuissance? Elles tiennent à la contradiction intrinsèque dont s'avère porteuse toute définition du socialisme pour peu qu'on la précise un peu trop. L'idéal socialiste se fondant sur l'ambition de juxtaposer des avantages incompatibles, il ne survit intellectuellement que dans la confusion tolérée des contraires. Voilà pourquoi ses champions reculent avec précipitation dès qu'ils aperçoivent une lumière trop crue et vous taxent de mauvaise foi si vous insinuez qu'ils devraient choisir entre deux ou plusieurs versions du socialisme. Les socialistes français ont soutenu, en 1981, que les nationalisations étaient bonnes parce qu'elles supprimaient le profit, puis en 1983 qu'elles étaient bonnes parce qu'elles permettaient le profit. Leur doctrine morale sur le profit avait changé dans l'intervalle. Mais ils n'ont pas eu le sentiment que seule *l'une* des deux propositions pouvait être vraie et seule l'une des deux authentiquement socialiste. Ils n'avaient pas corrigé, pensaient-ils, une erreur: ils avaient « approfondi », élargi, affiné l'analyse. Dans la phraséologie sartrienne, je dirai que leur « choix fondamental » est de ne pas choisir et qu'ils « existent sur le mode de la dénégation ». Laurent Fabius, ancien Premier ministre socialiste, déclare[1]: « Le socialisme *n'est pas* (c'est moi qui souligne) un paysage facile à décrire que l'on découvrirait d'un seul coup du sommet d'une côte. » On s'en doute. L'idée que le fruit de l'action pourrait préexister à l'action sous forme de paysage est absurde. Qu'est-ce donc? « C'est, dit M. Fabius, une direction... » Laquelle? Mystère.

De même, dans la plupart des journaux écrits ou télévisés,

---

1. *Le Monde*, 19-20 juillet 1987.

la Birmanie cessa brusquement d'être socialiste, quand le peuple se souleva contre le pouvoir et quand on apprit, en août 1988, l'étendue de la catastrophe économique et de l'oppression politique dues au régime. On mentionna ce dernier comme une « dictature militaire » ou, ironiquement, la « voie birmane vers le socialisme », ce qui insinuait que ce n'était pas du « vrai » socialisme. Les spécialistes de la prospective répètent volontiers, tel Jacques Lesourne: « Nous entrons progressivement dans une société d'information. » Ne pèchent-ils point par optimisme? De communication, ou de transmission, oui. Mais d'information?

\*

Pourtant il est un mot sur lequel, semble-t-il, n'existe aujourd'hui aucune équivoque, un mot employé, croit-on, dans le même sens par tous les partis, dans toutes les doctrines, sous toutes les latitudes: c'est celui de racisme. Unanimité d'autant plus heureuse et opportune que le combat contre le racisme, la notion de racisme, son extension même à des domaines sans rapport avec les races et les ethnies (on parle de « racisme » antihomosexuel ou antijeunes ou antivieux); la réprobation antiraciste, universelle et véhémente, la subordination à cette priorité de presque tous les autres mots d'ordre, la réduction au racisme de quasiment toutes les violations des droits de l'homme ont conféré à ce problème une puissance émotionnelle et idéologique prépondérante, en cette fin du XX$^e$ siècle. Le racisme a relégué au second rang presque toutes les autres causes humaines.

Si l'on admet que le respect de la personne humaine et le devoir de la traiter « toujours comme une fin et jamais comme un moyen » peuvent fournir, en effet, la base d'une morale universelle et, en politique, d'un principe international, on peut alors, avec raison, et l'on doit évidemment considérer la lutte contre le racisme comme essentielle dans la défense des droits de l'homme. Mais la tendance qui prévaut à notre époque est de tenir pour graves les violations des droits de l'homme seulement lorsqu'elles contiennent une composante raciste. Or il existe de nombreux cas d'atteinte à la dignité humaine, de persécution, d'extermination même, qui ont de tout autres causes que le racisme, qui proviennent, par exemple, du fanatisme religieux, comme dans l'Iran de la « révolution islamique » de Khomeiny, ou du fanatisme idéologique, comme dans la Chine de la révolution culturelle, dans le Cambodge des Khmers rouges. Si l'esclavage moderne, en Amérique du Nord et du Sud, fut alimenté par la traite des Noirs, en revanche l'esclavage dans le monde arabe, au sein du monde noir en Afrique même, dans l'Antiquité européenne, puis le servage au Moyen Age et jusqu'au milieu du XIX$^e$ siècle en Russie offraient peu ou pas du tout d'aspect raciste. Les esclaves ou les serfs, dans de nombreuses contrées et aux époques les plus diverses, ont appartenu pour la plupart aux mêmes races que leurs maîtres ou seigneurs. En étaient-ils moins à plaindre ? Aristote jugeait l'esclave inférieur par essence à l'homme libre, bien que l'un et l'autre, le plus souvent, fussent grecs ou, du moins, que l'esclave, même lorsqu'il provenait de quelque peuplade vaincue, ne se distinguât point du Grec par la couleur de sa peau. La thèse d'Aristote mérite-t-elle pour autant notre indulgence ? La relégation de l'esclave au rang de sous-homme devient-elle acceptable dès lors qu'elle ne s'opère pas selon un critère raciste ? Si la réduction en esclavage, durant la traite des Noirs, prend un caractère doublement odieux par son racisme, ce n'en est pas moins l'esclavage même qui constitue l'essentiel du délit d'atteinte à la dignité humaine. Si les Blancs s'étaient bornés à mépriser abstraitement les Noirs tout en restant chez eux et en les laissant chez eux, le tort fait aux Africains, reconnaissons-le, tout en existant moralement, eût été moins grave en pratique et plus facile à redresser par la suite. Si le racisme est une violation des droits de l'homme, toutes les violations des droits de l'homme ne se ramènent pas au racisme.

D'où vient que seules comptent, semble-t-il, et sont jugées abominables les atteintes à la liberté et à la dignité qui s'inscrivent ou peuvent s'inscrire dans le catalogue des comportements racistes ? Sur le plan international, on en est ainsi arrivé, durant les années quatre-vingt, à faire de l'Afrique du Sud le grand réprouvé et pour ainsi dire le seul coupable du monde contemporain. Au sommet des sept pays les plus industrialisés, à Venise, en juin 1987, le chef de la délégation canadienne définit l'apartheid comme « *the most important human rights issue of our time* », « le problème de droits de l'homme le plus important de notre époque ». Or, si c'est un problème, en effet, très grave, une forme de mauvais traitement inexcusable et insupportable, on peut en citer bien d'autres qui le sont tout autant et même davantage : par exemple, les 600 000 boat-people vietnamiens morts en mer depuis 1980, dont 40 % d'enfants. Or les pays industrialisés appliquent des sanctions économiques à l'Afrique du Sud et accordent au contraire des aides économiques et des crédits au Vietnam ! Quelle valeur peut donc avoir une philosophie des droits de l'homme qui n'est pas universelle, c'est-à-dire qui s'applique à certains hommes et pas à d'autres ? Ne retombe-t-elle pas à son tour dans le péché de discrimination raciale, par ailleurs si vigoureusement réprouvé ? Pourquoi l'apartheid est-il devenu le suprême péché contemporain, au point de surgir souvent, hors de propos, dans des discussions dont l'objet n'a pas de rapport avec cette aberration ? Ainsi, le soir des élections générales britanniques du 11 juin 1987, un Anglais noir, travailliste, qui venait d'être élu député du comté de Brent, commenta sa victoire en déclarant à la BBC : « Brent ne sera pas libre tant que l'Afrique du Sud ne sera pas libre. » Que vient faire l'Afrique du Sud dans les élections anglaises ? Si ce député veut dire que Mme Thatcher a eu tort de s'opposer à des sanctions économiques contre l'Afrique du Sud, qu'il démontre sa thèse. Mais même s'il nous en convainc, il n'aura pas prouvé du même coup que le Royaume-Uni n'est pas libre. La phrase a-t-elle un sens, étant donné qu'il y a toujours eu des peuples libres et des peuples qui ne le sont pas, ce qui n'empêche pas les premiers de l'être ? Si nous admettons néanmoins la validité de cette assertion dans le sens très métaphysique qu'aucun homme n'est vraiment libre tant que tous ne le sont pas, pourquoi citer la seule Afrique du Sud comme exemple de pays privé de liberté ? Plusieurs autres exemples actuels de sociétés esclaves pourraient venir à l'esprit. Pourquoi, au premier plan de l'éloquence idéologique contemporaine, l'Afrique du Sud, quoique non sans rivale dans l'art d'opprimer, revient-elle avec une fréquence tellement répétitive et obsédante ? Si elle viole indubitablement les droits de l'homme, la République sud-africaine n'est pourtant pas la seule à le faire, loin de là. Pourquoi donc est-elle presque la seule à en subir l'opprobre ?

A ce privilège on aperçoit une cause générale et une cause particulière. La cause particulière tient à l'importance économique et à la situation géostratégique exceptionnelles de l'Afrique du Sud. Déjà devenue depuis 1975 une puissance africaine de premier plan, l'Union soviétique cherche à faire en sorte que la conquête du pouvoir par les Noirs sud-africains s'effectue au bénéfice exclusif de l'African National Congress (ANC), depuis toujours pro-soviétique, de même qu'en Namibie l'est la SWAPO (South-West Africa's People Organisation). L'ANC pourrait, dans la future République populaire d'Afrique du Sud, jouer le même rôle que le DERG de Mengistu en Ethiopie. L'URSS, appuyée sur ses nombreux relais, conscients ou inconscients, effectue donc à propos de l'Afrique du Sud dans le monde entier un travail de propagande qui est pour elle de simple routine, un travail dont elle a une longue habitude et où elle a connu bien peu d'échecs. Cela consiste à concentrer sur l'apartheid toute l'indignation disponible sur la planète, à la dépeindre comme le mal absolu, le fléau majeur et une plaie tellement incurable qu'on ne saurait oser, sans manquer à la décence, soulever même la question du régime qui lui succédera. Sera-t-il démocratique ou totalitaire ? Si l'URSS gagne, si le cours actuel se poursuit, ce sera bien sûr un régime totalitaire, où les droits de l'homme seront encore plus violés que sous l'apartheid. Mais, quand on s'en apercevra, ce sera le signe qu'il sera solidement installé. La gauche et les « libéraux » consternés en reconnaîtront alors le caractère totalitaire. Eux aussi ont une longue expérience de ces dénouements, et ils s'en remettent. Leur ardeur à les appeler de leurs vœux, voire à les provoquer, n'a d'égale que leur promptitude à les oublier, quand sonne l'heure d'évaluer les conséquences des positions prises dans le passé. En Afrique même, la condamnation de l'apartheid est à peu près le seul sujet sur lequel les États africains parviennent à se mettre d'accord, chaque fois qu'a lieu un sommet de l'OUA (Organisation de l'Unité africaine.)

Cependant, la cause particulière et conjoncturelle que constitue l'intérêt soviétique dans le vedettariat de l'apartheid ne serait pas aussi puissante si elle n'empruntait une force supplémentaire à une autre cause plus vaste et générale, où elle s'enracine et qui lui communique une prodigieuse impulsion. Cette cause générale est que, non seulement nous ramenons quasiment toutes les violations des droits de l'homme au racisme, mais que nous ramenons tout le racisme à celui des Blancs contre les autres races ou ethnies.

Pour rester dans le cadre de l'Afrique, les violations des droits de l'homme, les persécutions, les exterminations mêmes perpétrées par des Noirs contre d'autres Noirs, depuis 1960 environ, début des accessions à l'indépendance, ont fait un nombre de morts et infligé une masse de souffrances qui dépassent de beaucoup les méfaits et les crimes de l'oppression blanche en Afrique du Sud. De plus, ces forfaits noirs relèvent presque tous eux aussi de ce que nous appellerions sans hésiter « racisme » en Europe et aux États-Unis, puisqu'ils sont commis, le plus souvent, contre une ethnie dominée par une ethnie dominante. Les explications politiques et idéologiques empruntées à la rhétorique occidentale recouvrent, en effet, et habillent en surface des conflits qui, en profondeur, opposent des tribus entre elles. Les réalités tribales constituent un facteur de l'histoire dont la gauche bien pensante, je veux dire portée à idéaliser le tiers monde, n'aime pas qu'on lui rappelle l'existence. Pour l'avoir néanmoins rappelée, même avec toutes les précautions oratoires possibles, je me suis fait un jour conspuer par un auditoire très tiers-mondiste, à Paris, en 1985, lors d'un débat public sur « Démocratie et développement » auquel participaient aussi Jean-Pierre Cot, ancien ministre socialiste de la Coopération, Bernard Kouchner, fondateur de Médecins sans frontières et président de Médecins du monde, ainsi que des spécialistes des problèmes africains. Ayant eu la curiosité de consulter plusieurs traités de sociologie récents, en anglais ou en français, je me suis aperçu qu'on n'y trouvait plus de chapitre consacré à la notion de tribu en tant que telle. De même, les dictionnaires encyclopédiques se limitent à une vague définition, se cantonnent dans des généralités, sans donner les très nombreux exemples historiques et contemporains qui permettraient une appréhension concrète du phénomène.

La guerre du Biafra qui, à la fin des années soixante, a fait un million de morts au Nigéria, avait pour but de briser les Ibos. Cette peuplade souhaitait se séparer du pouvoir central. En effet, le découpage des États par les tribus dominantes, dans le Nigéria nouvellement indépendant, avait été calculé de manière à empêcher les Ibos de profiter des revenus du pétrole. D'ailleurs le Nigéria, le plus vaste et le plus riche des pays d'Afrique noire, comme on sait, brille par ses actes au premier rang du racisme. Témoin, en 1983, la brutalité avec laquelle son gouvernement a expulsé d'un coup environ 2 millions de travailleurs immigrés en situation irrégulière, contraints de partir à pied vers le Ghana, le Bénin, le Tchad, le Niger ou le Cameroun. Plusieurs milliers de ces malheureux périrent en route d'épuisement. Quand on sait les protestations que suscite, dans n'importe quel pays européen, l'expulsion intermittente de quelques dizaines d'immigrés dépourvus d'autorisation de séjour, ou la simple vérification de leurs papiers, on se demande si l'amour des droits de l'homme en est réellement la principale inspiratrice. Comment le croire, quand on voit les auteurs de ces protestations devenir brusquement muets devant de mauvais traitements d'une tout autre ampleur et d'une barbarie bien pire, dès lors que ce sont des Noirs qui les infligent à d'autres Noirs ?

La même question vient à l'esprit quand on observe le Burundi, pays de 5 millions d'habitants, régi par un système de relations intertribales que l'on ne saurait définir autrement que comme un apartheid noir. En effet, la tribu des Tutsis, comptant de 10 % à 15 % de la population, y domine et y dépouille de ses droits celle des Hutus, lesquels sont cinq à six fois plus nombreux. Le pouvoir politique central reste un monopole tutsi. C'est une dictature et, au demeurant, cela ne saurait être autre chose. Treize sur quinze (en 1987) des gouverneurs de province sont tutsis, et la totalité de l'armée (96 % exactement)[1]. Sur toutes les voies de communication, des soldats (naturellement tutsis) contrôlent les papiers de tout paysan (naturellement hutu) qui circule, mais sans avoir le droit de sortir de sa « zone de résidence ». Le Burundi agit donc encore plus mal que la République sud-africaine, où le fameux « pass », ou « permis de circulation » a été supprimé en 1985. En 1972, les Hutus tentèrent de se soulever. Leur révolte fut écrasée par les Tutsis. La répression fit 100 000 morts. Comme on dénombre environ cinq fois plus de Noirs en Afrique du Sud que de Hutus au Burundi, imaginons, pour mettre les chiffres en proportion, quelles auraient été les réactions de l'opinion internationale si les Blancs sud-africains avaient massacré 500 000 Noirs en moins d'une année. Dans le cas du Burundi, non seulement le silence ou, tout au plus, une simple mention sèche et sans commentaire prévalurent, mais les grandes consciences démocratiques occidentales multiplièrent par la suite les témoignages d'amabilité et les aides économiques en faveur des Tutsis. Le président François Mitterrand dispensa par deux fois la caution de sa présence et l'honneur de sa visite à ces grossistes du génocide : la première en 1982, la seconde en 1984, lors du sommet africain de Bujumbura, dont on put se demander plus tard, quand éclata en 1986 à Paris le scandale dit du Carrefour du développement, s'il n'avait pas servi à de vastes détournements de fonds publics au profit, non des paysans hutus, mais des officiels français du ministère de la Coopération et de la caisse électorale de certains socialistes. Tiers-mondisme bien compris commence par soi-même... Les Tutsis reçoivent des pays occidentaux plus de 150 millions de dollars d'aide économique par an (valeur du dollar 1986). Le Burundi figure même parmi les favoris de la Banque mondiale et de plusieurs pays industriels, malgré son passé un peu trouble et son présent plus que curieux, dont les donateurs ou les fonctionnaires internationaux qui les représentent ne parlent jamais. Ce serait désobligeant. Ils préfèrent insister sur l'« efficacité économique » des Tutsis qui sont, paraît-il, « bons gestionnaires », qualité que, remarquons-le en passant, on peut encore moins

---

1. D'après le *Washington Post*, juillet 1987, « Burundi Tempers Its Black Apartheid », par Blaine Harden (*Washington Post Service*, repris par le *International Herald Tribune*).

contester aux Blancs sud-africains, mais qui ne leur vaut pas pour autant l'absolution. L'Église qui, au Burundi, a pris fait et cause pour les malheureux Hutus, comme le lui commandait le respect de la charité chrétienne, s'est trouvée, de ce fait, honnie et bannie par le pouvoir tutsi. Le gouvernement flétrit le clergé en tant que suppôt de... l'impérialisme belge. En effet, à l'époque de la colonisation, c'est l'Église belge qui a dépêché sur place le gros des missionnaires. Aujourd'hui, la radio officielle profère des diatribes quotidiennes contre l'Église catholique. Elle l'accuse d'avoir, avec « son dieu blanc raciste », détruit la « culture burundienne ». (Nous retrouvons ici les bienfaits de l'« identité culturelle ».) Les prêtres font régulièrement de la prison (sans que j'aie vu distribuer beaucoup de pétitions en leur faveur dans les milieux théologiques occidentaux). Les autorités ont confisqué et étatisé les écoles chrétiennes. Elles interdisent la messe en semaine, car les Hutus sont privés du droit de réunion. Les messes du dimanche, seules autorisées, se célèbrent sous surveillance militaire. Je n'ai jamais entendu aucun de nos évêques tiers-mondistes, qu'ils fussent européens ou américains, protester contre cette persécution, qui frappe un clergé catholique à cause de ses positions courageuses en faveur des victimes d'une oppression sanguinaire et réglée selon des critères nettement raciaux. Pourquoi la noble lutte de Mgr Desmond Tutu contre l'apartheid sud-africain est-elle à juste titre tenue pour éminemment chrétienne, lui vaut-elle dans le monde entier sa gloire de champion des droits de l'homme, consacrée par un prix Nobel de la Paix mérité, et pourquoi, en revanche, un linceul de silence drape-t-il le clergé burundien, qui s'élève lui aussi contre son apartheid local et, en outre, tente de prévenir le caprice, toujours prêt à resurgir chez les Tutsis, d'un deuxième génocide[1] ?

Oh ! ils le digéreraient ce nouveau génocide, aussi euphoriquement que celui de 1972, et que toute la discrimination burundienne, nos croisés de l'antiracisme. En revanche leurs estomacs délicats ne peuvent aucunement tolérer, fût-ce le poisson importé d'Afrique du Sud. Je l'ai appris avec émotion, en effet, en lisant un titre de *Ouest-France* (4 août 1987) en forme d'anathème fulminé contre « le thon de l'apartheid ». Le bouddha, dit-on, était à ce point sensible aux propriétés morales des aliments que son tube digestif fut un jour secoué de nausées

---

1. Début septembre, en 1987, le dictateur en exercice du Burundi fut renversé par un coup d'État, alors qu'il rehaussait de sa présence le sommet de la Francophonie à Montréal. Il fut aussitôt remplacé par un autre dictateur, tutsi également, bien sûr, mais, semble-t-il, moins anticlérical.

après l'absorption de fruits qui, à son insu, provenaient d'un vol. De même, nous apprend encore *Ouest-France*, un dénommé Yves L'Helgoualc'h, émule du saint ascète et président du Comité du thon blanc de Concarneau, demandait en août 1987 au secrétariat d'État à la Mer de « prononcer l'embargo sur les importations en provenance d'Afrique du Sud ». Cette mesure, argumentait le vertueux marin-pêcheur, « collerait (*sic*) aux déclarations françaises hostiles à l'apartheid ». Accessoirement, elle « colle » aussi très bien à cet inconvénient que le thon sud-africain est meilleur marché que le thon français, ce qui le fait acheter, de préférence à ce dernier, par les entreprises de conserverie. A Concarneau comme au Carrefour du développement, le portefeuille et la fraternité font bon ménage.

L'indifférence de l'opinion internationale aux crimes contre l'humanité quand ils sont commis par des Africains au détriment d'autres Africains explique l'étonnante considération dont a longtemps joui en Europe l'un des plus sinistres tyrans du XX$^e$ siècle, Sékou Touré, dictateur de la Guinée, pays qu'il affama et terrorisa de 1959 à sa mort, en 1984. On compte par milliers les personnes torturées et exécutées ou condamnées à la prison à vie sur ordre de Sékou Touré, y compris, en 1970, l'archevêque de Conakry, un Gabonais de nationalité française. Les purges du dictateur guinéen soutiennent flatteusement la comparaison, si on les proportionne à la population, avec celles de Joseph Staline. Il ne faisait pas bon être ministre de Sékou Touré. La plupart des individus auquel cet honneur était offert choisissaient prudemment l'exil préventif, quand ils le pouvaient encore, de préférence à l'acceptation, en général grosse d'un avenir macabre. Car c'est par fournées que les collaborateurs du chef guinéen furent arrêtés, torturés, pendus, fusillés, ou incarcérés dans des prisons-bagnes jusqu'à ce que mort s'ensuivît. Les geôles et les camps guinéens dont la presse et les télévisions décrivirent tardivement l'ampleur et l'atrocité *après* le décès du « président » ne le cédaient en rien aux plus séduisantes réalisations de Heinrich Himmler. Sékou Touré, qui appartenait à la tribu des Malinkés, ainsi, logiquement, que la plupart des membres de ses gouvernements, éprouvait d'ailleurs une animosité toute spéciale à l'égard des Peuls, une ethnie du désert. Il en fit torturer et massacrer plusieurs milliers en leur infligeant des pogroms périodiques. Si je ne m'abuse, il s'agit là de quelque chose qui ressemble un peu au racisme. Néanmoins, Sékou Touré reçut la visite de François Mitterrand, à l'époque où le chef de la gauche française était encore dans l'opposition. Devenu président de la République, François Mitterrand recevra en France, à son tour, en 1982, avec tous les honneurs dus à ses exploits, le chef d'État socialiste guinéen, à l'occasion d'un « sommet » africain, qui fut un sommet, en effet, d'hypocrisie. Cette vertu n'étant point au demeurant l'apanage de la gauche, le président Valéry Giscard d'Estaing avait déjà tenu, pour sa part en 1978, à se rendre en voyage officiel à Conakry. Raymond Aron publia alors dans *l'Express* un éditorial d'une vivacité de ton exceptionnelle chez lui, pour souligner à quel point cette visite, consternante au point de vue moral, ne se justifiait même pas au nom de la *Realpolitik*. Sachant l'économie de la Guinée en complète catalepsie, Giscard se disait sans doute que l'heure était venue d'arracher ce pays à l'influence soviétique et de le ramener dans le giron de la sacro-sainte « politique africaine de la France ». C'est là un exemple des erreurs habituelles à certains libéraux, qui ne comprennent rien au fonctionnement du communisme international. Car, quand un pays communiste est aux abois, les Soviétiques s'empressent de lui conseiller de soutirer aux capitalistes tout l'argent possible. Ils jouent sur la naïveté de braves michetons qui croient remporter une victoire de séducteurs, alors qu'on ne leur demande que de payer. Cependant, l'URSS conserve dans le pays ses positions politiques et stratégiques. Lénine expliqua et appliqua le premier, et fort bien, cette méthode[1]. Non seulement les Soviétiques ne quittèrent pas la Guinée en 1978, mais ils y sont encore en 1988. Ils y exploitent à leur profit les mines de bauxite guinéennes, parmi les plus riches du monde et la principale ressource exportable du pays. Sur le minerai, ils exercent un droit indéfini, au titre du remboursement de l'« aide économique » passée. Cette aide économique coûteuse et pesante consista en la livraison de milliers de tonnes de ferraille inutilisable, baptisées « machines agricoles », parmi lesquelles figurèrent les célèbres chasse-neige, dont les qualités équatoriales notoires divertirent le monde entier. Les complaisances des deux chefs d'État français eurent pour seul résultat que Sékou Touré, courtisé à la fois par les dirigeants communistes et par les dirigeants démocratiques, disposa, pour continuer à martyriser son peuple, d'un pouvoir renforcé par ces appuis œcuméniques. Non seulement les deux présidents français ne craignirent pas de serrer l'un après l'autre la main de ce répugnant personnage, alors qu'ils n'auraient jamais reçu un sous-secrétaire d'État sud-africain, mais ils le firent sans aucun profit, même du point de vue d'un machiavélisme vulgaire. Le meurtrier guinéen eut par ailleurs droit aux

---

1. Je cite son texte dans *Comment les démocraties finissent*, chapitre XVIII.

éloges bruyants du directeur général de l'UNESCO, Amadou Mahtar M'Bow, qui célébra en lui le grand démocrate humanitaire et le grand tiers-mondiste progressiste. Cette flagornerie déshonorante ne surprendra personne, quand on sait l'officine pro-soviétique que devint l'UNESCO, sous la direction de M. M'Bow, durant les années soixante-dix et quatre-vingt. Pourtant, ce fut là une trahison de la mission de l'UNESCO, et de l'ONU en général, dont on n'aurait pas dû s'accommoder. On attribue à Florence Nightingale cette réflexion pleine de bon sens que « quoi qu'ils fassent par ailleurs, le moins qu'on puisse demander aux hôpitaux est de ne pas propager les maladies ». (« *Whatever else they do, hospitals must not spread diseases.* ») Or justement, les organisations internationales, dont la mission est d'éliminer la misère et la barbarie, finissent par répandre les maux qu'elles sont censées soigner. Les aides qu'elles distribuent servent à secourir moins les populations pauvres que le pouvoir des dictateurs qui les affament et les asservissent. Soit par passion politique, soit par peur de se faire traiter de racistes, les fonctionnaires internationaux deviennent complices de la conspiration des tyrans contre les peuples. A quoi sert-il de s'indigner contre les historiens dits « révisionnistes », qui osent affirmer que, selon eux, le génocide hitlérien n'aurait jamais eu lieu, si c'est pour trouver normal que le directeur général de l'UNESCO encense officiellement un praticien *contemporain* du génocide, comme Sékou Touré, ou encore le dictateur éthiopien Mengistu, dont M. M'Bow a également vanté un jour, dans le cadre de ses fonctions, les vertus d'homme d'État ?

Vous êtes à la tête d'un pays totalitaire du tiers monde et vous avez besoin d'argent, de fournitures diverses pour faire face à vos dépenses militaires et poursuivre la réalisation de la « révolution ». Les pays frères ne sont guère donnants, votre crédit auprès des pays capitalistes est au plus bas. Que faites-vous ?

Vous attendez que se mette en route une bonne famine, ce qui, par l'effet stérilisant de votre propre politique agricole, ne saurait manquer de se produire, pour peu que le ciel vous vienne en aide en retenant la pluie. Trois quarts de socialisme et un quart de sécheresse feront l'affaire. Quand la famine est bien installée, vous commencez par la dissimuler un an ou deux au reste du monde, ce qui vous est d'autant plus facile que vous contrôlez tous les déplacements des étrangers sur votre territoire. Vous la laissez se développer, grandir, exploser jusqu'à ce qu'elle atteigne à l'ampleur et à l'horreur qui commotionneront l'opinion internationale.

A ce moment-là, vous frappez le grand coup: vous offrez un scoop à une équipe de télévision étrangère. Elle filme un lot de ces enfants décharnés que vous avez savamment multipliés. Diffusé à une heure de grande écoute par une BBC ou une CBS quelconque, le reportage plonge les téléspectateurs capitalistes dans l'épouvante et la compassion. En quarante-huit heures, il fait le tour des écrans de la planète. Simultanément, et c'est un élément essentiel de la préparation, vous accusez avec véhémence les gouvernements capitalistes d'avoir intentionnellement refusé ou retardé les secours, parce qu'ils ne voulaient pas aider un pays « progressiste ». Ce réquisitoire est aussitôt repris et orchestré par les organisations de gauche dans les pays démocratiques et par les Églises. Les gouvernements occidentaux se retrouvent, en un clin d'œil, mués en vrais responsables de la famine que vous avez provoquée ou aggravée. L'argent et les dons, publics et privés, affluent du monde entier.

Alors débute une autre phase de l'opération: il faut surtout éviter que l'aide ne parvienne aux affamés. Vous en avez trop besoin pour vous, pour votre armée, votre nomenklatura, pour rembourser quelques dettes aux pays frères et surtout pour accélérer la collectivisation et la révolution, éliminer vos adversaires, consolider votre pouvoir. Les camions que l'on vous a donnés pour répartir des céréales serviront à transporter des soldats ou, mieux encore, à déporter des paysans dans des régions de fermes collectives, où ils crèveront loin des regards indiscrets. Les visiteurs trop curieux, portés à moucharder audehors, en général membres des Organisations non gouvernementales (ONG), médecins et autres excités, vous les neutralisez en les accusant d'avoir eux-mêmes détourné l'aide. Traitez-les de voleurs, voire d'espions. Comme vos calomnies contre ces témoins seront accueillies avec empressement par les tiers-mondistes de leur propre pays, vous n'avez plus, en les expulsant, qu'à les y renvoyer se faire honnir par leurs vertueux compatriotes.

Après quoi, une fois fortune faite sur le dos de 1 200 000 Éthiopiens morts de faim, le colonel Mengistu Hailé Mariam — car c'est évidemment de lui que je viens de narrer les prouesses — n'avait plus qu'à recueillir les ovations du Mouvement des non-alignés, de l'Internationale socialiste, des théologiens de la libération et du Conseil œcuménique des Églises. Ovations agrémentées de quelques milliers de caisses de whisky, achetées moyennant devises, pour que les dignitaires du Parti puissent honorablement célébrer le dixième anniversaire de leur Révolution, comme on le vit en 1984. En 1973, l'empereur Hailé

Sélassié avait perdu son trône à la suite d'une famine qui avait fait 200 000 morts. Les progrès accomplis permettent de mesurer la supériorité du socialisme sur le féodalisme.

Le colonel Mengistu s'est borné à suivre une recette mise au point par Lénine au moment de la grande famine de 1921 en Union soviétique, et fréquemment reprise depuis lors, en particulier au Cambodge par le régime de Hanoi. Mais si Mengistu n'a pas inventé la recette, il a surpassé tout le monde dans l'exécution.

La nausée nous gagne, devant l'aveuglement volontaire qu'ont manifesté, face aux crimes du collège des dictateurs d'Addis-Abeba, les organisations internationales charitables, les fonctionnaires de l'ONU (ce qui n'étonnera personne) et la Communauté européenne. Le cri d'indignation de Médecins sans frontières valut plus d'opprobre à ceux qui le poussèrent qu'aux responsables de l'extermination. Deux interdits se sont conjugués pour engendrer le silence combiné des naïfs crédules, des « idiots utiles » et des complices cyniques : la crainte sempiternelle de passer pour réactionnaire en critiquant un régime totalitaire dit progressiste, et celle de paraître raciste en condamnant le massacre d'Africains par d'autres Africains.

C'est à l'échelle planétaire que sévit le détournement de l'aide humanitaire par des États despotiques au détriment des populations qu'ils oppriment. Un médecin qui a observé sur plusieurs continents cette concussion géante n'hésite pas à parler du « piège humanitaire[1] ». On sort affligé de la lecture de son livre, inventaire des « catastrophes utiles », parfois même imaginaires, fondées sur des rumeurs adroitement répandues, et néanmoins fructueuses. L'auteur raconte comment procèdent les pouvoirs ou partis politiques désireux d'acquérir ou de renforcer le contrôle des masses, de quelle façon ils s'interposent entre les organisations humanitaires et la population, et interceptent l'aide pour l'utiliser à leurs propres fins. Il cite l'exemple des sandinistes, qui, après la chute de Somoza, pour éliminer les autres partis politiques et conquérir sans élections libres le monopole du pouvoir, ont accaparé, au moyen des méthodes parfois les plus brutales, l'aide internationale, en particulier celle des États-Unis (car il faut le rappeler : les États-Unis ont aidé le Nicaragua nouveau, pendant ses deux premières années). Malgré l'aide, la pénurie au Nicaragua a commencé *après* la consolidation de la dictature sandiniste. Ainsi le totalitarisme étend son empire grâce à l'argent fourni

---

1. Jean-Christophe Rufin, *le Piège*, J.-C. Lattès, 1985.

par les démocraties. La faim est vraiment pour le socialisme le « capital le plus précieux ».

Si l'enfer éthiopien a joui de l'indulgence et du silence quasi universels, c'est à cause de ce que Glucksmann et Wolton appellent l'« immunité révolutionnaire »[1]. Mais même les rares esprits qu'elle ne paralyse pas, et qui ont accepté de prendre connaissance des faits, ne savent pas quelle conclusion en tirer, ou alors en tirent une conclusion contradictoire. Tel Bob Geldoff, la généreuse et ingénue vedette du rock and roll qui a, par ses concerts, réuni pour les affamés d'Éthiopie des milliards que les militaires progressistes d'Addis-Abeba ont détournés vers la guerre. Écœuré, désillusionné, averti des transferts de population qui achèvent les moribonds, Geldoff a estimé qu'il fallait pourtant continuer à tout prix. « J'aurais travaillé même à Auschwitz! » lance-t-il. Ça dépend avec qui! On a dit beaucoup de mal de Band Aid, l'organisation de Bob Geldoff, souvent de façon injuste. Cette organisation, en effet, a tenté, plus qu'on ne l'a raconté, de prévenir le détournement de l'aide par les dictateurs éthiopiens. Mais ces derniers se montrèrent les plus rusés et n'eurent aucun mal à berner les « bons Blancs », en utilisant l'aide à leurs fins propres, qui n'étaient pas de soulager la misère de la population.

Pour comble, le régime communiste éthiopien a recommencé, en août 1987, à nier l'existence d'une nouvelle famine, encore une autre, qui était en cours de formation dans le nord-est du pays. Mengistu rejeta comme inexacts les premiers rapports préoccupants de l'ONU sur l'apparition du fléau, alléguant que tout allait fort bien. Or, le public ne le sait pas toujours, une famine présente des signes avant-coureurs qui permettent de la traiter à ses débuts. Il est possible de déceler la mise en place des conditions d'une famine, et, à ce stade initial, on peut parvenir à l'enrayer. C'est alors qu'il faut, par conséquent, faire appel à l'aide internationale ; celle-ci conserve à ce moment-là toutes les chances d'être efficace. Passé ce stade, lorsque la famine est pleinement installée, quand on l'a laissée dégénérer en catastrophe, la distribution de l'aide se heurte (sans parler des détournements) à des difficultés presque insurmontables, car elle doit être à la fois de plus en plus massive et de plus en plus rapide. La population frappée devient chaque jour plus nombreuse et plus affaiblie par les privations. Plus grandit son besoin de secours, moins on parvient à les acheminer à temps

---

1. André Glucksmann et Thierry Wolton, *Silence, on tue*, Paris, Grasset, 1986.

jusqu'à elle, et plus s'accroissent les gaspillages dus à l'insuffisance des moyens de transport, suivis par la progression galopante du nombre des morts de faim.

On peut donc, sans forcer l'expression, considérer comme coupables de crime contre l'humanité les dirigeants qui, pour des raisons politiques, laissent sciemment se développer une famine qui finira par faire des dizaines, parfois des centaines de milliers de victimes. Quelles raisons politiques? D'abord la répugnance à proclamer l'échec d'un régime et d'un système, en avouant avec une périodicité peu glorieuse une crise des subsistances. Il se trouve que les trois pays africains les plus affectés par la pénurie alimentaire, durant la majeure partie des années quatre-vingt, sont les trois pays les plus communistes et soviétisés du continent: Éthiopie, Angola et Mozambique. C'est là, de toute évidence, une mauvaise propagande pour les projets d'extension du communisme, notamment à la Namibie et à l'Afrique du Sud. Ensuite, les gouvernements, établis par la force et soutenus par l'étranger, de ces trois pays doivent faire face à des guérillas internes. En laissant les famines devenir des catastrophes, au détriment de leur population, ces gouvernements suscitent l'émotion et la sympathie internationales, ce qui leur apporte une légitimité. La réaction bien naturelle de l'opinion mondiale est de se dire: quand des enfants meurent de faim, on ne va pas ergoter sur la nature du régime en place. (Cet argument généreux n'est valable que dans le cas où le régime affameur est communiste ou socialisant, bien entendu.) Dans le même temps, profitant de la compassion et de l'inattention universelles, les auteurs de la famine en rejettent la responsabilité sur les guérilleros qui les combattent: au Mozambique, la RENAMO, en Angola, l'UNITA. Cette explication séduit d'autant plus la presse occidentale et les associations de défense des droits de l'homme que ces deux mouvements reçoivent une aide militaire de l'Afrique du Sud. On en conclut donc qu'ils n'existeraient pas sans cette aide, autrement dit que la résistance au régime n'a pas de racines dans le pays, ce qui est exactement la thèse que les communistes souhaitent accréditer. N'allons pas nier qu'une guerre civile nuise à l'activité économique et, en particulier, à l'agriculture. Mais on peut illustrer avec de nombreux exemples la propension désormais notoire des régimes communistes, hier comme aujourd'hui, à susciter de toutes pièces la pénurie alimentaire, sans la moindre guerre civile, par la seule action souveraine des vertus paralysantes du système. L'Angola et le Mozambique, durant les années soixante et soixante-dix, ont été le théâtre d'une très longue et très dure guerre interne de décolonisation. Pourtant, durant cette période, ils ne sont jamais tombés aussi bas que sous le communisme. Malgré la guerre d'indépendance, et la répression portugaise, jamais ils ne connurent la décomposition économique intégrale et la disparition complète de toutes les denrées de première nécessité dont le communisme devait leur réserver la primeur.

Qu'importe! La presse occidentale accepte en général assez volontiers, à chaque famine, l'explication communiste. C'est le cas, par exemple, du *New York Times*, qui titre (31 décembre 1984) : « La guerre civile angolaise réduit à la famine un secteur fertile[1]. » Thèse qui absout le régime et à laquelle, à propos d'une nouvelle famine, ou plutôt de la même à l'état endémique, souscrit également, deux ans et demi plus tard, le *Washington Post*, en titrant : « L'Angola reconnaît traverser une situation de famine critique et demande une aide d'urgence[2]. » Après avoir constaté qu'en ville 1 million de personnes ne trouve plus rien à consommer, le correspondant du *Post* nous apprend que « les paysans refusent de vendre leurs denrées alimentaires en échange d'argent angolais » (« *Farmers refuse to sell their food for Angolan currency* »), car la monnaie locale ne vaut plus rien. Ils veulent les troquer contre des vêtements, du savon, etc., choses que les citadins ne possèdent pas non plus! Il est donc clair qu'*il y a* des produits alimentaires et que la guerre civile *n'a pas* anéanti l'agriculture. Mais le reporter ne met pas bout à bout ces faits. Il préfère s'orienter vers la baisse du prix du pétrole comme cause accessoire, après l'UNITA, de la famine angolaise. On s'étonne de voir avec quel empressement il adopte le point de vue des autorités de Luanda. Il semble que la capacité critique des journalistes américains s'exerce exclusivement à l'égard de leur propre gouvernement. Autant ils ne croient rien de ce que leur disent la Maison Blanche ou le Pentagone, autant ils croient tout ce qu'on leur raconte à Luanda ou à Maputo. Dans la presse européenne non communiste, seul le *Guardian* les dépasse en crédulité extérieure.

Au Mozambique, dès le début de 1987, un rapport adressé par l'ambassadeur des États-Unis à son gouvernement (qui envoyait aussitôt une première aide) avertissait de l'imminence

---

1. « *Angola's civil war reduces a fertile district to hunger* », par James Brooke. Il n'y a pas de guerre civile au Vietnam, et pourtant les autorités aux abois annonçaient en 1988 que 7 millions de personnes y étaient menacées de famine — sans compter le million qui l'avait fuie sur mer.
2. « *Angola, admitting hunger crisis, asks urgent aid* », par Blaine Harden (repris dans le *International Herald Tribune*, 15-16 août 1987).

d'une famine géante. Lorsque, peu après, la rumeur de ce nouveau péril se répandit en Occident, la réaction fut immédiate : le seul coupable était la RENAMO (guérilla anticommuniste). Ainsi la BBC, le 10 mai 1987, à 16 h 10 en temps universel, dans un commentaire, affirmait de façon catégorique : « La famine est due *exclusivement* à la RENAMO » ! Cet acte de foi dans le socialisme mozambicain a dû faire bien rire en Afrique de l'Est, où le BBC World Service est très écouté, mais où, dès 1976, un an à peine après la prise du pouvoir par Samora Machel (assisté d'une imposante cohorte de Coréens du Nord et d'Allemands de l'Est), donc bien avant l'apparition de la RENAMO, tout le monde savait qu'on ne trouvait déjà plus rien à manger au Mozambique... Les miracles socialistes sont parfois rapides.

Pourquoi cet aveuglement volontaire ? Parce qu'il faut qu'en aucun cas on ne puisse reprocher à des Africains d'avoir fait délibérément périr d'autres Africains. Ce serait du racisme. Les tueries ou les famines doivent donc s'expliquer soit par des interventions extérieures, soit par de mauvaises conditions naturelles. Cette pseudo-explication est en réalité la plus raciste de toutes, puisqu'elle conduit à se désintéresser du sort de millions d'Africains, abandonnés aux mains de despotes cruels et incompétents.

La tragique histoire de l'Ouganda fournit au moins un exemple de l'insuffisance de cette explication. L'Ouganda était l'une des régions les plus fertiles d'Afrique. Le commerce y prospérait grâce à une importante population indienne implantée de longue date. Survient Amin Dada, qui, en quelques années, extermine une bonne part des Ougandais, expulse les Indiens (sans le moindre racisme, cela va de soi), ruine à la fois l'agriculture et le commerce, transforme un pays de cocagne en musée des horreurs. Avec la meilleure culpabilité du monde, il est impossible à un Occidental de voir dans cette autodestruction africaine autre chose qu'un drame strictement aborigène, d'autant que les autres pays africains ont longtemps fait preuve d'une complaisance abjecte, voire d'une certaine admiration vis-à-vis d'Amin. Comment les gouvernements du continent ont-ils en effet pu en 1975 *élire* Amin Dada président de l'Organisation de l'unité africaine, à une date où l'on n'ignorait depuis longtemps plus rien des atrocités qu'il avait commises ? Et quel titre moral conservent-ils, après une telle décision, à s'ériger en défenseurs des droits des Noirs d'Afrique du Sud, et d'eux seuls, à vrai dire ? On a presque envie de se demander, sans provocation aucune, si ces pauvres Noirs d'Afrique du Sud ne connaissent pas leurs meilleures années sous l'apartheid finissant, quand le monde entier prend fait et cause pour eux, tandis que, plus tard, sous un pouvoir noir progressiste, il pourra leur arriver n'importe quoi sans que personne s'en préoccupe. Les récalcitrants seront même alors traités de fascistes! Le « progressiste » Kadhafi n'a-t-il pas aidé militairement Amin jusqu'à la dernière minute?

Quant à cette dernière minute, elle a été provoquée ou hâtée, on s'en souvient, par l'intervention de l'armée tanzanienne. Au début, ce fut là une opération de salubrité humanitaire à laquelle l'Occident applaudit. Mais ensuite? Ensuite, l'armée tanzanienne se mua en armée d'occupation, pillant, rançonnant, affamant ce qui restait d'Ougandais. La Tanzanie se comporta en conquérante. Là encore, il s'agit d'un saccage purement africano-africain. La famine en Ouganda a eu pour genèse non point le retard économique, mais la criminalité politique.

L'Europe, dont les luttes suicidaires ont infligé à la planète deux guerres mondiales, n'a certes aucune leçon à donner. Ce n'est pas ce que je veux dire. Je veux dire que les conférences sur le tiers monde continueront d'être vouées à l'échec aussi longtemps que l'on s'y préoccupera des seules causes économiques du sous-développement, en laissant de côté des causes politiques parfois plus déterminantes, qui se nomment despotisme, incompétence, gaspillage, rapine, corruption. Car, Béchir Ben Yahmed l'a courageusement crié en 1976 dans un éditorial de *Jeune Afrique*: « Les sous-développés ne sont pas les peuples! » Ce sont les dirigeants.

On comprend que certains dirigeants du tiers monde tiennent à la thèse de l'origine purement externe du sous-développement. Elle leur permet d'imputer aux développés leurs propres faillites, de détourner l'attention de leur incompétence et de leur rapacité, et d'obtenir de nouveaux crédits pour en perpétuer l'exercice.

Il ne s'agit en aucune manière, dans mon esprit, de revenir à la thèse que l'on appela jadis le « cartiérisme », du nom du journaliste Raymond Cartier, qui préconisait la suspension de l'aide aux pays pauvres[1]. Le monde industrialisé doit faire face à ses responsabilités, mais aux siennes seulement. L'aide, que ce soit bien clair, doit être maintenue, accrue, diversifiée. Mais aussi, rendue efficace. Et, pour cela, il s'agit de poser le problème des zones en développement comme on pose les pro-

---

1. Thèse reprise plus tard, avec de bien meilleurs arguments du reste, par l'économiste britannique Peter Bauer.

blèmes dans les autres parties du monde. Quand on parle d'inflation et de chômage dans les pays industrialisés, on parle des responsabilités des gouvernants de ces pays et de leur gestion, pas uniquement des fatalités économiques. Quand un secteur est en crise en Occident, la cécité des chefs d'entreprise et l'imprévoyance de l'État sont mises en accusation. Quand on parle de la débâcle économique des sociétés communistes, on ne se prive pas de soulever le problème de la compétence des gouvernants et de la gabegie. Pourquoi la question de la compétence et de l'honnêteté politiques cesserait-elle de se poser dès que l'on aborde le tiers monde?

Pourquoi ne remet-on pas plus vite en question, par exemple, le principe de ces sacro-saintes « réformes agraires », qui consistent toujours, non pas à distribuer la terre aux paysans, mais à la placer en coopératives, sous le contrôle de bureaucrates urbains ignares et vénaux, ce qui entraîne un tel découragement des paysans et une telle chute de la productivité que des pays à l'agriculture jadis vigoureuse en sont réduits aujourd'hui à importer des denrées alimentaires? Pourquoi n'évoque-t-on pas les conséquences funestes de la corruption[1]? Elle sévit à la tête d'innombrables régimes (et les plus « progressistes » ne sont pas ceux où l'on s'en sert le moins). Pourquoi ne la dénonce-t-on pas plus ouvertement? Parce qu'on est ami du tiers monde?

Ami du tiers monde ou ami des tyrans du tiers monde? Il est curieux que les souffrances des peuples pauvres ne suscitent l'indignation que lorsqu'elles peuvent être imputées à l'Occident. D'anciennes colonies ont été soustraites à la domination étrangère pour tomber sous celle de tyrans issus de leur propre peuple, et dont les cruautés et les rapines semblent, de ce fait, légitimées par l'indépendance. Si les gouvernements du tiers monde sont de plus en plus affranchis de la suprématie politique

---

1. A vrai dire, le sujet devient moins tabou à mesure que la corruption fait davantage de ravages évidents. Jacques de Barrin écrivait dans *le Monde* du 21 juillet 1987, à propos de la réunion de l'OUA (Organisation de l'unité africaine) à Addis-Abeba, les lignes suivantes, qui eussent été peu concevables quelques années plus tôt dans un journal à tendance de gauche: « Si l'élite dirigeante africaine faisait preuve d'un comportement responsable, il ne serait pas interdit d'espérer en l'Afrique. Qui sait si la somme de ses détournements n'est pas du même ordre de grandeur que le montant de la dette extérieure du continent, aujourd'hui estimée à 200 milliards de dollars? » A cette question sacrilège, les chefs d'État africains répliquent, lors de la réunion de l'UNCTAD (United Nations Conference on Trade and Development) d'août 1987, en réclamant... des sanctions économiques contre l'Afrique du Sud (*International Herald Tribune*, 3 août 1987). Sur les réformes agraires, voir notamment Guy Hermet, *Sociologie de la construction démocratique*, Paris, 1986, pp. 100 et suiv.

des pays développés, les peuples du tiers monde sont de plus en plus asservis à leurs propres gouvernements, pour la plupart issus de coups de force. L'égalitarisme politique entre États a profité surtout à des autocrates auxquels, par bienséance postcoloniale, on s'interdit de réclamer des comptes. Ils obtiennent même avec l'aide de l'UNESCO que la lumière ne soit pas faite sur leurs agissements, que l'information « impérialiste » soit censurée et truquée en leur faveur.

En Ouganda, on peut fixer le solde génocidaire du régime d'Amin à un chiffre voisin de 200 000 morts. Après le départ d'Amin, plus tard, entre 1980 et 1985, les chiffres varient, selon les estimations, entre 300 000 et 500 000 morts. Selon Elliot Abrams, alors sous-secrétaire d'État américain aux droits de l'homme, il y aurait eu entre 100 000 et 200 000 tués durant les trois années qui ont suivi le départ d'Amin Dada. Proportion brillante, puisque l'Ouganda compte — ou, plutôt, comptait environ 15 millions d'habitants. Malgré ses talents autoritaires, Robert Mugabe, dans le Zimbabwe voisin, n'a exterminé en février 1983 que 3 000 Ndébélés, nom de la tribu de son rival politique Joshua Nkomo. J'ignore si Mugabe a été assisté dans cette tâche par les 600 instructeurs nord-coréens que le « grand frère » avait placés auprès de lui en 1981. Mais quand je pense au foisonnement de reportages télévisés qui accablaient les Blancs de Rhodésie, durant les années soixante et soixante-dix, qui les montraient comme des truands, le fusil à la main, dans leurs fermes, en train de coucher en joue quiconque les attaquerait, je m'étonne de l'indolence de ces mêmes médias, dix ans plus tard, de leur peu d'entrain pour aller enquêter dans le Zimbabwe indépendant. Les protestations contre Mugabe émises par les défenseurs habituels des droits de (quelques) hommes ne m'ont pas assourdi, après le massacre des Ndébélés. Mais ni l'extermination par lui de ces Ndébélés, ni sa dictature raciste, ni la présence de Nord-Coréens n'ont empêché Robert Mugabe de triompher dans le rôle d'hôte du sommet des pays dits « non alignés », dans sa capitale, Harare, en 1986. Ce sommet, il est vrai, n'a-t-il pas rempli l'essentiel de son devoir en condamnant pour la millionième fois la « complicité » de l'Occident avec le régime de l'apartheid ?

Il n'entre pas dans mon dessein d'étirer à l'infini cette rubrique nécrologique africaine. J'aurais pourtant le sentiment d'une injustice si j'omettais de mentionner le Ruanda, concurrent sérieux du Burundi en matière de tueries de masse, ou encore les exécutions publiques de divers ministres au Liberia, en 1980, et celles de petits voleurs au Nigeria à peu près chaque semaine. Et comment omettrais-je enfin de rendre l'hommage qu'il mérite au phénoménal Francisco Macias Nguema, qui, à la tête de la Guinée équatoriale, de 1968 à 1979 (date à laquelle il fut lui-même occis), parvint à tuer 50 000 de ses concitoyens et à en pousser 150 000 à s'exiler? Sur les 300 000 habitants que comptait la minuscule Guinée équatoriale en 1968, Macias se retrouva, en fin de règne, avec 100 000 compatriotes seulement! Non content d'avoir provoqué la mort ou la fuite des deux tiers de ses nationaux, il fit également massacrer, lors de leur passage sur place, quelques milliers de travailleurs immigrés nigérians. Ce scénario élégant se déroula sous l'œil bienveillant de « conseillers » soviétiques, car Macias Nguema, lui aussi, avait rangé son pays dans le camp soviétique : il faut le rappeler, ou plutôt, le faire savoir (car je doute que la presse démocratique ait fréquemment donné cette information). Certes, une nation démocratique comme la France a eu le tort, elle aussi, de protéger un tyran comme Jean Bedel Bokassa au Centre-Afrique. Mais, sans l'excuser, on peut dire à sa décharge qu'elle organisa également elle-même le coup d'État qui le renversa, lorsque la folie sanguinaire de son poulain fut devenue par trop patente. Surtout, l'appui malencontreux de la France à Bokassa lui attira pendant des années une tempête de vitupérations méritées. Or je ne sache pas que la communauté africaine ou internationale ait jamais adressé le moindre reproche à l'Union soviétique pour son appui à Macias — non plus, par exemple, plus tard, que pour son appui au tyran de Madagascar, un bel exemple, lui aussi, de virtuosité dans l'art de promouvoir la faim et de verser le sang.

Donc, on pourrait enrichir, disais-je, ce tableau nécrologique africain de maints autres traits. Les bribes que j'ai réunies me paraissent suffire à étayer de solides enseignements touchant l'à-propos de la défense des droits de l'homme et le rôle international de l'antiracisme.

Durant les trente années séparant 1960 de 1990, le total des victimes africaines de crimes contre l'humanité commis par d'autres Africains aura dépassé de beaucoup celui des victimes de l'apartheid. Il n'y a même pas de comparaison possible entre les deux, tant les chiffres diffèrent par l'ampleur et les faits par l'horreur.

Cette constatation n'excuse pas l'apartheid, dira-t-on. Bien sûr que non, et c'est précisément ce que je veux dire. Car la réciproque est également vraie: l'apartheid non plus n'excuse pas le reste. Or, depuis 1970 surtout, c'est surtout à cela qu'il sert. A moi aussi l'apartheid fait horreur. Mais les gens qui défendent les droits de l'homme dans un cas et pas dans les autres se disqualifient à mes yeux par cette sélection même. Les droits de l'homme sont universels ou ne sont pas. Les invoquer dans un cas et les passer sous silence dans un autre prouve que l'on s'en moque, et que l'on s'en sert comme d'armes politiques en vue d'objectifs qui leur sont étrangers. Quiconque dénonce l'apartheid *seul* approuve l'apartheid. On ne lutte efficacement pour les droits de l'homme en Afrique du Sud que si on lutte pour ces droits dans *l'ensemble* de l'Afrique, et du monde. A quel titre les chefs d'État africains exigent-ils les droits politiques pour tous en République sud-africaine alors qu'ils ne les accordent à personne chez eux ? Et qu'aucun d'entre eux quasiment ne tient son pouvoir d'une élection, du moins d'une élection qui ne soit pas une farce ?

Ce ne sont donc pas les violations des droits de l'homme qu'ils attaquent, ni même cette violation particulière qu'est le racisme, c'est le racisme des Blancs contre les Noirs ou les Arabes, principalement. Ou, pour être plus précis, il s'agit d'attribuer au racisme — et donc de prohiber — toute aspiration des sociétés développées, blanches ou éventuellement jaunes, à défendre normalement leurs intérêts, si cette défense les amène à s'opposer à des Noirs ou à des Arabes, même pour des raisons qui sont étrangères au racisme. Vouloir réglementer l'immigration, contrôler l'utilisation d'une aide économique, contrecarrer les actes hostiles d'un État proche-oriental ou africain, toute cette activité politique normale ne saurait émaner, paraît-il, que du racisme. C'est là que l'apartheid, en lui-même indéfendable, est utilisé d'une façon qui l'est tout autant comme arme internationale sur le plan de la propagande. Car il suffit d'assimiler à l'apartheid tous les comportements occidentaux qui ont le malheur de ne pas être conformes aux vœux du tiers monde pour les discréditer. Voilà bien longtemps que le combat contre l'apartheid et contre le racisme a été détourné de sa véritable destination. Il est parfois utilisé en Occident à des fins de politique intérieure qui n'ont plus la moindre relation avec une action en faveur des Noirs sud-africains. Ainsi le premier secrétaire du parti socialiste français, Lionel Jospin, à propos des manifestations étudiantes de 1986, apostropha en ces termes le gouvernement Chirac: « Veut-on talonner l'Afrique du Sud, leader du palmarès de l'emprisonnement ? » (*Le Monde*, 4 décembre 1986.) Or, s'il y a eu mort d'un étudiant due à des brutalités policières inadmissibles, il n'y a pas eu un seul étudiant français condamné à la prison en 1986, et l'Afrique du Sud, si sombre soit son palmarès, vient, pour l'emprisonnement et, surtout, pour les exécutions sommaires, loin derrière la plupart des pays africains « progressistes » avec lesquels le parti que dirigeait en 1986 M. Jospin entretient de fraternelles relations. On le voit, l'apartheid devient dans ce cas une simple formule magique, un projectile politique à tout faire. Pour les opprimés d'Afrique du Sud proprement dits, bien sûr, l'utilité de cette « banalisation » est nulle.

J'y reviens, le racisme n'est pas hélas! le seul crime en ce monde. Des populations entières sont souvent exterminées sans que le racisme y entre pour quoi que ce soit. Si intolérable soit le racisme, reste que subir un manque d'égards, essuyer un comportement injurieux dans les rapports personnels de la part d'un raciste, dans une société de droit, est moins irréparable pour moi, comme individu, lorsque j'en suis victime, que d'être assassiné par un despote, même si la couleur de sa peau est la même que la mienne. A tout prendre, je préfère la discrimination sans meurtre au meurtre sans discrimination. La première peut se corriger avec le temps et l'éducation, pas le second. Ou alors le meurtrier aura-t-il désormais le droit de clamer : « Je l'ai tué, mais ce n'est point par racisme! Vous ne pouvez donc rien me reprocher! » Si le seul crime considéré de nos jours comme inexpiable est le racisme, doit-il en ressortir et sommes-nous fondés à en déduire que tous les crimes contre l'humanité sont permis, du moment qu'ils ne sont pas inspirés par le racisme? Ou, plus précisément, par le *racisme blanc*, le seul qui soit jamais pris en considération? Et, pour être tout à fait complet, le racisme blanc n'est lui-même répréhensible que s'il vient d'une société capitaliste et démocratique. Le massacre d'Asiatiques ou d'Africains par des Européens socialistes est autorisé, de même que la discrimination à l'encontre des Noirs à Cuba. Le seul racisme, en définitive, est le racisme blanc capitaliste.

Cet antiracisme discriminatoire s'applique d'ailleurs au passé même. C'est ainsi que le seul trafic d'esclaves sur lequel se concentre la mémoire historique, avec une juste répulsion rétrospective, est la déportation des Noirs aux Amériques et dans les îles Caraïbes. La mémoire oublie un autre « lieu » du crime : l'esclavage dans le monde arabe, les quelque 15 millions de Noirs qui furent arrachés à leurs villages et transportés de force dans le monde musulman, soit au Maghreb, soit au Moyen-Orient, du VII$^e$ au XX$^e$ siècle. Elle oublie qu'à Zanzibar il y avait vers 1860 environ 200 000 esclaves pour une population de 300 000 habitants. Elle oublie que l'esclavage n'a été officiellement aboli en Arabie Saoudite qu'en 1962 et en Mauritanie qu'en 1981 ! Je dis « officiellement » car, dans la pratique, par exemple en Mauritanie, il existe toujours[1]. On en a signalé la recrudescence en 1987 au Soudan. En même temps qu'on apprenait, par une dépêche de l'Agence France-Presse (reprise par *le Monde* du 21 août 1987) que l'armée soudanaise venait de massacrer entre 250 et 600 civils dans le sud du pays, on pouvait lire aussi que, selon le président de la Mission catholique internationale, Mgr Bernd Kraut, de retour de Khartoum, des milices arabes musulmanes se livraient à un trafic d'esclaves. Quel dommage que cette information ne soit pas venue de Pretoria ! Imaginez quel beau spectacle, sur les médias[2]. Selon Mgr Kraut, je cite l'AFP, ce trafic fait « des centaines, voire des milliers de victimes, originaires du Sud et pour la plupart des enfants, âgés de huit à quinze ans, dont les parents ont été tués au cours de combats ou de razzias opérées précisément par les milices de la tribu des Rizagat ». Le prélat ajoute que ces « enfants sont vendus dans le Nord pour la somme de 600 livres soudanaises (1 dollar = 2,50 livres soudanaises) pour un garçon et 400 livres pour une fille ».

On le voit donc, et ce sera l'enseignement final de ce tableau comparatif où, je le répète, je me suis volontairement et provisoirement borné à l'Afrique : l'idée qui prédomine, lorsque les violations des droits de l'homme sont limitées au racisme, constitue un reflet tout à fait tronqué et déformé de la réalité de ces violations. L'information exhaustive ou même approximative sur cette réalité n'est pas arrivée à pénétrer la perception du monde qu'ont nos contemporains. Elle ne peut donc pas diriger leur action dans un sens susceptible d'aboutir à des

1. Voir Murray Gordon, *l'Esclavage dans le monde arabe*, trad. fr., Robert Laffont, 1987, titre original : *Slavery in the Muslim World*. De même, les injustices sociales et les inégalités économiques ne sont condamnées que lorsqu'elles se constatent au sein des sociétés occidentales ou proviennent d'une oppression blanche. Comme si c'était le seul type d'oppression ! Très justement, Jacques de Barrin note dans l'article du *Monde* déjà cité (21 juillet 1987) : « Il n'y a peut-être pas, sur ce continent, à l'exception de l'Afrique du Sud, de société plus inégalitaire que la société zambienne. » Or, cette situation d'injustice, *très facilement constatable par tout un chacun*, n'a jamais empêché le patron à vie de la Zambie, l'ineffable Kenneth Kaunda, le seul chef d'État que je connaisse qui pleure à volonté, de se tailler une réputation de héros du tiers monde, parce qu'il sait mettre avec brio sur le dos des multinationales et de la Banque mondiale les dégâts dus à sa propre incapacité, comme en Tanzanie Julius Nyerere, pendant vingt années encore plus systématiquement calamiteux, mieux organisé dans la confection méthodique du désastre, à court comme à long terme.
2. Alors que *le Monde* attachait de l'importance à la nouvelle en en faisant un titre de première page, l'*International Herald Tribune* du même jour n'y consacrait qu'un entrefilet en page 2 (sans mentionner l'esclavage) et consacrait sa une aux... liens entre Reagan et l'Afrique du Sud !

améliorations véritables, qui remplaceraient la simple alternance des tyrannies à laquelle nous assistons le plus souvent.

Ce n'est qu'avec la civilisation grecque, puis avec Rome et avec l'Europe moderne, que naquit un jour dans une culture non certes une totale modestie, mais un point de vue critique de soi au sein même de cette culture. Avec Montaigne, par exemple, et, bien sûr, encore plus avec Montesquieu, se développe pleinement le thème de la relativité des valeurs culturelles. A savoir: nous n'avons pas le droit de décréter une coutume inférieure à la nôtre simplement parce qu'elle en diffère, et nous devons nous rendre capables de juger notre propre coutume comme si nous l'observions du dehors.

Seulement, chez Platon, Aristote ou, au XVIIIe siècle, chez les philosophes des Lumières (dont font partie les Pères fondateurs américains), ce principe relativiste signifie non pas que toutes les coutumes se valent, mais que toutes doivent être impartialement jugées, y compris la nôtre. Nous ne devions pas, selon eux, être plus indulgents pour nous-mêmes que pour autrui, mais nous ne devions pas non plus être plus indulgents pour autrui que pour nous-mêmes. L'originalité de la culture occidentale est d'avoir établi un tribunal des valeurs humaines, des droits de l'homme et des critères de rationalité devant lequel toutes les civilisations doivent également comparaître. Elle n'est pas d'avoir proclamé qu'elles étaient toutes équivalentes, ce qui reviendrait à ne plus croire à aucune valeur. Le fait, rappelle Allan Bloom, qu'il y ait eu à différentes époques et en différents lieux des opinions diverses sur le bien et le mal ne prouve nullement qu'aucune de ces opinions n'est vraie ni supérieure aux autres[1]. L'idée fort différente prévaut depuis peu que nous devons nous interdire de juger et à plus forte raison de condamner toute civilisation *excepté la nôtre*. Par exemple, Bloom pose à un étudiant le petit problème de morale pratique suivant. « Vous êtes administrateur civil britannique en Inde vers 1850 et vous apprenez qu'on s'apprête à brûler vive une veuve avec la dépouille de son mari défunt. Que faites-vous? » Après plusieurs secondes d'intense perplexité, l'étudiant répond: « Pour commencer, les Anglais n'avaient qu'à pas se trouver en Inde. » Ce qui est plaidable mais ne répond pas à la question et traduit surtout le désir d'éviter par un subterfuge de condamner un crime non occidental.

Comme, au demeurant, la sévérité à l'égard de la civilisation

---

1. Allan Bloom, *l'Ame désarmée*, trad. fr., Julliard, 1987, titre original: *The Closing of the American Mind (1987)*.

occidentale ne s'est pas relâchée, comme cette civilisation demeure, pour toute âme vertueuse, une proie légitime, il en résulte qu'elle seule reçoit désormais de nous et des autres les flèches de la critique. Aussi le seul crime considéré de nos jours comme inexpiable est-il le racisme des Blancs. Et il doit l'être, à condition qu'on n'en tire pas le corollaire qu'un crime cesse d'être grave s'il est perpétré par des membres d'une autre communauté. Pourquoi serait-il moral de fusiller des homosexuels quand c'est en Iran ? Pourquoi les « libéraux » américains restent-ils silencieux quand le pasteur Jesse Jackson appelle New York *Hymie town*, la « ville youpine » ? Parce qu'il est noir ? Un candidat à l'investiture pour la présidence peut-il se permettre d'être antisémite s'il n'est pas blanc ? Quelles clameurs n'aurait-on pas entendues si Le Pen avait appelé Paris « youpi-ville » ! Lorsque Montaigne stigmatisait avec une vibrante virulence les forfaits des Européens durant la conquête du Nouveau Monde, il le faisait au nom d'une morale universelle, dont les Indiens eux-mêmes n'étaient pas à ses yeux dispensés.

Notre civilisation a inventé la critique de soi au nom d'un corps de principes valable pour tous les hommes et dont doivent donc relever toutes les civilisations, dans la véritable égalité. Elle perd sa raison d'être si elle abandonne ce point de vue. Les Perses d'Hérodote pensaient que tout le monde avait tort sauf eux ; nous autres Occidentaux modernes, nous ne sommes pas loin de penser que tout le monde a raison sauf nous. Ce n'est pas là un développement de l'esprit critique, toujours souhaitable, c'en est l'abandon total.

8

DU MENSONGE COMPLEXE

Ainsi, lorsqu'on cherche à dresser l'inventaire du mensonge, on ne saurait respecter un équilibre rigoureux entre mensonge « de droite » et mensonge « de gauche ». Ce ne serait même pas matériellement possible, car il y a beaucoup plus ample provision d'une marchandise que de l'autre. L'impartialité arithmétique deviendrait, si l'on s'y tenait, partialité morale, car, dans le monde contemporain, le mensonge de gauche se présente, par nécessité, en beaucoup plus grande quantité que le mensonge de droite.

Le mot même de gauche y est un mensonge. Il désignait, à l'origine, les défenseurs de la liberté, du droit, du bonheur et de la paix. Il est arboré aujourd'hui par la majorité des régimes despotiques, répressifs et impérialistes, dans lesquels tous ceux qui n'appartiennent pas à la classe dirigeante vivent dans la pauvreté, voire la misère. En dépit de cette situation, on entretient par habitude l'idée que la gauche, au lieu d'être cette collection de mastodontes totalitaires qui encombrent la planète, serait une fragile, faible et minuscule flamme de justice, résistant à l'éteignoir d'une droite gigantesque, omniprésente et omnipotente. Aussi les mensonges de droite sont-ils beaucoup plus dénoncés que les mensonges de gauche, puisqu'ils passent pour constituer le seul véritable danger, et la seule tromperie scandaleuse. Continuons de flétrir avec toute la sévérité qu'ils méritent, aussi longtemps qu'ils seront parmi nous, l'apartheid et le général Pinochet, mais n'allons pas prétendre que ce sont là des sujets dont on n'entend pas parler et qui bénéficient d'un silence complice ou d'une indulgence coupable de la part des informateurs. Le téléspectateur moyen est mis au courant douze fois par jour plutôt qu'une des forfaits sud-africains ou chiliens. Mais il ne l'est qu'en passant du fait que l'Afghanistan comptait quatorze millions d'habitants en 1979 et seulement sept ou huit millions en 1988. On ne rappellera jamais assez l'horreur de l'Holocauste que perpétrèrent les nazis, mais on ne saurait avancer qu'on l'ignore ou qu'on l'excuse, en dehors de la poignée de pervers que la gauche, au lieu de les ridiculiser, monte en épingle. Combien de personnes, en revanche, connaissent et surtout s'entendent ressasser quotidiennement le génocide ukrainien du début des années trente, où périrent 5 à 6 millions de victimes aussi ? On détaille les atrocités passées des puissances coloniales, fort justement, mais beaucoup plus souvent que les atrocités présentes des régimes « progressistes » issus de la décolonisation. La planète entière a été informée des massacres de villageois par des Américains pendant la guerre du Vietnam (ne fût-ce que parce que leurs auteurs ont été, heureusement, condamnés par des cours martiales *américaines*). Mais combien de télévisions et de journaux ont rapporté avec la même insistance qu'à peine le Vietnam devenu en totalité communiste, en 1975, 60 000 personnes furent fusillées, dans les trois mois qui suivirent la conquête du Sud par les armées de Hanoi, puis 20 000 autres un peu plus tard, et que 300 000 périrent au cours des années suivantes par suite de mauvais traitements subis dans les camps de concentration ? Je sais des journalistes occidentaux, des photographes même, qui se sont promenés au Vietnam en 1975 et en 1976, et qui n'y ont rien vu d'autre — les braves gens ! — qu'un « peuple heureux ». De camps de rééducation, point du tout, bien sûr. A la télévision française, l'équipe qui a eu pendant des années la chasse gardée du reportage sur l'Indochine, après l'annexion du Sud par le Nord et l'invasion du Cambodge par le Vietnam, était dirigée par un fidèle ami de Hanoi : Roger Pic. Certes, cette exclusivité était due en partie au fait que les pays communistes n'admettent que les équipes décidées par avance à servir leur propagande. Mais ce n'en était pas la seule raison. Les préférences idéologiques ou l'incompétence résignée des rédactions parisiennes expliquent tout autant la prépondérance, dans les magazines de toutes les chaînes, de reportages grossièrement falsifiés et tendancieux, que, par ailleurs, la presse écrite de la gauche non communiste ne critiquait jamais. Or elle aurait dû le faire, si elle avait réellement appliqué son prétendu nouveau modèle d'équité à l'égard de toute malhonnêteté, d'où qu'elle vînt. L'évocation des crimes de gauche n'est possible de façon suivie que dans quelques revues spécialisées, dans quelques colloques confidentiels, dont les participants se voient aussitôt classés dans l'ultradroite. Donc, je n'y puis rien : la falsification ou l'insuffisance de l'information profitent plus à la gauche qu'à la droite, et réussissent plus quand elles viennent de la gauche que lorsqu'elles viennent de la droite. Dans la communication, on trouve par conséquent beaucoup plus d'exemples de mensonges à gauche qu'à droite. On trouve à gauche, je ne dis pas nécessairement et toujours plus de crimes, mais plus de crimes *cachés*, ou atténués, et qui bénéficient d'une protection contre l'information. Lorsque je dis « de gauche », notez bien que je ne crois pas du tout que les auteurs de ces crimes et de ces mensonges soient de gauche. Je me borne à les appeler comme ils s'appellent eux-mêmes. J'estime quant à moi qu'ils usurpent ce qualificatif de « gauche » et que ce sont des imposteurs. Voilà pourquoi j'ai écrit plus haut que le mensonge de gauche se trouve être « par nécessité » plus abondant que celui de droite. Quand on viole continuellement et massivement, dans la pratique, la morale qu'on se flatte de professer dans la théorie, on est conduit à accumuler les versions mensongères des faits, beaucoup plus que lorsqu'on est simplement cynique. Le mensonge devient alors le gilet de sauvetage permanent, la vérité, le péril principal, et ceux qui la dévoilent, les adversaires les plus dangereux et les plus haïs.

J'ai été contraint de proposer, dans les chapitres précédents, quelques exemples, pour déjouer la ruse de la parité du mensonge entre la droite et la gauche. Cependant, de la part d'un homme de gauche, admettre cette parité constitue déjà une concession, destinée à prouver sa bonne foi plus qu'elle n'exprime sa pensée profonde. Mais voilà, c'est dans cette feinte symétrie même que gît le stratagème le plus trompeur. En effet, je l'ai déjà dit, la démocratie, au cours de la premiere moitié du XX$^e$ siècle, a vaincu et anéanti les grands totalitarismes de droite. Et le véritable fil conducteur de l'histoire, dans la seconde moitié du XX$^e$ siècle, c'est la succession et le succès des moyens par lesquels le combat prétendu pour la gauche a servi de fer de lance à la promotion des tyrannies, tout en continuant à passer pour un combat de gauche. L'idéologie de droite est sortie de la guerre discréditée, et l'idéologie de gauche, au contraire, enveloppée d'une immunité qui la rendit presque invulnérable, quels que fussent ses échecs et ses crimes. La droite archaïque, celle qui affirmait orgueilleusement le droit d'une élite à gouverner autoritairement, et à son seul profit, l'ensemble d'une société, s'est réincarnée dans les classes dirigeantes des pays socialistes. Les dictateurs fascinants, militaires ou civils, de type latino-américain, coréen, grec ou philippin, n'ont certes pas manqué ; mais on ne saurait avancer qu'ils ont joui du moindre prestige dans l'opinion ni du moindre traitement de faveur de la part des médias. Politiquement, ils ont été mis en quarantaine bien plus que les totalitarismes socialistes. Quant à la droite dite « classique » des démocraties, quant aux « conservateurs », je veux dire cette droite redoutable qui n'exerçait le pouvoir que quand les électeurs le lui octroyaient, elle a presque partout mis en œuvre ou repris à son compte des programmes sociaux-démocrates. Parler d'un retour en force de l'idéologie de droite à propos du regain du libéralisme économique survenu depuis 1980 environ, c'est user d'un pur slogan polémique. Le néo-libéralisme provient non pas d'une bataille idéologique, ou d'un complot préconçu, mais d'une banale et involontaire constatation des faits : l'échec des économies de commandement, la nocivité patente de l'excès de dirigisme et les impasses reconnues de l'État-providence.

Si la falsification de l'information est surtout à gauche, de notre temps, c'est que la vision du monde propre à la gauche ne peut se perpétuer, sinon dans la pénombre. Pour les hommes que cette vision du monde fait vivre, moralement ou politiquement, matériellement ou intellectuellement, accepter la lumière, c'est-à-dire le constat et l'analyse des faits, reviendrait à disparaître, à obturer la source même de leur croyance et de leur influence. Aussi assiste-t-on, dans l'histoire politique, journalistique et littéraire de la gauche, au retour périodique d'une indéfendable mais inévitable inconséquence. En quoi consiste-t-elle ? De fréquentes récurrences ramènent en paroles les socialistes (ou les « libéraux » américains) au culte de la vertu démocratique et des valeurs constitutives des sociétés ouvertes, à la tolérance, au respect de l'adversaire, au pluralisme. Ils abjurent une fois pour toutes, disent-ils, l'union contre nature de la gauche et du totalitarisme. Ils ont compris, c'est promis, la nécessité de séparer à jamais une gauche authentique des pratiques du stalinisme, qui ont tant nui à leur réputation. Des communistes même parfois s'attellent à la tâche de refaire un parti communiste sans communisme, expurgé comme par magie des vices sans lesquels il n'aurait même pas été fondé. Ces cathares éphémères se fondent assez vite, le plus souvent, dans la gauche non communiste, dont le solennel serment de répudier toute barbarie totalitaire revient à l'affiche de façon cyclique. Ce serment lui sert de toujours nouvelle loi fondamentale et irréfragable. La cause est entendue, paraît-il : pour cette gauche rénovée, plus de mensonge pieux au service de son idéologie, de mensonge officieux au service de son parti, de mensonge vicieux pour nuire à ses ennemis. Vérité, probité, dignité dressent dorénavant leurs infranchissables remparts entre la gauche régénérée et la tentation sectaire, le culte du faux.

En principe, la gauche non communiste ne soutient plus les régimes totalitaires au nom des intérêts d'un socialisme futur ou d'un devoir abstrait de solidarité envers toute gauche ; elle ne ferme plus les yeux sur les violations des droits de l'homme commises dans ces régimes ; elle a pris note et tiré — dit-elle — les conclusions définitives de l'échec perpétuel des économies collectivistes. En pratique — et en propagande — il en va tout autrement. Quand on considère la décennie des années quatre-vingt, on y constate la même complaisance de la gauche pour les régimes marxistes-léninistes nouveau-nés que pour leurs aînés. Pas plus qu'elle ne le fit pour ceux-ci, elle n'exige des plus récents la légitimité démocratique, la réussite économique, le respect des droits de l'homme, ou même de la simple vie humaine. Pour protéger ces régimes et les justifier, la gauche a utilisé, comme jadis pour l'URSS et la Chine, la négation des faits, l'altération volontaire de l'information, le refus de répondre sur le fond aux arguments et, par voie de conséquence, à l'égard des récalcitrants, l'attaque personnelle, calomnieuse et diffamatoire.

Par exemple, selon la gauche, l'équipe communiste qui s'est arrogé le monopole du pouvoir en Angola, dès la fin de 1975, et qui siège dans la capitale, Luanda, constitue le gouvernement légitime de l'Angola. Ses adversaires, les guérilleros commandés par Jonas Savimbi, ne sauraient être que des suppôts de l'Afrique du Sud et de la CIA. Lorsqu'il arrive, durant les années quatre-vingt, que Savimbi se rende en Europe, les dirigeants et, avant tout, bien entendu, les dirigeants socialistes, suivis par maints dirigeants libéraux qui craignent de se faire traiter de fascistes, s'abstiennent de le rencontrer, sinon en cachette. Selon quels critères ? Après la chute du régime salazariste, le nouveau gouvernement portugais, résolu à donner enfin l'indépendance à l'Angola, réunit à Alvor, dans l'Algarve, en janvier 1975, les chefs des trois organisations qui avaient mené la lutte anticoloniale depuis quinze ans : le FNLA (Front national de libération de l'Angola) de Roberto Holden, l'UNITA (Union nationale pour l'indépendance totale de l'Angola) de Jonas Savimbi et le MPLA (Mouvement populaire pour la libération de l'Angola) de Agostinho Neto. Cette dernière organisation était très ouvertement communiste et pro-soviétique. Neto et ses adjoints avaient effectué de nombreux stages à Moscou. Ils déclaraient vouloir faire de l'Angola le « Cuba de l'Afrique ». Leur influence semblait cantonnée dans la capitale. Elle était sans doute inférieure à celle de l'UNITA dans l'ensemble du pays : mais le meilleur moyen de le savoir était de faire voter les Angolais. Ce qui fut prévu par les accords d'Alvor, lesquels assortissaient logiquement l'indépendance de la condition et de la promesse que les trois partis procéderaient à des élections, sous le contrôle d'observateurs portugais, au plus tard en novembre 1975.

Ces élections n'eurent jamais lieu (pas plus qu'il n'y eut d'élections libres en Pologne après 1945). Dès février 1975 des « conseillers » cubains arrivaient à Luanda, suivis, dès le printemps, de troupes cubaines aéroportées, et qui ne pouvaient l'être qu'avec le concours de l'aviation soviétique, car Cuba ne disposait pas de la logistique voulue pour une telle opération, à une telle distance. La confiscation du pouvoir par les communistes à Luanda se trouva en outre grandement facilitée par la préférence des dirigeants alors en place à Lisbonne pour le MPLA. En effet, le Mouvement des forces armées, où se concentrait l'autorité au Portugal, était dominé par les communistes. Le premier ministre, le général Vasco Gonçalves, et d'autres ministres, comme l'amiral Rosa Coutinho, étaient de longue date, ouvertement ou secrètement, membres du parti communiste ou, comme Melo Antunes, sympathisants de l'Union soviétique. Ils s'arrangèrent pour faire parvenir des armes au MPLA durant la période dite « transitoire », qui ne ménagea, au demeurant, de transition vers rien du tout, sinon vers la dictature, la famine et le sang. Au bout du compte, le 11 novembre 1975, avec l'aide de Fidel Castro et d'un gouvernement portugais complice, Neto, violant les accords d'Alvor, proclamait de façon unilatérale et au seul bénéfice des communistes la République populaire d'Angola, et repoussait les élections jusqu'à une date indéterminée, sans doute postérieure dans son esprit à l'achèvement de la révolution mondiale. Mentor compétent, Fidel Castro a sans doute été aussi de bon conseil, puisqu'il avait usé exactement du même stratagème à Cuba en 1959.

Auparavant, le 22 octobre 1975, il est vrai, une colonne sud-africaine avait pénétré en territoire angolais, dans le vain et tardif espoir d'empêcher la mainmise soviétique sur l'Angola. Cette dérisoire tentative recevait l'appui officieux du secrétaire d'État américain, Henry Kissinger, alors incapable de toute action, puisqu'il n'était pas question qu'une aide américaine quelconque à Savimbi fût autorisée en ces temps, ni dans les temps ultérieurs du reste, par un Congrès qu'avaient définitivement estourbi, en avril, la chute de Saigon et l'invasion du Sud-Vietnam par les armées de Hanoi (en violation complète, là encore, de l'Accord de Paris de 1973). La tentative sud-africaine se termina par un honteux fiasco, mais permit aux chantres du communisme international de prétendre que la présence militaire cubaine ne faisait que « répliquer » à l'agression des Sud-Africains, alors que des dizaines de milliers de soldats cubains se trouvaient sur place depuis plusieurs mois. Gabriel García Marquez, prix Nobel de littérature 1982, adroit héritier des grands amis et alliés littéraires du totalitarisme, les Romain Rolland, Barbusse, Aragon, Neruda ou Sartre, écrivit une série de reportages pour raconter l'humanitaire arrivée des Cubains, venus *in extremis* au secours de la démocratie et du socialisme angolais. Il serait d'ailleurs assez instructif de compter combien d'auteurs, dont on peut dire sans outrance qu'ils ont du sang sur le stylo, se sont vu récompenser par le prix Nobel de littérature — qui fut refusé par ailleurs à Jorge Luis Borges, sous prétexte que celui-ci aurait soutenu les généraux argentins de la période 1974-1984, ce qui est une magnifique calomnie. La gauche en voulait, en fait, à Borges de n'avoir pas approuvé le terrorisme qui avait précisément *provoqué* la dictature des généraux argentins. C'est très différent, mais cela suffisait à en faire un écrivain « de droite », donc non nobélisable. Bel échantillon, par parenthèse, de la logique de gauche : si Borges avait applaudi, sans prendre le moindre risque lui-même, au terrorisme, puis flétri les généraux en signant des pétitions et des articles à partir de divers palaces européens, il aurait pu obtenir le Nobel.

Une étude même sommaire des événements de 1975 et de leur ordre de succession suffit à réduire en poussière la propagande mensongère mise en train par García Marquez: ou plutôt, *aurait dû* et devrait suffire. Mais la légende selon laquelle l'UNITA n'a de réalité qu'en tant qu'instrument du « régime de l'apartheid » comblait trop de vœux, dans le cœur de la gauche universelle. J'ai encore entendu répéter ce mensonge historique, au début d'octobre 1987, par un Britannique « professeur d'université », « spécialiste des questions africaines », parlant au micro de la BBC, dans l'émission bien connue « The World Today », au moment où pointait le grand combat de l'automne de cette même année entre les Soviéto-Cubains et l'UNITA, avec cette fois l'appui déclaré des Sud-Africains. Après 1980, bien sûr, Savimbi avait été acculé à s'appuyer sur l'aide sud-africaine, étant donné que les démocraties occidentales ne lui avaient prêté qu'un secours nul ou insuffisant et ne lui avaient laissé le choix, à lui et à ses partisans, qu'entre le suicide ou la coopération avec Pretoria. La gauche internationale jugea quant à elle indigne de vivre ces Angolais qui n'avaient pas accepté de mourir plutôt que de se résigner à recevoir le concours sud-africain. La vertu est facile à pratiquer, dans le confort et la sécurité d'une salle de rédaction parisienne, londonienne ou new-yorkaise. Dès lors, en effet, s'installait la vision dont avait besoin la gauche : en Angola, un régime progressiste, œuvrant pour le progrès économique, la justice sociale et s'élançant à la recherche d'une « voie originale » vers la démocratisation, se voyait en proie à une conspiration déstabilisatrice, menée par des « affreux » sans soutien populaire et armés par l'apartheid et la CIA. Donc, le vieux mal dont on croyait la gauche guérie, à savoir juger une dictature légitime du moment qu'elle se réclame du marxisme, une occupation étrangère respectable du moment qu'elle provient du bloc soviétique, et leurs adversaires fascistes, réactionnaires, vendus parce qu'ils réclament des élections libres, ce vieux mal n'avait pas du tout disparu, il s'était simplement déplacé vers le tiers monde. Le Nicaragua en fournissait un autre exemple. S'accrochant aux schémas du passé, la gauche ne parvenait toujours pas à voir que son scénario de la décolonisation, de la guerre d'indépendance et de la « jeune république populaire du tiers monde s'engageant dans la voie du socialisme » s'emboîtait dans un autre scénario, plus vaste : celui de l'extension de l'empire soviétique. Elle n'avait rien retenu des échecs économiques, politiques, humains des nations « progressistes » issues des indépendances, en Afrique particulièrement. Toutes les connaissances accumulées sur la débâcle des systèmes communistes classiques autant que des socialismes du tiers monde restaient inutilisées. Elles n'arrivaient pas à mordre, malgré toutes les protestations du contraire, sur les préjugés de la gauche. Elles les bousculaient, sans doute, par intermittence, après quoi la machine dogmatique se remettait à tourner, car elle peut caler parfois, jamais s'arrêter définitivement.

On en a eu une preuve nouvelle en lisant une phrase prononcée avec insistance par François Mitterrand à Montevideo, le 10 octobre 1987, durant son voyage en Argentine et en Uruguay. Il dit : « La démocratie n'est rien sans le développement. » Certes, je sais depuis longtemps que pour François Mitterrand une idée n'a pas de valeur par son contenu intrinsèque, en tant qu'énoncé de connaissances, et se compare plutôt à une flèche, dont tout l'intérêt provient de la position à partir de laquelle on la tire et de la cible qu'elle vise. Pour tout homme, en particulier pour tout homme politique, empressons-nous de le reconnaître, l'intérêt d'une idée se partage selon une proportion variable entre sa fonction de vérité et sa fonction d'utilité, entre son pouvoir de connaissance et son pouvoir de polémique. Mais j'ai vu chez peu d'individus autant que chez François Mitterrand un effacement aussi complet de la fonction de vérité au bénéfice de la fonction d'utilité. Ce n'est point, du moins point uniquement mauvaise foi. C'est le triomphe naturel et total de la dimension tacticienne de la pensée sur sa dimension conceptuelle.

Cette disposition de l'âme présidentielle confère une signification d'autant plus éminente à l'aphorisme de Montevideo. Si le président a émis une telle affirmation, c'est qu'elle était destinée à calmer les doutes et les souffrances de la gauche, après dix ans de critiques serrées du tiers-mondisme par les économistes et les historiens. Ce ne peut être que par bonté, par souci et besoin de réconforter le troupeau démoralisé des croyants, et non parce qu'il la juge vraie, qu'un homme aussi intelligent a pu reprendre à son compte un cliché aussi stupide.

En effet, si la démocratie n'était rien sans le développement, il n'aurait pas fallu faire la Révolution française, ni la révolution américaine, ni la Réforme britannique. A l'époque où ces événements eurent lieu, les trois nations concernées présentaient avec acuité les symptômes de ce que l'on nomme aujourd'hui le sous-développement. La Suisse, au XIX$^e$ siècle, était un pays très pauvre. Néanmoins elle pratiquait depuis des siècles une forme de démocratie directe, à l'échelle du canton, très en avance sur le reste de l'Europe. Eût-il fallu lui interdire de le faire tant qu'elle ne serait pas devenue riche? Je croyais que la liberté était un bien en soi, indépendamment du niveau de revenu de la population. Et je croyais que la gauche l'avait compris. L'adage de Montevideo nous prouve que ce n'est pas le cas, et que rapide a été la rechute dans le poncif le plus éculé de la galerie des épaves idéologiques, à savoir que les libertés personnelles et politiques n'ont pas d'existence réelle tant que n'ont pas été satisfaits tous les droits économiques et sociaux. Lesquels, d'ailleurs? A partir de quel niveau de développement peut-on considérer qu'une société se trouve mûre pour la démocratie et comment le déterminer? Car tout est relatif. Toute société peut, selon le critère adopté, la région ou le secteur envisagé, être considérée comme sous-développée ou comme développée. Le Brésil est à la fois surdéveloppé et sous-développé. L'Espagne, avec son Andalousie, l'Italie, avec sa partie méridionale, la Grande-Bretagne, avec sa partie septentrionale, pratiquent-elles, avec leurs poches de pauvreté, par conséquent, si l'on en croit Mitterrand, une démocratie qui n'est « rien » ? La France, en 1944, était profondément sous-développée : pénurie de nourriture, de vêtements, de logements, d'électricité, de chauffage, de transports, revenu par tête inférieur à celui de 1900. Fallait-il ajourner la liberté, prolonger le régime de Vichy jusqu'à l'accomplissement de la plénitude dans le développement ? Et qui eût été habilité à fixer le degré de développement à partir duquel la démocratie cesserait d'être un « rien » pour devenir un « quelque chose » ?

On voit bien ce qui a pu pousser Mitterrand à tenter de ravaler ainsi la façade moisie de l'idéologie tiers-mondiste. L'avalanche des travaux et la vigueur des courants qui, partout dans le monde, redonnent le rôle moteur, dans le développement, à la démocratie politique, à l'économie de marché et à l'entreprise privée ont de quoi irriter un socialiste. Il fallait prendre le contre-pied et mettre le holà aux fredaines libérales. Malheureusement, le dossier des économies collectivistes dans le tiers monde est là, et un discours ne peut pas le modifier. Il est accablant. Ce n'est peut-être pas sans raison que les dirigeants des pays en voie de développement ne jurent plus que par le marché, avec même un zèle de néophytes un peu naïf. L'ironie de l'actualité a voulu que, le jour même où le président français lançait l'appel de La Plata, deux des fossiles les plus coriaces de la faune socialiste, le général Jaruzelski en Pologne et l'ineffable Ne Win, le génial créateur du modèle birman, déclaraient l'un et l'autre forfait, rendaient les clefs de la boutique, parce qu'elle leur tombait en miettes sur la tête, et avertissaient leurs concitoyens de n'avoir plus à compter pour vivre que sur leur ingéniosité personnelle. Dans un tel contexte, revenir à la vieillerie du développement conçu comme antithèse de l'entreprise privée et comme indépendant de la démocratie dénotait une singulière surdité au langage des faits. De plus, articulée en Argentine et en Uruguay, cette thèse jurait singulièrement avec l'histoire, dont François Mitterrand est notoirement si friand. Pouvait-il ignorer — ignorance que je m'interdis de croire autre que feinte — une information indispensable à toute réflexion sérieuse sur le développement ? Je veux dire : que l'Argentine et l'Uruguay sont *d'anciens pays développés qui se sont effondrés dans le sous-développement à la suite de crises de la démocratie politique.* Dès 1938 et jusque vers 1955, ces deux pays du cône sud de l'Amérique égalaient la Grande-Bretagne et la France par leur niveau de vie moyen et leur couverture sociale. Leur prospérité a été détruite, en Argentine par le « justicialisme » péroniste, sorte de syndicalisme anticapitaliste, autoritairement redistributeur, et, dans les deux pays, plus tard, par le terrorisme « révolutionnaire » des Montoneros et des Tupamaros, inspirés par le marxisme castro-guévariste. Les chefs d'État disposent, paraît-il, de moyens d'information très supérieurs à ceux du commun des mortels. Que ne s'en servent-ils un peu plus! Mais, tombé des lèvres du premier socialiste de France, l'apophtegme de la pampa traduisait le désir, non de connaître mais de conjurer le réel, grâce à l'oraison jaculatoire de l'obsession dogmatique, pensée dégradée au point de relever plus encore même de l'immunologie que de l'idéologie.

Car, en bonne idéologie, la formule de Mitterrand pèche par imprudence et prête le flanc à la démolition assurée de la cause qu'il se figure soutenir. Un enfant verrait qu'elle constitue un plaidoyer indirect en faveur des incontestables succès du capitalisme non démocratique de certains « nouveaux pays industrialisés », comme Taiwan, la Corée du Sud (avant qu'elle n'entame sa démocratisation), qui ont décroché de superbes taux de croissance sous la direction autoritaire de despotismes plus ou moins éclairés, ou Singapour, régime « musclé » mais non dictatorial. La République sud-africaine porte seule en Afrique l'étendard du développement et, si les Noirs y souffrent d'une ségrégation inacceptable d'un point de vue moral, en revanche leur niveau de vie, quoique très inférieur à celui de leurs compatriotes blancs, dépasse celui des Noirs de n'importe quel autre pays du continent. Le Chili de Pinochet, même, se développe et fait plutôt meilleure figure que ses voisins, la Bolivie ou le Pérou, quoiqu'il ait traversé des crises, mais moins terribles que les catastrophes provoquées jadis par Allende. C'est durant les quinze dernières années de la dictature franquiste que l'Espagne a décollé, s'est modernisée, a équipé son industrie entièrement à neuf et engendré une classe moyenne aisée. Au total, bien que les grands pays développés classiques aient, depuis deux siècles, réussi, au premier chef, grâce à l'union presque constante du capitalisme et de la démocratie, on trouve des cas de décollage sans démocratie, du moins pendant un laps de temps, mais jamais sans capitalisme. En somme, ce que le président Mitterrand a par mégarde mis en évidence dans sa maxime uruguayenne, c'est que, dans toutes les combinaisons possibles, variables et envisageables, il existe un seul ingrédient qui se révèle à l'usage absolument incompatible avec le développement: le socialisme.

D'où peut donc provenir ce refus ou cette incapacité de

prendre en considération et d'intégrer au raisonnement les enseignements, pourtant sans mystère, de l'histoire économique mondiale d'après guerre ? Là encore, en économie comme dans son attitude envers les pays totalitaires « progressistes », on avait cru, à un moment donné, que la gauche non communiste avait franchi un pas, pour sortir du dogmatisme, et avait accepté d'enregistrer, au moins, les données les plus élémentaires fournies par l'expérience. Je crains qu'il n'en soit rien. De même, en 1987, François Mitterrand, déniant par avance toute valeur démocratique aux élections en Nouvelle-Calédonie, viciées, selon lui, fussent-elles régulières, par la relation du colonisateur au colonisé, dénonce ce qu'il appelle la « force injuste de la loi ». Que fait-il là sinon reproduire un stéréotype vaguement marxiste ? La loi est « l'organisation de la violence destinée à mater une certaine classe », écrit en termes presque identiques Lénine, en 1917, pour mettre en garde les bolcheviks contre la tentation démocratique. Où est le progrès, après soixante-dix ans ? En quoi une telle déclaration du président français témoigne-t-elle d'un renouvellement intellectuel chez les socialistes ? Bien entendu, quand ils gouvernent, aujourd'hui, ou quand ils souhaitent gouverner, les socialistes abandonnent, les uns après les autres, sous la pression des faits, la plupart de leurs dogmes. Le parti socialiste français fut le dernier à inscrire à son programme, de 1981 à 1983, la « rupture avec le capitalisme » dans un pays développé, qui le paya fort cher. Mais ses « propositions » de 1987, rédigées en vue de l'élection présidentielle de 1988, éliminèrent avec soin toutes les menaces de « changement de société » et autres « réformes radicales des structures » qui constellaient son « projet » de 1980. Comme l'écrivait Alain Duhamel en octobre 1987 : « Sous le prochain septennat, la France aura peut-être de nouveau à sa tête un socialiste président : elle n'aura plus un président socialiste[1]. » En dehors des travaillistes britanniques, qui comptent encore en grand nombre les ultimes spécimens en Europe de la gauche messianique et qui, depuis 1979, expient leur obstination de déroutes électorales lourdes et répétées, les partis socialistes ont adopté dans la pratique, depuis 1980, y compris dans le tiers monde, un libéralisme mitigé, quoiqu'ils sauvent la face en le baptisant socialisme « pragmatique ». En généralisant ce type de rhétorique, on pourrait appeler « navigation » le fait de prendre la mer dans un bateau qui a pour habitude de couler au bout de quelques encablures, et « navigation pragmatique » le

---

1. *Le Point*, 12 octobre 1987.

fait de rester à terre. Mais si l'action « pragmatique » (pur pléonasme) des socialistes a dû et su, sauf exception, se rapprocher de la réalité, leur vision du monde, comme par compensation, s'en est encore davantage éloignée. Tout se passe comme s'ils mettaient les bouchées doubles dans la sphère de l'idéologie, afin de se rattraper des privations qu'ils doivent, à leur corps défendant, s'infliger dans la sphère de la gestion. Or l'idéologie, c'est la principale source du dérangement de l'information, parce qu'elle nécessite un mensonge systématisé, global, et non pas seulement occasionnel. Elle doit, pour demeurer intacte, se défendre sans relâche contre le témoignage des sens et de l'intelligence, contre la réalité même. Cette lutte épuisante conduit à augmenter de jour en jour la dose de mensonge requise pour tenir en respect les évidences qui se dégagent du réel inexorable. Ainsi, c'est au moment où le marxisme-léninisme perd tout crédit parmi ses adeptes mêmes comme principe de direction des sociétés humaines que, semblable à la lumière dont la source est morte et qui nous parvient de soleils éteints depuis des millions d'années, il brille de son plus vif éclat sur le théâtre idéologique. D'où la supériorité de la gauche dans la production du mensonge. Elle ne peut pas se contenter, en effet, du mensonge ordinaire que pratique également avec générosité la droite en politique, du mensonge machiavélique, tactique, circonstanciel, opportuniste, intéressé, professionnel. Elle le pratique aussi avec empressement et assiduité, mais elle y ajoute un mensonge infiniment plus exigeant, puisque l'idéologie oblige à modifier sans cesse l'image du monde en fonction de la vision que l'on en veut avoir. Un gouvernement libéral aura peut-être le tort de montrer trop de mollesse à l'égard de l'apartheid : il n'en niera toutefois pas l'existence[1]. En revanche, la gauche a longtemps nié purement et simplement l'existence même des camps de concentration soviétiques, des camps de rééducation vietnamiens, de la torture à Cuba, de la famine en Chine. La droite a pu manifester une excessive complaisance à l'égard de Franco, pour des raisons économiques et militaires : elle n'a jamais prétendu que Franco avait fait en Espagne des élections régulières, libres et pluralistes. Au contraire, *The Observer*, hebdomadaire londonien de gauche, écrit (23 août 1987) que c'est une honte, de la part de l'administration Rea-

---

1. Je ne reviens pas sur la négation de l'existence des fours crématoires par les soi-disant historiens dits révisionnistes, sinon pour rappeler qu'on ne peut pas comparer l'influence d'une poignée de fanatiques à la cervelle dérangée avec l'énorme distillation universelle et quotidienne de l'idéologie marxiste par des millions de canaux dans le monde entier.

gan, de s'obstiner à vouloir « renverser le gouvernement *élu* du Nicaragua » (*to overthrow the elected government of Nicaragua*). Quelque indulgence qu'il ait pour les sandinistes, un journaliste sérieux ne devrait pas pouvoir, s'il a fait correctement son travail, affirmer que les conditions dans lesquelles se sont déroulées les élections de l'automne 1984 au Nicaragua permettent de considérer le gouvernement en place comme « démocratiquement élu ». Que dirait-on du conservateur *Sunday Telegraph* s'il parlait du « gouvernement démocratiquement élu du général Pinochet », sous prétexte que ce dernier a, lui aussi, procédé à des consultations électorales? Enfin, Reagan veut non pas « renverser » les sandinistes : il ne leur a jamais demandé que d'accepter, précisément, des élections libres, et il a décidé d'aider la Contra tant que des élections régulières n'auraient pas eu lieu dans le pays. On peut désapprouver cette politique, on ne saurait prétendre qu'elle est hostile à la démocratie, puisque au contraire elle vise à la rétablir.

Jamais autant de famines socialistes massives n'avaient eu lieu dans le tiers monde que dans les années quatre-vingt. Or la gauche occidentale s'acharne à démontrer que le fléau est dû à tout, sauf, précisément, à la forme totalitaire du gouvernement et à la gestion socialiste de l'économie. La gauche non communiste s'est, à l'en croire, « détotalitarisée ». Mais, bizarrement, son système d'excuses des échecs totalitaires demeure inchangé.

Reprenons, par exemple, le scénario « explosion de la famine au Mozambique » tel que nous l'avons laissé en février 1987. L'ambassadeur des États-Unis à Maputo vient alors d'adresser au département d'État un rapport aux termes duquel 3 millions et demi de Mozambicains sont sous la menace immédiate d'une grave famine, d'ampleur supérieure à la famine éthiopienne de 1984. Washington décide aussitôt d'envoyer comme première aide quelques millions de dollars et appelle à mobiliser les États, les organisations internationales et les organisations non gouvernementales.

Un commentateur de la BBC explique, le 7, que cette famine est due à la conjonction de deux facteurs : la sécheresse et la guérilla menée contre les autorités par la RENAMO ou RNP (Opposition Résistance Nationale Mozambicaine), soutenue par l'Afrique du Sud.

Ainsi, une fois de plus, il semble qu'une famine qui se produit dans un pays marxiste-léniniste ne soit *jamais* la conséquence de l'action gouvernementale ou du système économique. Elle ne saurait être due qu'à des fatalités naturelles et au sabotage fomenté du dehors par les puissances hostiles.

Notons que cette explication coïncide avec celle que donnent en général, depuis 1917, les dirigeants communistes, partout où ils ont le pouvoir, pour se disculper des famines ou de la rareté des biens de consommation qui constituent un trait quasi permanent de leurs régimes. Pourquoi donc des analystes occidentaux acceptent-ils ces excuses, avec moins d'esprit critique que n'en montrent parfois les dirigeants communistes eux-mêmes ?

Le Mozambique est alors socialiste depuis 1975, date de son indépendance. Depuis douze ans, un parti le gouverne sans partage, le FRELIMO (Front de libération mozambicain), lui-même placé dès l'origine sous la coupe d'une vaste cohorte de conseillers soviétiques et allemands de l'Est. La Révolution souhaitée par les progressistes du monde entier peut s'y dérouler sans obstacle.

Au bout de deux ou trois ans, le désastre est éclatant. Aussi, dès 1980, Samora Machel, le leader du FRELIMO, désespérant de la solidarité pécuniaire de son protecteur soviétique, se tourne-t-il vers les États-Unis, l'Europe et même l'Afrique du Sud pour obtenir des crédits, mais sans changer pour autant de système économique. La situation ne s'améliore donc pas. Si, en se prolongeant, la guérilla contribue à faire disparaître les récoltes ou ce qu'il en reste et à désorganiser les transports, elle ne constitue pas la cause principale de la pénurie. Pourquoi, en effet, cette pénurie n'est-elle jamais tombée à un tel point de gravité durant les quinze années de guerre de libération contre l'armée portugaise qui avaient précédé l'indépendance ? Guerre tout aussi néfaste à la production agricole et à la distribution des denrées que l'insurrection qui a suivi ! Au surplus, si l'Afrique du Sud aide, sans aucun doute, la RENAMO, elle ne saurait être considérée comme la seule responsable de son existence. Il faudrait peut-être consentir à se demander, dans le cas des guérillas anticommunistes aussi, quelles sont les raisons profondes de leur apparition, indépendamment des appuis étrangers qu'elles peuvent obtenir.

Les Mozambicains n'ont nul besoin de l'ingérence de Pretoria pour désirer abattre une dictature policière qui ne sécrète que la famine. Quant à la sécheresse, elle peut sévir une ou deux années, mais pas éternellement et surtout, elle ne devient une catastrophe que parce qu'elle se greffe sur une pénurie déjà endémique. Nous verrons au chapitre 12 que l'idéologie a été, comme en URSS ou au Vietnam, la cause profonde de la famine au Mozambique. Le socialisme se donne partout pour but de construire un « homme nouveau ». On trouve cette idée tout au long de l'histoire du communisme. On la voit naître en

1793 chez les Jacobins. L'État devient propriétaire des individus. Les fermes collectives permettent avant tout d'anéantir les libertés. Il se trouve qu'elles anéantissent également l'agriculture, mais leur principal objet n'est pas agricole. Lorsqu'une famine menace une masse aussi gigantesque que 3 millions et demi de personnes, c'est que le gouvernement responsable l'a laissée grandir sans la signaler, de peur de perdre la face, pour des raisons de propagande. Une simple crise alimentaire suscite la sévérité de l'opinion internationale; une tragédie ne suscite plus que la pitié, et l'afflux des secours, dont le gouvernement et l'armée savent détourner la part qui leur est nécessaire pour leur propre survie politique.

C'est le schéma éthiopien qui se remet en place. Et quoique les États-Unis aient, à propos du Mozambique, les premiers alerté l'opinion mondiale, il était couru d'avance que le blâme allait retomber sur eux.

Il est navrant de constater que le système explicatif qu'emploient, dans les pays libres, des personnalités politiques et des journaux qui n'ont rien de communiste coïncide fréquemment avec celui qu'emploient les gouvernements de Maputo, Luanda, Addis-Abeba ou Hanoi eux-mêmes pour se disculper de la famine qui règne chez eux. Où sont donc passés les fruits intellectuels de l'étude des soixante-dix ans de famine ou de pénurie alimentaire chroniques sous les régimes communistes? En quoi la documentation qui montre que les racines de ces pénuries se trouvent pour une large part dans l'organisation socialiste de l'économie sert-elle à guider le jugement des commentateurs qui ont la chance de disposer de cette masse d'informations? Dans l'abstrait et en bloc, ces informations sont homologuées. On trouve davantage de gens à la fin du siècle qu'au début qui grâce à elles tiennent pour acquise la stérilité du socialisme. Mais en pratique, quand il s'agit d'apprécier un cas particulier, elles ne servent presque plus à rien. Or c'est cela qui compte, car c'est à propos des cas particuliers, et lorsqu'il est encore temps d'agir, qu'il importe que l'on refasse ou ne refasse pas les mêmes erreurs. Et on les refait.

Je ne vois donc pas qu'ait été surmonté le préjugé qui accorde aux régimes définis, en théorie pure, comme progressistes, une immunité spéciale, laquelle les dispense à la fois de la démocratie, du respect des droits de l'homme et d'assurer la subsistance de leurs ressortissants. Ni non plus le préjugé complémentaire, selon lequel tout libéral ou « conservateur » dans une civilisation démocratique se distingue peu ou pas du tout d'un droitier. La gauche non communiste se targue d'avoir compris que l'économie de marché, assortie de toutes les corrections qu'on voudra, s'est avérée la seule voie possible. Et, pourtant, devant chaque situation concrète, tous ses réflexes la poussent dans le sens opposé à cette prétendue conviction. Elle se comporte comme un médecin qui jurerait ses grands dieux avoir bien assimilé le principe que l'arsenic fait plutôt du mal à l'organisme humain et qui, devant chaque patient, s'acharnerait à en prescrire des doses massives, tout en traitant d'empoisonneurs publics ceux qui tentent de l'en empêcher. Dans la généralité, on blâme le socialisme affameur et répressif, et on loue les démocraties, puisqu'elles ont créé les sociétés les plus riches et les moins injustes de l'histoire, quelles que soient leurs imperfections. Dans la réalité du diagnostic individuel et concret, au coup par coup, ce sont les dirigeants élus des sociétés démocratiques prospères que toute une gauche qualifie de réactionnaires et ce sont les tyrans totalitaires qu'elle s'obstine à tenir pour des philanthropes progressistes.

Par exemple, je lus, en 1986, avec une indignation heureusement tempérée par l'amusement que donne toujours un bon spectacle comique, le compte rendu, paru dans l'*International Herald Tribune* du 14 janvier (et publié originellement dans le *New York Times*), du déroulement du 48ᵉ Congrès international du PEN-Club à New York. Le lendemain, le même journal rapportait les invectives adressées par Günter Grass à Saul Bellow, qui avait eu l'audace de ne pas juger les États-Unis totalement réactionnaires. Que des auteurs ou directeurs littéraires se lèvent et quittent la salle à la seule apparition du secrétaire d'État, invité à parler, George Shultz, comme si ce dernier était ministre dans un gouvernement totalitaire, ne me paraît pouvoir s'expliquer que par un mélange d'incompétence politique et de malhonnêteté intellectuelle ; surtout quand le même auditoire invite et écoute avec respect Amadou Mahtar M'Bow, le naufrageur de l'UNESCO. Que soixante-six écrivains exprimant, apparemment, le sentiment de nombreux autres participants aient, dans une lettre ouverte, qualifié d'« *inappropriate* » (déplacée, indécente) l'invitation adressée au représentant d'un État démocratique, Shultz, et ce, dans un pays où le pouvoir est octroyé *par les citoyens*, me paraît une sottise, quand on considère la situation du monde dans son ensemble aujourd'hui. « Votre administration, écrivaient les signataires de cette lettre, soutient des gouvernements qui réduisent au silence, emprisonnent et même torturent leurs citoyens à cause de leurs convictions. » Quels gouvernements ? L'Afrique du Sud ? C'est évidemment le cas le plus brûlant en

*Du mensonge complexe*

1986. Mais peut-on dire que l'Administration américaine « soutienne » Botha et défende l'apartheid ? C'est manifestement faux. Comme les gouvernements européens, Washington voudrait bien se débarrasser de l'apartheid tout en évitant de provoquer l'écroulement économique de l'Afrique du Sud au bénéfice d'une formule de « socialisme à l'africaine » dont on a vu les méfaits sur le reste du continent dans le chapitre précédent.

Nombre de signataires de cette lettre, et plusieurs écrivains américains fort connus, Norman Mailer, William Styron, avaient accepté en 1983 l'invitation de Jack Lang, alors ministre français de la Culture, et de François Mitterrand à venir participer à des festivités culturelles à la Sorbonne. Or, à cette époque, la France socialiste avait repris les ventes d'armes et de centrales nucléaires à l'Afrique du Sud. Ces écrivains américains n'en sont pas moins venus acclamer le président de la République à Paris, transportés, il est vrai, en Concorde et logés au Ritz aux frais des contribuables français, ce qui peut inciter à l'indulgence. Quels autres gouvernements tortionnaires, au moment de cette conférence du PEN-Club, soutenait l'Administration américaine ? Le Chili ? Non. Elle ne soutenait nullement Pinochet. Et l'ensemble de l'Amérique latine est, depuis 1983, plus démocratique qu'elle ne l'a été depuis un quart de siècle. Le Salvador ? Mais Napoléon Duarte était un démocrate-chrétien de gauche, élu démocratiquement, malgré tous les efforts d'une guérilla, qui se savait minoritaire, pour saboter les élections. La Turquie ? Certes, mais fallait-il laisser la Turquie tomber sous le contrôle soviétique en la chassant de l'OTAN ? On pouvait très bien juger indispensable de l'y garder tout en ne se réjouissant pas du tout de l'avoir vue s'écarter du chemin démocratique. Je rappelle du reste que la Turquie n'avait pas été exclue du Conseil de l'Europe et que, par conséquent, les gouvernements européens observaient à son égard une attitude tout aussi ambiguë, ou embarrassée, que l'Administration Reagan. Les écrivains américains invités à Paris sont-ils pour autant partis quand François Mitterrand a pénétré dans le grand amphithéâtre de la Sorbonne en 1983 ? Du reste, la Turquie reprit, en décembre 1983, le chemin de la démocratie, ce qui n'est le cas d'aucun des pays « progressistes » généralement chéris par les « libéraux » américains. Quant à M. M'Bow, il a été l'un des plus grands adversaires de la liberté d'expression et de création qui aient jamais existé à la tête d'une organisation internationale. Il a tenté à plusieurs reprises, à partir de 1976, de faire adopter par l'UNESCO un tristement célèbre « ordre international de l'Information » qui ne visait en fait qu'à établir un système de censure généralisée au bénéfice des pires dictateurs du tiers monde. Quand on connaît un peu l'état de l'information sur la planète, il est risible de voir le PEN-Club, à ce congrès, proposer sérieusement une enquête sur une mythique « censure aux États-Unis » et en même temps rendre hommage à M. M'Bow, dont les efforts ont inlassablement favorisé la recherche d'une censure à l'échelle planétaire. Les termes des attaques de Günter Grass contre les États-Unis traduisent la même inversion des valeurs et des faits. Car enfin, un peu de pudeur devrait rappeler à Grass que c'est nous, Européens, qui avons inventé le nazisme, le fascisme, le stalinisme, le franquisme, le pétainisme, l'antisémitisme. Ce ne sont pas les États-Unis. Quant au McCarran-Walter Act de 1952, mis en accusation au congrès, on peut en demander, certes, l'abrogation, tout en observant que les États-Unis ne sont pas la seule démocratie à se réserver d'accorder ou non des visas à des propagandistes qui, à tort ou à raison, paraissent dangereux pour les institutions. Le McCarran-Walter Act n'a d'ailleurs jamais empêché Georgy Arbatov et autres porte-parole soviétiques ou communistes de publier des livres et des articles aux États-Unis ou d'y faire des tournées de conférences. En outre, il a été abrogé en 1987, mais cet événement ne fit aucun bruit...

S'il avait fallu chercher une manifestation d'esprit totalitaire en 1986, aux États-Unis, elle se trouvait, je le crains, non pas dans l'Administration, mais au PEN-Club américain, tel du moins qu'il s'est exprimé dans ce congrès. Celui-ci avait pour thème, je crois, l'aliénation. Il a, en effet, parfaitement illustré l'aliénation d'une grande partie de la classe intellectuelle américaine par rapport à son propre peuple et à la majorité du monde démocratique. L'intolérance et le sectarisme qui l'ont animé durant ces séances en font l'incarnation du contraire des valeurs qu'il prétend défendre.

A quoi bon se réjouir du déclin électoral des partis communistes occidentaux, si leur culte de l'erreur et de la terreur, leur intolérance, leur mépris de la personne humaine se sont transmis à de larges couches de la gauche non communiste? Et comment expliquer que cette gauche qui se veut non totalitaire s'obstine à défendre durant les années quatre-vingt, quoi qu'elle dise, les régimes totalitaires? Car le principe de l'équité arithmétique entre totalitarisme de droite et de gauche, dont j'ai montré le caractère intrinsèquement trompeur, n'est même pas réellement appliqué. Ainsi, en avril 1986, se tient à Paris, à l'hôtel Lutétia, une réunion au cours de laquelle viennent témoigner d'anciens prisonniers politiques cubains, libérés après avoir été victimes de tortures et de mauvais traitements. Les gens présents sur la tribune, parmi lesquels Yves Montand, Jorge Semprun, Bernard-Henri Lévy et moi-même, se bornent à poser des questions aux témoins, hommes et femmes, que présente, l'un après l'autre, Armando Valladares, organisateur de la rencontre, avec l'Internationale de la résistance. La formule est reprise du « tribunal » Sakharov, elle-même reprise du « tribunal » Russell des années soixante. Dans la salle assiste à la séance un public que j'évalue à environ deux cents personnes, d'où émanent aussi des questions aux torturés. Sont également présents une dizaine de journalistes, tant des agences que de la presse, écrite ou audiovisuelle. Mais on se demande ce qu'ils étaient venus faire, puisque la majeure partie de la presse ne souffla mot de la manifestation. Or, les propos qui s'y étaient tenus n'avaient rien d'idéologique, ils consistaient en récits d'expériences vécues et en description de faits précis. Au cas où la presse aurait voulu contester la véracité des témoins, elle en avait tout le loisir en les soumettant à des contre-interrogatoires. Elle ne le fit pas. Les journalistes ne montrèrent donc en l'occurrence aucun empressement à user de ce « droit sacré à l'information », qu'ils brandissent avec tant d'emphase quand il s'agit d'autres dossiers. En effet, on imagine sans peine quelle floraison de comptes rendus nous aurions vue dans les journaux français et étrangers, si les prisonniers politiques et victimes de la torture venus témoigner à la réunion avaient été des victimes de la police d'Afrique du Sud. D'où il ressort à nouveau que la gauche non communiste ne s'est nullement corrigée de sa partialité en faveur des totalitarismes marxistes. Sans doute son silence unilatéral s'explique-t-il plus par une sorte de paralysie intellectuelle que par un choix délibéré. Contre son gré, elle doit, pour rester crédible, reconnaître certaines réalités indiscutables. Mais elle n'a pas changé d'avis sur le fond des choses, ni sur l'endroit où passe la vraie ligne de partage entre réactionnaires et progressistes. Peut-être par effet d'inertie, Castro reste pour elle du bon côté de cette ligne et Valladares s'est mis du mauvais côté, même si le second n'a pas commis d'autre crime que de s'être fait jeter en prison par le premier[1].

Je suis d'ailleurs injuste quand je dis qu'aucune réaction ne se

---

1. Le *Guardian* (6 février 1986) appelle avec mépris l'Internationale de la résistance « a strongly anticommunist organization ». Comme ses fondateurs sont Boukosky, Valladares et autres échappés du goulag, il paraît difficile, *indeed, O dear*, de leur demander d'être pro-communistes.

produisit après notre réunion. Il s'en produisit bien une, sous la forme d'une campagne de calomnies et de diffamation contre Valladares. De faux documents, forgés par les services soviéto-cubains, circulèrent en Occident, desquels il ressortait que le poète avait été... un agent de la police du dictateur Batista (renversé par Castro). Outre que la jeunesse de Valladares durant les années cinquante rend invraisemblable cette activité de sa part, sa fausse « carte » de policier souffrait d'erreurs grossières, commises par les « organes » : elle s'ornait d'une photo trop récente et, surtout, la taille de l'« agent » y était indiquée dans le système métrique, alors que, du temps de Batista, Cuba utilisait encore le système des pieds et des pouces ! La calomnie fut introduite dans le circuit en Grèce, par le journal de gauche *Pontiki*, hebdomadaire qui aime à se placer lui-même sous la bannière du « journalisme investigatif », étiquette pourvue, à l'origine, d'un sens professionnel précis, mais qui finit par avoir bon dos et désormais sert trop souvent de laissez-passer au mensonge. De la part de *Pontiki*, le « reportage d'investigation » et le « devoir d'informer » consistèrent à traiter Valladares de « fasciste, assassin, tortionnaire, humanoïde (*sic*), faux poète inventé de toutes pièces par la CIA ». Devant ces insultes « investigatives », Armando Valladares fit évidemment un procès à l'hebdomadaire grec. A ce procès, je signale qu'un ministre du gouvernement socialiste d'Andréas Papandréou vint témoigner *en faveur* du journal insulteur, diffamateur et calomniateur. Valladares fut débouté... Le tribunal, dans ses attendus, considère que le rédacteur de l'article n'avait obéi « à aucune animosité personnelle contre le plaignant et n'avait pas eu l'intention de l'offenser » ! Je ne sache pas que cette étrange décision de « justice », largement diffusée, elle, par les agences, ait soulevé l'indignation de la presse de gauche, en Europe occidentale. Valladares, il est vrai, assume la vice-présidence de l'organisation Résistance internationale, qui patronnait le colloque de Paris et qui passe aux yeux de la gauche pour réactionnaire. Pourquoi? Car enfin on ne sait plus du tout ce qu'il faut faire et de quel point de vue il faut se placer pour critiquer le totalitarisme communiste sans passer pour réactionnaire. Il est faux que tout ce que la gauche non communiste demande soit que l'on critique le totalitarisme d'un point de vue démocratique. Car, même quand c'est ce que l'on fait, cela ne suffit pas. Ce qu'elle demande, c'est qu'on ne le critique pas du tout, ou du moins qu'on ne le critique qu'au passé, en ajoutant que c'est une page tournée, que le présent n'offre plus guère que des espoirs d'amélioration. Partialité peut-être due moins à un choix volontaire qu'à un barrage psychologique : mais, pour ceux qui en sont les victimes, le résultat est le même.

On le voit donc: dans tout ce débat, petit exemple parmi des milliers, ce qui gouverna le comportement de la plupart des professionnels de l'information ne fut pas du tout l'information. La possibilité d'acquérir ou de compléter une connaissance précise du système répressif à Cuba, fût-ce en soumettant à une vérification minutieuse les éléments fournis, joua un rôle tout à fait marginal dans l'accueil réservé à la réunion du Lutétia. Les seules questions qui se posèrent, pour la gauche, furent: qui sont les organisateurs et à quel moulin les témoignages vont-ils apporter de l'eau? Ce dernier point fut sans doute, est toujours, depuis toujours, le plus important. Il transcende largement la préoccupation de la fausseté ou de la vérité des notions communiquées. La hideuse expression inquisitoriale, familière, un temps donné, à la gauche française: « De quel *lieu* parlez-vous ? », atroce de vulgarité à force de se vouloir élégamment cryptique, n'a jamais été qu'une façon de déclarer que la vérité passe après les collusions et que l'on doit préférer ses alliances à ses informations. L'amalgame est, on le sait, un procédé qui consiste à vous accuser d'approuver l'ensemble des idées et des actes d'un personnage ou d'un parti, entre tous odieux, parce que vos opinions se trouvent coïncider avec les leurs sur un point particulier. Hitler ayant nationalisé de larges secteurs de l'industrie allemande, je me livre à l'amalgame si, par exemple, je dis que François Mitterrand, étant donné son programme de nationalisations massives en 1981, est au fond un adepte du nazisme. Mais, là encore, l'amalgame ne fait de ravages que dans un seul sens: si vous dites du mal, mettons, de Castro, vous vous retrouvez aux côtés de Pinochet, qui en dit également, donc cela vous discrédite ; mais vous retrouver inévitablement aux côtés de Castro parce que vous dites du mal de Pinochet ne vous déshonore nullement. Pourtant les deux dictateurs ont autant de sang sur les mains l'un que l'autre. Quoiqu'elle s'en défende, la gauche non communiste utilise sans vergogne, et constamment, l'amalgame, c'est-à-dire remplace la discussion intellectuelle des arguments par l'extermination morale des personnes.

Il ne vient pas à l'esprit de la gauche moderne que la société parfaite qu'elle entend construire et, en attendant, la démocratie médiocre dont, grâce au ciel, nous jouissons encore en quelques endroits, malgré elle, ne puissent pas exister sans au moins un peu de sincérité, de probité et de respect de la vérité. Elle ne conçoit pas que la liberté d'expression détruit la démocratie lorsqu'elle devient la liberté de mentir et de diffamer. Elle reste fidèle au vieux principe du fanatisme, qu'une cause juste — et quelle cause ne l'est pas aux yeux de ses propres partisans ? — autorise des procédés injustes. A-t-elle compris, comprendra-t-elle jamais que la démocratie est le régime où il n'y a aucune *cause* juste, seulement des *méthodes* justes ?

Est-il par exemple juste de titrer un article sur le Pérou: « Mario Vargas Llosa, champion de la campagne de la nouvelle droite » ? On sait quelles résonances éveille chez un lecteur français l'expression « nouvelle droite » et à quoi elle se réfère. J'en ai parlé dans un autre chapitre. Il en résulte que, par cet article de sa correspondante à Lima, *le Monde*[1] insinue donc que Vargas Llosa se rapprocherait d'une position fascisante. Le journal tend à suggérer à son public, qui est non seulement français, mais très largement européen et latino-américain, que l'écrivain soutiendrait éventuellement des solutions autoritaires et favorables aux riches, en tout cas « réactionnaires ».

De quoi s'agit-il dans cette affaire ? Croyant se débarrasser du poids de la dette extérieure par un coup d'éclat, le président péruvien Alan Garcia annonce, en septembre 1987, son intention de nationaliser d'un coup toutes les banques du pays. On peut fort bien, semble-t-il, s'opposer à cette mesure sans être fasciste et même parce qu'on est démocrate. Les nationalisations en Amérique latine n'ont jamais redressé l'économie ni profité aux plus pauvres, qu'elles fussent dues à des dictatures militaires ou à des dictatures marxistes. Au Pérou, en particulier, une dictature à la fois militaire et marxiste a procédé, en onze ans, de 1969 à 1980, à des nationalisations massives qui ont laissé à la population un cuisant souvenir, puisque, durant cette période, le niveau de vie a baissé de moitié, ce qui, là encore, comme toujours, a frappé les plus pauvres. Tout aussi néfastes furent les conséquences de l'expérience mexicaine, à laquelle il paraît normal que tout Latino-Américain réfléchisse: la nationalisation des banques, en 1982, par le président José López Portillo, véritable désastre pour l'économie et pour le niveau de vie du petit peuple. Si l'on veut préserver une démocratie fragile, il est en outre naturel, toutes considérations économiques mises à part, de se méfier de l'hypertrophie du secteur étatique, surtout en Amérique latine, où règne une tradition de corruption et où la classe politique a l'art de manipuler à son profit l'économie et de fausser, pour ce faire, les procédures démocratiques. L'histoire du PRI (Parti « révolutionnaire » ins-

---

1. 30 septembre 1987.

titutionnel), au Mexique, précisément, au pouvoir depuis 1929, le démontre surabondamment. Le précédent du Pérou même, ruiné par l'étatisation boulimique des militaires marxistes, n'empêche pas la correspondante du *Monde* d'écrire : « Si l'État a élargi son champ d'action, ces vingt dernières années, c'est justement pour essayer de remédier à l'injuste distribution du revenu. » Mais essayer n'est pas réussir, et l'« élargissement du champ d'action » de l'État n'a fait qu'appauvrir davantage les plus pauvres. Au lieu d'étudier les faits et de nous en informer, l'auteur de l'article se borne donc à réciter le catéchisme « progressiste » le plus éculé.

Elle ne nous dit pas non plus que les opposants aux nationalisations viennent dans une large mesure des électeurs qui ont voté pour Alan Garcia. Or à quel parti appartient Alan Garcia? A l'APRA (Alianza Popular Revolucionaria Americana). Qu'est-ce que l'APRA? C'est un rassemblement de partis latino-américains, fondé en 1924 par un Péruvien, justement, Victor Raúl Haya de La Torre (1895-1979), rassemblement qui correspond à ce que l'Europe appelle la social-démocratie. En d'autres termes, l'APRA est née du refus de tout un courant socialiste d'adhérer à la IIIe Internationale, refus et rupture avec Moscou identiques à ceux qui avaient marqué quatre ans plus tôt le congrès de Tours en France et qu'imiteront les autres partis socialistes à travers le monde, pour aboutir à l'Internationale socialiste, dont fait partie l'APRA. Ce courant du socialisme démocratique suit donc une longue tradition d'hostilité au collectivisme communiste. Dans l'affaire de l'étatisation des banques péruviennes, on peut dès lors considérer que c'est Vargas Llosa qui se montre fidèle à la tradition du socialisme démocratique en Amérique latine et que c'est Alan Garcia qui s'en écarte.

Hélas! aucune de ces informations économiques, politiques et historiques ne figure dans l'article porté à la connaissance des lecteurs du *Monde*. Une mise en perspective les conduirait selon toute vraisemblance à douter fortement du « fascisme », style prétendument « nouvelle droite », de Mario Vargas Llosa. Pourquoi cet escamotage? Parce que l'objectif de l'article est de déconsidérer l'écrivain en faisant croire qu'il a rejoint purement et simplement les rangs de la « réaction ». Depuis des années, Vargas Llosa est, avec Octavio Paz, l'anticastriste, l'anticommuniste, l'antitiers-mondiste, le contre García Marquez, l'avocat de la démocratie politique en Amérique latine. Il importe donc de le rejeter à droite, et même dans la « nouvelle » droite. On n'a pas le droit d'être démocrate si l'on n'est pas marxiste en

Amérique latine. C'est d'autant plus absurde que, par ailleurs, *le Monde* s'est réjoui, semble-t-il, en ces mêmes années, du retour à la démocratie de l'Argentine, du Brésil ou de la Bolivie qui se sont dotés de gouvernements tous décidés à désétatiser leurs économies. Demanderait-on au directeur du journal ou au chef de la section de politique étrangère si, logiquement, étant donné l'orientation de la plupart des articles qu'ils publient sur l'Amérique latine, ils préconisent sur ce continent le retour à des politiques de type castriste ou allendiste, qu'ils se récrieraient aussitôt, protestant avec vigueur qu'il n'en est rien. De nombreux journaux de gauche, dans tous les pays, attaquent sans ménagement le libéralisme, mais ne souhaitent aucunement, à quelques exceptions près, la victoire du socialisme. Pourtant, en même temps, ils s'emploient à démolir insidieusement les hommes qui le critiquent.

Ainsi, la correspondante du *Monde* à Lima écrit, toujours dans le même article : « La nouvelle droite est représentée par l'institut Liberté et démocratie, fondé il y a sept ans — en réalité en 1979 — par Mario Vargas Llosa. Sa philosophie est résumée par l'économiste Hernando de Soto dans son ouvrage intitulé *l'Autre Sentier*, un essai sur l'économie informelle. » Sous l'angle du « devoir » d'informer, tout est merveilleux, dans ce paragraphe. D'abord, ce n'est pas Vargas Llosa qui a fondé l'institut Liberté et démocratie. C'est Hernando de Soto lui-même, dont Vargas Llosa est l'un des amis et appuis. Il a simplement préfacé son livre, publié en 1986. Ensuite, l'Institut n'adhère pas du tout à l'idéologie de la nouvelle droite. Les collaborateurs des revues *Éléments*, *Nouvelle École* ou du GRECE, n'y ont jamais, que je sache, été invités. L'institut Liberté et démocratie entend se situer dans la tradition de Tocqueville, Montesquieu, Locke, Adam Smith, von Mises, Schumpeter, Aron, Hayek, ce qui, osons l'espérer, n'a jamais constitué une présomption de sympathies pour le fascisme. Je ne crois pas que l'Amérique latine ait souffert d'un excès de cette tradition tolérante et libérale ni que les intellectuels qui la soutiennent méritent d'être diffamés. La journaliste du *Monde* a, certes, le droit de critiquer les idées de ces intellectuels. Mais ce n'est pas ce qu'elle fait. Elle leur prête des idées qui ne sont pas les leurs. Enfin elle se garde bien de nous renseigner sur le contenu de l'ouvrage de Hernando de Soto, *l'Autre Sentier*[1].

---

1. *El Otro Sendero*, Editorial El Barranco, 1986. Le GRECE, « Groupement de recherche et d'étude pour la civilisation européenne », fondé en 1969, est un mouvement culturel dans la mouvance de la nouvelle droite.

Comme il n'est pas traduit en français, rares seront donc les lecteurs qui pourront savoir ce que contient ce travail d'enquête (et non de « philosophie ») et qui comprendront ce que l'auteur entend par économie « informelle ». Les lecteurs ignoreront surtout absolument que le travail dirigé et signé par Hernando de Soto concerne l'économie des plus pauvres et décrit la manière dont ils survivent, malgré un système étatique organisé dans l'intérêt des riches, et moins des capitalistes que de la classe politique, bureaucratique et syndicale, comme toujours en Amérique latine.

En lisant *El Otro Sendero*, au premier coup d'œil sur les principaux chiffres, on se sent gagné par une intense stupeur. Car le secteur informel, dans cet immense pays, ne se compose pas seulement de ce que nous appelons en Europe les « petits boulots » ou le travail au noir. Les informels péruviens ne se contentent pas de déboucher des éviers hors TVA ou de repeindre des plafonds le dimanche. Ce sont beaucoup plus que des vendeurs à la sauvette : le chiffre d'affaires global de leurs activités commerciales dépasse celui de toutes les grandes surfaces réunies. Dans la seule capitale, le commerce informel, qui emploie 439 000 personnes, fait tourner 83 % des marchés, couverts ou en plein air. L'industrie informelle fabrique à peu près tous les genres de produits manufacturés : meubles, téléviseurs, machines à laver, vêtements, ustensiles de cuisine, briques, ciment, matériel électrique, chaussures, outillages variés. Plus fort encore : les informels dominent l'industrie du bâtiment, les transports publics. Ils ont construit des quartiers entiers, des centaines de milliers de logements, d'abord pour eux-mêmes, puis pour les autres : et je parle non de bidonvilles, mais d'immeubles normaux. La moitié de la population de Lima vit dans des maisons construites par les informels. Quant aux transports en commun, allant du taxi collectif au minibus et même à l'autobus, si Lima devait se contenter brusquement des seuls transports municipaux officiels, les neuf dixièmes (95 % exactement) des habitants devraient se déplacer à pied ! Au total, environ 60 % des heures de travail effectuées le sont dans le secteur informel. Et n'allez pas comparer ce secteur aux ateliers clandestins où un patron garde-chiourme exploite un prolétariat sous-payé. Ce sont les pauvres du tiers monde eux-mêmes qui édifient l'économie informelle, car c'est la seule façon pour eux de survivre.

Hernando de Soto et son équipe en ont fait la démonstration pratique et la vérification expérimentale. Ils ont invité un compère, modeste citoyen, représentatif du petit peuple, à déposer une demande d'autorisation en vue d'ouvrir, en conformité avec toutes les normes légales, un petit atelier de confection. Pour obtenir son autorisation, cet homme dut présenter sa requête et la suivre dans onze départements ministériels ou municipaux successifs et différents. Dix fonctionnaires sur onze ont exigé de lui un bakchich, appelé *mordida* dans l'espagnol de là-bas (littéralement : « bouchée » qu'on arrache en mordant). Le postulant avait pour instructions de refuser de casquer, afin qu'on pût voir de combien ce refus retarderait la conclusion. Dans deux cas, cependant, on fut contraint de s'exécuter, faute de quoi le dossier aurait été définitivement enterré. Il fallut au prétendu aspirant tailleur, en fin de compte, deux cent quatre-vingt-neuf jours de travail à plein temps pour accomplir ces démarches et, en additionnant les frais et le manque à gagner, une dépense de 1 231 dollars. Quand on saura que cette somme, pour le nombre de jours gaspillés, équivaut à exactement trente-deux fois le salaire minimal au Pérou en 1986, on comprendra que, pour la quasi-totalité de la population active, il est exclu de pouvoir créer une entreprise artisanale dans les conditions légales. Voilà ce que Mme Bonnet[1] baptise « élargissement du champ d'action de l'État pour remédier à l'injuste distribution du revenu ».

D'autres expériences du même genre ont confirmé la première : quarante-trois jours de démarches et 590,56 dollars pour obtenir légalement un modeste emplacement d'étal de fruits et légumes dans la rue. Et le bouquet : pour un groupe de familles désireuses d'acquérir un terrain vague pour y construire leurs logements, six ans et onze mois de démarches... D'où la montée incompressible des entreprises « sauvages » et du marché informel. Elle ne fait que traduire la fameuse tendance de toute créature à persévérer dans l'être.

D'où aussi la vanité des bavardages théoriques. Le libéralisme est d'abord un comportement spontané, ce qui ne signifie pas qu'il soit en toutes circonstances la garantie du succès. Mais, loin d'être une vision de l'esprit, il est, au point de départ, la réaction naturelle de l'homme en société devant les problèmes matériels qui se présentent à lui. C'est sa conduite économique de base. A partir de là, on peut réfléchir à toutes les modalités d'intervention destinées à optimiser cette conduite. Elles l'améliorent parfois, elles la gêneront le plus souvent : elles ne la remplaceront jamais.

Les faits nous le montrent. Contrairement aux poncifs ressas-

---

1. C'est le nom de la correspondante du *Monde* déjà citée.

sés à ce sujet sans réexamen, la liberté d'entreprendre est peut-être avant tout le moyen de défense des petits contre les gros et des faibles contre les forts. Et, à l'inverse, l'État, qui se prétend correcteur des injustices, finit la plupart du temps par peser de tout son poids contre les petits et les faibles pour protéger les gros et les forts : classe politique, classe bureaucratique, grandes entreprises, armée pléthorique, syndicats puissants. Pour contourner ces remparts, il ne reste plus aux démunis qu'à se lancer dans l'économie parallèle, c'est-à-dire réelle.

C'est vrai du tiers monde, mais pas seulement du tiers monde. Regardons un peu aussi autour de nous, tout près de nous, dans les pays développés. L'importance de l'économie souterraine italienne est connue, elle est même répertoriée et chiffrée dans les très officiels rapports périodiques de la CENSIS (*Centro studi investimenti sociali*). Le cas espagnol ne nous éclaire pas moins. Le gouvernement de Felipe González a fait établir en 1986 un rapport regroupant les résultats d'investigations menées à sa demande par cinq instituts privés de recherche sociale et économique. Ce travail a exigé 64 000 entretiens individuels. Il en ressort que l'on compte en Espagne, alors, au bas mot, 300 000 petites entreprises clandestines, dont le chiffre d'affaires annuel peut s'évaluer à 3 000 milliards de pesetas, soit le quart du produit national brut réel. Dans certaines régions — Andalousie, Levant — l'économie informelle atteint 40 % de la production. Ces chiffres indiquent que le chômage réel est heureusement inférieur aux 21,5 % des statistiques officielles. En outre, dès lors que le secteur informel assure 25 % du PNB, et jusqu'à 60 ou 70 % dans le tiers monde, on ne peut plus l'attribuer exclusivement aux manœuvres des gros capitalistes et au désir de quelques petits tricheurs de frauder le fisc et d'échapper aux charges sociales. C'est de l'irresponsabilité intellectuelle, journalistique et politique que de négliger d'en étudier les causes profondes et les retombées positives pour les plus démunis, que l'État délaisse. Certes, l'économie souterraine espagnole devrait théoriquement verser des centaines de milliards de pesetas au fisc chaque année. Manque à gagner terrible, donc, pour les finances publiques. Mais, le rapport le laisse entendre, en Espagne comme au Pérou et en Italie, si l'on taxait normalement les entreprises fragiles du secteur souterrain, elles ne paieraient pas : elles disparaîtraient. Le fisc et la Sécurité sociale n'y gagneraient donc rien, et la société y perdrait dans des proportions tragiques. La véritable question que doit se poser à lui-même le législateur est par conséquent celle de savoir pour quelle raison il y a des lois et une réglementation telles qu'une part considérable de la production nationale serait condamnée à mourir si on les appliquait. Qu'est-ce qui est mauvais, en l'occurrence, et qu'est-ce qui doit changer ? La réalité ou la loi ?

Pourquoi donc, dans l'article d'une simple correspondante, qui n'est ni une éditorialiste, ni une propagandiste, ni une personnalité politique, trouve-t-on des appréciations calomnieuses sur un écrivain désintéressé ? Et tout, sauf de l'information sur le Pérou ? D'où vient ce refoulement de la vérité ? Du désir de défendre le mythe selon lequel le libéralisme, c'est la droite, et le socialisme, c'est la gauche ? La lecture des classiques du libéralisme et l'expérience historique nous amènent à reconsidérer ces équations simplettes. Voilà sans doute pourquoi les socialistes préfèrent s'abstenir de savoir. Ils n'envisagent pas sans douleur que le socialisme puisse aggraver la pauvreté, les inégalités, l'arbitraire étatique. L'actuel système de défense socialiste consiste à dire : le libéralisme abolit toute solidarité sociale. Ce qui est faux : quelles sociétés ont inventé les moyens perfectionnés et coûteux de protection sociale dont nous bénéficions, sinon les sociétés libérales ? Ensuite les socialistes distinguent : oui au libéralisme politique, disent-ils, non au libéralisme économique.

Pour le coup, ce n'est plus seulement faux, c'est absurde. Il suffit d'ailleurs de lire Marx pour le comprendre. Car comment peut-on retirer soit la totalité, soit la plus grande partie du pouvoir économique à la société civile pour la remettre à l'État et cependant espérer que les citoyens résisteront aux abus du pouvoir politique ? D'où en tireraient-ils le moyen, alors qu'on vient précisément de les déloger des places fortes de leur autonomie ? Aussi les auteurs libéraux ont-ils toujours soutenu (et est-ce là le secret honteux que les socialistes veulent à tout prix tenir caché ?) que la véritable frontière entre gauche et droite passe entre les systèmes où les citoyens conservent l'essentiel de la décision économique et les systèmes où ils la perdent. L'interventionnisme économique réduit toujours les libertés politiques, fussent-elles les simples « franchises » de l'Ancien Régime.

Dans son *État omnipotent*[1] Ludwig von Mises, l'un des grands économistes viennois émigrés à cause du nazisme, s'amuse à rapprocher les dix mesures d'urgence préconisées par Marx dans le *Manifeste communiste* (1847) avec le programme écono-

---

1. 1944. Et 1947 pour la traduction française. Livre rédigé aux États-Unis pendant la guerre et dont le titre original est *The Omnipotent Government, The Rise of the Total State and the Total War*.

mique de Hitler. « *Huit sur dix de ces points*, note ironiquement von Mises, *ont été exécutés par les nazis avec un radicalisme qui eût enchanté Marx.* »

C'est le cas, en particulier, puisque c'est de cela que nous parlons à propos de Vargas Llosa et d'Alan Garcia, de la centralisation du crédit entre les mains de l'État, arme absolue chère aux socialistes comme elle le fut à Hitler et à Mussolini. Car le nazisme et le fascisme furent, ne l'oublions pas, presque autant que le stalinisme, de zélés nationalisateurs. C'est peut-être en pensant à tous ces précédents que Vargas Llosa crut devoir signaler en 1987 comme un péril pour la démocratie et, en tout cas, un frein pour l'économie la concentration totale du système bancaire et financier entre les mains de l'État, surtout, en l'occurrence, d'un État rongé par la corruption. On voit par cet exemple précis comment un journaliste peut, à la fin du XXe siècle, dans un des meilleurs journaux de la planète, écrire un article sans tenir aucun compte de l'information, ni de celle que fournit l'actualité, ni de celle qui provient de l'histoire.

Cette attitude ne comporterait rien d'étrange, elle serait conforme à la logique, si *le Monde,* ou tout autre journal de qualité (ce pourrait être le *Guardian,* le *New York Times, El País* ou la *Repúbblica*), était un journal de combat, au service du collectivisme totalitaire. Mais ce n'est pas le cas ! Si l'on poussait les responsables du journal dans leurs retranchements, encore un coup, ils se déclareraient, eux aussi, hostiles au principe de la collectivisation intégrale des banques. Alors pourquoi reléguer dans la « nouvelle droite » quelqu'un qui s'y oppose comme eux ? Pourquoi travestir les arguments de Vargas Llosa et dénigrer sa personne si l'on ne croit pas à la cause en faveur de laquelle on le fait ? Sans doute cette inconséquence vient-elle de ce que l'on pourrait appeler la rémanence idéologique. On ne croit plus au socialisme, mais on continue à salir les partisans du capitalisme comme si l'on avait encore quelque chose de cohérent à leur opposer. Cette persistance d'un phénomène après la disparition de sa cause est l'une des sources du mensonge idéologique. On sait que le libéralisme n'a rien de commun avec le fascisme, en a même été haï plus que le communisme, mais on s'obstine à soutenir que le socialisme est le seul antagoniste véritable au fascisme. Ainsi, le directeur du *Nouvel Observateur,* Jean Daniel, polémique avec Jean-Marie Domenach, jadis proche du marxisme mais entièrement purgé, lui, de cette idéologie, et qui, à ce titre, n'avait pas manqué d'essuyer aussitôt l'accusation de complicité avec l'extrême droite de Jean-Marie Le Pen. Répliquant à la protestation de

Domenach, Jean Daniel écrit entre autres : « La droite libérale l'a bien senti : Le Pen fait partie de son album de famille, tout comme les terroristes italiens ont fait partie de l'album de famille de la gauche marxiste[1]. » L'amalgame ne manque pas d'habileté, puisqu'il permet de simuler l'impartialité. C'est le vieux tour de passe-passe du renvoi dos à dos. Mais la comparaison vole en éclats dès qu'on la jauge à l'étalon des connaissances historiques et politiques les plus rudimentaires. L'expression « album de famille du parti communiste » fut employée en Italie, au cours des années soixante-dix, par Rossana Rossanda, l'animatrice du mouvement de pensée gauchiste *Il Manifesto*. L'argument avait de la substance. Il rappelait aux communistes que, si leur parti s'était rallié au « légalisme » parlementaire et à la démocratie « formelle », la doctrine marxiste-léniniste fondamentale n'en édictait pas moins que la démocratie bourgeoise est un leurre et que la révolution prolétarienne ne peut s'effectuer que par la violence. Par conséquent, enchaînait-elle, ce sont les terroristes des Brigades rouges qui sont restés fidèles à la doctrine de base et non les politiciens embourgeoisés de la direction du PCI. Ceux-ci, en tout cas, doivent au moins faire leur examen de conscience et reconnaître que l'on ne peut pas enseigner impunément une doctrine bolchevik de prise du pouvoir par la force, et ensuite décliner toute responsabilité lorsque des gens l'appliquent. Les Brigades rouges s'étaient, en somme, disait Mme Rossanda, bornées à prendre au pied de la lettre le marxisme-léninisme.

Rien de tel dans la tradition doctrinale libérale. Où trouve-t-on dans les *Federalist Papers* ou chez Tocqueville l'embryon d'une justification de la violence d'extrême droite ? La bête noire de Charles Maurras, de Mussolini (je suppose que Jean Daniel a lu le grand historien du fascisme, Renzo de Felice), de Hitler, c'était le libéralisme, c'était la démocratie parlementaire « pourrie », tous partis confondus. Ils les haïssaient beaucoup plus qu'ils ne haïssaient les communistes, dont Maurras disait, avec raison, de son point de vue : « Ce ne sont pas les pires : eux, au moins, ils ne sont pas républicains. » La cible des terroristes de l'Organisation de l'Armée Secrète, en France, et des partisans de Le Pen, pendant la guerre d'Algérie, c'étaient les gaullistes. C'est de Gaulle qu'ils ont tenté vingt fois d'assassiner, jamais Maurice Thorez ou Guy Mollet, respectivement patrons du parti communiste et du parti socialiste. Dans quel dessein un écrivain politique comme Jean Daniel, notoirement

---

1. *Le Nouvel Observateur*, 16 octobre 1987.

*Du mensonge complexe* 149

familier de toutes ces données, peut-il commettre délibérément un aussi grossier contresens historique, sinon pour les besoins de l'amalgame ? Et pourquoi enfreindre ainsi la morale au profit d'une philosophie politique à laquelle il ne croit même plus, sinon parce que la dernière objection qui lui reste sous la main contre les libéraux consiste à inventer qu'ils se confondent à l'origine avec les fascistes ? Sous l'empire de la rémanence idéologique, il en est réduit à forger ce mythe, devant, pour ce faire, écarter toutes les informations que lui fournit sa mémoire et tombant, de plus, dans une absurdité : car si le libéralisme et le fascisme ne faisaient qu'un, si par conséquent, à notre époque, n'avaient existé que des régimes fascistes et des régimes socialistes, on ne voit pas très bien où serait aller se nicher la liberté, au XX$^e$ siècle. Qu'elle ait, malgré tout, réussi à survivre tient justement à la résistance de régimes qui ne furent ni socialistes ni fascistes et qui sont, en définitive, ceux dont l'humanité a le moins à rougir.

Nous nous trouvons là devant le cas extrême d'idéologues qui ne croient plus à leur propre message idéologique. Mais n'allons pas imaginer qu'ils en deviennent pour autant moins intolérants. C'est tout le contraire. Une école de pensée qui se sait sur le déclin n'en lutte que plus farouchement pour conserver son identité. Conscients de la faiblesse de leur position, les idéologues de gauche redoublent de rouerie et d'âpreté pour la défendre. Ils y sont acculés encore davantage puisqu'ils fuient le terrain de l'information et de l'argumentation, où ils se savent d'avance vaincus. Ils ne se battent plus que pour un fonds de commerce intellectuel, mais ils le perpétuent avec une sauvagerie qu'accroît la perte de leur sincérité. Dans les analyses générales, on lit souvent des textes socialistes que pourraient signer les plus querelleurs des libéraux. Mais l'abandon des dogmes théoriques n'en rend que plus impérieux d'exterminer l'adversaire, puisqu'on ne peut plus le réfuter. Jacques Julliard, éditorialiste lui aussi au *Nouvel Observateur* aux côtés de Jean Daniel, écrit dans un excellent livre[1] : « La gauche [française] remporta sa victoire [en 1981] alors qu'elle évoluait déjà en pleine déroute idéologique. » Plus loin : « L'utilité sociale des nationalisations est apparue comme à peu près nulle. » Julliard observe en outre avec une ironique cruauté qu'« aujourd'hui les socialistes découvrent la social-démocratie, mais qu'il est trop tard ». Rares sont les libéraux qui se permettent d'aussi sévères jugements. Les hommes d'État de gauche, à leur tour, rivalisent

---

1. *La Faute à Rousseau*, Seuil, 1985.

avec leurs intellectuels pour contester les vieux principes. On n'ouvre guère un journal, à partir de 1982 ou 1983, sans lire, par exemple : « Argentine : le président Alfonsin s'en prend au secteur public » (le Monde, 30 novembre 1986). Ou bien : « M. Rajīv Gandhī prononce une violente diatribe contre quarante ans de gestion socialiste » (id., 1ᵉʳ novembre 1986). A moins que ce ne soit le chef du gouvernement socialiste espagnol, Felipe González, qui déclare : « Les appellations de libéral, socialiste et conservateur sont vides de sens[1]. » Les propos de ce style foisonnent. L'espoir renaît, par conséquent, à les lire, d'un dialogue enfin civilisé.

Chimère ! C'est précisément parce que les événements ont ruiné leur doctrine que les socialistes et les « libéraux » américains protègent si durement leur identité culturelle. Cette protection consiste, en France, à confondre avec l'extrême droite tous les citoyens qui ne sont pas rattachables à la « sensibilité » de gauche. C'est pourquoi la période de l'Occupation est redevenue, surtout après le procès Barbie, la référence obligée. On y ramène et l'on y enferme tous ceux qui ne partagent pas les idées de la gauche ou, du moins, ses thèmes de propagande. Or la majorité des citoyens, dans tous les pays d'Europe où ont eu lieu des élections en 1986, 1987 et 1988, ont voté contre la gauche, ou, comme en Espagne et en France, pour une gauche plus libérale que socialiste. Cela fait vraiment beaucoup de néo-nazis en Europe, entre la moitié et les deux tiers des habitants à peu près ! Cette énorme absurdité ne gêne nullement les propagandistes. Désormais, tout ce qui n'est pas eux serait-il nazi ? « Le gouvernement de Jacques Chirac est le plus réactionnaire que la France ait connu depuis Vichy », s'écrie Pierre Mauroy, ancien Premier ministre socialiste, en décembre 1986, au moment où se déroulent des manifestations d'étudiants contre la sélection à l'université. Serge Klarsfeld, cet avocat qui a tant fait pour établir la vérité historique sur les déportations en Allemagne de juifs français ou résidant en France pendant l'Occupation, s'adresse (dans le Monde du 27 octobre 1987) à la Commission dite des « sages », chargée de préparer un rapport en vue d'une éventuelle réforme du Code de la nationalité. Il rappelle aux « sages » qu'en 1941, le « haut commissaire aux Questions juives du gouvernement de Vichy, Xavier Vallat, refusa de reconnaître comme français les enfants juifs nés en France de parents étrangers, ce qui entraîna la déportation et la mort de la majorité d'entre eux, en 1942 ». Dès lors, c'est clair, si quarante-

---

1. « *Los apelativos de liberal, socialista y conservador estan carentes de contenido* » (*Diario 16*, 25 mars 1987).

cinq ou cinquante ans plus tard, on révise le Code de la nationalité, on se rend complice du crime contre l'humanité de 1942. Les deux situations n'ont pas le moindre rapport entre elles. Aucune rafle vers des camps de la mort ne menace les Africains et les Maghrébins. Nul n'a jamais envisagé de refuser la nationalité française à leurs enfants nés en France. Il a au contraire été suggéré, pour mettre fin à certains imbroglios, que l'intéressé ratifie, à sa majorité, son adhésion définitive à cette nationalité. La suggestion appelle des objections (c'est bien pourquoi on a nommé une Commission des sages). Mais comment nier que l'afflux des immigrés, la fréquence des va-et-vient, en cette seconde moitié du XX$^e$ siècle, soulèvent des difficultés inédites, en particulier avec les pays d'origine ? Comment interdire à un État, dans ce contexte nouveau, alors que des millions d'hommes peuvent circuler avec une facilité auparavant inconnue, de réexaminer ses normes d'octroi définitif de la citoyenneté ? Mérite-t-il de se voir comparer aux nazis et aux collaborateurs ? Même s'il fait des erreurs, s'il tâtonne pour trouver la voie médiane entre la jobardise et la discrimination, faut-il lui lancer l'insulte suprême, qui, à force d'être machinale et ânonnée à tout propos, finit par verser dans une paradoxale trivialité, qui la rend dérisoire et insignifiante ? C'est ça, la « banalisation » ! Le travail accompli jadis par Serge Klarsfeld lui vaut l'estime de tous, mais ne doit pas servir d'excuse au maniement inconsidéré de l'outrage et du chantage, ni à des amalgames historiques dénués de tout sérieux. En somme, les choses sont fort simples. Nous avons tous compris. Entre 1985 et 1990, en France, si l'on se trouve en désaccord sur un point quelconque avec un « homme de gauche », c'est que l'on est nazi. Hors du socialisme et, pour comble, d'un socialisme qui ne sait même plus comment se définir, point d'autre chemin que l'hitlérisme, rebaptisé aujourd'hui « complaisance pour Le Pen »[1]...

Il est curieux de voir des gens qui condamnent avec véhémence les « comportements d'exclusion » s'y adonner euxmêmes avec brutalité pour vouer d'emblée à l'enfer des réprouvés quiconque ose les contredire. Comment réagirait Régis Debray, si son soutien au Front Farabundo Marti (communiste) du Salvador lui valait d'être comparé par ses adversaires, disons à Lavrenti Beria, le sanguinaire chef de la police secrète de Staline ? La gauche tout entière jugerait le procédé répugnant, imbécile et risible. Mais quand le même procédé vient de la gauche, tout va bien. Et, je le

---

1. *L'Humanité* du 21 juillet 1988 qualifie de « pétainiste » le Conseil constitutionnel parce que celui-ci a pris une décision qui déplaît au parti communiste.

précise à nouveau, de la gauche *non communiste*, celle qui proclame périodiquement avoir abjuré les aberrations staliniennes. Ce qui est parfois douteux. Régis Debray ne soulève parmi les siens aucune réprobation lorsque, dans son livre *les Empires contre l'Europe* (1985), il compare divers auteurs, un peu trop antisoviétiques pour son goût, à... Marcel Déat. Ce dernier, collaborateur sous l'occupation nazie, fut condamné à mort à la Libération pour intelligence avec l'ennemi. Quelle ressemblance y a-t-il entre un homme qui poussait à collaborer avec une puissance totalitaire par laquelle la France était occupée, et des intellectuels qui veulent empêcher qu'elle le soit par une autre puissance totalitaire, l'Union soviétique? Sur le plan éthique en tout cas, l'analogie se détruit d'elle-même. Mais ici intervient l'action miraculeuse de l'idéologie. Elle ne repose pas sur l'analyse des faits. Ne pouvant et ne voulant d'ailleurs pas discuter ces faits ni répondre aux arguments, Debray recourt à l'analogie pour salir ceux qu'il est impuissant à réfuter. En même temps que la perception du réel, l'idéologie suspend l'exercice de la conscience morale. Plus exactement, c'est l'idéologie qui sert de critère pour distinguer le bien du mal. Sous sa coupe, une basse calomnie, une injure abjecte deviennent licites, du moment que c'est pour frapper un récalcitrant. L'idéologue désire non point connaître la vérité, mais protéger son système de croyance et abolir, spirituellement faute de mieux, tous ceux qui ne croient pas comme lui. L'idéologie repose sur une communion dans le mensonge impliquant l'ostracisme automatique de quiconque refuse de la partager. C'est pourquoi elle implique simultanément la suspension des facultés intellectuelles et du sens moral. Outre son infamie, en effet, la référence à Marcel Déat se distingue par son idiotie. Or Debray n'est pas idiot. Il faut donc que son intelligence soit obturée. On voit bien, certes, le prétexte de son rapprochement. Marcel Déat justifiait la collaboration par la nécessité de la « croisade antibolchevik ». *Ergo* : tous les antisoviétiques sont des pro-nazis. Nous retrouvons là notre vieil ami, le paralogisme qui infère d'un seul point commun que tous les autres le sont, alors que même le point commun n'est pas soutenu pour les mêmes raisons par tous ceux qui l'adoptent. Les études supérieures de philosophie qu'a faites Régis Debray excluent qu'il ait pu commettre sciemment une aussi grossière faute de logique formelle. Il a erré sous l'empire de l'infarctus idéologique, encore plus répandu que celui du myocarde. J'ajoute qu'une dose modeste de connaissances historiques, présentes sans doute à l'origine mais disparues brusquement de sa mémoire, aurait dû le mettre en garde contre cette comparaison, en réalité périlleuse pour sa thèse. Car Marcel Déat était socialiste, n'a jamais cessé de se proclamer socialiste, et, comme beaucoup de socialistes de l'entre-deux-guerres, il était surtout pacifiste. C'est le pacifisme qui l'amena insensiblement à la collaboration, après l'avoir incité, en janvier 1936, en tant que ministre de l'Air, à s'opposer à une intervention militaire contre Hitler qui venait de réoccuper la Rhénanie. Comme Debray, agrégé de philosophie et socialiste comme lui, Déat fournit un cas pur d'homme que ses grands moyens intellectuels et ses excellentes intentions conduisent, par un enchaînement d'arguments abstraits de plus en plus séparés de l'expérience, à une politique qui constitue la négation complète de ses objectifs premiers. C'est une des plus instructives victimes de l'égarement idéologique. Inconséquent fourrier du totalitarisme, promoteur d'une tyrannie comme rempart contre une autre, si Déat est le précurseur d'un courant des années quatre-vingt, c'est du courant des verts allemands ou des signataires français de l'« appel des Cent », ce qui ne veut pas dire que *moi* j'amalgame pour autant ceux-ci à Déat.

L'idéologie fonctionne comme une machine à détruire l'information, au prix même des assertions les plus contraires à l'évidence. Quand Régis Debray déclare, par exemple, en 1979, que « le mot goulag est *imposé*[1] par l'impérialisme » (« impérialisme » signifiant, pour lui, impérialisme *américain*, bien sûr), nous assistons chez le futur conseiller diplomatique du président de la République française au processus d'inversion de la réalité, typique de l'idéologie. Il transforme l'effet en cause. S'il y a goulag, selon lui, ce n'est point parce que Lénine et Staline l'ont créé, c'est parce que l'« impérialisme » emploie le mot, d'ailleurs forgé par l'administration pénitentiaire soviétique !

Maints idéologues occidentaux défendent le principe du socialisme avec beaucoup plus d'ardeur que les dirigeants communistes eux-mêmes. Khrouchtchev, Gorbatchev, Deng Xiaoping formulent contre les mille et une plaies de leurs économies des constats et des critiques d'une cruauté qui l'emporte parfois sur les épigrammes les plus persifleuses des « réactionnaires » de l'Ouest. Le livre de Mikhaïl Gorbatchev, *Perestroïka*, publié en Occident à la fin de 1987, est par endroits un réquisitoire parmi les plus mordants qu'on ait lus contre la stérilité de l'économie soviétique et ses ridicules. Dans ses jours de colère, Castro a souvent tracé publiquement de la pénurie et de l'inefficacité « révolutionnaires » cubaines un tableau désolant. Au contraire, j'ai entendu l'arche-

---

1. C'est moi qui souligne. Cité par Jeannine Verdès-Leroux dans *le Réveil des somnambules*, Paris, Fayard-Minuit, 1987.

vêque de Toronto, entre autres bons apôtres, durant l'été de 1987, dépeindre Cuba comme un eldorado, une Suisse des Caraïbes. Ces dissonances tiennent à ce que les dirigeants communistes sont aux prises avec les réalités, si désireux soient-ils de les éluder, alors que les idéologues, fussent-ils ecclésiastiques, se meuvent dans la futilité des mots et l'apesanteur de l'irréel. Les dirigeants mentent, certes, et même leur système tout entier repose sur le mensonge. Ils font la guerre à l'information pendant des dizaines d'années. Puis, un beau jour, ils sont bien obligés d'avouer eux-mêmes publiquement ce que tout le monde savait depuis longtemps (sauf les idéologues occidentaux). C'est là le sens exact du mot « *glasnost* » : dire officiellement ce que tout le monde savait. Les dirigeants s'y résolvent quand ils n'ont plus le choix qu'entre la franchise et l'effondrement. Felipe González a bien raison d'user d'ironie, en 1987, avec les sectaires marxistes du parti socialiste espagnol, qui lui reprochent sa politique trop libérale, et de leur répondre que cette politique est, ne leur en déplaise, « avalisée » par Gorbatchev et Deng Xiaoping[1]. Bien entendu, ces derniers sont paralysés par une contradiction interne, puisqu'ils veulent guérir les maladies de l'économie tout en perpétuant le système politique qui en est la cause. Mais enfin, cette contradiction même est une donnée réelle. Au contraire, les idéologues n'ont affaire qu'à leurs propres abstractions, lesquelles ne rencontrent aucune résistance, sinon celle de l'information, que, précisément, ils abolissent par « le merveilleux pouvoir de la vertu magique[2] ».

Dans les pays développés, la « vertu magique » pousse à louer avec persistance une doctrine socialiste que, pour autant, plus aucun socialiste, en tant qu'acteur social ou économique, ne propose explicitement d'appliquer. Le mensonge idéologique consiste en l'occurrence à poursuivre les vieilles diatribes contre le capitalisme, tout en sachant, depuis qu'on a pris conscience de l'inanité du socialisme, que l'on n'a rien pour le remplacer. « Frapper le capitalisme au cœur », ce mot d'ordre de François Mitterrand[3] sonne aujourd'hui singulièrement creux et n'a plus guère d'adeptes.

A propos du tiers monde, la destruction idéologique de l'information devient encore plus patente, car elle implique la falsification ou la négligence délibérées de chiffres notoires, aisément accessibles, et que tous connaissent ou peuvent se procurer. Com-

---

1. *Diario 16*, 1ᵉʳ novembre 1987.
2. Molière, *l'Étourdi*.
3. François Mitterrand, *Politique*, Paris, Fayard, 1977.

ment réagirait la presse si, dans un débat public, un ministre, un évêque, un grand intellectuel affirmaient que la France a 5 millions d'habitants, que le revenu annuel moyen par tête aux États-Unis est inférieur à 1 000 dollars ou que le niveau de vie allemand n'a cessé de se dégrader depuis 1945 ? Eh bien, ce sont pourtant des inepties de cette envergure qui se profèrent chaque jour en Occident, sur le tiers monde. Ce sont des énormités du même acabit que trop de professionnels de l'information prennent avec placidité au pied de la lettre ou s'abstiennent de contester — quand ils n'en sont pas eux-mêmes les auteurs.

Prenons un exemple qui n'invite pas au badinage : celui du nombre des morts de faim dans le monde, chaque année. Ayant échoué dans les systèmes communistes, n'ayant jamais été expérimenté dans les pays démocratiques sans dégâts irréparables ou longs et coûteux à réparer, le socialisme marxiste ne sert plus que comme moyen rhétorique de mise en accusation du capitalisme dans le tiers monde. Le capitalisme accouche en permanence d'un génocide planétaire, nous lancent les tiers-mondistes. Nous autres habitants des régions développées transformons en cimetières les pays pauvres, que nous pillons et que nous affamons, ce qui équivaut à des exécutions massives autant que silencieuses et quotidiennes, conséquences et condition de notre enrichissement. Le sociologue suisse Jean Ziegler a martelé ce sermon sur la mort en d'innombrables ouvrages. C'est la dernière planche de salut de l'idéologie. Car s'il devient, hélas ! évident que le socialisme ne sauve personne, reste la consolation que le capitalisme tue tout le monde, ce qui, pour l'idéologue, est peut-être l'essentiel. Nous avons perdu le paradis : gardons au moins l'enfer.

Aussi, dans cette macabre comptabilité, l'extravagance des chiffres rivalise-t-elle avec la crédulité qui les accueille. A un « Club de la presse[1] », Louis Mermaz, personnalité de premier plan du parti socialiste et président de l'Assemblée nationale de 1981 à 1986, ministre dans un gouvernement Rocard en 1988, adjure la presse de « dénoncer cette monstruosité du *système capitaliste* qu'est la faim dans le monde et qui fait 50 millions de morts chaque année dont 30 millions d'enfants ». En janvier 1982, Terre des hommes, organisation non gouvernementale et organisme de propagande internationale, diffuse sur et avec la station de télévision française Antenne 2 une suite d'émissions, étalées sur une semaine, dont le thème conducteur est : « 50 millions d'êtres humains meurent de faim chaque année ». En 1984,

---

1. 5 juillet 1981. Émission très suivie de la station de radio Europe n°1. Une vingtaine de journalistes interrogent tous les dimanches soir une personnalité politique pendant environ une heure.

*le Nouvel Observateur*[1] consacre à la faim dans le monde une vaste « enquête » qui s'ouvre sur la phrase suivante : « La dernière guerre mondiale a fait 45 millions de morts en cinq ans[2]; autant d'hommes, de femmes et d'enfants meurent aujourd'hui *chaque année* des suites de la faim. » J'emprunte ces citations aux médias français, mais j'ai entendu souvent des chiffres du même ordre dans des débats sur le tiers monde aux États-Unis, en Amérique du Sud, en Scandinavie. Cette arithmétique sert même fréquemment d'armement dissuasif pour étrangler le débat sur d'autres sujets. Au cours d'une émission de télévision traitant de livres sur le SIDA et les épidémies[3], comme les participants tentaient d'évaluer le nombre des malades atteints de SIDA, un médecin coupa brusquement la conversation en lançant : « De toute manière, ce n'est pas un bien gros chiffre, comparé à cet autre : songez que 40 000 personnes meurent de faim *chaque jour* dans le monde ! » Un historien français de grande valeur, qui commentait à l'émission un sien ouvrage sur les épidémies à travers les âges, Jean Delumeau, professeur au Collège de France, opina gravement du bonnet d'un air affligé, soutenu par l'acquiescement silencieux et compatissant de toute la compagnie. Le médecin en question[4] se montrait, certes, moins gourmand que Mermaz ou Terre des hommes, car 40 000 par jour, cela ne donne déjà plus, si j'ose ainsi m'exprimer, que 14 600 000 morts de faim par an : une forte réduction.

C'est gentil de sa part, mais malheureusement insuffisant. Comme tout démographe qualifié peut l'indiquer aux esprits curieux, il meurt chaque année, en tout, sur l'ensemble de la planète, environ 50 millions d'êtres humains. Tous ne peuvent pas mourir de la faim ni comporter 60 % d'enfants, ni appartenir exclusivement au tiers monde. La population du globe s'élevait, à l'époque où ces déclarations furent dispensées au bon peuple, à environ 4 milliards 700 millions d'hommes, avec une mortalité de 11 ‰, toutes causes, toutes régions et tous âges confondus. Dans ce total, les décès causés directement par la privation d'aliments oscillent, selon les années, entre 1 et 2 millions. Durant la décennie 1980-1990, à peu près toutes ces victimes se situent en Afrique et, plus particulièrement, dans les pays pourvus ou affligés d'un régime marxiste : Éthiopie, Madagascar, Angola, Mozambique, auxquels il faut ajouter le Soudan, qui n'est pas marxiste.

1. 23 novembre 1984.
2. Ici, du coup, le chiffre est un peu faible. On s'accorde en général sur 60 millions de victimes.
3. « Apostrophes », sur Antenne 2, le 30 octobre 1987.
4. Dr Willy Rozenbaum, chargé du service du SIDA à l'hôpital Claude-Bernard à Paris.

Contrairement à ce que les idéologues prétendent, les famines les plus meurtrières de notre époque se situent dans les pays communistes, et ne peuvent donc provenir du capitalisme. En fait, *le grand affameur du XX^e siècle, c'est le socialisme.* Les causes majeures des famines contemporaines sont politiques. Parmi les plus célèbres de ces causes politiques figurent la collectivisation des terres en Union soviétique durant les années trente (5 à 6 millions de morts dans une seule république: l'Ukraine), le « Grand Bond en avant » de Mao Tsé-Toung (plusieurs dizaines de millions) ou les récents transferts forcés de population en Éthiopie. Chaque fois que l'on rencontre vraiment un de ces chiffres astronomiques, que brandissent les hypocrites ou les naïfs, il est *presque toujours dû à l'initiative d'un pouvoir communiste* qui, par une action gratuite, décidée par pure lubie idéologique et sans nécessité économique, parvient à battre dans un seul pays plusieurs fois le record mondial des morts de faim. Alors que dans la plupart des pays non communistes, y compris l'Inde, considérée encore vers 1970 comme un cas sans espoir, on est peu à peu venu à bout des famines les plus graves en augmentant la productivité, en constituant des réserves, en développant les transports, en palliant les irrégularités climatiques, dans les seuls pays communistes ou proches du socialisme marxiste surviennent encore des catastrophes alimentaires d'ampleur moyenâgeuse.

Combien étrange se révèle donc le cheval de bataille favori des idéologues socialistes et tiers-mondistes, puisque, d'abord, les décès par dénutrition dans le monde représentent en réalité, finalement, 2 % à 4 % de ce qu'ils disent, et qu'ensuite ce pourcentage encore excessif, scandaleux, doit être imputé, non pas au capitalisme, qu'il était censé traduire en accusation, mais au socialisme ! Entendons-nous: le problème de « la faim dans le monde » concerne bien plus d'êtres humains qu' il n'en meurt directement de ce fléau. La sous-alimentation et la malnutrition chroniques affectent des populations immenses, y compris en Union soviétique (si j'en crois Mikhaïl Gorbatchev, en qui j'ai toute confiance) et déterminent une réceptivité à diverses maladies qui abrègent la vie humaine. Mais ce n'est pas de cela que les idéologues veulent parler, d'autant moins que l'espérance de vie — ainsi qu'ils l'ignorent et c'est pourtant vrai — a augmenté depuis un quart de siècle partout dans le monde (sauf en Union soviétique: je suis désolé de paraître m'acharner; mais qu'y puis-je?) Ils veulent nous parler et nous parlent effectivement non pas de la seule insuffisance alimentaire mais de 50 millions de *morts* de faim, ce qui possède un sens précis, mais absurde.

Or c'est là, dans l'exemple que je viens de prendre parmi des centaines d'autres possibles, que gît le mystère de l'inutilité ou du refus de l'information. Un homme comme Louis Mermaz est équipé à la perfection, intellectuellement et pratiquement, pour s'informer, puisqu'il est, d'une part, agrégé d'histoire et qu'il dispose, d'autre part, en tant que président de l'Assemblée nationale, à l'époque où il s'exprime, de nombreux collaborateurs capables de lui réunir un dossier sur n'importe quel sujet. Comment peut-il articuler de telles bourdes ? Et, en supposant qu'il ait sciemment exagéré les chiffres pour les besoins de la propagande, comment aucun des quinze ou vingt journalistes participant au « Club de la presse » ne l'a-t-il contredit en lui opposant les statistiques rudimentaires que sa profession lui faisait un devoir de connaître ? Se peut-il qu'un professeur au Collège de France, historien éminent, spécialiste de l'histoire des fléaux, donc des famines, n'ait pas eu dans un coin de sa tête le renseignement voulu, afin de rectifier la facétie d'un médecin, lui-même dans l'erreur, non certes par incapacité ni impossibilité de savoir, mais par simple légèreté ou par préjugé idéologique ? En vertu de quelle inexplicable distraction la direction d'une chaîne de télévision omet-elle de contrôler les chiffres faux que lui fournit Terre des hommes et les assène-t-elle en toute cécité à des millions de téléspectateurs — sans s'attirer au demeurant les protestations qu'on aurait pu attendre d'une partie au moins du public, dans un pays au niveau d'instruction parmi les plus élevés ?

On m'objectera sans doute que les médias ont pour vocation non de faire un « cours magistral », au moyen de statistiques « assommantes », mais d'émouvoir les foules pour déclencher une action généreuse. Argutie fallacieuse, car le gonflement surréel des chiffres ne risque-t-il pas de provoquer au contraire le découragement ? Pourquoi les citoyens des pays riches continueraient-ils à aider le tiers monde, si on leur ressasse que le niveau de vie de ce dernier ne cesse de baisser ? De 1960 à 1984, l'amélioration du revenu réel par habitant a été de 22 % en Afrique, de 122 % en Asie et de 162 % en Amérique latine[1]. Or tout au long de ces mêmes années les slogans qui ont triomphé imposent la croyance que les « écarts se creusent » et que « la misère empire » d'heure en heure. Le penchant à la solidarité s'entretient par le sentiment qu'elle a au moins une petite chance d'être utile. Devant quelques poches de famine où sont en danger de mort 1 ou 2 millions de nos frères humains, le public des pays riches se dit qu'empêcher le pire n'est pas impossible, que c'est même relativement facile, que c'est donc un devoir d'autant plus impérieux qu'il conduira ceux

---

1. *Observateur de l'OCDE*, n° 143, novembre 1986.

qui l'accompliront à des résultats concrets. Si on se met à lui agiter sous le nez 50 millions de morts annuels, à parler d'un raz de marée géant et gonflant à vue d'œil, il se sent dépassé. Un fléau d'une telle ampleur cosmique défie l'imagination et nous fait nous sentir impuissants à y obvier. Ces fantasmagories statistiques, loin de pousser à l'action, ont donc pour effet impardonnable de démobiliser les énergies en dépeignant par avance les secours comme un dérisoire quignon de pain flottant sur un océan de cadavres. Le but des idéologues, il est vrai, n'est pas de secourir les malheureux, il est d'accabler le capitalisme. Les mythes, mieux que la vérité, servent cet idéal.

A propos du tiers monde comme du monde développé, nous constatons la maladie que j'ai décrite plus haut : des idéologues qui ne croient plus à leur idéologie, mais qui ne s'en battent qu'avec plus d'ardeur pour la défendre. La gauche sait que le socialisme a échoué, mais elle n'en traite que plus farouchement les libéraux de réactionnaires. Pourquoi ? Les socialistes sont devenus libéraux « pragmatiques », ils viennent « chasser sur les terres » des libéraux, mais ils ne veulent pas entériner leur propre conversion. Il leur faut donc trouver un moyen de marquer leur différence, en proclamant que les libéraux sont devenus droitiers, qu'eux seuls, socialistes, ont trouvé le libéralisme « à visage humain ». Recentrés, les socialistes maintiennent l'illusion d'une identité culturelle en déportant les centristes vers la droite.

L'étonnante prospérité et l'apparente invulnérabilité du mensonge idéologique, surtout lorsqu'il porte sur des faits bruts et non sur des interprétations complexes, soulèvent donc une interrogation qui n'est pas sans portée. A quelles conséquences pratiques peut mener l'action des hommes et que vaut le contrôle de l'opinion publique sur cette action, si l'une et l'autre s'inspirent de notions à ce point éloignées de la réalité ? Et pourquoi en va-t-il ainsi, en un temps où les notions conformes à la réalité se trouvent être, dans presque tous les domaines, si aisément accessibles ?

## LE BESOIN D'IDÉOLOGIE

Qu'est-ce qu'une idéologie ? C'est une triple dispense : dispense intellectuelle, dispense pratique et dispense morale. La première consiste à retenir les seuls faits favorables à la thèse que l'on soutient, voire à en inventer de toutes pièces, et à nier les autres, à les omettre, à les oublier, à empêcher qu'ils soient connus. La dispense pratique supprime le critère de l'efficacité, ôte toute valeur de réfutation aux échecs. L'une des fonctions de l'idéologie est d'ailleurs de fabriquer les explications qui l'en absolvent. Parfois l'explication se réduit à une affirmation pure, à un acte de foi : « Ce n'est pas au socialisme que l'on doit imputer les difficultés rencontrées dans leur développement par les pays socialistes », écrit Mikhaïl Gorbatchev dans son livre publié en 1987, *Perestroïka*. Réduite à son armature logique, cette phrase équivaut à ceci : « Ce n'est pas à l'eau que l'on doit imputer les problèmes d'humidité qui se posent aux pays inondés. » La dispense morale abolit toute notion de bien et de mal pour les acteurs idéologiques ; ou plutôt, chez eux c'est le service de l'idéologie qui tient lieu de morale. Ce qui est crime ou vice pour le commun ne l'est point pour eux. L'absolution idéologique du meurtre et du génocide a été amplement traitée par les historiens. On mentionne moins souvent qu'elle sanctifie aussi la concussion, le népotisme, la corruption. Les socialistes ont une si haute idée de leur propre moralité qu'on croirait presque, à les entendre, qu'ils rendent la corruption honnête en s'y livrant, loin qu'elle ternisse leur vertu quand ils y succombent.

Puisqu'elle exempte à la fois de la vérité, de l'honnêteté et de l'efficacité, on conçoit qu'offrant de si grandes commodités, l'idéologie, fût-ce sous d'autres noms, ait été en faveur auprès des hommes depuis l'origine des temps. Il est dur de vivre sans idéologie, puisque l'on se trouve alors devant une existence ne comportant que des cas particuliers, dont chacun exige une connaissance des faits unique en son genre et appropriée, avec des risques d'erreur et d'échec dans l'action, d'éventuelles conséquences graves pour soi-même, des dangers de souffrance et d'injustice pour d'autres êtres humains, et une probabilité de remords pour celui qui décide. Rien de tel pour l'idéologue, qui plane au-dessus du vrai et du bien, qui est lui-même la source du vrai et du bien. Voici un ministre réputé pour sa vertu, son culte des droits de l'homme, son amour des libertés. Il n'hésitera point à faire pression sur une administration, à la menacer, pour faire nommer sa femme, en toute irrégularité, professeur dans une grande école et en faire chasser le titulaire. L'abus despotique du pouvoir au service du favoritisme familial le plus trivial, qu'il flétrirait avec écœurement s'il le voyait pratiquer hors de son camp, cesse de lui paraître honteux venant de lui. Ce n'est point simple complaisance à soi, mécanisme psychologique banal. Cet homme n'est point isolé, il est accompagné, soutenu par la substance sacrée de l'idéologie, qui capitonne sa conscience et le pousse à penser qu'étant lui-même à la source de toute vertu, il ne saurait sécréter que de bonnes actions. « Pour comprendre comment il se peut faire qu'un homme soit en même temps zélé pour sa religion et fort débauché, écrit Pierre Bayle[1], il n'y a qu'à considérer que, dans la plupart des hommes, l'amour de la religion n'est point différent des autres passions humaines... Ils aiment leur religion comme d'autres aiment leur noblesse ou leur patrie... Ainsi, croire que la religion dans laquelle on a été élevé est fort bonne et pratiquer tous les vices qu'elle défend sont des choses extrêmement compatibles. » Dans ses commencements, une idéologie est un brasier de croyances qui, quoique dévastateur, peut enflammer noblement les esprits. A son terme, elle se dégrade en syndicat d'intérêts.

Bien que l'idéologie ne possède pas d'efficacité, en ce sens qu'elle ne résout pas de problème réel, puisqu'elle ne provient pas d'une analyse des faits, elle est cependant conçue en vue de l'action, elle transforme la réalité, et même beaucoup plus puissamment que ne le fait la connaissance exacte. C'est même tout l'objet de ce livre. L'idéologie est inefficace dans ce sens qu'elle n'apporte pas les solutions annoncées par son programme. Ainsi la collectivisation des terres suscite non l'abondance, mais la pénurie. Elle n'en a pas moins une prodigieuse

---

1. *Pensées diverses*, CLV.

capacité d'action sur le réel, puisque précisément elle peut faire passer dans les faits et imposer à plusieurs centaines de millions d'hommes une aberration économique fatale à l'agriculture. En d'autres termes, la collectivisation n'est pas une vérité agricole, mais c'est une réalité idéologique qui, bien que destructrice de l'agriculture, a été beaucoup plus concrètement répandue au XX$^e$ siècle que la vérité agricole toute simple. Si l'on ajoute à l'Union soviétique, à la Chine, au Vietnam, à Cuba, les nombreux pays du tiers monde où des expériences de fermes collectives, de coopératives et de gestion étatique ont ruiné l'agriculture traditionnelle sans la remplacer par une agriculture moderne, on s'aperçoit que le délire a fait au moins jeu égal, à notre époque, avec le pragmatisme. Pendant le dernier tiers du XX$^e$ siècle, l'agriculture productive, dégageant chaque année de larges surplus pour l'exportation, se concentre dans un petit nombre de régions du globe : Amérique du Nord, Europe de l'Ouest, Australie et Nouvelle-Zélande, Argentine. Ces pays à l'agriculture « capitaliste » constituent la réserve alimentaire de la planète, le grenier du monde, tout en assurant à leurs exploitants un niveau de vie élevé. Presque partout ailleurs (avec d'heureuses exceptions : le Brésil, l'Inde, entre autres), on a expérimenté de façon plus ou moins systématique des formules collectivistes ou coopératives qui ont provoqué l'effondrement de la production, la pénurie, la misère, les famines. Ce bilan, lisible au premier coup d'œil, n'empêche pas les idéologues, même ceux qui ne professent pas explicitement le marxisme, chaque fois qu'ils examinent le cas d'une économie du tiers monde, de continuer à préconiser les mêmes « réformes agraires » de type bureaucratique et à gestion centralisée qui ont déjà, pour tant de pays, donné le signal de la descente aux enfers.

L'idéologie est l'exemple même d'une de ces notions familières dont l'apparente clarté s'évanouit dès que nous tentons de les définir avec précision. Forgé aux alentours de 1800, le terme désigna tout d'abord l'étude de la formation des idées, au simple sens de représentations mentales, puis l'école philosophique qui s'y consacrait. Ce furent Marx et Engels, qui, cinquante ans plus tard, imprimèrent au concept d'idéologie le sens, à la fois riche et confus, que, pour l'essentiel, il possède encore aujourd'hui.

L'idéologie devint, dans leur théorie, l'ensemble des notions et des valeurs destinées à justifier la domination d'une classe sociale par une autre. L'idéologie ne saurait, selon eux, être que mensonge, mais n'exclut pas la sincérité, car la classe sociale qui en bénéficie croit à ce mensonge. C'est là ce qu'Engels a nommé la « fausse conscience ». Pour comble, le mensonge peut paraître également vrai à la classe exploitée, égarement que l'on a baptisé d'un terme qui a, lui aussi, fait carrière, l'« aliénation ». Au sens large, on peut inclure dans l'idéologie, non pas seulement les conceptions politiques ou économiques, mais les valeurs morales, religieuses, familiales, esthétiques, le droit, le sport, la cuisine, les jeux du cirque et de l'échiquier.

L'idéologie semble née sous l'étoile de la contradiction. Si elle est illusion et mensonge, comment peut-elle être efficace ? Quoique l'on puisse, en vertu de certains de ses traits, qualifier l'idéologie d'irrationnelle, il faut noter que bien des idéologues prétendent, pas toujours abusivement, s'appuyer sur une argumentation scientifique. Certes, ils refusent de prendre en considération les arguments et les faits qui leur déplaisent, ce qui est la négation de l'esprit scientifique. Et ils aboutissent pour la plupart à cette ratiocination irrationnelle qu'on appelle « langue de bois ». Reste que tout idéologue croit et réussit à faire croire qu'il détient un système explicatif global, fondé sur des preuves objectives. Marx avait d'ailleurs fini par intégrer cet aspect à sa théorie. Peu importe, rétorquent des sociologues aussi éminents que Talcott Parsons, Raymond Aron, Edward Shils : l'idéologie ne relève en aucun cas de la distinction du vrai et du faux. C'est un mélange indissociable d'observations de faits partiels, sélectionnés pour les besoins de la cause, et de jugements de valeur passionnels, manifestations du fanatisme et non de la connaissance. Pour Shils, le rayonnement de l'idéologue s'apparente à celui du prophète, du réformateur religieux, non point du savant, fût-il dévoyé.

Aussitôt, une objection vient à l'esprit : les religions ne doivent-elles pas se distinguer des idéologies ? Bien sûr, mais il existe des réformateurs religieux, tels Savonarole ou Khomeiny, qui prolongent leur religion en idéologie politique et sociale, servie par un exercice totalitaire la fonction de légitimer l'absolutisme du pouvoir. De même, on peut considérer la révocation de l'édit de Nantes et la persécution des protestants par Louis XIV comme un acte idéologique autant que religieux, puisque la notion de monarchie de droit divin conférait au catholicisme la fonction de légitimer l'absolutisme. Lorsque les prophètes versent dans l'idéologie, ils se muent en hommes d'action et en chefs politiques.

L'explication par le fanatisme pur ne suffit pas à rendre compte de ce qu'est un système idéologique ni de sa capacité à opérer dans la réalité. C'est pourquoi on en revient au point de départ : l'idéologie comporte toujours un élément, sinon rationnel, du moins « compréhensible », comme disait Max Weber, et une dose d'efficacité. C'est d'autant plus nécessaire que l'idéologie, et c'est là une de ses composantes capitales, agit sur les masses et les rend actives. Elle façonne parfois une civilisation tout entière ou, pour le moins, un segment social ou culturel : les intellectuels, les cadres, les ouvriers, les étudiants. On ne peut commencer à parler d'idéologie qu'en présence de croyances collectives. L'idéologue solitaire est relativement inoffensif. L'idéologie était, pour Lénine, elle reste, pour ses successeurs, une arme de combat dans la lutte des classes et pour le triomphe mondial de la révolution. Elle est donc beaucoup plus militante que le préjugé, l'illusion consolatrice, l'erreur banale, l'excuse absolutoire, la douce manie ou l'idée reçue, quoiqu'elle inclue aussi tout cela et s'en nourrisse. L'idée reçue peut être passive, alors que l'idéologie est toujours active en même temps que collective.

C'est parfois chez les moralistes, chez les romanciers, que l'on trouve restitué dans son effroyable plénitude le mystère de la cristallisation idéologique. Sans revenir sur des classiques trop connus pour qu'on s'y étende, le Grand Inquisiteur des *Karamazov*, *les Démons*, on trouverait sans doute chez Cioran des aperçus sur l'idéologie : dans la « Généalogie du fanatisme » du *Précis de décomposition*, et dans *Histoire et Utopie*. Ou encore dans le roman de Mario Vargas Llosa, *Histoire de Mayta*, peinture superbe et suffocante de la naissance et de la croissance de l'idéologie terroriste au sein d'un groupe. Le romancier nous fait assumer du dedans le cas concret, vécu par des individus, d'une vision à la fois délirante et raisonnée, mais qui, surtout, se traduit en actes. Ce pourrait être l'histoire des fondateurs du Sentier lumineux péruvien, ces professeurs de philosophie maoïstes (comme les Khmers rouges) persuadés d'avoir le droit de tuer tous les hommes qui s'opposent à leurs plans.

Car l'idéologie est un mélange d'émotions fortes et d'idées simples accordées à un comportement. Elle est à la fois intolérante et contradictoire. Intolérante, puisque incapable de supporter qu'il existe quelque chose en dehors d'elle. Contradictoire, puisque douée de l'étrange faculté d'agir d'une manière opposée à ses propres principes, sans avoir le sentiment de les trahir. Leur échec répété ne la conduit du reste jamais à les remettre en question, il l'incite au contraire à en radicaliser la mise en œuvre.

Dans son livre *l'Idéologie* (1986), le sociologue Raymond

Boudon produit des études éclairantes de cas historiques ou contemporains d'idéologie : il réfléchit sur *l'Esprit du jacobinisme*, vu par Augustin Cochin, sur le tiers-mondisme et la « théorie de la dépendance », sur l'affaire Lyssenko. A propos de cette dernière, précisément, il me paraît sous-estimer deux caractères du comportement idéologique. L'un est la fidélité abstraite à l'orthodoxie, même si la « praxis » doit y être sacrifiée. « Car il est extrêmement vrai, écrivait Jacques Monod, que la base fondamentale de la génétique classique est incompatible avec l'esprit comme avec la lettre de la dialectique de la nature selon Engels. » L'autre aspect, c'est que la mise en pratique des théories lyssenkistes fut l'une des causes de l'arriération de l'agriculture soviétique, bel exemple de l'indifférence des idéologues aux démentis que leur inflige la réalité. Comment expliquer la « rationalité » d'une idéologie suicidaire ? Raymond Boudon excelle surtout lorsqu'il montre les ravages de l'idéologie... dans la sociologie même, et dans la philosophie des sciences. Son décorticage de quelques livres qui firent florès durant le quart de siècle écoulé permet de constater, une fois de plus, dans les milieux intellectuels mêmes, l'ampleur des pulsions « qui confèrent à des idées reçues l'autorité de la science ». La réaction furibonde et dogmatique des idéologues de l'antipsychiatrie aux découvertes sur l'origine organique de la schizophrénie, j'y reviendrai plus loin, illustre bien cette « dérivation », comme aurait dit Pareto, de même que le charlatanisme érudit des premières théories racistes, à la fin du XIXe siècle.

Du fait que Marx et Engels ont popularisé le terme d'idéologie en l'incorporant au vocabulaire socialiste, à la suite de leur ouvrage *l'Idéologie allemande*, achevé en 1846, nous utilisons depuis lors ce mot dans une acception et dans un contexte avant tout politiques. Avant même que ne se forme le courant de pensée socialiste, la Révolution française et les philosophes du XVIIIe siècle qui l'ont préparée ont ramené toutes les idéologies à l'idéologie politique. Depuis lors, et surtout au XXe siècle, quand nous parlons de « luttes idéologiques » ou souhaitons une possible « fin des idéologies », nous sous-entendons qu'il ne peut s'agir que de doctrines politiques. Cela va de soi pour le lecteur ou l'auditeur. Même l'intégrisme islamique agit moins sur le terrain de la seule religion qu'en tant que mouvement politique habillé de justifications religieuses. C'est en cela qu'il nous affecte, se manifestant avant tout comme une haine d'une partie du tiers monde pour la civilisation démocratique occidentale et une volonté de la détruire. Tocqueville nous avait déjà montré « comment la Révolution française a été une révolution politique qui a procédé à la manière des révolutions religieuses[1] ». Elle ne devait pas être la seule. Mais on voit également des révolutions religieuses qui procèdent comme des révolutions politiques. Le fléau n'est pas nouveau. Les croisades au Moyen Age, les guerres de Religion au XVIe siècle furent politiques autant que religieuses. Les religions servirent à maintes reprises de véhicule idéologique à des guerres de conquête et de colonisation, qui imposèrent aux vaincus par la violence une métamorphose radicale de leur société, ce que firent l'Islam dans le Maghreb, le christianisme dans le Nouveau Monde. Il est normal que l'on en revienne toujours, de notre temps, à des exemples politiques, lorsqu'on réfléchit à l'idéologie, comme on en revenait toujours, avant le XVIIIe siècle, à des exemples religieux.

Et pourtant, même de notre temps, les idéologies autres que politiques foisonnent. Il s'en trouve en philosophie, en morale, en art et même dans les sciences. Si l'on considère que l'idéologie a peut-être pour principale caractéristique l'imperméabilité à l'information, en vue de la protection d'un système interprétatif, on constate que l'enrobage idéologique immunise des constellations de croyances contre les atteintes du réel dans à peu près tous les domaines de la pensée et de l'activité humaines[2]. L'idéologie est politique lorsqu'elle tend à la conquête ou à la conservation du pouvoir. Mais toutes les idéologies n'ont pas le pouvoir pour premier but, encore que nulle ne soit entièrement dénuée de fins intéressées. Au souci de domination intellectuelle s'ajoute celui de préserver l'influence ne fût-ce que d'une coterie, d'une source de positions universitaires, de ressources matérielles et de satisfactions honorifiques. Le barrage dressé contre la diffusion d'une théorie scientifique nouvelle n'est souvent l'œuvre que de la résistance trop humaine d'une génération ou d'un groupe de savants, dont la carrière, les positions, le prestige dépendent tout entiers de l'autorité que leur confère la théorie en passe d'être détrônée. Albert Einstein lui-même l'a dit : une découverte ne s'impose que très peu en forçant par la démonstration et la preuve la conviction intellectuelle de la communauté scientifique ; elle s'installe plutôt par la disparition progressive des tenants de l'ancienne thèse et leur remplacement dans les postes influents par la nouvelle généra-

---

1. *L'Ancien Régime et la Révolution*, livre Ier, chapitre III.
2. « Enrober. Terme de douane. Revêtir d'un entourage destiné à empêcher la visite des objets ainsi enrobés » (Littré).

tion de chercheurs. Mais, quel que soit le poids des faiblesses humaines, de la vanité, des haines, des rivalités et des intérêts, de la cécité intellectuelle même, dans les querelles qui divisent les savants et si grande puisse être leur capacité de retarder la diffusion ou l'acceptation des connaissances, reste que sur ce terrain-là ce sont au bout du compte des critères objectifs et l'authenticité de l'information qui tranchent le débat.

Il n'en va pas de même pour l'immense tribu des doctrines qui mélangent la science et l'idéologie, ou, plus précisément, qui sont de l'idéologie appuyée sur de la science, construite à l'aide d'éléments empruntés aux disciplines et au langage scientifiques. Le marxisme est la plus connue de ces mixtures, mais il en existe bien d'autres, et je dirai même que c'est ce type de doctrine qui nourrit le plus clair des disputes humaines, pour la simple raison qu'elles ne sont ni totalement vérifiables ni totalement réfutables. Elles se prêtent donc admirablement à entretenir les passions et disparaissent, en général, par épuisement des adversaires et lassitude du public, en l'absence de toute preuve susceptible de mettre un point final aux discussions. Mais elles occupent dans ce qu'on appelle la vie culturelle beaucoup plus de place, dévorent beaucoup plus de temps, noircissent beaucoup plus de papier, font beaucoup plus de bruit sur les ondes que les connaissances proprement dites. Pour le comprendre, à défaut de pouvoir l'expliquer, il faut bien admettre qu'elles satisfont un besoin : le besoin idéologique. L'homme éprouve toutes sortes de besoins d'activité intellectuelle autres que le besoin de connaître. La *libido sciendi* n'est pas, contrairement à ce que dit Pascal, le principal moteur de l'intelligence humaine. Elle n'en est qu'une inspiratrice accessoire, et chez un petit nombre d'entre nous. L'homme normal ne recherche la vérité qu'après avoir épuisé toutes les autres possibilités.

Des mots comme « rationalisme », « positivisme » ou « structuralisme » désignent d'abord une méthode de travail, puis une hypothèse sur la nature du réel, enfin une vision idéologique globale. Certes, à l'arrière-plan de tous les stades de la recherche scientifique se projette une image théorique où se résume l'idiome dans lequel une génération d'esprits formule de préférence son appréhension du réel : mécanisme ou vitalisme, fixisme ou évolutionnisme, fonctionnalisme ou structuralisme, atomisme ou gestaltisme. Depuis l'essor de la biologie moléculaire, c'est le vocabulaire et la représentation des phénomènes empruntés à l'informatique et à la linguistique qui stylisent la sensibilité scientifique, laquelle s'exprime en termes de « programme », de « code » ou de « message ». Michel Foucault nommait « formations discursives » ces images en partie conventionnelles. Mais Foucault affirmait qu'elles étaient entièrement idéologiques et il entendait effacer ainsi toute différence entre science et idéologie. Ce qui revenait à dire qu'il n'existait pas à ses yeux de vrai savoir, seulement des manières de voir.

Il est naturel que Foucault ait voulu abolir la distinction entre la science d'une part et l'idéologie à thème scientifique d'autre part, puisque cette suppression est justement constitutive de ce type d'idéologie, où il excellait lui-même avec un rare brio. Ce qui définit l'idéologue à thème scientifique, c'est qu'il se réclame de la démonstration et de l'expérience, tout en refusant la confrontation avec le savoir objectif, sinon dans les conditions qui lui conviennent et sur le terrain qu'il choisit. Son emploi de l'information mime la démarche scientifique sans s'y astreindre et n'a de valeur démonstrative que pour celui qui est tout d'abord entré dans son idéologie sans poser de préalable. Objecter à l'idéologue scientifique l'inexactitude de son dossier ou l'extravagance de ses inductions constitue un symptôme de mauvais goût, voire un signe de malveillance, puisque, dans le finalisme intrinsèque de la pensée idéologique, la valeur du dossier provient de la thèse qu'on lui fait établir, et non pas la valeur de la thèse de la solidité du dossier. Le public, d'ailleurs, durant la période où une idéologie de style scientifique a sa faveur et correspond à son besoin, n'est nullement ébranlé par les réfutations fondées sur le contrôle des faits et des raisonnements, puisque aussi bien il demande à cette « formation discursive » non des connaissances exactes, mais une certaine gratification affective et dialectique tout à la fois.

Qui se souvient encore de l'empire qu'exerça sur les esprits, en Europe comme aux États-Unis, l'œuvre du père Teilhard de Chardin, entre 1955 et 1965 environ ? Grande était la difficulté d'y échapper et d'ouvrir un livre ou un journal sans trouver une référence à cette œuvre. Teilhard satisfaisait un fort besoin idéologique, en apportant une conciliation entre le christianisme et l'évolutionnisme, la paléontologie humaine et le spiritualisme cosmique. Ses ouvrages empreints d'une emphase verbeuse et d'une hermétique prolixité devinrent des succès de librairie. Il séduisit la gauche aussi bien que la droite (sauf les intégristes chrétiens), fut le penseur tutélaire du concile Vatican II en 1962 et, pendant une décennie, resta intouchable par la critique dans la presse libérale ou modérée comme dans la presse marxiste, qui voyait en lui — à travers d'épaisses brumes, il est vrai — le magicien capable d'effectuer l'union du marxisme et du christianisme. L'envoûtement qui émanait du teilhardisme allait si loin parmi les intellectuels que les seuls, au milieu de cette extase, qui n'eussent point droit à la parole étaient les biologistes, du moins les vrais, ceux qui avaient conservé assez de lucidité pour échapper à la tentation idéologique et d'intrépidité pour oser avouer leurs réticences. Il est superflu d'ajouter que les mécanismes de défense idéologique fonctionnaient vingt-quatre heures sur vingt-quatre et, par le jeu d'un curieux consensus spontané de la communauté culturelle, qui montait la garde, repoussaient, avant même qu'elles eussent pu voir le jour, les informations susceptibles de nuire aux élucubrations teilhardiennes.

J'eus moi-même l'occasion de vérifier l'efficacité de cette défense, en essayant, pendant longtemps en vain, de faire paraître en France la traduction d'un article contre Teilhard dû au biologiste anglais Peter Medawar, qui venait tout juste d'obtenir en 1960 le prix Nobel de médecine. Je m'avisai de l'existence de cet article lors d'un séjour à Oxford en 1962, en feuilletant la revue *Mind*; et plusieurs amis, biologistes ou philosophes, du collège où je me trouvais me confirmèrent qu'il avait en Grande-Bretagne donné un coup d'arrêt à la pénétration du teilhardisme, sans aucune polémique et en pointant simplement le doigt sur les faiblesses de l'information biologique et paléontologique qui servait de piste d'envol au verbiage teilhardien. Repassant la Manche avec *Mind* sous le bras, je ne doutais pas d'intéresser l'un ou l'autre des responsables des divers journaux français dans lesquels j'écrivais alors ou avec lesquels j'entretenais des relations amicales. Je rencontrai, à l'inverse, aussitôt une étrange résistance et sentis une tendance universelle à la temporisation. L'article était trop long, trop technique, trop... anglais. En fait il était fort clair, à coup sûr beaucoup plus que le charabia diffus de Teilhard; il était techniquement à la portée de tout lecteur habitué des rubriques scientifiques des bons journaux; et j'obtins de Medawar l'autorisation de condenser le texte dans sa version française en ne gardant que les exemples les plus saillants. Rien n'y fit. Je m'en rendis compte : j'étais en présence d'un cas d'impuissance de la science à contrecarrer l'idéologie. L'utilisation idéologique de la biologie, comme plus tard l'utilisation idéologique de la psychiatrie ou de la linguistique par Michel Foucault ou par Roland Barthes, ne relèvent pas, selon leurs adeptes, du tribunal de l'exactitude, dont ils récusent la compétence, estimant n'avoir pas d'explications à fournir à un « scientisme » borné. La fonction des idéologies à consonance scientifique est de mettre le prestige de la science au service de l'idéologie, non de soumettre l'idéologie au contrôle de la science. Le succès du teilhardisme tenait à ce qu'il « réconciliait l'Église catholique et la modernité », dans ce sens qu'il concoctait avec des mots une potion métaphysique rendant compatible le dogme chrétien avec l'évolution des espèces et la paléontologie humaine. On ne lui demandait rien d'autre que de remplir cette mission idéologique. Personne ne l'avait évidemment jamais lu dans le dessein principal de s'informer sur les sciences de la vie. Mais, et c'est là toute l'ambivalence de l'idéologie, tous devaient *feindre* de l'avoir lu dans ce but, en se détournant néanmoins avec horreur de tout examen critique du sérieux de sa base scientifique. Medawar incarnait donc le diable qu'il fallait à tout prix faire taire ou discréditer comme plat et sans imagination, bien qu'il n'y eût, dans ce cas, je le rappelle, aucun enjeu politique. D'où les dérobades de mes amis directeurs de journaux. Non qu'ils fussent adorateurs farouches du révérend père. Je dirai même, pardonnez-moi ce style familier, qu'ils s'en tapaient royalement. Mais, de par leur métier, bons organes percepteurs de l'atmosphère ambiante, ils pressentaient n'avoir rien à gagner en imprimant Medawar, sinon le risque d'être taxés de « scientisme rétrograde » et d'insensibilité à l'« audace » et à la « modernité » — cette dernière qualité, bizarrement, étant d'ordinaire attribuée aux plus laborieux rafistolages des doctrines archaïques. Au cours d'un dîner chez mon ami l'historien Pierre Nora, j'eus la satisfaction d'entendre François Jacob (qui allait lui-même obtenir le Nobel de physiologie et médecine en 1965) expliquer au directeur d'un grand hebdomadaire combien l'étude de Peter Medawar était intéressante et combien salutaire en serait la publication en France. J'eus l'amère consolation de voir que le grand biologiste ne parvenait pas plus à ses fins que moi-même, malgré son incomparable autorité. Amusé par toutes ces péripéties, je les racontai en détail à un homme fort cultivé qui, après avoir abandonné la direction des pages culturelles d'un important magazine, cherchait de l'argent pour créer son propre journal littéraire et philosophique. Il rit à gorge déployée de l'opportunisme idéologique et de la soumission aux modes intellectuelles de tous ces prétendus « faiseurs d'opinion » dont je venais de lui dépeindre le béat conformisme. « Je vous prends au mot, lui dis-je, et quand vous lancerez votre propre journal, promettez-moi que vous passerez le Medawar dans l'un des tout premiers numéros. » Il jura. Et il tint parole — mais de la façon suivante: à la une du journal nouveau-né que je déployai avec une joyeuse avidité, le grand jour venu, la moitié de la page était occupée par l'article de Medawar, l'autre par un dithyrambe en l'honneur de Teilhard, commandé tout exprès et dû à la plume d'un encenseur attitré du célèbre jésuite. Il s'agissait donc, non plus de rendre enfin la parole à la science face à l'imposture idéologique, mais de juxtaposer deux « opinions », annoncées comme strictement équivalentes, le « pour » et le « contre ». La pensée démontrable et le fatras devenaient deux « points de vue » également estimables. La vérité n'était pas encore assez forte pour se présenter seule. Le plus cocasse de l'affaire fut qu'à la suite d'une bourde du secrétariat de rédaction, les surtitres « pour » et « contre » avaient été intervertis, le surtitre « pour » en grandes capitales surmontait le papier de Medawar et le surtitre « contre » couronnait majestueusement l'homélie du louangeur de Teilhard! Ce qui acheva, on l'imagine, d'éclaircir le débat pour le public! Trois ans plus tard, personne ne parlait plus de Teilhard de Chardin. Il avait été remplacé par un autre expert-mélangeur de métaphysique et de connaissance avec cette fois-ci, comme ingrédient de base, non plus le christianisme, mais le marxisme : Althusser.

Le mélange idéologique d'Althusser, cependant, quoique analogue à celui de Teilhard, est bien davantage politique. C'est un dérivé autant qu'un affluent de la politique, ce qui nous ramène au type le plus courant d'idéologie. Par un autre flanc de sa fonction, néanmoins, il répond aussi à un pur besoin intellectuel et affectif à la fois : le rajeunissement de la doctrine marxiste, au moment où son pouvoir explicatif en tant que théorie tombait en poussière. L'assaisonnement althussérien retarda d'une bonne décennie cette putréfaction, et même de deux décennies dans certains endroits : j'ai encore réussi à trouver un althussérien aux Philippines en 1987. L'originalité de l'auteur de *Lire « le Capital »* consista d'abord à injecter à la doctrine moribonde quelques hormones soutirées aux disciplines alors les plus gaillardes : structuralisme, psychanalyse lacanienne, linguistique, philosophie du « discours ». Cette forme d'assistance médicale est en somme banale dans toutes les salles de réanimation idéologique. Mais l'originalité d'Althusser consista aussi et surtout à ne pas essayer de sauver le marxisme en l'« humanisant » comme on l'avait toujours naïvement tenté. Il comprit que l'humanisme, les droits de l'homme, la démocratie jetteraient le communisme dans une impasse. On ne revigore pas une idéologie en copiant son contraire, ou en feignant de le copier. Pour la remettre sur pied, il faut rendre force et prestige à ce qu'elle a d'unique, à ce qui, au temps de sa splendeur, constituait son attrait suprême pour ses authentiques adeptes. L'essence irremplaçable du marxisme, ce n'est pas la notion de lutte des classes ou de partage égalitaire des biens ou de suppression du travail pénible, toutes idées développées avant Marx par plusieurs historiens, notamment Augustin Thierry et François Guizot, ou par les utopistes, c'est le principe de la dictature du prolétariat et son application historique tangible, à savoir le stalinisme. La justification raffinée que fournit Althusser du stalinisme, auquel, par une ironie superbement provocatrice, il ne trouva, en réfléchissant bien, à reprocher que quelques fâcheuses « tendances bourgeoises », permit au marxisme de mourir avec panache, en tant que philosophie au moins.

Ce n'est pas seulement notre faculté de consulter des documents et de penser que suspend et inhibe le besoin idéologique, dans l'ordre scientifique, historique ou philosophique, c'est même notre capacité à observer les faits qui s'offrent d'eux-mêmes à nous et relèvent de notre perception visuelle, tactile ou auditive dans le cadre de l'activité sensorielle la plus commune. Même en défalquant les menteurs intentionnels, songeons combien est élevé le nombre des grands intellectuels et des journalistes renommés qui, au XXe siècle, n'ont aperçu qu'abondance et prospérité dans des pays où des populations entières étaient en train de crever de faim. Ces hallucinations idéologiques ne sont pas nouvelles. L'un des exemples les plus purs que l'on en trouve dans le passé est la découverte du Pacifique Sud, à la fin du XVIIIe siècle, je veux dire la façon dont elle fut relatée en Europe[1].

Le « mensonge tahitien » naît en effet au point de rencontre de l'Europe des Lumières, nourrie de préjugés sur le « bon sauvage », et d'une réalité que ses premiers observateurs étudient fort négligemment dans ce qu'elle a d'original et qui les intéresse en elle-même fort peu. Et pourtant — on pourrait presque dire: malheureusement — les expéditions vers Tahiti étaient composées à dessein d'intellectuels éminents, triés sur le volet, de savants, de fervents lecteurs de l'*Encyclopédie*. Ce choix donna de bons résultats en matière d'observations botaniques ou astronomiques. En revanche, dès qu'il s'agit des mœurs et de la société, les « navigateurs-philosophes », comme on les appelle, les Anglais Samuel Wallis et James Cook, le

---

1. Voir l'excellent livre (anthologie de textes, récit, bibliographie et commentaires) d'Éric Vibart, *Tahiti, naissance d'un paradis au siècle des Lumières 1767-1797*, Bruxelles, Éditions Complexe, 1987.

*Le besoin d'idéologie*

Français Louis Antoine de Bougainville, se révèlent, à la lettre, incapables, trop souvent, de percevoir ce qu'ils ont sous les yeux. Ils se sont embarqués à la poursuite de l'utopie réalisée, de la « nouvelle Cythère », et ils font de leurs songes la matière première de leurs observations.

Il leur faut un « bon sauvage » honnête : aussi passent-ils sous silence ou ne mentionnent-ils que du bout des lèvres les larcins incessants dont ils sont victimes. Le bon sauvage doit être épris de paix : ils ne s'aviseront donc qu'à regret, sans y insister, des guerres tribales qui ensanglantent sans cesse les îles au moment même des expéditions. Quand des navires européens sont attaqués, des matelots massacrés, les narrateurs européens effacent le plus possible de leurs récits ces épisodes déplaisants pour s'appesantir sur les périodes de réconciliation et d'amitié avec les Tahitiens. Ces moments, certes, fourmillent d'agréments, ne fût-ce qu'à cause de la liberté sexuelle régnant dans les îles, de l'absence de toute culpabilité liée au plaisir, principal sujet de la réflexion morale des contemporains. Diderot y insistera justement dans son *Supplément au voyage de Bougainville*. Mais, quand on lit entre les lignes ces récits de voyage, on apprend que les exquises Tahitiennes ne se prodiguaient point sans contrepartie, que le prix de leur amour, soigneusement proportionné à leur jeunesse et à leur beauté, se fixait à l'avance d'un commun accord. Usage, somme toute, point très différent de ce qui se pratiquait alors dans les jardins du Palais-Royal et autres lieux de plaisir de Paris, dont Bougainville, un libertin mondain et cultivé, était du reste un habitué notoire et fort prisé. Le bon sauvage ne doit-il pas être un adepte de l'égalité ? Aussi les « navigateurs-philosophes » ne discernent-ils jamais volontiers la division rigoureuse en quatre classes sociales, fortement hiérarchisées, de la population tahitienne. Indemne de toute superstition, l'Océanien ne vénère aucune idole, nous rapporte-t-on : ce qui indique plutôt combien les navigateurs ont la vue basse. Le Polynésien est vaguement déiste, nous assurent-ils. Il a sans doute lu le *Dictionnaire philosophique* de Voltaire, et il adore un « Etre suprême ». Le voilà précurseur de Robespierre !

A contrecœur, les hommes éclairés venus de la cruauté civilisée pour contempler la bonté naturelle du sauvage concèdent néanmoins que les Tahitiens s'adonnent, malgré leurs penchants philanthropiques, aux sacrifices humains et à l'infanticide. Autre égarement regrettable : de nombreuses peuplades océaniennes sont anthropophages. Cook, d'ailleurs, le plus lucide, au demeurant, des explorateurs de ce temps, perdra tous ses doutes à ce sujet au moyen d'une ultime observation ethnographique, puisqu'il achèvera malencontreusement sa carrière dans l'estomac de quelques natifs des îles Hawaii. Voilà comment, dit Éric Vibart, « le Tahitien ne fut jamais présenté tel qu'il était, mais tel qu'il devait être pour cadrer avec l'essence du rêve ». Et voilà aussi pourquoi, aujourd'hui comme hier, le combat reste si difficile contre la fausseté et ses sources éternelles, dont la plupart sont en chacun de nous.

Avec une pointe de paradoxe, on serait tenté d'induire de cette tranche de notre histoire culturelle que le pire ennemi de l'information, c'est le témoin oculaire. Du moins est-ce le cas, fréquent, hélas! lorsque ce témoin arrive sur place gavé de préjugés et irrésistiblement enclin à flatter ceux du public auquel il s'adressera ensuite. L'exemple de la Polynésie et de la littérature du XVIII$^e$ siècle est loin d'être isolé. De tout temps, les hommes ont projeté sur des pays lointains leurs rêves politiques ou les y ont apportés avec eux.

Le mensonge, la cécité involontaire ou à demi consciente viennent de ce que nous utilisons la réalité extérieure ou lointaine comme un simple élément de la bataille idéologique livrée dans notre propre civilisation ou même parfois dans l'arène politique la plus triviale et la plus éphémère du pays qui se trouve être le nôtre. Les socialistes français, en 1975, nièrent l'existence d'un quelconque complot totalitaire au Portugal, de peur que reconnaître à Lisbonne les signes d'un projet communiste périlleux pour la démocratie naissante ne rejaillît défavorablement sur la réputation de l'Union de la gauche (socialo-communiste) en France. Tout journaliste qui décrivait sans complaisance ce qu'il voyait à Lisbonne était aussitôt accusé de vouloir nuire à l'Union de la gauche en France. Le Portugal n'avait pas droit à l'existence autonome ! Son histoire avait l'obligation de constituer un plaidoyer pour ou contre le Programme commun socialo-communiste des Français. Au lieu que l'élargissement de l'information par l'expérience serve à mieux calculer l'action, c'est l'action déjà programmée *a priori* qui sert à contingenter l'information. De même, au cours de la période prérévolutionnaire des « navigateurs-philosophes » du XVIII$^e$ siècle, la croyance au bon sauvage, dont la bonté naturelle était supposée avoir échappé à la civilisation corruptrice, au despotisme et aux « superstitions », constituait en Europe une pièce maîtresse du dispositif idéologique du siècle des Lumières. Rapporter du Pacifique des observations établissant que l'état de nature, ou supposé tel, offrait des traits parfois bien plus inhumains que le nôtre, c'était risquer d'ébranler ce dispositif, c'était donner raison à Hobbes contre Rousseau. Comme presque toujours, le souci de la bagarre à domicile prit donc le pas sur celui de la vérité universelle.

*Le besoin d'idéologie*

L'esprit scientifique, à moins que ne s'exerce sur lui une *contrainte* déterminante, comme en physique ou en biologie, peut devenir lui aussi la proie de l'idéologie, notamment dès qu'on touche à la sociobiologie, à la sociologie, à l'anthropologie, à l'histoire. Je ne me réfère pas ici à l'inéluctable relativité du point de vue de l'observateur dans les sciences humaines, dont Raymond Aron, à la suite de Max Weber, a élaboré la théorie dans son *Introduction à la philosophie de l'histoire*. Cette relativité, inhérente aux conditions mêmes de la prise de connaissance historique, suppose l'élimination des facteurs *subjectifs* de distorsion des informations. Sans atteindre à une objectivité peu concevable, c'est-à-dire à l'adéquation complète du concept et de l'objet, elle peut tendre pour le moins à l'impartialité. C'est celle-ci, en revanche, que l'idéologie met à mal parfois, quand la nature même d'une discipline ouvre une marge d'imprécision à l'observation et soustrait en pratique l'observateur au contrôle de la communauté scientifique. Claude Lévi-Strauss, par exemple, dans *le Cru et le Cuit*, dénigre avec virulence l'*Enciclopedia Bororo* des pères salésiens. Il conteste sans ménagement l'exactitude, la véracité même des observations consignées dans cette encyclopédie, consacrée à la société bororo. Étant donné que ces Indiens du Brésil n'ont été étudiés que par les salésiens et Lévi-Strauss lui-même, on se laisse gagner par une certaine inquiétude en constatant que ces savants, quoique peu nombreux, n'arrivent pas à se mettre d'accord, non pas même sur l'interprétation, mais sur les faits bruts de la vie d'une tribu encore moins nombreuse qu'eux, comptant à peine plus d'individus que leur propre club d'anthropologues attentifs aux Indiens du Brésil. Le courroux de Lévi-Strauss vient de ce que les salésiens ne sont pas structuralistes et de ce que certains des faits qu'ils rapportent infirment son interprétation structuraliste. La déformation idéologique — si déformation il y a : impossible à un tiers de trancher — est donc, dans ce cas, purement épistémologique. Elle n'a rien de politique. Un savant s'accroche à sa grille d'interprétation et récuse les faits rebelles et ceux qui osent les rapporter. C'est là une cause de rejet de l'information assez fréquente et en quelque sorte intérieure à la science même. Cependant, de nombreuses autres causes de ce rejet peuvent lui être extérieures et tenir à des préjugés moraux, religieux, politiques ou culturels sans rapport avec la recherche. On se rappelle la polémique soulevée autour de l'œuvre de Margaret Mead, quatre ans après la mort de la célèbre anthropologue américaine, survenue en 1978. Dans deux ouvrages capitaux et qui ont figuré pendant des décennies parmi les textes de base de tout étudiant en anthropologie, *Coming of Age in Samoa* (1928) et *Sex and Temperament in Three Primitive Societies* (1935), Margaret Mead aurait enjolivé les mœurs des insulaires océaniens qui avaient constitué son objet d'étude[1]. Leurs mœurs seraient en réalité beaucoup moins douces qu'elle ne les a dépeintes, et l'observatrice aurait, de propos délibéré, omis de noter les traits névrotiques, les dépressions, la cruauté répressive, la rapacité marquant maints comportements dans ces sociétés. Élève de Franz Boas et fidèle à son école « culturaliste », Margaret Mead aurait donc en quelque sorte renoué avec l'idéologie « de gauche » des navigateurs-philosophes du XVIIIe siècle et œuvré sous l'empire d'un préjugé « tiers-mondiste » (avant la lettre), c'est-à-dire idéalisé l'« identité culturelle » des sociétés primitives, pour les opposer à l'hypocrisie, à l'égoïsme et à la violence intéressée des sociétés capitalistes industrielles, produites par l'homme blanc.

Cette idéalisation des sociétés non occidentales en général expose parfois les « libéraux » à des surprises ou encore les pousse à mesurer la moralité des sociétés lointaines selon des critères entièrement opposés à ceux dont ils se servent pour juger la leur. Je me rappelle la stupeur d'un pasteur allemand, à Windhoek, en Namibie, restant interdit et désemparé au milieu de son prêche, parce qu'il avait déchaîné un immense éclat de rire dans le temple, parmi les fidèles, presque tous noirs, en lançant, vertueux : « Ne l'oublions jamais ! Les Bochimans sont des hommes comme les autres ! » Ce brave pasteur venait de découvrir que les Noirs aussi ont leurs « races inférieures ». Plus vertueux encore, et surtout plus inconséquent, ce journaliste du *Washington Post*, quintessence du « libéral » américain, sans pitié pour sa propre société, autant que sans borne dans son indulgence pour les usages de l'Arabie Saoudite, pays sur lequel il arrête son choix dans le tiers monde pour y déverser le baume de sa compréhensive sollicitude.

Dans le *Washington Post*, en effet, on put lire, en 1987, un article intitulé : « La justice saoudienne nous paraît cruelle, mais elle marche », signé David Lamb, ancien correspondant du journal au Moyen-Orient[2]. De la part d'un « libéral » aussi convaincu de l'inutilité, pour l'Amérique, d'un excès de dissuasion pénale, et dans un journal aussi justement préoccupé des

---

1. Ces deux ouvrages ont été regroupés partiellement et traduits en français sous le titre *Mœurs et sexualité en Océanie*, 1963.
2. « Saudi Justice Looks Savage to Us, but It Works », *Washington Post*, 19 janvier 1987.

droits de l'homme dans les démocraties occidentales que le *Washington Post*, cet article avait de quoi surprendre. L'auteur, en effet, commence par concéder que les châtiments prévus et abondamment appliqués — en public, de surcroît — par la justice saoudienne, flagellation, amputation, décollation, lapidation, « peuvent paraître » brutaux « selon les critères occidentaux ». Mais, précisément, dit-il, nous devons nous défaire de ces critères ethnocentriques et comprendre que cette justice dérive de la Sharia, la loi musulmane, qui, possédant une origine sainte, ne saurait admettre aucun adoucissement dû à l'indulgence des juges ou à l'évolution des mœurs. Même la présence d'un avocat, quand on extorque une confession à un suspect, constitue une coutume occidentale dont nous ne saurions réclamer l'adoption en pays d'Islam sans pécher gravement par incompréhension et irrespect de la mentalité musulmane. Surtout, cette justice, qui nous semble barbare, présente un avantage considérable : elle est efficace ! La preuve ? Selon les statistiques de 1982, poursuit M. Lamb, on a recensé en Arabie Saoudite 14 000 crimes et délits pour une population comprise entre 6 et 11 millions d'habitants suivant des estimations qui, si j'ose l'insolence d'une remarque, par l'ampleur de l'écart, laissent rêveur sur la précision des statistiques saoudiennes. Or, la même année, la seule ville de Los Angeles, pour une population approchante, 7 millions d'habitants, totalise un demi-million de crimes et délits. Presque quarante fois plus ! Chiffres éloquents ! Et notre journaliste de conclure, en citant, pour les approuver, ces mots d'un universitaire américain, savant homme, spécialiste de la Sharia et rencontré par lui à Riyad : « Eh bien, dans ce pays, c'est vrai, ils tranchent quelques mains de gens coupables et ils préviennent ainsi des horreurs telles que le viol, l'assassinat. Pouvez-vous réellement dire que cela fait d'eux des barbares et de nous des gens civilisés[1] ? »

Cet éminent islamologue glisse sur le détail que le viol et l'assassinat entraînent non l'amputation de la main mais bien la flagellation, parfois jusqu'à ce que mort s'ensuive, et la décapitation. Ce sont les petits larcins qui sont punis de l'amputation. Et comment M. Lamb, à coup sûr partisan de la révolution sexuelle et de la libération de la femme aux États-Unis, justifie-

---

1. « *So they cut off a few hands of guilty people and avoid horrors like rape and murder. Can you really say that makes them barbaric and us civilized ?* » Il est remarquable que ces opinions soient professées par des intellectuels qui, chez eux, considèrent comme une atteinte aux droits de l'homme que la police procède à des contrôles d'identité — d'une identité non « culturelle », il est vrai.

t-il le châtiment réservé en Arabie Saoudite à l'adultère, et à l'adultère de *l'épouse seulement*, qui consiste à l'écraser sous les pierres d'une lapidation publique? Ce type d'exécution s'est, il est vrai, modernisé depuis les temps bibliques: ce n'est plus la foule sadique et ignoble qui jette les pierres à la main sur la femme adultère. Dans l'Arabie actuelle, on amène sur la place publique un camion-benne chargé de cailloux, qui sont déversés d'un seul coup sur la malheureuse et l'ensevelissent en l'assommant. Malgré ce progrès humanitaire et technique, l'esprit de notre journaliste est assombri soudain d'une crainte: celle que son éloge du « droit pénal » saoudien ne fournisse des arguments malsains aux partisans de la peine de mort *en Amérique* et d'une justice plus répressive *en Occident*. Il s'embrouille donc dans des rectificatifs confus et laborieux, allant jusqu'à envisager que les statistiques saoudiennes de la délinquance puissent manquer de fiabilité et que, si les Arabes commettent si peu de délits, c'est moins à cause de l'influence dissuasive de la répression que parce qu'ils forment « une société qui croit à la sainteté de la famille... un peuple religieux, moral...[1] ». Comment expliquer ce chaotique mélange de vénération pour des coutumes atroces et d'hilarantes palinodies? En premier lieu par le tabou connu du respect absolu de l'« identité culturelle », qui interdit à M. Lamb de juger et de condamner une civilisation autre qu'occidentale. Tabou d'une puissance d'autant plus miraculeusement étonnante ici que l'Arabie Saoudite, aux yeux d'un « libéral », ne peut passer que pour réactionnaire. Aucun paramètre progressiste ne s'y applique, susceptible de lui servir d'excuse. En deuxième lieu, la révolution islamique iranienne et le fondamentalisme ont suscité à gauche un courant favorable à l'intégrisme musulman, où qu'il se trouve, et aux vertus morales, spirituelles et politiques de l'Islam — qui sont grandes, à n'en pas douter, mais peut-être pas dans celles de ses manifestations décrites et si prisées par le *Washington Post*. En troisième lieu enfin, la louange de la Sharia a pour première utilité et pour mission sacrée de dénigrer la civilisation occidentale, mais d'une manière qui aboutit au comble de l'absurdité idéologique, puisque notre brave journaliste nous interdit en même temps, sous peine de tomber dans la perversion répressive, d'imiter le modèle qu'il nous vante.

En élaborant la notion d'idéologie, dans son sens moderne, Marx et Engels ont sans conteste éclairé une propriété psy-

---

1. « *... a society that believes in the sanctity of the family, a religious, moral people.* »

*Le besoin d'idéologie*

chique parmi les plus souveraines, en l'homme. Que nos convictions, notre vision du monde, nos opinions sur le bien et le mal ne proviennent pas, la plupart du temps, de causes intérieures à la pensée et ne soient donc pas réfutables ni modifiables par la seule pensée, certes La Rochefoucauld ou Pascal ou La Bruyère ou Chamfort l'avaient déjà formulé avec clarté et illustré avec une subtilité dans le détail bien plus riche et variée que celle des deux fondateurs du communisme. Mais à ceux-ci revient le mérite d'une expression théorique précise et globale, qui montre comment nos erreurs, dans la mesure où elles émanent de causes extérieures à la pensée, ne peuvent se corriger sous le seul effet de la réflexion critique, de l'argumentation, de l'information. Jusqu'alors, tous les traités philosophiques sur l'erreur la supposaient due à des fautes techniques, des vices de raisonnement, des insuffisances de méthode et à un défaut dans les procédures de vérification. Aux seuls moralistes on devait l'intuition que l'appétit du faux, le désir de se tromper, la soif de se mentir, le besoin de croire que c'est au nom du Bien qu'on fait le Mal, jouaient, dans la genèse de l'erreur, un rôle sans doute plus puissant que les défaillances proprement intellectuelles, contrairement à ce que disaient les philosophes. Ces conduites constituaient peut-être même une forme primitive d'adaptation de l'homme au réel. Dès que l'homme a pu penser, il a eu peur de connaître. La capacité de l'homme de construire dans sa tête à peu près n'importe quelle théorie, de se la « prouver » et d'y croire, est illimitée. Elle n'a d'égale que sa capacité de résistance à ce qui la réfute et sa virtuosité à en changer, non pour tenir compte d'informations jusqu'alors inconnues de lui, certes, mais pour répondre à de nouvelles exigences pratiques ou passionnelles. Avec leur théorie de l'idéologie, Marx et Engels ne revenaient pas au simple pragmatisme. Le pragmatisme consiste à soutenir que nos concepts, quoique dépourvus d'objectivité théorique, possèdent une objectivité pratique, en tant qu'outils aiguisés par et pour l'action. Dans la théorie marxiste de l'idéologie, ils n'ont que le statut de justifications mensongères et illusoires des actes, sans fonction particulière d'efficacité. A la fois subjective et collective, l'idéologie nous sépare du concret autant que de la vérité.

Dans la description, donc, Marx et Engels ont touché juste. En revanche, dans l'explication ils frôlent l'indigence. Du moins leur hypothèse ne convient-elle qu'à une portion limitée de la production idéologique. Pour eux, la seule source de l'idéologie réside dans la classe sociale, dans l'appartenance à une classe et dans la lutte des classes. Il n'existerait d'idéologie que de classe.

La faiblesse de cette explication tient d'abord à ce qu'elle implique une sociologie simpliste des classes sociales. Celles-ci seraient homogènes et entourées de frontières hermétiques, sans évolution, ni chevauchements, ni osmose, ni mobilité, ni progression, sinon par la chirurgie révolutionnaire et la dictature du prolétariat. Toute l'histoire des sociétés, depuis le milieu du XIX$^e$ siècle, du moins des sociétés capitalistes, dément cette épure sommaire. Ensuite, si l'idéologie ne trouvait sa genèse que dans les intérêts de classe, comme tout deviendrait facile! A cause rationnelle, traitement rationnel. On saurait à quoi s'en prendre. Mais rien n'autorise le confort d'une aussi réductrice analyse. Marx ne l'ignorait pas tout à fait, puisqu'il forgea, on le sait, la notion d'« aliénation » pour désigner la démarche par laquelle nous adoptons souvent l'idéologie de la classe qui nous domine. Ce paradoxe repose sur une sociologie encore rationnelle, puisqu'on admet que la classe dominante dispose des moyens de communication, de culture, d'enseignement, de diffusion, d'endoctrinement religieux, politique et moral qui lui permettent de modeler la mentalité et les croyances des classes dominées. Malheureusement, beaucoup moins rationnelle, quoique tout aussi manifeste, est l'aliénation inverse, celle des classes dominantes adhérant à une idéologie contraire à leurs intérêts, voire celle d'une civilisation entière souscrivant aux constructions intellectuelles qui visent à justifier sa destruction. En outre, on peut imposer à la classe dominée des convictions à la fois violemment hostiles à la classe dirigeante et totalement fausses. Enfin, l'idéologie présente une complexité qui déborde immensément l'alternative puérile de la superstructure dominatrice superposée à l'aliénation suicidaire. Plus que vulgaire travestissement des rapports sociaux, qu'à vrai dire elle exprime la plupart du temps fort mal et avec lesquels, souvent, elle n'entretient aucune relation, l'idéologie, sans se priver de s'incarner, quand il le faut, dans l'hypocrisie banale, semble aussi plus mystérieusement satisfaire un besoin hautement spirituel de mensonge.

La déformation de la science par l'idéologie découle de ce besoin, pur de tout ingrédient matérialiste. La politique peut, c'est évident, y exercer son influence mais plus comme passion de l'esprit que comme traduction de la lutte des classes, plus encore par la terreur intellectuelle et ses corollaires naturels: le conformisme et la peur. Un grand spécialiste des études islamiques, Bernard Lewis, a dénoncé la tendance récente selon laquelle les orientalistes, même aux États-Unis, en Grande-Bretagne ou sur le continent européen, devraient se recruter exclusivement parmi les partisans de l'intégrisme musulman et du militantisme palestinien[1]. C'est là, lisons-nous dans des revues occidentales « savantes » ouvertement subventionnées par la Libye du colonel Kadhafi, une condition indispensable de l'« objectivité ». Le plus beau est que cette définition de l'objectivité est défendue par d'éminents orientalistes anglais, américains ou français. Si seuls les Grecs avaient le droit d'écrire sur la pensée grecque, il faudrait brûler les ouvrages de Zeller, de Gomperz, de Rodier, de Brochard, de Guthrie. Même pour enseigner dans les universités occidentales, les orientalistes doivent, nous dit-on, se choisir parmi les Arabes, en tout cas parmi des musulmans, en aucun cas parmi les juifs, auxquels cette profession devrait être interdite. Bernard Lewis cite une revue pakistanaise récusant la compétence morale de l'immense islamiste et arabisant que fut Évariste Lévi-Provençal (1894-1956), l'auteur de l'*Histoire des Musulmans d'Espagne*. L'idée que, pour travailler sur la civilisation islamique, même médiévale, il soit nécessaire de sympathiser avec le radicalisme et l'intégrisme islamiques actuels fait d'ailleurs tache d'huile dans d'autres disciplines. Une proportion élevée des hispanisants qui enseignent dans les universités américaines sont, depuis 1960, des sympathisants de Fidel Castro. De la part des sinologues et des soviétologues, la servilité peut s'expliquer, sinon s'excuser, par la peur de ne plus obtenir de visa d'entrée en Chine ou en Union soviétique et de se couper ainsi de leur objet d'étude. Mais faut-il absolument, pour entretenir sa compétence sur l'histoire de la civilisation hispanique, garder ses entrées à Cuba, qui n'est qu'un tout petit fragment de l'hispanité, intéressant, certes, mais non indispensable? La distorsion de l'esprit scientifique s'explique donc ici par la seule idéologie et par un conformisme de milieu. N'ai-je pas entendu le maître d'œuvre d'un grand dictionnaire encyclopédique français déclarer un jour, au cours d'une émission de télévision, qu'il valait mieux, selon lui, confier l'article « Castro » à un castriste et « Marx » à un marxiste? En si bon chemin, pourquoi ne pas demander au bureau politique du parti communiste français de les rédiger? On serait ainsi assuré d'une tout à fait complète « objectivité ».

Par une curieuse conception de la science, il semble qu'il faille, pour se spécialiser dans une culture, admirer les dirigeants politiques du moment, dans le pays que l'on étudie.

---

1. Bernard Lewis, « The State of Middle-Eastern Studies », *The American Scholar*, été 1979, et « The Question of Orientalism », *The New York Review of Books*, 24 juin 1982. Ces deux textes ont été traduits en français dans *le Retour de l'Islam*, Gallimard, 1985, recueil d'études et de conférences de l'auteur.

Cette exigence vaut, bien entendu, pour les seuls pays communistes et le tiers monde. Demande-t-on aux anglicistes de s'inscrire au parti conservateur quand Mme Thatcher est au pouvoir ? Ainsi John K. Fairbank, directeur du prestigieux Center of East Asian Studies de Harvard — centre qui porte d'ailleurs son nom —, rendant compte dans le *New York Times* en 1987 de la traduction de *la Forêt en feu* de Simon Leys[1], écrit que les indignations de Leys devant les destructions massives d'œuvres d'art classiques, sous la dictature de Mao, reflètent un point de vue « élitiste ». Ainsi un grand spécialiste de la Chine adore à ce point Mao qu'il voit disparaître de gaieté de cœur la moitié du patrimoine culturel auquel il a voué son existence ! Supposons qu'on détruise la mosquée de Djuma à Ispahan, celle des Omeyyades à Damas, la médersa de Fès, l'Alhambra de Grenade, et qu'un islamisant de renom international proclame « élitiste » de verser un pleur sur ces chefs-d'œuvre disparus. Ce serait un beau tollé ! Mais dès qu'il s'agit de Mao Tsé-Toung, l'iconoclasme devient respectable. J'attends l'italianisant qui, pour rendre manifeste la grandeur de l'esprit scientifique, nous confiera que, si l'on brûlait le musée des Offices, Saint-Pierre de Rome et peut-être aussi le palais des Doges, ce ne serait pas une grande perte, sinon pour une petite élite, étant donné, pour reprendre une formule de M. Fairbank, que les artistes auxquels on doit ces œuvres d'art « ne vivaient pas dans une société égalitaire ». Entre nous, cet éminent sinologue me paraît bien mal connaître son sujet, s'il s'imagine que la Chine communiste, qu'un pays communiste quelconque est une « société égalitaire ». On voit donc comment l'idéologie poussée jusqu'au délire peut amener d'authentiques savants, dont la fonction est de connaître, à se féliciter de l'anéantissement des sources de la connaissance.

Quand ils changent d'avis, c'est parce que le pouvoir politique en place, dans le pays dont ils sont spécialistes, a lui-même changé. Les soviétologues, qui écartaient comme tendancieux et polémiques les sombres tableaux de l'économie et de la société soviétiques dressés durant les années 1970 par des historiens soucieux avant tout d'impartialité, se sont brusquement découverts une lucidité impitoyable envers l'ère Brejnev à partir du moment où c'est Gorbatchev qui a condamné la « stagnation » de son prédécesseur. On se demande quelle part

---

1. Hermann éditeur pour l'édition originale française, 1984 ; en anglais, *The Burning Forest, Essays on Chinese Culture and Politics*, Holt, Rinehart and Winston, 1987.

prennent la « mission de l'intellectuel contre les pouvoirs », pour reprendre le cliché connu, et « l'indépendance sacrée du chercheur » dans ces piteuses volte-face. De la même manière, Jonathan Chaves, un des rares sinologues américains qui ne se soient pas vautrés aux pieds gelés de Mao Tsé-Toung, observe[1], en ces années où le parti communiste chinois lui-même a reconnu les atrocités commises pendant la révolution culturelle (1966-1976), qu'on attendait de la part des « *China Experts* » une petite autocritique, l'aveu qu'ils se sont trompés. Eh bien ! pas du tout. Ils admettent aujourd'hui que la révolution culturelle, l'« holocauste de dix ans », comme on dit en Chine, a été une monstrueuse aberration, mais ils l'admettent, non parce qu'ils l'ont compris, mais parce qu'ils continuent à suivre la ligne de Pékin ! Ils ne tolèrent d'ailleurs pas plus aujourd'hui l'esprit critique à l'égard de Deng Xiaoping ou de son successeur qu'ils ne le toléraient jadis à l'égard de Mao Tsé-Toung. La véritable question est donc, encore une fois, de savoir à quoi sert la faculté de penser, machine à recevoir, à emmagasiner, à classer, à combiner et à interpréter des informations. J'ai consacré en 1970 plusieurs pages d'un de mes livres, *Ni Marx ni Jésus*, à l'analyse du *Petit livre rouge* et d'autres écrits de Mao Tsé-Toung, en faisant ressortir l'indigence intellectuelle, je dirai même le burlesque crétinisme des apophtegmes du despote pékinois. Quel soulagement n'éprouvai-je pas, l'année suivante, quand sortit l'ouvrage libérateur de Simon Leys, *les Habits neufs du président Mao*[2], de m'apercevoir que je n'étais plus seul de mon avis. Mais qui nous expliquera jamais comment des dizaines de millions d'intellectuels de par le monde, des étudiants et des professeurs constituant l'élite de l'enseignement supérieur dans les sociétés démocratiques, ont pu, pendant cinq à six années, méditer avec componction ce tissu de niaiseries prétentieuses ? Pouvaient-ils l'admirer autrement qu'en plaçant totalement hors circuit leur intelligence et leur culture ? Et il s'agissait d'intellectuels du monde libre, que rien ne contraignait à une telle abdication de l'esprit. Ils avaient l'idiotie à la fois volontaire et désintéressée, à la manière de leurs grands ancêtres de l'époque stalinienne, souvent d'éminents esprits eux aussi, en dehors de leur stalinisme. « Que dire, écrivait Boris Souvarine en 1937, d'un Romain Rolland, d'un Langevin, d'un Malraux, qui admirent et approuvent le régime dit soviétique sans y être contraints par la faim ou quelque torture ? » Et

---

1. Dans la revue mensuelle *Chronicles*, juillet 1987.
2. Paris, Éditions Champ Libre.

Souvarine notait que la rédaction de *l'Humanité* — le quotidien du PC français — « ne le cède en rien à celle de la *Pravda* pour la servilité et la bassesse, sans avoir l'excuse d'être prise dans les tenailles d'une dictature totalitaire ». Jonathan Chaves raconte dans son article de *Chronicles* qu'il connaît personnellement des chercheurs, spécialistes de la civilisation chinoise, qui cessaient d'adresser la parole à un collègue si celui-ci avait dit quelque chose de favorable sur les *Ombres chinoises*[1] de Simon Leys. Le phénomène dont on vient de voir un nouvel échantillon est donc bien celui, paradoxal, de professionnels de la vie intellectuelle mus dans leurs jugements et leurs comportements par toutes sortes de forces, sauf la force de l'intelligence. A l'instar des sinologues, les soviétologues tombent facilement aussi dans ce travers qui consiste à professer que, pour être digne d'étudier un pays, il faut en approuver les dirigeants comme les moindres aspects de ses usages. A nouveau ce critère ! Seuls les esclavagistes convaincus devraient être autorisés à étudier l'histoire grecque ou romaine, seuls les pro-nazis l'histoire de Hitler et seuls les incendiaires, brûleurs de tableaux et de livres, la biographie de Savonarole. Aux États-Unis un grand nombre de soviétologues, pas tous heureusement, sont à ce point adorateurs de leur sujet que, tel Stephen Cohen, ils ont eu l'honneur, scientifiquement douteux, de voir leurs livres traduits en russe et diffusés en Union soviétique, tant ces travaux coïncidaient avec les thèses officielles. Symptôme de l'anéantissement de l'esprit scientifique par la passion, cette phrase de Moshe Lewin, dans l'introduction de sa pro-stalinienne *Formation du système soviétique*, où il dénonce avec irritation ce qu'il appelle « la mode antisoviétique récente dans l'intelligentsia française[2] ». D'un revers de la main, Lewin écarte dédaigneusement ce phénomène antisoviétique comme une nuée éphémère du parisianisme, une toquade futile et mondaine. Voilà comment un historien, aveuglé par l'idéologie, cesse de se comporter en historien et refuse d'identifier un événement culturel qui, contrairement à ce qu'il prétend, est de toute première importance. Depuis 1917, les intellectuels français sont empêtrés dans le marxisme-léninisme et l'Union soviétique, dans les querelles autour du stalinisme, le « socialisme à visage humain », la théorie marxiste de la connaissance et le matérialisme dialectique. Favorables ou hostiles, tous se définissaient par rapport à cet

---

1. Ouvrage de Simon Leys paru en 1974. Nouvelles éditions augmentées: Robert Laffont, 1976 et 1978.
2. *The Making of the Soviet System*, New York, Pantheon Books, 1985 ; trad. fr., Gallimard, 1987.

ensemble de théories et de réalités. Or, voilà qu'après soixante-dix ans, ce débat se vide de sa substance, c'est un débat mort, la question soviétique est close, du moins dans l'ancien sens, la cause est entendue, le marxisme n'intéresse plus personne, ou intéresse seulement comme une doctrine philosophique parmi les autres. C'est un tournant historique considérable, autant qu'a pu l'être en d'autres siècles le dernier soupir de la scolastique médiévale. Et quelqu'un qui se prétend historien ne comprend pas cela!

La pression idéologique sur la science s'exerçait avec force et par la force à l'époque des Copernic, Giordano Bruno ou Galilée. De nos jours, elle n'est plus guère possible que dans les sciences historiques et la sociologie, et moins ou presque pas dans les sciences plus rigoureuses. Néanmoins, des physiciens n'hésitent pas à exploiter abusivement leur prestige de savants pour mener des batailles idéologiques hors du champ de leur compétence ou sur des questions qui n'ont avec leur compétence qu'un lien apparent. Ce fut, c'est encore souvent le cas de physiciens qui, hostiles à l'armement nucléaire de leur propre pays pour des raisons politiques ou par attachement à un pacifisme unilatéral, excipent de leur prestige de savants pour impressionner le public et lui assener, au nom de la science, des jugements catégoriques, en réalité dictés par des mobiles non scientifiques.

Au contraire de la plupart des autres intellectuels, les chercheurs scientifiques, du moins ceux qui s'adonnent aux sciences dont la méthode et l'objet rendent impossibles ou difficiles les affirmations invérifiables, subissent des contraintes démonstratives inhérentes à leur discipline. Mais à l'extérieur de cette discipline, ils peuvent s'affranchir de cette contrainte, si leur caractère les y porte ou si la passion idéologique les y pousse. La rigueur à laquelle ils sont astreints dans la pratique de leur science, et sans laquelle cette pratique ne pourrait tout simplement pas avoir lieu, n'est pas transposable en dehors du champ de leur recherche et de son objet spécifique. Les plus grands scientifiques cessent souvent de l'être dès qu'ils s'éloignent de leur spécialité. Ils peuvent devenir capables des pires incohérences et des extravagances les plus sottes quand ils s'écartent de leur domaine. Autrement dit, leur intelligence peut ne pas comporter par elle-même, lorsqu'elle s'applique à un sujet profane, les garde-fous que lui impose, de par ses lois constitutives mêmes, le travail scientifique, dans les moments où ils s'y consacrent. Durant ce travail, ils n'ont pas le choix. C'est à prendre ou à laisser: on le fait dans les règles ou on ne le fait pas du tout. Mais, hors de ce travail, la folle du logis peut prendre sa revanche. La malhonnêteté partisane, la faiblesse du raisonnement, le refus ou même la falsification des faits, le poids des ressentiments personnels peuvent altérer le fonctionnement d'esprits qui, de retour dans le bercail de la science, ou à condition de n'en point sortir, comptent parmi les meilleurs. Les déclarations fausses, odieuses, mensongères qu'ont pu proférer un Frédéric Joliot-Curie, un Albert Einstein, un Bertrand Russell quand ils s'aventuraient hors de la physique ou de la logique mathématique constituent un florilège dans lequel je me permets ou me permettrai, plus loin, de puiser de temps à autre pour égayer ce livre. Nul ne songe, bien entendu, à contester à ces grands hommes, pas plus qu'à tous les scientifiques, le droit de professer toutes les opinions qu'il leur plaît dans tous les domaines qui les intéressent, sans se confiner dans leur spécialité. Ils ont la même liberté de le faire que les autres humains. Mais l'imposture commence lorsqu'ils impriment le cachet de leur prestige scientifique à des prises de position qui paraissent découler de leur compétence, alors qu'en réalité elles n'en découlent pas du tout. Qu'un savant connu claironne ses sympathies pour tel parti politique, ce n'est là qu'une vénielle opération de propagande, comme en commettent également les écrivains, les acteurs, les peintres, tous ceux qui mettent un nom célèbre au service d'une cause, quoique celle-ci fasse appel à des qualités de jugement sans rapport avec celles qui les font exceller dans leur activité principale. Ce léger abus de confiance revêt toutefois une gravité impardonnable quand l'intéressé prétend qu'il existe entre ses connaissances de savant et ses positions politiques ou morales un lien interne et proprement scientifique, dont le grand public n'a évidemment pas les moyens de vérifier la réalité. Ce fut le cas, par exemple, au début des années cinquante, lorsqu'un Joliot-Curie exploita le prestige de son prix Nobel de physique pour proclamer nocive la bombe atomique américaine et salutaire au plus haut point la bombe atomique soviétique. Quelqu'un peut fort bien être un authentique savant atomiste et formuler néanmoins des affirmations dépourvues de sérieux sur les aspects des problèmes nucléaires qui ne relèvent pas de la recherche fondamentale, par exemple les problèmes de stratégie nucléaire. Pourtant, le public croira, par juxtaposition et contiguïté, que les opinions d'un physicien nucléaire en matière de stratégie nucléaire sont plus fondées que celles d'un négociant ou d'un agriculteur. Or il n'en est rien. La seconde discipline, en dépit de l'homonymie, est aussi distincte de la première que la direction d'une entreprise industrielle l'est de la théorie macro-économique. Un prix Nobel d'économie ne ferait pas nécessairement un bon président de compagnie multinationale ou même un bon épicier. Comme le remarque ironiquement le général Pierre Gallois, « depuis sa fondation (au lendemain de la Seconde Guerre mondiale), le *Bulletin des scientifiques de l'atome* annonce chaque mois l'imminence de la catastrophe nucléaire[1] ». La raison de cette erreur indéfiniment répétée est que l'on peut connaître la structure de l'atome et les manières de libérer l'énergie intra-atomique sans pour autant s'y connaître en stratégie. S'il veut évaluer les risques de conflit nucléaire, ou même conventionnel, le physicien atomiste, fût-il le lauréat du Nobel, doit remplir les mêmes conditions que le profane : il lui faut étudier le rapport des forces politiques, militaires, économiques, idéologiques entre les grandes puissances concernées, leurs systèmes d'alliances, leurs perceptions des menaces, le niveau et la nature des tensions dans les relations bilatérales comme dans les implications multilatérales de ces relations, dans les affrontements indirects, par tiers monde interposé, et dans les conflits régionaux. La compétence en géostratégie ne découle pas de celle que l'on possède en physique théorique, pas plus qu'il y a mille ans un forgeron n'avait plus qualité qu'un berger pour juger de la politique et de la stratégie, sous prétexte que la guerre se faisait alors avec des épées et que c'est lui qui les fabriquait. Un bon constructeur d'avions ne possède aucun titre à devenir ipso facto chef d'état-major de l'armée de l'air ou ministre de la Défense, ni un ingénieur en automobiles à devenir pilote de formule un. *The Bulletin of Atomic Scientists* publie en revanche, sous l'autorité de la science, quantité d'articles purement politiques. J'en fis personnellement l'expérience lorsqu'en 1972 l'excellent physicien Rabinovitch y donna une critique de mon livre *Ni Marx ni Jésus*[2]. Il en retint principalement et y attaqua violemment ma thèse que les États-Unis n'étaient ni une société fasciste ni une société en train de se diriger vers le fascisme. A l'époque, en effet, cette thèse avait sidéré aussi bien la gauche européenne que les « libéraux » américains, largement majoritaires dans la communauté scientifique du pays. A cause de la guerre du Vietnam et, cela va de soi, sans la moindre perception du danger totalitaire représenté en Asie du Sud-Est par Hanoi, c'était un postulat, au cours de ces années, parmi les intellectuels américains que les États-Unis s'enga-

---

1. Pierre Gallois, *la Guerre de cent secondes*, Paris, Fayard, 1985.
2. Paris, 1970, trad. angl., *Without Marx or Jesus*, 1971.

geaient dans une sorte de prénazisme. Je me rappelle avoir été invité, ou, pour mieux dire, immolé au cours d'un débat, en novembre 1971, à New York, dans une sorte de cercle intellectuel, un « bureau d'esprits » (comme disait Voltaire) appelé Theater for Ideas. La salle regorgeait de professeurs des grandes universités de la côte Est. Le panel se composait de John Kenneth Galbraith, modérateur, de Wassily Leontief (futur prix Nobel d'économie) et de Eugene McCarthy, tout auréolé de sa gloire de tombeur du président Johnson, d'abord comme sénateur, par son opposition tenace à la guerre du Vietnam, ensuite comme candidat à l'investiture démocrate, durant un brillant parcours aux élections primaires, en 1968. En particulier, le niveau inattendu des voix d'Eugene McCarthy aux primaires du New Hampshire, dont on connaît la valeur de porte-bonheur ou de porte-malheur dans la superstition électorale américaine, démoralisa Johnson et entra pour beaucoup dans sa décision de ne pas se représenter. Par parenthèse, cette fameuse prouesse du sénateur McCarthy dans le New Hampshire constitue un bon exemple de la formation et de l'indestructibilité des fausses idées reçues. En effet, la presse « libérale » présenta bruyamment le résultat comme une victoire de McCarthy. Sans aucun doute, ce fut une victoire morale, et politiquement significative. Mais, arithmétiquement, le sénateur n'arrivait que second, derrière Johnson, vainqueur, par conséquent, dans les urnes. La surprise avait été créée par un écart moindre que prévu entre les deux rivaux démocrates, dans un système où il est de tradition qu'un président passant du premier au second mandat ne rencontre aucun rival sérieux dans son propre parti. Mais la presse orchestra si bien l'affaire que ce devint bientôt une notion admise que McCarthy avait « battu » Johnson aux primaires du New Hampshire en 1968. Tout le monde en parlait comme d'une vérité historique et moi-même je le croyais. Eugene McCarthy lui-même me détrompa, durant cette rencontre au Theater for Ideas.

Ce fut d'ailleurs la seule révélation intéressante qu'il me fit, dans le domaine des faits du moins. Car, dans celui des hallucinations, je fus servi. En résumé, Eugene McCarthy, suivi par la majorité de la salle et la totalité du panel, y compris le modérateur, qui modérait fort peu, m'accusa d'avoir commis une mauvaise action en répandant la fable que l'Amérique ne marchait pas vers le totalitarisme. C'était le temps où la formule du Dr Benjamin Spock : « L'Amérique est entrée dans le fascisme de façon démocratique », passait pour le fin du fin de la sagesse politique. Curieusement, j'avais plutôt l'impression, pour ma part, d'avoir écrit un livre à la gloire de la gauche américaine (dans la mesure où le livre avait pour sujet les États-Unis, ce qui n'était que partiellement vrai, mon principal but étant d'étudier un type inédit de mutation sociale). N'avais-je pas signalé l'originalité de la « révolution culturelle », au sens littéral, puisqu'elle était partie des universités, celle de la révolution raciale, et de la révolution des médias, qui avaient commencé en Amérique, pour déferler bien plus tard, à partir de 1968, en Europe ? N'avais-je pas insisté sur cette nouveauté qu'une opinion publique tenait pour la première fois en échec son propre gouvernement dans le domaine jusqu'ici « réservé » de la politique étrangère, et ce, pour des raisons essentiellement éthiques — nées de la guerre du Vietnam (à tort ou à raison, c'est une autre question, à laquelle l'avenir devait répondre) ? En fait, quand je le reconsidère aujourd'hui, mon livre était marqué par un optimisme de gauche beaucoup trop accentué. Si je visais à peu près juste en ce qui touchait les transformations internes, je sous-estimais les désastres que le nouvel état d'esprit nous préparait en politique étrangère — et que rend inévitables, peut-être, la structure même de la démocratie. Mais ce que je disais en 1970, c'était que la gauche américaine avait gagné, politiquement et culturellement. A mes yeux, c'était un fait de civilisation plus profond et de plus de conséquences que ce qui pouvait se passer à l'étage du pouvoir exécutif. Mais, pas plus que la gauche européenne, la gauche américaine ne l'entendait de cette oreille. Il lui fallait, comme à nous, son Amérique « fasciste », sorte de loup-garou nécessaire à son confort idéologique. D'un côté comme de l'autre de l'Atlantique, la gauche ne pouvait interpréter mon désaccord, même énoncé d'un point de vue de gauche, autrement qu'en le ramenant à un « virage à droite ».

L'acrimonieux Rabinovitch, que je rencontrai chez des amis quelques mois plus tard à Washington, m'analysait ainsi lui aussi dans son article et le montra dans notre conversation. Il me dévisagea constamment, durant notre bref échange, avec cette commisération ambiguë que l'on réserve à un criminel en train de mourir d'un cancer. Compatissant pour le moribond tout en restant sévère pour l'assassin, son regard me transperçait de son laser psychique, pendant que sa voix m'assurait d'une estime de principe pour les traces résiduelles d'*Homo sapiens* qui subsistaient en moi, malgré tout et malgré moi.

Pour en revenir au fond de la question, il n'y a, disais-je, que demi-tricherie à revêtir une opinion subjective de l'autorité acquise auprès du public grâce à des travaux scientifiques sans rapport avec cette opinion. En revanche, et j'y insisterai plutôt six fois qu'une, l'imposture s'aggrave démesurément lorsqu'on introduit la science même au cœur d'un parti pris politique, en prêtant les apparences de la démonstration à des données fausses et à des inductions fantaisistes. Ici, le savant ne se borne pas à jouer de sa célébrité pour propager un lieu commun idéologique distinct de sa spécialité. Il abuse le public en présentant comme issue de la science une thèse qui en réalité n'en est pas tirée, qui lui a été dictée par des motifs sans rapport avec ses compétences, mais qu'il habille des marques extérieures de la démarche scientifique, sachant la plupart des gens qui recevront le message incapables de s'assurer ou même de douter du sérieux des arguments avancés. C'est à une manœuvre de ce type que de nombreux scientifiques ont apporté leur concours, par exemple, en élaborant et en diffusant la fable de l'« hiver nucléaire ». Cette expression signifie que toute utilisation d'armes atomiques envelopperait la Terre d'un écran de poussières radioactives, lesquelles, empêchant pendant une durée assez longue l'énergie solaire de parvenir jusqu'à nous, feraient disparaître de notre planète la vie et en tout cas l'espèce humaine. Cette vision terrifiante fit son apparition en 1982 tout d'abord, sous la forme d'un roman d'épouvante sans étayage scientifique, dans la revue écologique suédoise *Ambio*, inspirée en l'occurrence, au dire de son éditeur même, par l'Institut international pour la recherche de la paix, de Stockholm (le SIPRI : Stockholm International Peace Research Institute). Au départ, donc, l'image de l'hiver nucléaire sort des milieux et organisations pacifistes, qui s'en servent comme d'un épouvantail pour pousser au désarmement unilatéral des démocraties et, en particulier, empêcher, à l'époque, le déploiement des euromissiles occidentaux. Des groupes de scientifiques partisans de ce désarmement unilatéral accourent alors à la rescousse, comme les Physicians for Social Responsibility, la Federation of American Scientists et la très célèbre et remuante Union of Concerned Scientists (qu'on pourrait traduire par : « Union des scientifiques responsables », bien que « *concerned* » puisse signifier aussi « préoccupés », « soucieux », voire « engagés »). Ces organisations collectent des fonds auprès d'une foule de fondations empressées, afin de commander à une équipe de chercheurs, dirigés par l'astrophysicien et vedette médiatique Carl Sagan, un rapport sur le péril. L'usage veut qu'un article, surtout sur un problème aussi sujet à controverse, avant de paraître dans une quelconque des revues scientifiques de haut niveau qui jouissent d'une réputation internationale, soit soumis à ce qu'on appelle l'« évaluation » préalable des pairs (au moins trois) du ou des auteurs. Mais le rapport de l'équipe Sagan[1] échappa bizarrement à cette formalité. Il parut sans obstacle dans la revue *Parade*, dont le directeur, un certain Carl Sagan, ne formula aucune objection contre lui-même. Mais, négligence plus inquiétante, il reparut peu après (23 décembre 1983) légèrement remanié, mais toujours sans les évaluations d'usage, dans la prestigieuse revue *Science*. Puis, un autre article de Carl Sagan sur le même thème, « Nuclear War and Climatic Catastrophe », figura quelques jours plus tard au sommaire de la plus vénérable revue américaine de sciences politiques, *Foreign Affairs* (hiver 1983-1984). Fin octobre, de manière à coïncider avec la sortie du numéro spécial de *Parade*, un colloque se tint à Washington sur le thème : « Le monde après la guerre nucléaire ». On réunit très vite les actes de ce colloque en un volume intitulé *The Cold and the Dark* (« Froid et ténèbres »), ce qui s'appelle avoir la pudeur de ne pas recourir aux titres hypnotisants et aux grossiers procédés de matraquage sur les nerfs du public qu'utilise la presse à sensation, par ailleurs si méprisée par les intellectuels « libéraux ». Avant même toute publication scientifique, d'ailleurs, et avant toute possibilité pour des savants non « concernés » de scruter attentivement le rapport, la fondation Kendall avait versé 80 000 dollars à la firme de relations publiques Porter-Novelli Associates, de Washington, pour qu'elle lance dans le public les slogans les plus simplificateurs et les plus effrayants qu'on pouvait inventer à partir du rapport, simples affirmations péremptoires, dénuées de toute argumentation rationnelle. Bien entendu soustraite à tout contrôle scientifique mais orchestrée au nom de la science, la campagne médiatique se poursuivit sous forme de nombreux vidéoclips et de plusieurs films, dont le plus connu, *The Day After*, fit le tour du monde. Partout, d'ailleurs, l'« hiver nucléaire » s'imposa comme une vérité prouvée, la presse s'étant bornée, la plupart du temps, à exploiter le matériel médiatique et les dossiers sommaires, préparés en vue de la consultation rapide, qui avaient été mis à sa disposition avant la publication du rapport intégral et, *a fortiori*, avant les réactions critiques qui, très vite, se produisirent, malgré tout, au sein de la communauté scientifique.

Ces réactions critiques, à vrai dire, demeurèrent initialement d'une discrétion inspirée à leurs auteurs, sans doute, par la

---

1. Habituellement désigné sous le sigle TTAPS, initiales de ses cinq auteurs : Turco, Toon, Ackerman, Pollack, Sagan.

crainte de se faire accuser de sympathie pour la guerre nucléaire. On sait l'élégance morale et l'honnêteté intellectuelle que peut manifester l'esprit partisan dans ce genre de débat, même et surtout dans les milieux universitaires. Si la conviction s'ancra fort rapidement dans les salons feutrés de la National Academy of Sciences que le modèle climatologique de l'hiver nucléaire était ce que l'on appelle en général, en style familier, de la « fumisterie » doublée de fraude (*Humbug*), peu de voix osaient le dire, car, pour reprendre le langage direct et coloré tenu en 1984 par Freeman Dyson, prix Nobel de physique, « le rapport TTAPS est un monstre absolu en tant qu'échantillon de littérature scientifique. Mais j'ai renoncé, poursuivait-il, à tout espoir de rectifier la version qui s'est répandue dans le public. Je crois que je vais me défiler prudemment sur ce truc-là. Vous connaissez beaucoup de gens qui souhaitent se faire accuser d'être pour la guerre atomique[1]? ». Malgré la peur naturelle des coups, dont l'enveloppe charnelle des plus grands esprits n'est pas exempte, le rapport Sagan et l'ouvrage *The Cold and the Dark* (qu'un critique du *San Francisco Chronicle* n'avait pas craint de désigner comme « le livre le plus important jamais publié », « *the most important book ever published* ») n'en tombèrent pas moins dans un complet discrédit aux yeux de la communauté scientifique, au bout d'environ deux ans. Les bouches s'ouvrirent enfin et les revues publièrent des réfutations. Pris de remords, le directeur de *Foreign Affairs* accueillit dans son numéro de l'été 1986 un article de deux scientifiques appartenant au Centre national de la recherche atmosphérique (National Center for Atmospheric Research) qui démolissait l'article de Carl Sagan, paru trois ans plus tôt. Les auteurs écrivaient notamment : « A en juger d'après leurs fondements scientifiques, les conclusions globalement apocalyptiques de l'hypothèse initiale de l'hiver nucléaire peuvent maintenant être ramenées à un niveau de probabilité si bas qu'il avoisine l'inexistence[2] ». D'autres articles tout aussi sévères virent peu à peu le jour dans *Nature*, *Science* et même *Ambio*, qui, ajoutés les uns aux autres, ne laissèrent plus une pierre debout de l'édifice imaginaire construit autour de l'hiver nucléaire. Mais le

---

1. « *It's* (TTAPS) *an absolutely atrocious piece of science, but I quite despair to set the public record straight. I think I am going to chicken out on this one: who wants to be accused of being in favor of nuclear war?* » Cité par Russell Seitz, « In from the Cold », *The National Interest*, automne 1986.
2. « *On scientific grounds the global apocalyptic conclusions of the initial nuclear winter hypothesis can now be relegated to a vanishingly low level of probability.* »

terme est resté en tant que slogan, il continue de produire dans le monde entier l'effet désiré par les organisations pacifistes qui l'ont lancé. Les études impitoyables parues dans les revues savantes ne parviendront jamais à effacer les impressions produites par la campagne médiatique et cinématographique initiale, d'autant moins que la presse écrite, qui avait fait amplement écho à cette dernière, ne s'intéressa guère aux réévaluations critiques exprimées par la suite.

On voit donc qu'une escroquerie intellectuelle peut recevoir l'estampille de la science et devenir une vérité d'évangile pour des millions d'hommes. « ... Que ne pouvons-nous voir, écrit Pierre Bayle, ce qui se passe dans l'esprit des hommes lorsqu'ils choisissent une opinion! Je suis sûr que si cela était, nous réduirions le suffrage d'une infinité de gens à l'autorité de deux ou trois personnes, qui ayant débité une Doctrine que l'on supposait qu'ils avaient examinée à fond, l'ont persuadée à plusieurs autres par le préjugé de leur mérite et ceux-ci à plusieurs autres qui ont trouvé mieux leur compte, pour leur paresse naturelle, à croire tout d'un coup ce qu'on leur disait qu'à l'examiner soigneusement. De sorte que le nombre des sectateurs crédules et paresseux s'augmentant de jour en jour a été un nouvel engagement aux autres hommes de se délivrer de la peine d'examiner une opinion qu'ils voyaient si générale et qu'ils se persuadaient bonnement n'être devenue telle que par la solidité des raisons desquelles on s'était servi d'abord pour l'établir; et enfin on s'est vu réduit à la nécessité de croire ce que tout le monde croyait, de peur de passer pour un factieux, qui veut lui seul en savoir plus que tous les autres. » Car ne gardons aucun espoir de vérité: même réfutée, la vision de l'hiver nucléaire survivra dans l'imagination des hommes. Dans son numéro du 23 janvier 1986, *Nature*, la première revue scientifique britannique et l'une des premières dans le monde, déplorait le déclin croissant de l'objectivité dans la manipulation des données scientifiques et la désinvolture alarmante de plusieurs chercheurs dans l'affirmation de théories dépourvues de bases solides. « Nulle part, poursuivait *Nature*, cette tendance n'est plus éclatante que dans la littérature récente sur l'hiver nucléaire, recherche qui est devenue tristement célèbre pour son manque de probité scientifique[1]. » Mais, selon le commentaire désabusé de Russell Seitz dans l'article précité, ces rectifications tardives de publications sérieuses n'attei-

---

1. « *Nowhere is this more evident than in the recent literature on Nuclear Winter, research which has become notorious for its lack of scientific integrity.* »

gnirent pas les masses. Le mal dans l'opinion mondiale fut fait, et il est sans remède. Quelques mois à peine après la réfutation de *Nature*, le *New York Times* n'en publiait pas moins un article où Frederick Warner, de SCOPE[1], prévoyait que les effets de l'hiver nucléaire sur l'environnement causeraient... 4 milliards de morts. Un an auparavant, en septembre 1985, SCOPE, dans le *Washington Post*, se contentait de 2 milliards et demi...

S'agit-il d'un « mensonge utile », que l'on pourrait excuser dans la mesure où il servirait la cause du désarmement et de la paix ? Fût-ce le cas, nous n'en devrions pas moins demander si des savants ont licence de falsifier des données, même dans une intention louable. Disons-nous oui ? Nous leur donnons alors licence de les falsifier également dans une intention blâmable. Nul ne dénie à Carl Sagan et à ses acolytes le droit, en tant que citoyens, de professer des opinions pacifistes et de les propager. Leur imposture consiste à les présenter en se prévalant de leur qualité de savants et comme découlant de découvertes scientifiques dûment vérifiées. Chaque homme incline à penser que sa cause, politique, religieuse ou idéologique, justifie moralement toutes les tromperies. Mais plier la science à cette duperie, en abusant de l'ignorance du plus grand nombre, c'est annihiler l'autorité de la seule procédure que l'homme ait inventée jusqu'à présent pour se soumettre lui-même à des critères de vérité indépendants de ses préférences subjectives.

Ou plutôt, les impostures de ce genre, plus fréquentes qu'on ne le pense, prouvent que, chez les savants même, la passion idéologique l'emporte sur la conscience professionnelle, dès que l'incertitude et la complexité des données introduisent dans un débat assez de confusion pour permettre de déguiser en vérité scientifique un mensonge idéologique.

Au surplus, la cause pour laquelle les auteurs de la faribole de l'hiver nucléaire ont trahi la science est loin d'être pure. Ils luttaient, en réalité, non pour le désarmement universel, mais pour le seul désarmement occidental. Leur campagne visait à combattre des programmes militaires américains, suspendus à des votes de crédits par le Congrès, en 1983 et en 1984, et à stimuler l'antiaméricanisme dans le tiers monde comme à soutenir les pacifistes européens hostiles au déploiement des euromissiles. Elle conduisait, en toute hypothèse, non au retrait, mais au déséquilibre des armements, au détriment des Occidentaux et au profit de l'Union soviétique. Celle-ci, d'ailleurs, ne s'y trompa point, et elle joua dans tous ses concerts la partition

---

1. *Scientific Committee on Problems of the Environment.*

*Le besoin d'idéologie*

de l'hiver nucléaire composée à l'Ouest. Suprême ironie, l'Académie des sciences de l'Union soviétique, de même que les savants soviétiques qui assistèrent, en août 1984, en Sicile, à la IV<sup>e</sup> Conférence internationale sur la guerre nucléaire, émirent des réserves courageuses, en un premier temps, sur le sérieux de l'hypothèse fort aventurée de leurs collègues américains. Leurs scrupules furent sans délai balayés et leurs voix réduites au silence par leurs propres services de propagande, dirigés par Boris Ponomarev. L'art de ces services soviétiques ne consiste-t-il pas, selon une technique éprouvée, à s'appuyer sur des travaux occidentaux pour propager les thèses hostiles à l'Occident ? Ils invoquent, par exemple, Paul Ehrlich, l'un des grands commis voyageurs de l'hiver nucléaire, biologiste déjà connu pour une première fabrication pseudo-scientifique, lancée en 1968 dans son livre *The Population Bomb*, dont je reparlerai. Dans un article publié en 1984 par les *Nouvelles de Moscou*, et diffusé ensuite sous forme de brochure par les services de documentation... de l'UNESCO (il fallait s'y attendre!), le nom d'Ehrlich sert à couvrir une nouvelle trouvaille : après l'hiver nucléaire, l'humanité écoperait d'un *été* nucléaire ! Congelés, puis décongelés, nous serions enfin grillés, puis aveuglés par les rayons ultraviolets.

Si les savants coupables d'abuser ainsi du prestige de la Science et de la crédulité de leurs semblables se préoccupaient sincèrement de la paix, ils ne travailleraient pas à créer un courant d'opinion poussant au déséquilibre des armements nucléaires en faveur des Soviétiques. Car ce courant a pour résultat que ce sont les seules nations occidentales qui font pression sur *leurs* gouvernements pour qu'ils réduisent *leurs* armements. Or le vrai risque de guerre, c'est le désarmement unilatéral. Étudiant avec impartialité l'expérience acquise, s'ils étaient honnêtes, ils remarqueraient que, depuis 1945, toutes les zones de la planète tombant sous la dépendance de la dissuasion nucléaire mutuelle et *équilibrée* sont restées — pour la première fois durant une aussi longue période dans l'histoire humaine — des zones de paix. Ils noteraient en revanche les quelque cent cinquante conflits conventionnels qui n'ont pu avoir lieu *que parce qu'ils échappaient à l'aire de la dissuasion nucléaire*, et qui ont fait, au bas mot, 60 millions de victimes en quarante ans, autant que la Seconde Guerre mondiale, et plutôt davantage.

L'idéal n'est certes pas que la paix ne soit maintenue que par la peur de la destruction mutuelle assurée. L'humanité doit tout faire pour ne pas s'installer dans cette situation qui ne constitue qu'un pis-aller. Mais le moyen d'en sortir n'est pas de harceler le camp démocratique seul, pour l'inciter à désarmer de façon unilatérale, ce qui ne peut que donner le champ libre à l'impérialisme totalitaire. Du moins le fait-on honnêtement quand on préconise le désarmement unilatéral en tant que simple citoyen qui a bien le droit de professer une opinion que d'autres citoyens ont bien le droit de trouver fausse et dangereuse. On se conduit, en revanche, de façon malhonnête lorsqu'on feint d'appuyer cette opinion sur la science ou la religion (le cas se rencontre aussi). Les savants « responsables » qui ont applaudi à la signature en décembre 1987 à Washington de l'accord soviéto-américain sur le retrait des missiles de portée intermédiaire, ont-ils réfléchi que cet accord n'aurait jamais pu être conclu si on les avait écoutés cinq ans auparavant, c'est-à-dire si l'OTAN n'avait pas déployé les euromissiles, ce qui eût privé les États-Unis de toute monnaie d'échange? Et surtout qu'il n'aurait même pas eu de raison d'être si l'URSS avait en 1982 accepté de retirer ses SS20 en échange de la non-installation des Pershing 2 ?

Que l'idéologie pèse d'un plus grand poids que la science dans bien des jugements scientifiques, on en trouve une autre confirmation dans la réaction de la communauté scientifique américaine à l'Initiative de défense stratégique, l'IDS, popularisée sous l'appellation de « guerre des étoiles ». Étant donné l'hostilité invétérée de cette communauté aux armes atomiques, on aurait pu attendre qu'elle accueillît avec faveur et qu'elle examinât d'un œil bienveillant l'éventualité du passage à une stratégie centrée sur la défense active, c'est-à-dire constituée par un « bouclier » spatial. La dissuasion pure repose sur la possession par les deux antagonistes des seules armes offensives qui, par la perspective d'une destruction mutuelle assurée, sont censées se paralyser les unes les autres. C'est la sécurité fondée sur la réciprocité du pire. Elle avait toujours été condamnée par les savants américains et par les évêques aussi, d'abord à cause de son immoralité, car on ne saurait se résoudre à une sécurité reposant sur une permanente et mutuelle menace de mort, ensuite à cause des dangers de déclenchement accidentel d'un échange nucléaire. Cette catastrophe fortuite avait été mise en scène souvent dans la fiction, en particulier par Stanley Kubrick dans son film classique, le *Dr Folamour* (*Dr Strangelove*), en 1964. Or, ne voilà-t-il pas qu'à peine le programme de recherche IDS annoncé, en 1983, par le président Reagan, la communauté scientifique américaine retournait sa veste avec une vélocité de transformation digne du grand Leopoldo Fregoli, dont les historiens du théâtre nous disent qu'il pouvait tenir

*Le besoin d'idéologie*

dans la même pièce jusqu'à soixante rôles différents ! Elle se métamorphose tout d'un coup en farouche partisane des armes offensives et en contemptrice sans réserve de la défense active ! « Le *Bulletin of Atomic Scientists* de mai 1985, commente ironiquement Pierre Gallois[1], chante les louanges de la doctrine de la destruction mutuelle assurée (MAD) après l'avoir condamnée depuis qu'elle avait été énoncée... On a évolué outre-Atlantique, jusqu'à faire l'éloge d'une politique militaire qui, naguère, était durement critiquée. » Et en effet il fut suffisant que Reagan exposât son plan de défense active pour que la doctrine MAD, jusque-là bête noire de l'Union of Concerned Scientists, des Physicians for Social Responsability et de la Federation of American Scientists, devînt aux yeux de ces mêmes associations de sommités intellectuelles et de savants « soucieux » le dernier refuge de l'humanitarisme pacifiste et de la vertu philanthropique. Les Dr Folamour se recrutaient désormais parmi les prix Nobel, qui pouvaient chanter en chœur le sous-titre du film : « *How I learned to stop worrying and to love the bomb* » (« Comment j'ai appris à ne plus me faire de souci et à aimer la bombe »).

Oh, bien sûr, du souci, les scientifiques « responsables » continuaient à s'en faire, mais au sujet de l'IDS, cette fois. Ce qui vaut à une doctrine militaire leur condamnation, semble-t-il, ce n'est pas l'ensemble des caractéristiques intrinsèques qui la constituent, c'est le fait qu'elle soit la doctrine de l'Administration américaine. Dès qu'elle cesse de l'être, elle devient bonne ; celle qui lui succède devient à son tour automatiquement mauvaise.

Les savants qui traitèrent de l'Initiative de défense stratégique dans le *Bulletin of Atomic Scientists* s'attachèrent à montrer, d'une part, qu'elle était irréalisable et ne pouvait être efficace ; d'autre part, qu'elle était tellement redoutable qu'elle pousserait les Soviétiques à fabriquer de nouvelles armes plus puissantes, afin de percer le bouclier spatial. Ces scientifiques ne paraissaient pas sentir la contradiction entre ces deux arguments ni en prévoir la destruction mutuelle assurée, sur le plan logique. Si la « militarisation de l'espace », pour reprendre l'expression tendancieuse de la presse communiste et de certains gouvernements d'Europe occidentale, risque de relancer la course aux armements, c'est donc qu'elle est beaucoup plus qu'un rêve. Autrement, pourquoi les Soviétiques s'efforceraient-ils depuis tant d'années d'obtenir que les États-Unis

---

1. *La Guerre de cent secondes, op. cit.*

abandonnent le programme IDS? Ils devraient, au contraire, se réjouir de voir les Américains s'engager dans une voie les conduisant à la réduction de leurs armes offensives par excès de confiance dans une protection illusoire. L'Union soviétique aurait dû sauter sur cette aubaine. Or ce n'est pas ce qu'elle fit, tout au contraire. En outre, les scientifiques américains semblaient ne pas savoir ou ne voulaient pas savoir que les Soviétiques travaillaient eux-mêmes depuis fort longtemps, et en violation flagrante du traité ABM de 1972, à leur propre programme de défense active, ce que Mikhaïl Gorbatchev a d'ailleurs fini par reconnaître officiellement dans une conférence de presse, au cours du sommet de Washington, en décembre 1987, et ce que nul de ceux qui sermonnent avec tant de courroux l'Occident sur sa stratégie n'avait le droit d'ignorer. Comment ne pas suivre Zbigniew Brzezinski lorsqu'il écrit : « Si la défense active dans l'espace est techniquement infaisable, financièrement ruineuse et militairement aisée à contrecarrer, on ne saisit plus très bien pourquoi elle serait déstabilisante, ni pourquoi les Soviétiques cherchent avec tant d'acharnement à empêcher l'Amérique de s'embarquer dans une entreprise aussi calamiteuse. Et encore moins pourquoi ils voudraient eux-mêmes reproduire pour leur propre compte un système si manifestement dépourvu de tout attrait[1]. »

Quant à la partie technique du travail de l'Union of Concerned Scientists (UCS) visant à démontrer, en 1984, l'inanité pratique de l'IDS, je me garderai d'entrer dans le détail d'une discussion qui dépasse mes compétences. Mais on eut vite le sentiment qu'elle n'était pas très sérieuse, en observant simplement qu'elle fut sans délai attaquée par des savants de renom égal à ceux qui en étaient les auteurs. Le Pr Lowell Wood, par exemple, du Lawrence Livermore National Laboratory, releva dans le rapport de l'UCS de grossières erreurs de calcul. Dans un exposé au colloque d'Erice, en Sicile, le 20 août 1984, Wood montra comment ces erreurs ruinaient l'ensemble de la démonstration. Robert Jastrow, professeur de sciences physiques à Dartmouth, s'en prit également aux chiffres avancés par l'UCS et mit en évidence les énormes faiblesses du rapport[2]. Les

---

1. *Game Plan, a Geostrategic Framework for the Conduct of the US-Soviet Contest.* The Atlantic Monthly Press, 1986. « *If the initiative is technically unfeasible, economically ruinous and militarily easy to counter, it is unclear why the SDI would still be destabilizing and why the Soviets should object to America's embarking on such a self-defeating enterprise; and even less clear why the Soviets would then follow suit in reproducing such an undesirable thing for themselves.* »
2. « The War against Star Wars », *Commentary*, décembre 1984.

auteurs de celui-ci répliquèrent à ces réfutations en modifiant et en altérant, jusqu'à les rendre méconnaissables, les assertions de leur première version. Le plus incompétent des non-spécialistes en savait en tout cas suffisamment pour comprendre, devant ce spectacle, que les certitudes scientifiques ne régnaient pas sans partage dans un débat où les mêmes physiciens, en refaisant leurs calculs, devaient concéder des rectifications allant du simple au double, ou même de un à cinquante ! En outre, ces rectifications mêmes étaient aussitôt à nouveau contestées par leurs collègues. Il est beau, certes, d'assister à un tel déploiement d'émulation intellectuelle entre chercheurs, mais il n'était pas honnête de leur part, pour commencer, d'assener comme des vérités absolues au public des hypothèses douteuses, voire de fallacieuses spéculations.

Malgré ces mésaventures assez piteuses, le dogmatisme politico-stratégique des physiciens ne perdit rien de son mordant ni de sa superbe. En 1987, un groupe de travail appartenant à l'American Physical Society publie un rapport de 424 pages sur les armes à énergie dirigée, c'est-à-dire la défense active. Avant même que des commentateurs qualifiés aient eu le temps d'analyser attentivement ce rapport, la presse et les médias se précipitent pour annoncer qu'il conclut très négativement à l'endroit de l'IDS. « Les plus grands noms de la physique moderne ont des doutes sur la guerre des étoiles. Un grand retard est en perspective », titre par exemple le *New York Times* du 25 avril : « Physicists Express Star Wars Doubt ; Long Delays Seen ». Peut-on qualifier de scientifique une culture où l'on communique au public sous forme d'affirmations péremptoires les conclusions hypothétiques de recherches douteuses, et jamais les arguments qui y ont conduit ni les objections à ces arguments ? Ce que les journaux et les télévisions ne songèrent pas à dire, en outre, aux Américains, c'est que les auteurs du rapport, quoique tous scientifiques éminents, ne comptaient pas un seul spécialiste des armes à énergie dirigée, pas même Charles Townes, pourtant l'un des inventeurs du laser, mais dépourvu d'expérience sur la pratique des armes étudiées. Cet amateurisme relatif explique sans doute certains flottements déconcertants de la démonstration. Ainsi, dans un passage nous lisons, par exemple, que le moteur des fusées à longue portée met entre trois et six minutes à brûler ; dans un autre passage, entre deux et trois minutes[1]. Or, du point de vue de la possibilité d'inter-

---

1. Voir Angelo M. Codevilla, « How Eminent Physicists Have Lent their Names to a Politicized Report on Strategic Defense », *Commentary*, septembre 1987.

cepter ces fusées dans l'espace, ce point capital ne souffre aucune approximation. Et, du point de vue du rôle que joue la science dans notre civilisation, à l'époque de la communication de masse, force nous est de constater que les convictions de l'humanité dans son ensemble ne découlent nullement d'un accès plus large au raisonnement scientifique, ni d'une compréhension améliorée des éléments du débat, d'une participation au savoir, donc d'une démocratisation de la connaissance, fût-elle sommaire. Le public n'accède qu'aux conclusions grossièrement simplifiées et non pas aux raisonnements qui les étayent, même quand il s'agit de problèmes (celui du SIDA par exemple) relativement simples à exposer. Le public moderne continue à vivre, comme son prédécesseur du Moyen Age, sous le régime de l'argument d'autorité : « C'est vrai parce que untel, prix Nobel, l'a dit. »

Par exemple, pour présenter de façon à créer l'anxiété aussi bien la dissuasion pure que la défense active, c'est un mythe toujours péremptoirement propagé, entre autres, que celui de la « course illimitée » aux armements. Pourquoi donc, dit-on, augmenter un stock d'armes déjà capable de « détruire plusieurs fois la planète » ? Rien de moins exact que cette image. Justement parce que les armes ont gagné en précision, elles ont perdu en capacité destructive : on n'a pas besoin de tout dévaster, mille kilomètres à la ronde, quand on peut frapper la cible avec une erreur éventuelle de quelques mètres à peine. Les armes nucléaires modernes n'ont plus pour objectif de « surtuer » les populations civiles. Elles visent non pas les villes, mais d'autres armes nucléaires : les silos, les bases de sous-marins et de bombardiers. Toute la technologie actuelle repose sur la capacité de détruire des cibles précises sans dévaster les zones habitées. C'est encore plus vrai pour les armes tactiques. Les victimes civiles, et même militaires, seraient en nombre très inférieur aux pertes provoquées par une guerre conventionnelle telle que la boucherie irako-iranienne, la guerre afghane, les guerres civiles d'Amérique centrale. Loin de moi l'idée qu'il ne faudrait pas les éviter à tout prix ! Précisément, la dissuasion et l'équilibre des forces ont ce but, ainsi que l'IDS. Mais, au rebours de toutes les affirmations courantes, le stock nucléaire américain n'a pas cessé de décliner. En nombre de têtes nucléaires, il atteignit son sommet en 1967. En nombre de mégatonnes, mesure la plus propre à évaluer la capacité de destruction de masse, ce stock connut son niveau le plus élevé en 1960. Il comptait alors quatre fois plus de mégatonnes qu'aujourd'hui, puisque, encore une fois, la précision a permis de réduire la puissance de chaque engin.

*Le besoin d'idéologie*

Les scientifiques[1] font partie des intellectuels. Les intellectuels américains, et surtout les universitaires, se situent beaucoup plus à gauche que la moyenne du pays, si du moins être « à gauche » consiste à vouloir offrir la supériorité stratégique aux régimes totalitaires, ce que je conteste, mais on ne peut rien, dans le vocabulaire, contre l'usage. Les intellectuels américains ont tendance à considérer que le seul danger de guerre est celui qui provient de leur propre gouvernement, quel que soit le système de sécurité que celui-ci adopte. Le mieux à leurs yeux serait qu'il n'en eût aucun. Leur haine naturelle pour le gouvernement des États-Unis se trouvait de surcroît multipliée, durant l'affaire de l'IDS, parce que ce gouvernement avait à sa tête Ronald Reagan. Je n'ai pour ma part aucune certitude absolue en ce qui concerne la faisabilité de l'IDS, bien que j'incline à suivre certains spécialistes des questions stratégiques dont l'argumentation favorable à la défense spatiale me paraît sérieuse, en particulier Albert Wohlstetter[2]. Ce dont je suis sûr, en revanche, c'est que, dans la communauté scientifique américaine, on a débattu ce programme avant tout sous l'empire de violentes passions politiques et idéologiques. Cette adultération du débat scientifique est possible chaque fois qu'une question, par ailleurs chargée d'idéologie, comporte encore trop peu de certitudes proprement scientifiques pour fermer la porte à l'influence des préjugés étrangers à la science. Lorsque tel est le cas, le seul frein à la falsification devient la probité strictement personnelle des savants. Et, tant que manque un carcan méthodologique contraignant, cette probité est aussi répandue parmi eux que parmi les autres êtres humains, c'est-à-dire fort peu.

La puissance de l'idéologie trouve son terreau dans l'incuriosité humaine pour les faits. Quand une information nouvelle nous parvient, nous y réagissons en commençant par nous demander si elle va renforcer ou affaiblir notre système habituel de pensée, mais cette prépondérance de l'idéologie ne s'expliquerait pas si le besoin de connaître, de découvrir, d'explorer le vrai animait autant qu'on le dit notre organisation psychique.

---

1. La mode est aujourd'hui en France de ne plus employer le mot « savant », qui ferait, paraît-il, vieux jeu. On emploie donc « scientifique ». L'ennui est que l'on renonce ainsi à différencier le substantif de l'adjectif, ce qui crée un inconvénient aussi bien pour la clarté que pour l'euphonie. Curieuse manière de défendre la langue française, qui consiste à ne jamais manquer une occasion de l'appauvrir. L'anglais, quant à lui, conserve la distinction entre le nom (*scientist*) et l'adjectif (*scientific*).
2. Wohlstetter a écrit de nombreuses études critiquant la dissuasion pure. On trouvera notamment une bonne mise au point de ses thèses dans « Swords without Shields », *The National Interest*, été 1987.

Le besoin de tranquillité et de sécurité mentales semble plus fort. Les idées qui nous intéressent le plus ne sont pas les idées nouvelles, ce sont les idées habituelles. L'essor de la science, depuis le XVIIe siècle, nous incite à prêter à la nature humaine un congénital appétit de connaissances et une insatiable curiosité pour les faits. Or, l'histoire nous l'enseigne, si l'homme déploie, en effet, une intense activité intellectuelle, c'est pour construire de vastes systèmes explicatifs aussi verbaux qu'ingénieux, qui lui procurent le calme de l'esprit dans l'illusion d'une compréhension globale, plutôt que pour explorer humblement les réalités et s'ouvrir à des informations inconnues. La science, pour naître et se développer, a dû et doit encore lutter contre cette tendance primordiale, autour d'elle et dans son propre sein : l'indifférence au savoir. Le penchant contraire, pour des raisons qui nous échappent encore, n'appartient qu'à une minorité infime d'hommes, et, de surcroît, dans certaines séquences de leur comportement et non dans toutes.

C'est pourquoi le rejet d'une information nouvelle, ou même ancienne mais qui a le défaut d'être exacte, et le refus de l'examiner se manifestent souvent en l'absence et en deçà de toute motivation idéologique. Devant une connaissance inopinée qui se présente à lui, l'homme hors de tout parti pris est capable d'un manque d'intérêt dû à la seule inertie de l'esprit.

Quoi de plus inoffensif que l'assyriologie ? De quelle discipline un intellectuel peut-il attendre moins, dans les temps modernes, le pouvoir de dominer ses semblables et de mettre une idéologie au service de sa carrière ? On doit donc pouvoir supposer que c'est bien là le dernier domaine où la « communauté scientifique », comme on dit par antiphrase, risque d'éprouver la moindre envie de repousser une connaissance nouvelle. Quelle motivation, quelle ambition étrangères à la science pourraient bien l'y pousser ? Et pourtant, cela s'est produit. Le simple refus d'apprendre fut la seule mauvaise fée qui se pencha sur le berceau de cette discipline. On peut comprendre que certains champs historiques soient jalousement surveillés par les idéologues, par exemple la Révolution française, territoire qui reste jonché de débris idéologiques encore radioactifs, et où nous ne pénétrons que comme dans un château hanté où circulent des fantômes avides de s'enrôler à titre posthume dans des batailles contemporaines. Mais l'assyriologie ! Seul le désir d'ignorance, la *libido ignorandi*, en explique les laborieux débuts. En effet, lorsqu'en 1802, un jeune latiniste allemand, Georg Friedrich Grotefend, informa la Société royale des sciences de l'université de Gottingue qu'il pensait avoir trouvé la clef des « inscriptions persépolitaines dites cunéiformes », ce qui était vrai, il trouva ladite société de glace. Et pourtant, écrit un assyriologue actuel, Jean Bottéro[1], c'est bien Grotefend qui « avança le premier sur cette route, longue d'un demi-siècle, au bout de laquelle on devait finalement maîtriser le triple secret formidable qui avait défendu pendant deux mille ans les inscriptions assyriennes et babyloniennes[2] ». Découragé par l'indifférence de la Société royale, le jeune latiniste abandonna ses recherches. Cette réaction d'apathie à l'information est le fait de base dont nous devons d'abord tenir compte si nous voulons comprendre les infortunes de la communication et de la compréhension. Elle est préalable à toute entrée en scène de l'idéologie. Celle-ci, dès qu'elle intervient, décuple l'impuissance naturelle de la seule connaissance pure à retenir notre attention ; elle ne la crée pas de toutes pièces.

Dans la minorité où sévit l'anomalie de la curiosité intellectuelle, du goût pour les faits et de l'intérêt pour la vérité, le découvreur se trouve parfois être un amateur. C'était le statut du latiniste allemand ; ce fut également celui de l'homme qui poursuivit ses travaux et paracheva le déchiffrement des écritures mésopotamiennes, H. C. Rawlinson, de son métier simple officier de la Compagnie des Indes orientales. Rawlinson, nous dit Bottéro, était un chercheur « dont l'intelligence, l'acharnement et le génie devaient faire, après Grotefend, le plus grand nom dans l'histoire naissante du Proche-Orient antique ». Au XX$^e$ siècle, c'est aussi par un amateur — un architecte, Michaël Ventris — que fut déchiffrée en 1952 l'écriture dite « linéaire B » de la Crète minoenne. Les hellénistes n'accueillirent pas non plus avec beaucoup de chaleur cette percée décisive. Préfaçant la traduction française du livre de John Chadwick, *le Déchiffrement du linéaire B*, Pierre Vidal-Naquet, éminent helléniste français, écrit en 1972[3] : « On verra ci-dessous comment fut accueillie la découverte sensationnelle de M. Ventris. Avec dix-neuf ans de recul, il est permis de penser que, *somme toute*, les choses ne se sont pas si mal passées, et que l'hellénisme contemporain, discipline pourtant éminemment conservatrice, a, *dans l'ensemble*, accueilli *assez rapidement* la novation. » (C'est moi qui souligne.) « Cela n'empêche pas, poursuit Vidal-Naquet, l'histoire des résistances d'être hautement instructive. » Malgré tous ces pudiques euphémismes, on entrevoit sans peine

---

1. *Mésopotamie*, Paris, Gallimard, 1987.
2. « Triple secret » parce que le cunéiforme servit d'écriture, ainsi qu'on le découvrit peu à peu, à trois langues : le vieux perse, l'élamite et l'akkadien.
3. Gallimard. L'édition originale anglaise est de 1958.

le déploiement de sottise et de malveillance qu'a dû subir le malheureux Ventris. Loin de moi l'idée absurde d'avancer que la science ne progresserait que grâce aux amateurs. Cette exception ne peut guère se réaliser que dans les commencements. Du reste, les découvreurs comme Ventris ou Rawlinson, s'ils se situaient par leur activité principale hors du monde universitaire, n'étaient nullement des amateurs. Ils ne l'étaient qu'en titre. Fortement préparés, ils s'étaient imposé une formation aussi et même plus exhaustive que celle des professionnels de leur discipline. Si leur statut mérite l'attention, c'est parce qu'un amateur, par définition, ne bénéficie d'aucun pouvoir, d'aucun réseau d'alliances dans le milieu social des savants et dans la bureaucratie universitaire. L'accueil fait à sa découverte ne peut donc émaner que d'une perception exclusivement scientifique, d'une appréciation de ses seuls mérites. Ces exemples rares sont donc un bon étalon, pour mesurer la force des élans purement intellectuels des hommes en général et des chercheurs en particulier. Mais que l'on se rassure: entre professionnels patentés, les haines et la mauvaise foi sont tout aussi puissantes et déterminantes.

L'idéologie ne fait qu'aggraver et envenimer cette crainte naturelle des faits. Le mécanisme de conjuration du soviétologue américain Moshe Lewin, mentionné plus haut, fournit un plaisant exemple de cette animosité. La conjuration — pratique de magie destinée à exorciser les influences néfastes — consiste à frapper mentalement de nullité un fait qui dérange, en le proclamant mineur et dérisoire. Mis en présence de l'antisoviétisme récent de l'intelligentsia française, comme je l'ai dit plus haut, Lewin en fait d'abord un phénomène « parisien », donc mondain, une mode superficielle et un peu stupide: la peur, dit-il, à l'idée puérile que les chars soviétiques pourraient atteindre la Manche à tout moment. Sans doute, une émission de télévision consacrée, en 1985, à ce que serait un conflit de ce genre en Europe, et présentée par Yves Montand, avait-elle attiré l'attention sur des réalités stratégiques qui, au demeurant, n'en déplaise à M. Lewin, placidement installé à six mille kilomètres de nos rivages, ne relèvent pas pour les Européens de la pure mythologie. Néanmoins, la hantise d'une attaque frontale, dont se gausse Lewin, n'a pas été le facteur décisif dans le retournement idéologique qui le chagrine tant. Ce facteur décisif a été bien plutôt la prise de conscience de l'originalité spécifique de la réalité totalitaire, ainsi que du risque de finlandisation sans guerre de l'Europe occidentale. Aussi, quand Lewin ironise[1] sur les « phobies » d'après lui sans fondement de

---

1. *La Formation du système soviétique*, *op. cit.*, introduction.

*Le besoin d'idéologie*

la « classe intellectuelle parisienne », qui « s'intéresse avant tout à elle-même »... parce qu'elle s'est détachée de l'idéologie pro-soviétique, il se comporte non en scientifique analysant une donnée historique, mais en politicien confronté à des chahuts de fond de salle. La sincérité d'autrui lui paraît une chose impossible. Sans le blâmer pour un trait si humain, je note chez lui l'indifférence à l'information et la répugnance à enregistrer une indication nouvelle, défauts qui devraient normalement avoir été éliminés par une bonne formation d'historien. Lewin ne parvient pas à absorber un fait culturel tel que l'évolution idéologique européenne (et non pas seulement française ou « parisienne »), parce que ce fait prend à contre-pied son postulat de départ : à savoir que, selon lui, la suppression de la liberté ne constitue pas une composante intrinsèque du système soviétique.

« L'histoire serait une excellente chose, si seulement elle était vraie. » Cette boutade de Tolstoï va plus loin qu'il n'y paraît. Oh ! bien sûr, rêver d'une histoire totalement vraie constitue un non-sens épistémologique. Les philosophes de l'histoire, en particulier Max Weber et, à sa suite, Raymond Aron, l'ont bien montré : le point de vue de l'historien est relatif. Cela découle de ce qu'il opère lui-même à partir d'un moment de l'histoire, dont il fait partie intégrante, où il est inséré, pour observer un autre moment de l'histoire. Mais je ne me réfère pas ici à ces considérations philosophiques : ou plutôt, je les tiens pour acquises et évidentes. Je me réfère aux manquements brutaux à la vérité, ceux que l'historien a parfaitement les moyens d'éviter. La question est non pas de savoir si l'historien peut atteindre à la vérité absolue, mais s'il s'y efforce, de savoir si l'historien peut connaître tous les faits, mais s'il tient bien compte de tous les faits qu'il connaît ou s'il cherche vraiment à connaître tous ceux qui sont connaissables. Or, il n'en est rien, ou du moins, c'est l'exception. A l'intérieur de la relativité inhérente à la position de l'observateur, simple truisme épistémologique, existe ou peut ou devrait toujours exister un mélange d'objectivité méthodologique et de probité personnelle qui s'appelle l'impartialité. Pour qu'il approche de cette rigueur, l'ensemble des qualités requises chez l'historien paraît presque impossible à réunir et se trouve en effet fort rarement réuni. Certains historiens anciens le possèdent, même si leur documentation est « démodée », et des historiens actuels en sont dépourvus, quoiqu'ils aient à leur disposition de meilleurs moyens de recherche.

Le procédé que nous constatons trop souvent, même chez des historiens de haut niveau scientifique (je ne parle pas des livres de pure propagande mensongère, où la falsification ne respecte même pas les apparences de l'impartialité), repose sur la sélection des preuves, qui traite les faits comme une collection d'exemples dont on tire ceux qui conviennent à l'illustration d'une théorie tout en cachant le plus possible les autres. Mis à part celle qu'ont pratiquée de loin en loin, chacun avec les ressources de son époque, une minorité d'esprits soucieux de connaissance, l'histoire est presque toujours utilisée comme l'instrument d'un combat idéologique, qu'il soit politique, religieux, nationaliste, voire humanitaire ou même... scientifique, je veux dire conditionné par la défense des théories et présuppositions d'une école historique particulière.

On s'explique aisément ce poids de l'idéologie, et il est presque excusable, quand l'historien prend pour objet un phénomène encore en cours : par exemple le communisme, l'Union soviétique, le socialisme, le totalitarisme, le tiers monde. On se l'explique, bien que, précisément, ce que l'on serait en droit d'attendre du chercheur scientifique serait qu'il nous permît d'échapper quelque peu aux égarements de la polémique quotidienne, au lieu de nous en assourdir encore davantage. Pourtant, accordons-le, le détachement s'atteint là moins facilement qu'à l'égard d'un passé lointain. Les bouleversements incessants de l'actualité, les révélations importunes ou opportunes interfèrent alors sans arrêt avec la construction du modèle explicatif à laquelle travaille l'historien. Ce sont souvent les successeurs mêmes des dirigeants soviétiques ou chinois qui cassent les modèles des soviétologues ou des sinologues occidentaux. Quelle amertume doit poindre au cœur d'un Moshe Lewin, d'un Stephen Cohen, quand ils lisent dans la *Literatournaya Gazeta* du 30 septembre 1987 que le nombre des victimes de la faim et celles de la terreur durant les années trente et durant la guerre dépassent de beaucoup, selon les démographes soviétiques, soudain bavards, les plus malveillantes évaluations de l'historiographie anticommuniste. En 1940, la population de l'URSS était de 194,1 millions d'habitants, elle se réduisait à 167 millions en 1946. La guerre ayant coûté la vie à 20 millions de Soviétiques, la différence, 7 millions, revient donc à la répression. Pire : cette différence se creuse encore davantage si l'on prend comme base de calcul non une population statique, pure invraisemblance démographique, mais la population de 1940 augmentée de sa croissance prévisible durant les six années suivantes. En prolongeant le taux de croissance des années trente, déjà particulièrement bas en raison de la mortalité anormale due aux famines et à la terreur, on aboutit au chiffre de 213 millions d'habitants qu'aurait dû compter l'URSS en 1946. Ce sont donc là 46 millions de citoyens qui ont disparu, soit 26 millions morts de faim ou de la répression[1]. Un tel chiffre incite à penser que beaucoup de choses insoupçonnables nous échappent encore, dans l'histoire du communisme. Mais comment nos historiens occidentaux feraient-ils l'effort de chercher à en percer le mystère, quand déjà ils ne tiennent que très discrètement compte des choses faciles à connaître? Songeons qu'avant la déflagration en Occident de *l'Archipel du Goulag*, qui réveilla très provisoirement nos soviétologues de leur sommeil dogmatique, plus de soixante livres sur les camps soviétiques avaient été publiés en France seulement, tous répertoriés dans les fichiers de la Bibliothèque nationale, entre 1920 et 1974[2]. Bien des historiens attendent, pour prendre acte des atrocités communistes, que ce soient les dirigeants communistes eux-mêmes qui les dénoncent — toujours chez leurs devanciers, bien entendu.

Ces reconnaissances officielles donnent d'ailleurs lieu à une amusante et agile récupération: on y déniche la preuve que le régime se porte bien et repart d'un bon pied, puisque sa franchise le montre conscient de ses plaies et d'autant plus alerte dans sa course au progrès. C'est ainsi que les régimes communistes ne font jamais en Occident l'objet d'un culte plus fervent que lorsqu'ils proclament que tous leurs ressortissants végètent ou se volatilisent. Quand Gorbatchev clame, le 17 octobre 1987, qu'en URSS « le problème de la nourriture n'est toujours pas résolu, surtout dans les campagnes », il recueille à l'Ouest une ovation enthousiaste. En URSS, en Chine, en Pologne, au Vietnam, reconnaître les erreurs et les crimes semble un titre supplémentaire à exercer le pouvoir. Imagine-t-on ces cinq colonnes à la une d'un journal français en août 1944: « Les évolutions positives du régime. Une révolution idéologique: le gouvernement de Vichy reconnaît les aberrations de la collaboration. Sa position en sort renforcée. » Que d'historiens et de commentateurs, quand ils adoptent, contraints et forcés, les positions qu'ils ont combattues naguère, s'arrangent ainsi pour ne jamais paraître se déjuger!

Toutes ces turbulences intellectuelles s'expliquent largement,

---

1. Le texte de la *Literatournaya Gazeta*, un débat entre un historien et un philosophe, a été résumé par *le Monde* du 2 octobre 1987.
2. Inventaire fait par Christian Jelen et Thierry Wolton dans *l'Occident des dissidents*, Paris, Stock, 1979.

je le disais, par le fait que, dans l'exemple choisi, le passé et l'actualité, le débat historique et le débat politique se mêlent et s'influencent. Tel historien du communisme n'est-il pas en même temps un éditorialiste politique auquel la grande presse demande périodiquement de diagnostiquer le sens des derniers développements survenus et de recommander une ligne de conduite? L'engagement direct dans le présent accroît inéluctablement la difficulté de rester impartial sur le passé. En revanche, quand le passé est révolu, la sérénité devrait prédominer. Or il n'en est rien non plus. Rien ne le montre mieux que l'historiographie de la Révolution française. Les spécialistes ont souvent mis à profit l'éloignement d'une inaccessible Union soviétique pour la dépeindre non telle qu'elle était, mais telle qu'elle aurait dû être. Ils créaient ainsi, comme avec la Chine maoïste, un idéal factice, une diversion idéologique. Mais à côté de la diversion dans l'espace existe la diversion dans le temps.

L'incurable controverse sur la Révolution française nous intéresse ici moins par les divergences d'interprétation entre historiens qu'elle révèle, manifestations normales d'une recherche vivante, que par les interdits extérieurs à la science qui la traversent et la font sans cesse rebondir. Ces interdits concernent d'ailleurs en premier lieu les faits, avant de concerner les interprétations. Les fidèles du jacobinisme haïssent plus un chercheur qui déterre ou confirme des faits gênants pour la version jacobine de la Révolution que des contre-révolutionnaires de principe, un Edmund Burke, un Joseph de Maistre, un Charles Maurras, qui constituent, pour ainsi dire, leur propres pendants idéologiques, en un consanguin et roboratif antagonisme. Entre doctrinaires opposés, on se délecte des batailles livrées à coup d'affirmations, et l'on redoute bien davantage les connaissances nouvelles qui coupent les jarrets des chevaux de bataille eux-mêmes. C'est pourquoi l'historiographie de la Révolution, notamment l'historiographie universitaire et scolaire née sous la troisième République, a consisté plus à trier les preuves qu'à les rechercher, et à protéger les thèses qu'à les établir. L'impératif idéologique, politique, militant domine l'exigence scientifique, de façon d'autant plus perfide qu'il se donne souvent les apparences de la science, servi par de grands noms de l'histoire universitaire, Albert Mathiez ou Alphonse Aulard, et par les manuels scolaires d'Ernest Lavisse ou de Malet et Isaac. L'incuriosité pour les sources commence d'ailleurs très tôt. Michelet le premier se donne la peine, au milieu du XIX$^e$ siècle, de dépouiller les archives, suivi par Tocqueville, qui, lui, explore même des archives provinciales. Ce n'est pas un hasard si ces deux grands esprits sont précisément ceux qui ne se croient pas capables de tirer la vérité historique du seul puits de leur pensée. Avant eux, le conservateur Adolphe Thiers et le socialiste Louis Blanc, tous deux auteurs d'une *Histoire de la Révolution*, ou Lamartine dans son *Histoire des Girondins*, d'une sentimentalité révolutionnaire très conformiste, travaillent de seconde main, se contentent des documents et mémoires déjà publiés et de la tradition orale. Il a fallu attendre près de deux siècles, 1986, pour que l'on ébauchât une évaluation sérieuse des victimes de la répression en Vendée, grâce à des recherches dans des archives villageoises, ou un inventaire du nombre des nécessiteux sous la Révolution, comparé à celui des indigents sous l'Ancien Régime, ou un bilan économique global du nouveau régime. Encore ces appréciations chiffrées furent-elles accueillies avec d'indicibles convulsions par les tenants du « catéchisme révolutionnaire ».

La coriacité de ce catéchisme intrigue d'autant plus que, très tôt, les esprits raisonnables, même François Guizot, dont le père avait cependant été guillotiné sous la Terreur, ont jugé irréversibles les acquis politiques et sociaux de la Révolution. De plus, le sectarisme des « catéchistes » croît avec le temps et s'aiguise à mesure que le danger d'une restauration de l'Ancien Régime ou même d'une monarchie constitutionnelle moderne s'enfonce davantage dans le néant des fantasmes irréalisables. La momification d'une image mythique de la Révolution répondait donc chez les républicains à un besoin autre que celui de parer à une menace politique qui devenait chaque jour de moins en moins plausible. Si les monarchistes, avec l'Action française, occupaient encore en France, avant 1939, une place indéniable dans le débat public français, jamais ils ne crurent eux-mêmes à leur succès. La démocratie a dû, certes, au XX$^e$ siècle, se défendre, sur sa droite comme sur sa gauche, mais contre des assauts livrés par les totalitarismes modernes, fruits d'une école de pensée d'une tout autre espèce que ceux des traditionalistes. D'ailleurs, précisément, le secret de la vigilance sourcilleuse et de la peur des faits propres aux grands prêtres du culte révolutionnaire ne réside-t-il pas dans l'équivoque primordiale de la Révolution, cette Révolution mère à la fois de la démocratie et des adversaires de la démocratie ? La susceptibilité ombrageuse et l'insatiable appétit de censure des catéchistes, calmés un moment par l'officialisation d'un enseignement universitaire conforme à leurs vœux, ne viennent-ils pas de l'ambiguïté profonde de leur tâche ? Ils doivent protéger le noyau primitif jacobin d'où sort tout entière la capitale innovation politique de notre temps : la propagation de la servitude abritée derrière la défense de la liberté. Des deux ennemis mortels, des deux systèmes inconciliables, nés l'un et l'autre de la Révolution, le libéralisme et le totalitarisme, ou, en termes plus actuels, la démocratie et le communisme, les purs héritiers du jacobinisme travaillent à promouvoir le second, tout en se prétendant les gardiens du premier. D'où leur injonction : vous devez accepter la Terreur au nom de la liberté. Car « la Révolution est un bloc » et « on ne fait pas d'omelette sans casser les œufs ». Il en résulte que récrire l'histoire de la Révolution française, la rectifier, l'expurger, l'idéaliser, la sacraliser, l'absoudre, la recommencer chaque jour relève, à deux cents ans de distance, de la même nécessité idéologique que les constants remaniements et dissimulations de l'histoire récente et contemporaine par l'Union soviétique. Mais ce qui rend plus intéressante la longévité du catéchisme révolutionnaire, c'est qu'elle fleurit au nom de la science, dans une culture libre, sans contrainte politique directe, sans menace pour la sécurité des personnes, sinon pour leur carrière. L'enjeu, c'est la justification ou le refus de ce qui s'appellera au XX$^e$ siècle la dictature totalitaire, et non pas seulement de la Révolution en tant que démocratie se substituant à l'Ancien Régime. Ce débat, j'y insiste, se situe entre auteurs qui tous approuvent pour l'essentiel la Révolution, mais dont les uns considèrent qu'elle avait le droit et même le devoir, pour survivre, de recourir à la Terreur, tandis que les autres tiennent qu'elle s'est trahie et détruite elle-même en la pratiquant. L'école admirative de la Terreur comprend au XIX$^e$ siècle Adolphe Thiers, l'homme de droite par excellence, celui qui écrasera dans le sang la Commune de Paris en 1871, Lamartine, l'opportuniste, et les historiens socialistes. Elle comprend notamment au XX$^e$ siècle Alphonse Aulard, Albert Mathiez et Albert Soboul. Dès 1796, Gracchus Babeuf avait fourni à cette école sa devise : « Le robespierrisme, c'est la démocratie. » L'école libérale, qui voit au contraire dans la Terreur le signe de l'échec de la démocratie et la juge aussi injustifiée qu'inacceptable compte les noms de Michelet, Tocqueville, Edgar Quinet, Taine. Malgré l'énorme supériorité de ses talents littéraires et de sa conscience scientifique, cette deuxième école, celle de la démocratie libérale, a toujours été terrassée par la première. J'atteste que j'ai pu, un peu avant le milieu de notre siècle, préparer le baccalauréat, puis le concours d'entrée à l'École normale supérieure, en ayant, pour les deux, la Révolution au programme, sans que jamais mes professeurs, pourtant excellents, mentionnassent une seule fois dans leurs

*Le besoin d'idéologie*

cours *l'Ancien Régime et la Révolution* d'Alexis de Tocqueville. En revanche, les trois petits tomes de la *Révolution française* d'Albert Mathiez devaient pratiquement être sus par cœur. Le retour à Tocqueville dans l'enseignement universitaire se dessina vers 1960 seulement. Si la gauche a toujours inclus Michelet dans son patrimoine, elle ne prête guère d'attention à sa sévérité pour la Terreur. La polémique suscitée par *la Révolution* d'Edgar Quinet en 1865 trace le canevas du mélodrame idéologique repris et remis en scène à satiété par la suite, jusques et y compris dans la superproduction des commémorations de 1989. Selon un scénario qui ne cessera de se répéter, et pas seulement à propos de la Révolution, il ne s'agit nullement dans cette discussion de savoir si ce que l'auteur a dit est vrai ou faux, mais à quoi ça sert et qui ça sert ou dessert.

Les contradicteurs les plus virulents de Quinet, au premier rang desquels Louis Blanc, l'accusent d'affaiblir le mouvement démocratique et de le trahir. N'oublions pas que le « traître », en l'occurrence, a choisi l'exil pour ne pas vivre sous le régime de Napoléon III, tout comme son procureur d'ailleurs. Ainsi, déjà, une partie de la gauche veut imposer à l'autre le devoir de mentir sur le passé sous prétexte de sauvegarder la cohésion du présent.

Quel passé ? Quinet part d'une réalité désespérante, cachée par la gauche avec une vigilance d'autant plus sourcilleuse qu'elle est plus éclatante : la Révolution a été un échec. Commencée en vue d'établir la liberté politique, elle a conduit d'abord à la Terreur, puis à la dictature militaire de Napoléon I$^{er}$. Ses réformes sociales ne peuvent se contester. Mais, comme l'avait déjà dit Tocqueville, de ce point de vue, la Révolution était déjà en cours, sinon même aux trois quarts faite, quand elle a débuté. Sa véritable réussite, c'eût été d'implanter en France un système durable et paisible de liberté politique. Or elle parvint surtout à frayer le chemin à des formes aggravées de tyrannie. Bien pis : la « reprise » de 1848, elle aussi, a engendré une République incapable de gouverner, pour se terminer de nouveau par un coup d'État et par une seconde confiscation de la souveraineté par un régime autoritaire !

Quelle série de faillites ! Il en faudrait moins à toute autre famille politique que la gauche française pour s'interroger sur la validité de ses idées. Et la première idée à remettre en question, dit Edgar Quinet, c'est celle de la légitimité de la Terreur. Dans une page d'une saisissante modernité, Quinet décortique ce qui deviendra un grand sophisme du XX$^e$ siècle : « Égalité sans liberté, écrit-il, en dehors de la liberté, telle est donc la chimère suprême que nos théoriciens nous font poursuivre pendant tout le cours de notre histoire : c'est l'appât qui nous tient en haleine... J'ajourne la recherche des garanties politiques au temps où le niveau social aura été atteint... Je suppose que la chimère soit atteinte... Qui jugera qu'elle l'est en effet ?... Voilà la liberté de nouveau ajournée ; mieux valait dire dès le début qu'elle l'est éternellement ! »

Quant à Jules Michelet, ses réserves à propos de Quinet portent moins sur la Terreur même, condamnée avec une identique sévérité par les deux historiens, que sur la façon de l'expliquer. Alors que Quinet voit dans 1793 une simple rechute dans l'absolutisme ancien, Michelet saisit bien que le phénomène constitue une sorte de première historique, un inédit mental. François Furet[1] attire l'attention sur un aspect méconnu (ou peut-être volontairement négligé) de l'analyse du jacobinisme chez Michelet. Pour l'auteur de l'*Histoire de la Révolution française*, les 3 000 sociétés et les 40 000 comités du club des Jacobins soumettent la France, avant la lettre, au régime du parti unique et du « centralisme démocratique », comme on dit de nos jours.

Cette technique de domination du club, nous autres, au XXe siècle, nous en connaissons bien les ingrédients. Furet, traduisant Michelet dans notre vocabulaire, les détaille ainsi : « Maniement d'une orthodoxie idéologique, discipline d'un appareil militant centralisé, épuration systématique des adversaires et des amis, manipulations autoritaires des institutions élues. » Michelet avait raison : cette nouvelle technique de pouvoir était d'une autre « nature » que l'absolutisme de l'Ancien Régime.

En 1869, Michelet enrichit son *Histoire* d'une amère préface, intitulée « Le Tyran » : « Sous sa forme si trouble, dit-il de la Terreur, ce temps fut une dictature. » Cette dictature conduisit plus tard à celle de Bonaparte. « Le tyran bavard, jacobin, amène le militaire. Et le tyran militaire ramène le jacobin. » Michelet nous enseigne ici que dictature et démocratie constituent des réalités premières, originelles, qu'on rencontre dans n'importe quelles conditions socio-économiques. Partageons son étonnement, lorsqu'il demande : « Par quelle obstination donc une chose tellement éclaircie est-elle toujours mise en doute ? »

---

1. *La Gauche et la Révolution française au milieu du XIXe siècle*, Paris, Hachette, 1986.

*Le besoin d'idéologie*

On le notera, les considérations de Michelet sur le quadrillage et la surveillance de la France par les sections des clubs (nous dirions aujourd'hui les cellules du parti) préfigurent les analyses d'Augustin Cochin, cet historien tué au front durant la Première Guerre mondiale avant d'avoir achevé son œuvre et d'être redécouvert cinquante ans plus tard par François Furet. L'originalité de Cochin est d'avoir le premier identifié dans le jacobinisme le phénomène totalitaire à l'état pur, ce phénomène autonome, sorte de dictature de la parole mensongère, qui n'a rien à voir avec les autoritarismes anciens, ni avec les dominations de classe, ni avec le césarisme populiste. Publiés surtout après sa mort, les travaux de Cochin furent massacrés par l'éternel Alphonse Aulard, avec cette malhonnêteté doucereuse qui consiste à éreinter un livre sans souffler mot de ce qu'il contient, et même en lui attribuant ce qu'il ne contient pas. Ainsi, en l'occurrence, Aulard prétend que Cochin se serait borné à ressusciter la vieille thèse de l'abbé Barruel, selon laquelle la Révolution serait sortie des Loges maçonniques. Or cela ne se trouve pas dans Cochin, et on y lit en revanche beaucoup d'autres choses — omises par Aulard dans son compte rendu. Cette méthode dissuasive ne manqua pas de porter ses fruits : Cochin ressombra dans l'oubli. Pour l'en avoir tiré, Furet s'attira d'ailleurs quelques sévères mandements épiscopaux des inquisiteurs de la catéchistique jacobine, toujours actifs. Leur morale est claire : la question n'est pas de savoir si l'on doit ou non disposer des textes de Cochin pour éventuellement les réfuter ; le mieux est encore qu'ils n'existent point, qu'ils demeurent introuvables[1]. Faire disparaître, tel est l'argument souverain de la pensée.

C'est d'ailleurs ce que l'école de la Terreur avait réussi à faire dans le cas de Taine, injustement exécuté par l'immarcescible Aulard au début du siècle et, coïncidence étrange, Taine avait été défendu avec verve et pertinence par Augustin Cochin en 1908 dans sa *Crise de l'histoire révolutionnaire*.

Dès que Taine eut publié les parties de ses *Origines de la France contemporaine* consacrées à la Révolution, à la conquête jacobine du pouvoir et à la Terreur, les « républicains » se mobilisèrent afin d'organiser une contre-offensive. Charles Seignobos et Alphonse Aulard (titulaire de la chaire d'histoire de la Révolution française créée à la Sorbonne tout exprès pour

---

[1]. Or le tragique, pour les inquisiteurs, est, qu'à la suite de l'étude que leur a consacrée Furet, on les a réédités ! Augustin Cochin, *l'Esprit du jacobinisme*, Paris, PUF, 1979, préface de Jean Baechler.

lui)s'efforcent de démontrer que Taine n'est pas compétent comme historien. Aulard épluche Taine pour y débusquer les erreurs de référence. Après la mort de Taine, Augustin Cochin contre-attaque: il établit que, sur un échantillon de 140 pages, comprenant 550 références, le pourcentage des erreurs de Taine était de l'ordre de 3 %, tandis que celui des erreurs d'Aulard critiquant Taine était de 38 %. Néanmoins Taine, le grand esprit, fut le vaincu à titre posthume d'une bataille dont Aulard, le médiocre, fut le vainqueur. Après avoir connu un grand succès de librairie à la fin du XIX$^e$ siècle, les *Origines* cessèrent peu à peu d'être rééditées.

Pourquoi? L'essai de Taine s'était vu conférer le statut infâme de machine de guerre contre-révolutionnaire. Or c'est là, me semble-t-il, une erreur, pour une double raison. La première: s'il est certain que le réquisitoire antijacobin de Taine est d'une grande violence de ton, et parfois même d'une outrance désagréable, il n'est pas plus accablant que les jugements portés avant lui sur la Terreur par plusieurs historiens classés à gauche, comme Taine l'était lui-même avant les *Origines*. La deuxième: les *Origines de la France contemporaine*, comme leur titre l'indique, ne portent pas uniquement sur la Révolution. Avant elle, l'Ancien Régime finissant, après elle, ce que Taine nomme le « Régime moderne », des débuts du système napoléonien jusqu'en 1880, occupent une large place.

De surcroît, on ne peut pas qualifier Taine de réactionnaire au sens où il plaiderait pour une restauration ou même une réhabilitation de l'Ancien Régime. Sa peinture des dernières décennies de la vieille France, qui comprend d'ailleurs quelques-unes des pages les plus éblouissantes du livre, est beaucoup plus sévère que celle d'historiens du XIX$^e$ siècle plus favorables que lui à la Révolution. Selon lui, l'Ancien Régime n'était plus viable ni réformable. La misère y était trop grande, les classes dirigeantes incapables, le système politique dans un état de putréfaction et de paralysie incurable. Le dossier de Taine n'a donc rien à voir avec la cause que plaidera plus tard l'historiographie de droite, chez un Pierre Gaxotte par exemple.

Tout en feignant de défendre la démocratie, alors qu'en fait toutes ses cibles sont des partisans de la démocratie, l'école admirative de la Terreur cherche dans la Révolution l'argumentaire justificatif du totalitarisme. C'est ce qui devient parfaitement clair après le coup d'État bolchevik de 1917, quand les vedettes de l'historiographie révolutionnaire se font les avocats de la dictature léniniste au nom de 93 et du Comité de salut public. Dans une *Enquête sur la situation en Russie* publiée en

1919 par la Ligue des droits de l'homme, on peut lire ceci[1] : « La Révolution française, elle aussi, fut faite par une minorité dictatoriale, soutient le Pr Aulard. Elle n'a pas consisté dans les gestes de votre douma à Versailles, mais c'est sous la forme de soviets qu'elle s'est développée. Les comités municipaux en 1789, puis les comités révolutionnaires, chez nous comme chez vous, ont employé des procédés qui faisaient dire partout en Europe et même dans le monde, en ce temps-là, que les Français étaient des bandits. Nous avons réussi ainsi. Toute révolution est l'œuvre d'une minorité. »

Et Aulard a ces mots : « Quand on me dit qu'il y a une minorité qui terrorise la Russie, je comprends, moi, ceci : la Russie est en révolution. » Encourageante définition de la révolution !

« Je ne sais pas ce qui se passe, ajoute Aulard, mais je suis frappé de voir que dans notre Révolution française nous avons eu comme vous à repousser une intervention armée, nous avons eu des émigrés comme vous. Je me demande alors si ce n'est pas tout cela qui a donné à notre Révolution le caractère violent qu'elle a eu. Si, en ce temps-là, la réaction n'avait pas décidé et pratiqué l'intervention que vous savez, nous n'aurions peut-être pas versé le sang ou nous en aurions peu versé. C'est parce que l'on a voulu empêcher la Révolution française de se développer qu'elle a tout brisé. »

On reconnaît là le système d'excuses qui servira de passeport à tant de systèmes totalitaires du XXᵉ siècle, pour peu qu'ils se réclament du socialisme, même les plus sanglants, les plus sûrement affameurs. Après un passage en Éthiopie durant les pires moments de la répression menée par le régime communiste, en 1977, l'important dirigeant communiste italien Giancarlo Pajetta déclare que le climat d'Addis-Abeba rappelle au fond celui de Paris sous la Révolution française. Comme à Paris en 1792 et 1793, on peut apprendre à midi, badine Pajetta, que l'homme avec qui on a dîné la veille au soir vient d'être exécuté. Ces imprévus font donc un peu partie, selon Pajetta, du charme de ce genre de situation, auquel l'évocation de la vie parisienne sous Robespierre apporte à la fois une respectabilité historique et la poésie du folklore. Si « le robespierrisme, c'est la démocratie », alors peu importent les massacres, la faim, les camps et les boat-people. Khmers rouges et sandinistes, Fidel Castro et les maîtres de Hanoi ont la raison historique et la morale socialiste

---

1. Cité par Christian Jelen, *l'Aveuglement, les socialistes et la naissance du mythe soviétique*, Paris, Flammarion, 1984, p. 56.

pour eux. On ne peut plus leur objecter leurs violations des droits de l'homme ni leur incapacité à nourrir le peuple. Ce sont là des critiques superficielles, des lamentations au premier degré, platement empiriques, alors que toute révolution s'inscrit dans une dialectique à long terme ou, plus précisément, dont on ne voit jamais le terme. Les circonstances dans lesquelles vit un régime révolutionnaire sont toujours exceptionnelles et défavorables, ce qui interdit de le juger sur ses actes, tout en justifiant ceux-ci. Cette formule magique, qui permet de refuser perpétuellement le contrôle de la réalité, est le service rendu à la gauche par l'école jacobine. Albert Mathiez, beaucoup plus intelligent qu'Aulard, pense pourtant presque dans les mêmes termes que lui, car l'idéologie nivelle les intellectuels : « Jacobinisme et bolchevisme sont au même titre deux dictatures, nées de la guerre civile et de la guerre étrangère, deux dictatures de classe, opérant par les mêmes moyens, la Terreur, la réquisition et les taxes, et se proposant, en dernier ressort, un but semblable, la transformation de la société, et non pas seulement de la société russe ou de la société française, mais de la société universelle[1]. » Dans ce parallèle, Mathiez ne se borne pas à décrire, je le précise : il approuve.

Mais, bizarre et contradictoire comportement, la science historique ainsi dévoyée, tout en glorifiant la Terreur comme chemin unique vers la « transformation de la société universelle », s'acharne à en cacher le plus possible les hauts faits. Pourquoi ? Si la Terreur est un instrument de salut pour l'humanité, on ne saurait trop en recommander l'extension. Dans quel but rapetisser l'échelle sur laquelle elle a été, pour notre plus grand bien à tous, pratiquée par les grands ancêtres ? Sous l'effet de quelle timidité dissimuler par exemple l'ampleur des massacres de la guerre de Vendée, s'ils étaient indispensables au bien de la Patrie et de l'humanité ? Et pourtant, quel vacarme, quand parut, signé d'un nouveau rétiaire, marqué pour la guillotine idéologique, en 1986, un livre porteur de documents inédits et orné d'un titre dont je ne contesterai pas le caractère provocant : *le Génocide franco-français*[2].

Il est très français que cette thèse d'État, coup de maître d'un historien de trente ans, ait suscité avant tout une querelle de vocabulaire. Le premier mouvement a-t-il été pour soupeser l'intérêt d'archives mises au jour après deux siècles de cellier ?

---

1. *Le Bolchevisme et le Jacobinisme*, Paris, Librairie de « L'Humanité », 1920.
2. Reynald Secher, *le Génocide franco-français, la Vendée « vengé »*. Paris, PUF, 1986.

*Le besoin d'idéologie*

Mesurer l'ampleur des nouveaux renseignements fournis? Évaluer le progrès accompli dans la compréhension des faits? Que non! Toutes affaires cessantes, les docteurs se sont empoignés sur la question de savoir si l'auteur était fondé à user dans son titre du terme « génocide ».

Forgé au XXe siècle, objecte-t-on, le mot est anachronique dans le contexte de 1793. Et pourquoi donc? On a le droit, me semble-t-il, de recourir à la notion de génocide en présence de circonstances et en fonction de critères qui n'ont rien de vague, à savoir:

— lorsque la violence exercée contre les ennemis ou rebelles vise, de façon patente et parfois proclamée, non pas seulement à les soumettre, mais à les exterminer;

— lorsque cette extermination s'étend à toute la population, combattante ou non, tous sexes et âges confondus, selon un plan prémédité, au-delà des opérations militaires;

— lorsque, toujours dans cet esprit, sont détruits systématiquement les moyens d'existence et de subsistance des civils, leurs habitations, leurs champs, ateliers, outils, bétail, de propos délibéré, et non du seul fait des rapines incontrôlables de la soldatesque;

— lorsque les tueries organisées, imputables à un dessein et non à l'anarchie, se poursuivent après que l'ordre a été rétabli et l'adversaire réduit à l'impuissance.

On ne peut guère contester que ces quatre aspects se trouvent souvent réunis dans la guerre de Vendée, et le soient sous l'impulsion d'une politique décidée au plus haut niveau. La Convention, directement ou par la voix de ses représentants sur place, proclame à plusieurs reprises son ferme propos d'« exterminer les brigands de la Vendée », de « purger entièrement le sol de la liberté de cette race maudite », de « dépeupler la Vendée ». Les massacres de prisonniers, de femmes, même enceintes, d'enfants et de vieillards réalisent à la lettre ce programme. La destruction des biens le complète: « On n'a point assez incendié la Vendée, il faut que pendant un an nul homme, nul animal ne trouve de subsistance sur ce sol », écrit la Convention au Comité de salut public. Elle veut effacer de la mémoire des hommes jusqu'au nom de Vendée, et un conventionnel propose de remplacer, dans la liste des départements, « Vendée » par « Vengé ». Le « département vengé » (d'où le sous-titre du livre de Secher).

Quant à la poursuite des massacres au-delà des objectifs de maintien de l'ordre, débordement qui rend palpable l'intention d'achever cette peuplade rebelle, elle indignait déjà un historien aussi peu royaliste qu'Edgar Quinet, qui écrit en 1865: « Les grandes noyades de Nantes sont de décembre 1793. Comment donc les noyades auraient-elles sauvé Nantes, déjà sauvé en juin, c'est-à-dire depuis cinq mois? Carrier continue les exterminations après la déroute des Vendéens au Mans. Est-ce Carrier ou Marceau qui a décidé cette déroute? C'est ainsi que la Grande Terreur s'est montrée presque partout après les victoires. »

Les puristes du lexique de la saignée arguent néanmoins contre Secher que « génocide » ne convient qu'à des meurtres frappant une population étrangère. A ce compte, ce que nous avons vu au Cambodge du temps de Pol Pot ne serait pas un génocide? La « dékoulakisation » des années trente en URSS ne serait pas un génocide? Les 200 000 Ougandais massacrés de 1982 à 1985 par les soldats du président Obote n'en sont pas un? Les Arméniens exterminés en 1915 n'étaient-ils pas ressortissants turcs? Les communards fusillés en masse après leur défaite complète n'étaient-ils pas français? Vraiment, le distinguo est faible. Quant au critère quantitatif, comment le préciser? Certains historiens font la moue devant les massacres vendéens, trouvant le butin un peu maigre. On peut toujours faire mieux, certes: mais il faudrait fixer le degré à partir duquel l'épuration de masse mérite le grade de génocide.

Que la répression en Vendée ait dépassé de façon gênante les limites de ce que requérait la situation, cela est si vrai que l'enseignement républicain, à l'étage des manuels scolaires comme à celui de l'histoire universitaire, en a piètrement, depuis un siècle, escamoté l'ampleur et les atroces détails. La Vendée s'est vue refoulée dans les catacombes des manuels d'histoire d'inspiration royaliste et cléricale. Mais voyez le paradoxe: c'est Reynald Secher, relégué par le choix même de son sujet dans le chenil des « contre-révolutionnaires », qui rectifie, à cause du sérieux même de sa recherche, l'information dans un sens dont aucun historien républicain n'avait jamais rêvé. Il établit avec impartialité que les pertes de Vendée sont en définitive très inférieures à ce que l'on avait toujours cru.

Hoche, qui a un temps commandé sur place l'armée républicaine, estimait à 600 000 le nombre des morts. Par la suite, et jusqu'à nos jours, même les historiens qui jugent ce chiffre excessif ne descendent jamais au-dessous de 300 000. Or, Secher conclut, d'après des sources minutieusement épluchées, que, sur les 815 029 habitants que comptait en 1792 la Vendée, 117 257 ont péri dans les combats ou les massacres, soit 15 % de la population. Ce qui est moins que l'on ne croyait, mais qui est déjà beaucoup. Songeons que, rapporté à la population française actuelle, ce pourcentage équivaudrait à 7, 5 millions de victimes. Les exterminations et les destructions sont évidemment réparties de façon inégale suivant les communes. Certaines perdent jusqu'à la moitié de leurs habitants et de leurs maisons, d'autres moins de 5 %.

Certes, le pouvoir central ne pouvait tolérer l'insurrection vendéenne, surtout au moment où s'embrasait la guerre étrangère. Mais la transformation de la répression en génocide est de source idéologique et non stratégique. D'autres actes de sauvagerie le vérifient d'ailleurs sur d'autres points du territoire national, où ne couvait aucune guerre civile. Ainsi, le minuscule village de Bédoin, dans le Vaucluse, est puni pour avoir laissé abattre, une nuit, son arbre de la liberté. Comme l'envoyé de la Convention ne découvre pas le coupable, il applique le châtiment collectif : 63 habitants sont guillotinés ou fusillés, les autres chassés, le village est entièrement brûlé : « Il n'existe pas dans cette commune une étincelle de civisme », commente avec une vertueuse placidité l'envoyé en mission dans son rapport.

Comme tous les pouvoirs qui fondent leur légitimité sur une idéologie, le Comité de salut public semble incapable de se demander pourquoi le peuple lui résiste, activement ou passivement. A ses yeux, le peuple authentique, c'est lui-même. Peuple absolu, abstrait, monolithique, il ne peut pas envisager que le peuple concret, vivant, ondoyant et divers ait des motifs sincères et réels de mécontentement. Le plus curieux est que les régions de l'Ouest, avant la Révolution, étaient à gauche, comme on dirait aujourd'hui. Il a fallu le sectarisme jacobin pour les pousser à droite, où elles sont restées durablement, dans l'histoire électorale française.

L'homme d'esprit qu'était Clemenceau a proféré l'ânerie de sa vie le jour où il a lancé le fameux « La Révolution est un bloc ! » Non. Rien de ce qui est humain n'est un bloc. Ce sont les tyrans qui raisonnent en termes de bloc. On peut se sentir l'héritier de la France de 1789 sans pour autant se faire un devoir de justifier la Vendée, Bédoin et la Terreur.

Toute la recherche scientifique s'inscrit dans un cadre tracé par son époque, un « paradigme », pour reprendre le terme de Thomas Kuhn dans sa *Structure des révolutions scientifiques*. Des œuvres comme l'*Almageste* de Ptolémée, les *Principes* de Newton, la *Chimie* de Lavoisier, la *Théorie générale* de Keynes ont fixé, pour une décennie, un siècle ou un millénaire les termes dans lesquels on se posait les problèmes dans un champ donné de recherche. En ce sens, toute pensée est conditionnée par un arrière-plan idéologique. Mais il serait vain d'en tirer argument, comme ont pu le faire un Michel Foucault ou un Louis Althusser, pour tenter de nier toute différence entre connaissance et idéologie, d'affirmer que la seule réalité intellectuelle est, en fait, l'idéologie. Cette position mène au scepticisme, en faisant de la connaissance une simple succession d'interprétations idéologiques, ou, bien plutôt, elle engendre au contraire un dogmatisme de l'idéologie, considérée comme la seule véritable connaissance. Dans les deux cas, la thèse pèche par la confusion de deux phénomènes bien distincts. Le paradigme, au sens de Kuhn, possède peut-être les caractères et les propriétés d'une toile de fond générale qui, à l'insu du chercheur, prédétermine son activité. Mais il s'agit d'une représentation scientifique, intérieure et due à la science, donc, non pas d'une idéologie, mais très exactement de ce qu'on appelle une théorie, projection cohérente d'un moment de la connaissance, et au sein de laquelle le chercheur travaille selon des critères qui restent scientifiques. D'une tout autre nature est la pénétration, dont j'ai donné plusieurs exemples, d'une idéologie non scientifique au cœur même de la science ; ou, pour être plus précis, la falsification, le détournement, la mutilation de la science au bénéfice d'une idéologie. Sans aucun doute, cette tromperie devient plus difficile à mesure que les domaines où elle voudrait sévir gagnent en rigueur. Mais dans maintes disciplines flotte encore assez d'incertitude pour que s'y glissent de tendancieuses manipulations, d'autant qu'elles visent à influencer moins les milieux scientifiques qu'un public dépourvu de moyens de contrôle et tout disposé à croire sur parole des savants renommés. Le chercheur qui opère à l'intérieur du paradigme kuhnien le fait avec une totale honnêteté. Il n'a pas conscience de subir le conditionnement du substrat épistémologique de son temps, à partir duquel il respecte l'objectivité. Ce n'est pas le cas lorsqu'un soviétologue américain « révisionniste », tel, par exemple, un certain Getty, affirme, dans un colloque, à Boston, en 1987, que le nombre des victimes de la collectivisation et des purges staliniennes des années trente n'a pas dépassé... 35 000[1]. Chiffre manifestement ridicule, même par rapport aux hypothèses basses des Soviétiques, et qui ne reflète que la maladresse du propagandiste. Mais que M. Getty ait pu l'avancer dans une réunion universitaire de haut niveau, sans qu'on le

---

1. Cette anecdote est rapportée par l'un des participants au colloque, Jacques Rupnik, « Glasnost : Gorbatchev's Profs ; a New Generation of American Academics is Rewriting Soviet History. » *The New Republic*, 7 décembre 1987.

*Le besoin d'idéologie*

somme d'abandonner sur-le-champ ses fonctions, montre combien mince est souvent le souci des faits dans la prétendue « recherche ».

En ce qui concerne la Révolution française, nous avons plutôt affaire à une lutte entre deux paradigmes, pour ne mentionner que les auteurs qui la supposent bénéfique. Selon le premier, elle servit de transition entre la monarchie absolue et la démocratie libérale, s'accompagna de « bavures » regrettables, aurait probablement pu s'accomplir à un moindre coût économique et humain, mais enfin réalisa ou scella le passage inéluctable de l'ancien monde à la société politique moderne, fondée sur l'égalité des conditions, la loi identique pour tous, le choix populaire des dirigeants, la liberté de la culture et de l'information, l'inviolabilité des droits individuels. Selon le second paradigme, la Révolution préfigure et sanctifie par avance la société socialiste sans classes, la dictature du prolétariat, le régime du parti unique, l'État omnipotent. Dès lors les « bavures » n'en sont plus. Loin de constituer des défaillances ou de perverses retombées, elles étaient nécessaires pour déjouer les complots contre-révolutionnaires, intérieurs et extérieurs. Mais ce qui est frappant, c'est que les tenants de cette version, comme les avocats contemporains des systèmes totalitaires, proclament la nécessité, la légitimité d'une Terreur dont en même temps ils nient et cachent tant qu'ils peuvent l'étendue et la cruauté ! La pénurie et la répression, l'échec économique sont, autant que faire se peut, également dissimulés, édulcorés, en tout cas séparés de la responsabilité des gouvernants. De même, nous entendrons au XX$^e$ siècle Staline imputer la famine aux koulaks, Hanoi en rejeter la faute sur la « bourgeoisie compradore », ou le régime de Kaboul expliquer la résistance populaire par les seules « ingérences impérialistes ». Nier et justifier les faits tout à la fois provient donc ici d'une raison vitale : éviter l'abandon du paradigme même. Tous les partisans de ce paradigme ne défendent pas tous les régimes totalitaires actuels, ils font un choix parmi eux. Certains se serviront du modèle jacobin, plus ou moins consciemment, pour louer les sandinistes mais non pas les Khmers rouges, qui ont eu la main trop lourde. Sur la réalité du régime sandiniste, leurs yeux se fermeront, la vieille dialectique se mettra en branle, l'abstraction expulsera les cas concrets qui contrarient la thèse globale. Devant d'autres régimes, cela ne se produira pas. Souvent s'incruste en nous comme des couches géologiques ce que Léon Brunschvicg appelait des « âges de l'intelligence ». Les plus archaïques de ces âges ne retrouvent l'activité que par intermittence. A d'autres moments, ils se taisent et laissent parler les âges plus curieux de connaissance authentique, ou d'une connaissance seulement à moitié coupée d'amour de l'ignorance.

Coupage indispensable, d'ailleurs, car le paradigme jacobin, comme toute idéologie totalitaire, crie et cache à la fois son secret. A savoir que toute révolution accomplie selon le modèle jacobin, au nom de la liberté, accroît en fait le pouvoir de l'État et détruit la liberté de la société civile. Avant même Lénine ou Mao, Mirabeau l'avait fort bien vu, qui s'appuie sur cette constatation pour essayer de « vendre » la Révolution débutante à Louis XVI, auquel il écrit, dans un de ses mémorandums confidentiels: « Comparez le nouvel état des choses avec l'ancien régime; c'est là que naissent les consolations et les espérances. Une partie des actes de l'assemblée nationale, et c'est la plus considérable, est évidemment favorable au gouvernement monarchique. N'est-ce donc rien que d'être sans parlement, sans pays d'états, sans corps de clergé, de privilégiés, de noblesse? L'idée de ne former qu'une seule classe de citoyens aurait plu à Richelieu: cette surface égale facilite l'exercice du pouvoir. Plusieurs règnes d'un gouvernement absolu n'auraient pas fait autant que cette seule année de révolution pour l'autorité royale[1]. » Ce passage constitue l'une des plus anciennes analyses sur le vif de la fameuse distinction entre régime autoritaire et régime totalitaire, que les totalitaires repoussent parce qu'elle met le doigt sur la plus significative des lignes de démarcation entre les régimes politiques. Au roi qui s'accroche au vieux type autoritaire, Mirabeau vante les mérites bien supérieurs, au point de vue de l'État, de la « modernité » totalitaire.

On vérifie ainsi dans l'historiographie de la Révolution avec une acuité toute particulière l'exactitude de l'aphorisme, disons plutôt du truisme de Benedetto Croce, selon lequel « l'histoire est toujours de l'histoire contemporaine[2] » dans ce sens qu'elle fait partie de la culture du moment. Mais ce relativisme involontaire de la vision ne doit pas être confondu avec le volontarisme de la falsification. Le premier n'exclut nullement la probité scientifique, le second s'exclut lui-même de la science.

Qu'il s'agisse d'histoire ou de questions contemporaines, je donnerai plus loin d'autres exemples de falsifications ou d'extrapolations aberrantes de données: par exemple à propos de l'« explosion » démographique du tiers monde, de l'égalité des

---

1. Cité par Tocqueville, *l'Ancien Régime et la Révolution*, livre Ier, chapitre II.
2. Dans *La Storia come pensiero e come azione*, 1938 (« L'histoire comme pensée et comme action »).

chances dans les sociétés démocratiques, de la relation entre développement et sous-développement. Mais la subordination de la connaissance à l'idéologie provient de causes diverses. Dans le quotidien, la désinvolture avec les faits et avec les arguments rampe souvent à un niveau très bas. Un rudimentaire opportunisme sert de pensée assez couramment à ceux que l'on qualifie par euphémisme de « responsables » politiques. Ainsi, après avoir sonné le tocsin contre le « danger fasciste » en France, le parti communiste se met soudain à nous assurer[1] qu'« il serait erroné de donner à penser que nous sommes face à une menace fasciste dans le pays ». Pourquoi ce changement ? Très simple : la tradition de la gauche veut qu'en cas de danger fasciste, le PC fasse alliance avec les socialistes et autres « républicains » contre le péril suprême. En 1934, il passe de la tactique « classe contre classe » et « feu sur la social-démocratie » au Comité des intellectuels antifascistes et au Front populaire. Or, en 1987, le PCF a choisi la tactique d'hostilité à l'égard du PS, « l'agent de la droite dans la politique d'austérité ». Il ne faut donc pas qu'il y ait d'entente avec les socialistes, *ergo* qu'il y ait de « danger fasciste ». Ni en 1984 ni en 1987 la réalité politique du Front national de Le Pen n'a été analysée pour et en elle-même. En 1984, il fallait grossir le « danger fasciste » pour pouvoir accuser les libéraux de l'avoir fait naître. En 1987, il fallait qu'il disparût pour qu'on pût achever de se débarrasser de l'Union de la gauche.

Durant les dictatures militaires, en Argentine et en Uruguay, les communistes faisaient, en revanche, appel à l'Union de tous les démocrates contre le fascisme. Fallait-il en déduire qu'après le retour de la démocratie dans leurs pays, ils accepteraient enfin le pluralisme chez eux et défendraient le « socialisme à visage humain » dans les pays communistes ? Le croire eût été ignorer ce qu'est l'authentique opportunisme idéologique ou, si l'on préfère, l'imperturbable fixité idéologique.

En Uruguay, pour mentionner un seul épisode précis et bien concret, durant le processus de restauration de la démocratie, a lieu, le dimanche 27 novembre 1983, dans l'après-midi, une énorme réunion populaire, dans un parc de Montevideo. On a placé l'estrade au pied de l'obélisque érigé en hommage aux constituants de 1830 (date de la première Constitution uruguayenne). Sont là les représentants, militants et sympathisants de tous les courants politiques du pays. La foule est immense. C'est la plus grande manifestation qui se soit jamais déroulée en

---

1. *L'Humanité*, 10 septembre 1987.

Uruguay depuis fort longtemps. Face à l'estrade, à droite, les premières rangées du public sont composées, comme par hasard, de rangs serrés de militants du très minoritaire parti communiste. La réunion s'ouvre par la lecture solennelle à la tribune d'innombrables messages de félicitation, de sympathie, de soutien et d'encouragement parvenus du monde entier pour fêter la renaissance de la démocratie en Uruguay. Chaque message est rituellement accueilli par des acclamations, des ovations et des vivats. Survient le moment où le lecteur des messages, puisant, au fur et à mesure, dans une corbeille qu'il a devant lui, tire et se met à lire le télégramme d'amitié qu'au nom de Solidarnosc envoie Lech Walesa au peuple uruguayen « délivré du fascisme ». Aussitôt, les premières rangées du public se mettent à crier, à siffler, à huer, à trépigner, à conspuer Solidarnosc en hurlant : « A bas Walesa ! A bas l'impérialisme américain ! »

A un degré supérieur, nous rencontrons le préjugé involontaire, en général celui de toute une époque, mâtiné d'une fraction seulement de mauvaise foi personnelle. Jules Ferry, l'homme qui lutta contre le second Empire et proclama la République à Paris le 4 septembre 1870, qui fut le père fondateur de la gauche républicaine, le ministre à qui la France doit les grandes lois démocratiques sur la liberté de la presse, le droit de réunion, l'enseignement primaire gratuit, laïque et obligatoire, s'écriait, le 28 juillet 1885, à la tribune de la Chambre des députés : « Messieurs, il faut parler plus haut et plus vrai ! Il faut dire ouvertement que les races supérieures ont un droit vis-à-vis des races inférieures. Je répète qu'il y a pour les races supérieures un droit, parce qu'il y a un devoir pour elles. Elles ont le devoir de civiliser les races inférieures. » On croit aujourd'hui que le racisme provient seulement de la droite. C'est oublier qu'au XIXe siècle, l'inégalité des races humaines paraissait une évidence à la gauche comme à la droite. Le mot « race », d'ailleurs, était souvent pris dans une acception au moins autant culturelle que biologique. Le tort des hommes du XIXe siècle était d'attribuer à la « race » des comportements économiques, sociaux ou politiques qu'ils jugeaient avec sévérité. Le nôtre est d'absoudre, dans les *cultures* autres qu'occidentales, par peur d'encourir l'accusation de racisme, des attitudes condamnables, y compris des attitudes racistes. Lorsque aux îles Fidji, en mai 1987, le colonel Sitiveni Rabuka renverse un gouvernement régulièrement élu parce qu'il est à dominante indienne et que le colonel veut réserver le pouvoir aux Mélanésiens, alors, en Occident, bien faibles sont les voix qui blâment la création de ce nouveau régime fondé sur un principe explicitement raciste. Or une majorité de citoyens d'origine indienne, mais nés aux Fidji, ainsi que plusieurs membres d'autres ethnies, se voient privés de leurs droits politiques en raison de leur race. Sans doute le régime de Rabuka fut-il exclu du Commonwealth, mais les protestations contre ce nouvel apartheid s'éteignirent très vite et ne troublèrent guère la planète. Après avoir procédé à un deuxième coup d'État, le 25 septembre 1987, et s'être auto-promu général, Rabuka dut remettre le pouvoir aux civils, le 5 décembre. Un gouvernement intérimaire, dirigé par le premier ministre en poste *avant* les élections d'avril 1987, c'est-à-dire refusant, de toute manière, le résultat de ces élections, assuma la mission de préparer une nouvelle constitution et de nouvelles élections[1]. Lorsque au début de septembre, le colonel Jean-Baptiste Bagaza, maître du Burundi, alors invité au sommet de la Francophonie à Montréal, malgré le régime de domination nettement raciste de son pays, se trouve être renversé par le capitaine Pierre Buyoya, le Vatican se réjouit de ce que ce dernier annonce l'interruption des brimades de son prédécesseur contre l'Église. Mais Rome n'exige pas la modification des rapports ethniques qui perpétuent le pouvoir des Tutsis sur les Hutus, dont j'ai parlé plus haut, et qui avaient entraîné les massacres que l'on sait en 1972. Le capitaine-président a, en effet, tenu à préciser qu'il ne changerait rien au *statu quo*, c'est-à-dire que la discrimination tribale, l'apartheid noir se maintiendraient, avec la bénédiction des autorités religieuses et de la communauté internationale. Lorsque le 15 septembre de cette même année 1987, au Burkina-Faso (anciennement Haute-Volta), le capitaine Blaise Compaoré procède à l'alternance gouvernementale en assassinant, pour prendre sa place, le capitaine Thomas Sankara et quelques dizaines de ses collaborateurs, les défenseurs des droits de l'homme et de la démocratie en Occident ne s'énervent pas plus que lorsqu'en 1983, à la Grenade, le bureau politique du parti marxiste-léniniste New-JEWEL (membre d'ailleurs de l'Internationale socialiste! ) avait cru devoir occire, parmi quelque 150 autres personnes, son chef Maurice Bishop, qui avait lui-même au demeurant pris le pouvoir au moyen d'un coup d'État en 1979. C'est un clan plus pro-soviétique encore que Bishop qui avait liquidé ce dernier, mais les « libéraux » américains avaient gardé leurs réserves d'indignation pour le débarquement américain à la Grenade, un peu plus tard.

1. Les Fidjiens ethniques représentent 43 % de la population. A la date où je relis mon texte (juin 1988), il n'y a toujours pas eu d'élections.

Devant ces mœurs politiques bizarres, ne fût-ce que par le nombre incroyablement élevé de militaires qui gouvernent ces pays (une dictature militaire ne semblant constituer une infraction à la démocratie que si le dictateur se nomme Pinochet ou Stroessner), le mutisme des Occidentaux s'explique par la simple inversion du filtre idéologique dont, cent ans auparavant, l'effet eût été de faire attribuer ces égarements à l'incapacité des « races inférieures » à se gouverner. Dans un cas c'est le préjugé raciste, dans l'autre le tabou antiraciste qui empêchent d'analyser ces phénomènes comme ils méritent de l'être, c'est-à-dire comme un ensemble de faits politiques, sociaux, économiques, religieux et culturels, justiciables en eux-mêmes d'une étude, comme n'importe quels autres faits du même genre, et des mêmes éventuelles appréciations morales. Lorsque le chef communiste italien Giancarlo Pajetta évoque en badinant le pittoresque qui fait très « Paris 1793 » d'Addis-Abeba en 1977, il se déclare conquis par le charme de la capitale éthiopienne, au moment même où elle abrite plus de 100 000 prisonniers politiques et où l'on y fusille jusqu'à des enfants de moins de douze ans. (Au-dessus de cet âge, on reste, Dieu merci, fusillable en Éthiopie, mais on n'y est plus un enfant pour l'état civil.) Il faut donc, pour que puisse exister une telle réaction, que l'idéologie et le culte révolutionnaires coiffent Pajetta d'une solide cloche préservatrice.

Contemplons donc ainsi à nouveau la quadruple fonction de l'idéologie : elle est instrument de pouvoir ; mécanisme de défense contre l'information ; prétexte pour se soustraire à la morale en faisant ou en approuvant le mal avec bonne conscience ; et moyen d'écarter le critère de l'expérience, c'est-à-dire d'éliminer complètement ou d'ajourner indéfiniment les critères de réussite et d'échec.

La sentinelle qui monte la garde devant cette forteresse psychique effectue le tri des informations uniquement selon leur capacité de renforcer ou d'affaiblir l'idéologie. Un ancien correspondant permanent de *Newsweek* à Moscou, Andrew Nagorski, dans un livre de souvenirs d'ailleurs à tous égards édifiant, *Reluctant Farewell* (« Adieux involontaires », New York, 1985), décrit les réactions qu'il rencontre, à l'Ouest, quand il y revient en congé, au moment où bat son plein, vers 1982, la querelle dite des « euromissiles ». La question était de savoir s'il fallait ou non déployer les Pershing II et les missiles de croisière en Europe occidentale, pour contrebalancer les fusées SS-20 soviétiques. « Durant mon bref voyage à l'Ouest, écrit Nagorski, je découvris qu'en règle générale les opinions étaient

*Le besoin d'idéologie*

déjà figées sur ces problèmes. Les gens qui soutenaient la décision de l'OTAN de déployer les nouveaux missiles accueillaient favorablement mes remarques sur les conceptions du Kremlin, comme autant de renforts pour leurs partisans. Les gens qui étaient hostiles au déploiement rejetaient ce que j'avais à dire sur la façon dont les Soviétiques percevaient l'Occident comme sans intérêt pour la question. Ce fut pour moi une source d'intense malaise, de voir que, dans toute discussion sur ce sujet, j'étais immédiatement classé. Ce qui était en jeu, c'était de choisir son camp dans un débat de politique intérieure. Quelles étaient réellement, dans toute cette affaire, les intentions des Soviétiques semblait n'avoir qu'une importance tout à fait secondaire[1]. »

L'homme serait-il un être intelligent que l'intelligence ne dirige pas ? Sans préjuger de ses autres propriétés, l'intelligence sert à faire l'économie d'une expérience dommageable en nous permettant, chaque fois que c'est possible, d'analyser les composantes d'une situation pour prévoir ou au moins conjecturer les conséquences d'une action. En somme, c'est une faculté d'anticipation et de simulation de l'action, grâce à laquelle nous pouvons nous guider sans avoir nécessairement à mettre en pratique, pour voir ce qu'ils donnent, des essais par trop dangereux. Or, non seulement nous utilisons rarement cette faculté, mais, placés dans une situation identique, nous reproduisons souvent les comportements qui ont déjà échoué.

---

1. « *On my short excursion to the West, I found that as a rule minds were already made up on these issues. People who endorsed the NATO decision to deploy new missiles welcomed my observations about Kremlin thinking as ammunition for their team, while opponents dismissed what I had to say about Soviet perceptions of the West as irrelevant. I felt distinctly uneasy with how quickly I was categorized in any discussion of this subject. It was a matter of choosing up sides in a domestic political debate, and what relation all this bore to Soviet intentions hardly seemed to matter.* »

## 10

## LA PUISSANCE ADULTÈRE

> *Ah! nous n'avons que trop, aux maîtres de la terre,*
> *Emprunté, pour régner, leur puissance adultère;*
> *Voilà de tous nos maux la fatale origine.*
>
> Alphonse de LAMARTINE[1].
>
> *Aucune profession n'est plus décriée que celle de journaliste. Aucune n'est plus flagornée.*
>
> Robert de JOUVENEL[2].

Il serait sans doute excessif et injuste d'écrire que l'information est interdite dans une moitié du monde et fausse dans l'autre. Car elle est interdite dans beaucoup plus de la moitié du monde.

Si l'on peut compter, en effet, une cinquantaine de pays où la liberté de l'information n'existe pas, et une trentaine où elle existe, cet écart s'élargit lorsqu'on prend en considération moins le nombre des pays que celui des hommes, puisque, parmi les nations privées d'information, figurent certaines des plus peuplées de la planète. Entre les deux groupes, d'ailleurs fluctuants, on peut évaluer à une trentaine encore, avec générosité, les régimes politiques sous lesquels la presse jouit d'une semi-liberté. Paradoxalement, cette situation mixte comporte plus de dangers personnels pour les journalistes que le système de la censure complète. Nombre d'entre eux y sont chaque année victimes de représailles allant jusqu'au meurtre, en raison de l'imprécision même des limites tacitement imposées à leur curiosité. Enfin, du fait que, dans la plus grande partie du monde, l'information se trouve soit prohibée, soit fortement

---

1. *Aux chrétiens dans les temps d'épreuves*. Harmonie, I, 6.
2. *La République des camarades*, 1914. (Robert de Jouvenel était l'oncle de Bertrand de Jouvenel.)

censurée, soit persécutée ou encore inaccessible, périlleuse à recueillir et à transmettre, elle devient à nos yeux si précieuse et si intangible que nous en venons à la supposer exempte de tout défaut et à l'abri de toute erreur dans les rares pays où règne la liberté. Dans ces pays, blâmer la presse constitue une sorte de sacrilège, sans doute commis avec fréquence, mais qui dans son principe n'en est pas moins réprouvé. Or, même dans les sociétés qui s'appuient sur une longue tradition démocratique et observent un grand respect pour la liberté d'expression, seule une petite fraction des journaux et des médias sont conçus et utilisés en vue de fournir au public une information exacte et des commentaires sérieux, dans la mesure des possibilités humaines, bien sûr: je ne me réfère ici qu'à l'intention.

De plus, la loi en démocratie garantit aux citoyens la liberté de s'exprimer, elle ne leur garantit ni l'infaillibilité, ni le talent, ni la compétence, ni la probité, ni l'intelligence, ni la vérification des faits, qui sont à la charge du journaliste, et non du législateur. Mais lorsqu'un journaliste vient à être critiqué parce qu'il manque à l'exactitude ou à l'honnêteté, la profession rugit en feignant de croire qu'on s'en prend au principe même de la liberté d'expression et qu'on veut « museler la presse ». Le confrère n'a fait, entend-on dire, que son « métier d'informateur ». Que dirait-on d'un restaurateur qui, vendant de la nourriture avariée, s'écrierait pour repousser la critique: « Ah! je vous en prie, laissez-moi remplir ma mission nourricière, ce devoir sacré! Êtes-vous donc pour la famine? » En réalité, la plupart des gens qui créent des journaux ou autres moyens de communication le font pour imposer un point de vue et non pour chercher la vérité. Simplement, il vaut mieux avoir l'air de chercher la vérité quand on veut imposer un point de vue. De même que, parmi les millions de livres qui s'impriment, seule une infime proportion est consacrée à la littérature en tant qu'art ou à la communication des connaissances, de même, seule une minorité d'entreprises de presse et de communication sont fondées et dirigées avec pour dessein principal d'informer. Cette préoccupation engendre un type de journaux qui occupent un minuscule créneau dans la masse gigantesque de la presse purement commerciale ou partisane.

La confusion entre la liberté d'expression, qui doit être reconnue même aux menteurs et aux fous, et le métier d'informer, qui comporte ses contraintes propres, se situe aux origines mêmes de la civilisation libérale. Avant la seconde moitié du XIX$^e$ siècle, c'est-à-dire avant la naissance des agences de presse, des reporters, du télégraphe électrique, toutes les considérations sur la liberté de la presse, depuis Milton[1] jusqu'à Tocqueville en passant par Voltaire, portent exclusivement sur la liberté d'opinion. A mesure que s'élabore la démocratie moderne, il apparaît comme évident que l'une de ses composantes consiste dans la liberté pour chacun, comme dit Voltaire, de « penser par écrit ». Nous devons défendre, dit-il, le droit de chacun à faire connaître au public son point de vue, même si ce point de vue nous fait horreur, et nous devons ne le combattre nous-mêmes que par la parole et l'argumentation, jamais par la force ni par la calomnie: tel se dégage alors le principe de la tolérance. Mais ce droit de raisonner ou de déraisonner à sa guise n'a rien à voir avec le droit d'imprimer des informations fausses, ce qui est très différent. Aux origines de la démocratie, le débat sur la presse ne s'instaure nullement dans le contexte du droit d'informer ou d'être informé: il ne concerne que la tolérance et la diversité des opinions. C'est ainsi que le fameux premier amendement de la Constitution américaine, qui fonde le droit de la presse aux États-Unis, traite dans la même phrase, et cela est significatif, simultanément de la liberté religieuse, de la liberté d'expression, de la liberté de réunion et de la liberté de pétition[2]. Mais l'interdiction faite par cet amendement de « restreindre la liberté de parole ou de la presse », placée sur le même plan que l'interdiction de restreindre la liberté pour chacun de choisir son culte, n'implique en aucune façon, par exemple, que l'Administration américaine ait violé la Constitution, comme on l'a soutenu, lorsqu'elle a interdit que des reporters soient présents aux côtés des troupes durant les premières heures du débarquement à la Grenade, en 1983. Le premier amendement n'implique pas non plus qu'un journal ait le droit de publier un document d'État confidentiel frauduleusement dérobé. On peut envisager de reconnaître ce droit ou celui pour la presse d'être obligatoirement tenue au courant par avance de toutes les opérations militaires: ils ne découlent en tout cas ni l'un ni l'autre du premier amendement, pour l'excellente raison que cet amendement ne traite nullement de l'information. En France aussi, après la chute du premier Empire, sous la Restauration et sous la monarchie de Juillet, toutes les

---

1. John Milton écrivit sans doute le plus ancien pamphlet en faveur de la liberté de la presse (au sens littéral de « presse ») : le *Discours pour la liberté d'imprimer sans autorisation ni censure* (1644).
2. « *Congress shall make no law respecting an establishment of religion, or prohibiting the free exercise thereof; or abridging the freedom of speech, or of the press; or the right of the people peaceably to assemble, and to petition the Government for a redress of grievances.* »

discussions sur la presse, et sur les lois éventuellement souhaitables ou non pour la réglementer ou pas, tournent autour de la seule notion d'opinion. Tous les penseurs libéraux, Benjamin Constant dans ses *Principes de politique*, en 1815, Royer-Collard dans son discours sur la liberté de la presse à la Chambre des députés, en 1817, commencent par poser (je cite ici Royer-Collard) que « la libre publication des opinions individuelles par la presse n'est pas seulement la condition de la liberté politique, mais qu'elle est le principe nécessaire de cette liberté, puisqu'elle seule peut former au sein d'une nation une opinion générale sur ses affaires et sur ses intérêts[1] ». Ensuite, la question qui absorbe la réflexion de ces penseurs politiques est celle de savoir comment punir les abus de la liberté d'expression, les opinions dommageables à l'honneur, à la dignité ou à la sécurité d'autrui et à la paix civile. Peut-on empêcher ces abus sans porter atteinte à cette liberté elle-même ? En général, ils concluent qu'il vaut mieux accepter les inconvénients que de tenter d'y remédier par la législation, car la sagesse publique, fruit de l'expérience de la liberté et de l'habitude de confronter les thèses, se chargera de discréditer les diffamateurs et les factieux. Benjamin Constant renvoie dos à dos les « frénétiques qui, de nos jours, voulaient démontrer la nécessité d'abattre un certain nombre de têtes qu'ils désignaient, et se justifiaient ensuite en disant qu'ils ne faisaient qu'émettre leur opinion » et les « inquisiteurs qui voudraient se faire un titre de ce délire, pour soumettre la manifestation de toute opinion à la juridiction de l'autorité ». On le voit, il n'est discours dans tout cela que de l'opinion, du droit à l'expression du point de vue personnel, jamais de ce que nous entendons communément aujourd'hui par « les problèmes de l'information et des médias[2] ».

1. Pierre-Paul Royer-Collard (1763-1845), philosophe, écrivain, homme politique, faisait partie, avec François Guizot, Prosper de Barante, Charles de Rémusat, du groupe libéral dit des doctrinaires.
2. Chateaubriand, auquel on prête souvent, à tort, des idées réactionnaires, défendit lui aussi avec élan la liberté de la presse, sous la Restauration, contre toute forme de censure et en acceptant le risque d'abus. Mais on notera qu'il envisage lui aussi la presse, comme les autres auteurs que j'ai cités, en tant que porteuse uniquement d'opinion, non d'information, quand il écrit, par exemple, en 1824 (*Journal des débats*, 21 juin) : « Sans doute, les journaux ne sont rien en comparaison du pouvoir social, du trône, de la tribune. Ce ne sont pas même des choses comparables ; elles sont de deux ordres différents. Personne n'a jamais pensé à considérer un journal comme un pouvoir politique ; c'est un écrit exprimant une opinion ; et si cette opinion réunit à elle la pluralité des hommes éclairés et considérés, elle peut devenir un grand pouvoir. C'est le pouvoir de la vérité ; il n'y a rien de si haut dans l'ordre moral, il n'y a rien qui ne disparaisse devant cette force éternelle. » Chateaubriand tombe ici dans le péché mignon des journalistes de tous les temps en confondant, un peu vite, liberté d'opinion et expression d'une vérité éternelle, comme si avoir licence d'imprimer ce que l'on veut et avoir toujours raison ne faisaient qu'une

Pour Tocqueville, les journaux jouent le rôle que tiennent de nos jours la presse régionale ou la télévison par câble dans une communauté locale : ils servent de ciment et de lien entre les habitants. Sans la presse, les citoyens pourraient se confiner dans l'individualisme auquel pousse la démocratie égalitaire. « Lorsque les hommes ne sont plus liés entre eux d'une manière solide et permanente (sous-entendu : comme dans les sociétés aristocratiques), on ne saurait obtenir d'un grand nombre d'agir en commun... Cela ne peut se faire habituellement et commodément qu'à l'aide d'un journal ; il n'y a qu'un journal qui puisse venir déposer au même moment dans mille esprits la même pensée. » Dans cette perspective, la luxuriance de la presse aux États-Unis découle, selon Tocqueville, de celle des associations, c'est-à-dire de la démocratie locale, où, comme on sait, il voit avec raison le trait fondamental et la source de l'authenticité de la démocratie américaine. Le texte de *De la démocratie en Amérique* que je viens de citer est d'ailleurs extrait du chapitre intitulé « Du rapport des associations et des journaux ». La presse, donc, a, dans cette conception, une fonction de mobilisation. Elle sert à rapprocher les citoyens les uns des autres autour d'un projet commun, ce qui est une bonne chose, poursuit Tocqueville, même si le projet ne vaut rien, parce que, du moins, il les arrache à l'individualisme. « Je ne nierai point que, dans les pays démocratiques, les journaux ne portent souvent les citoyens à faire en commun des entreprises fort inconsidérées ; mais, s'il n'y avait pas de journaux, il n'y aurait

seule et même chose. Mais il se montre étonnamment moderne en esquissant les contours du « quatrième pouvoir » et lorsqu'il pose, dans un autre passage, la question du « gouvernement par les médias » : « Mais, dit-on, si les ministres doivent se retirer devant les clameurs de cinq ou six journaux, alors la France est donc gouvernée par les journaux ?

« L'Angleterre est-elle gouvernée par les journaux, bien autrement libres qu'en France ? et pourtant les ministres anglais se retirent quand les feuilles publiques de divers principes politiques se trouvent être d'accord sur l'incapacité ministérielle. Le vice radical de cet éternel raisonnement des ennemis de la liberté de la presse, c'est de prendre les journaux pour la cause de l'opinion, tandis qu'ils n'en sont que l'effet. Ayez des ministres habiles, monarchiques et nationaux, et vous verrez si les journaux parviendront à les rendre impopulaires : loin de là, ces journaux deviendraient eux-mêmes impopulaires en attaquant des hommes que le public aurait pris sous sa protection. »

Laissant de côté la querelle sans base juridique de la responsabilité devant les journaux d'un gouvernement élu, convenons que Chateaubriand a vu à la perfection le circuit démocratique de l'opinion, allant de celle exprimée par la presse à l'opinion publique et inversement, l'une et l'autre se nourrissant mutuellement pour faire pression ensemble ou séparément sur les dirigeants. Cependant, d'opinion seule il s'agit encore et toujours, jamais d'information, dans cette peinture vibrante du rôle naissant et de la force future de la presse, à la fois miroir et pouvoir.

presque pas d'action commune. Le mal qu'ils produisent est donc bien moindre que celui qu'ils guérissent. » Tocqueville persiste ainsi à ne considérer dans la presse que la fonction de mobilisation, qui prévient la chute dans la torpeur solitaire, conséquence de l'atomisation démocratique. On est déconcerté en constatant que l'un des plus grands théoriciens modernes de la démocratie, l'un de ses observateurs les plus intuitifs, n'a pas aperçu l'importance de l'autre fonction qui rend la presse indispensable dans le système démocratique : la fonction d'information. Or, si du moins la démocratie est bien le régime dans lequel les citoyens décident des orientations générales de la politique intérieure et extérieure, en choisissant par leur vote entre les divers programmes des candidats qu'ils désignent pour les gouverner, ce régime n'a de sens et ne peut cheminer dans l'intérêt de ses membres que si les électeurs sont correctement informés des affaires tant du monde que de leur nation. C'est pourquoi le mensonge est si grave en démocratie, régime qui n'est viable que dans la vérité et conduit à la catastrophe si les citoyens se décident d'après des informations fausses. Dans les régimes totalitaires, les dirigeants et la presse d'État trompent la société, mais les gouvernements ne conduisent pas leur politique d'après leurs propres mensonges. Ils ont par-devers eux d'autres dossiers. Dans les démocraties, quand le pouvoir trompe l'opinion, il est obligé de conformer ses actes aux erreurs qu'il lui a inculquées, puisque c'est l'opinion qui désigne les dirigeants ou qui les écarte. N'est-ce point pour obvier à ce risque mortel que la presse intervient, ou devrait intervenir, n'est-ce point là ce qui la rend indissociable de la démocratie même ?

Mais à cet égard hélas ! la confusion originelle entre la fonction d'opinion et la fonction d'information ou, plus exactement, l'antériorité de la fonction d'opinion sur l'autre, et sa prépondérance, ont donné lieu à une équivoque qui se perpétue de nos jours. D'une part, tout le monde en est d'accord, la démocratie est un système dans lequel toutes les opinions doivent pouvoir s'exprimer, pourvu que ce soit pacifiquement. Elle est aussi, d'autre part, un système qui ne peut fonctionner que si les citoyens y disposent d'un minimum d'informations exactes. Or, cette deuxième fonction n'a jamais été, quoi qu'on dise, complètement distinguée de la première ni pleinement saisie en elle-même. Et surtout, elle a toujours été obstinément sous-estimée.

Cela ressort de divers lieux communs usuels dont on nous fatigue l'ouïe dans tous les colloques et débats sur la presse. La presse, répète-t-on à satiété, doit être pluraliste. Or, c'est l'opinion qui peut être pluraliste, pas l'information. Selon sa nature même, l'information peut être fausse ou vraie, non pas pluraliste. J'entends bien que toute information ne possède point ce degré idéal de certitude vérifiable qui coupe court à toute hésitation, à toute controverse, et met un terme à la contestation. Aussi le « pluralisme » ne la concerne-t-elle que dans la mesure où elle est douteuse. On peut dire en quelque sorte que, plus une information est pluraliste, moins elle est une information. Par essence, elle doit en tout cas tendre à la certitude, et, du reste, il existe beaucoup plus d'informations qui peuvent y accéder qu'on ne le dit en général, dans le dessein de se dispenser d'avoir à en tenir compte. Le cliché de l'impossible objectivité n'est souvent que l'asile de la paresse — ou de la fourberie. En tout cas, quand il s'agit de trancher une question de fait, l'objectivité ne consiste pas, comme on l'avance en vertu d'une autre aberration, à opposer des opinions contraires au cours d'un débat. Si les deux opinions reposent sur des informations fausses, quel est l'intérêt du débat? Cet intérêt peut être, sans aucun doute, de refléter l'humeur et la diversité des familles idéologiques dans un pays. Mais la mission de la presse ne saurait s'arrêter là. La confrontation des incompétences n'a jamais remplacé la connaissance des faits. Le devoir de la presse est d'acquérir cette connaissance et de la transmettre. Le pluralisme reprend ses droits et retrouve sa nécessité lorsque vient le moment de tirer les enseignements des faits établis, de proposer des remèdes, de suggérer des mesures. Malheureusement, dans la pratique, le « pluralisme » s'exerce presque toujours avant ce stade, il trie les informations, il leur barre la route, il les passe sous silence, les nie, les ampute ou les amplifie, voire les invente, de manière à adultérer dans sa phase embryonnaire le processus de formation de l'opinion. Quand on invoque le « pluralisme », on se réfère sans vergogne à un prétendu droit pour chaque journal de présenter les informations à sa manière. Cela est tellement admis que, par exemple, on entendait souvent, au cours des innombrables crises du quotidien socialiste français *le Matin*, qui a fini par sombrer, garantir par chaque nouveau repreneur l'« ancrage à gauche » de ce journal. Or, quelqu'un qui croit vraiment à sa propre thèse politique n'a pas besoin de s'« ancrer ». Il est ou devrait être persuadé que la justesse de sa thèse ressortira de l'exactitude même de l'information. S'il éprouve le besoin d'annoncer qu'il présentera l'information sous un jour favorable à sa théorie, c'est déjà qu'il n'est plus tellement convaincu de la validité de cette dernière et admet que l'impartialité serait fatale à son camp. Une autre sottise, rituelle, consiste à définir la presse comme un « contre-pouvoir ». Il est vrai que le rôle de la presse est de dire la vérité et que le pouvoir n'aime pas beaucoup la vérité quand elle lui est défavorable. Mais il est vrai aussi qu'elle ne lui est pas toujours défavorable. La presse n'a donc pas à être, en vertu d'un automatisme d'ailleurs sélectif, et dans toutes les conjonctures, un contre-pouvoir. Cette notion même est d'ailleurs absurde et, si elle correspondait à la réalité, si le pouvoir méritait invariablement que l'on fût contre lui, ce serait à désespérer de la démocratie, car cela voudrait dire qu'un gouvernement démocratiquement élu se trompe toujours, donc que le peuple qui l'élit souffre d'une congénitale et incurable idiotie. Mais cette idée qu'un bon journal est celui qui combat toujours le pouvoir ne vas pas sans conséquences, compte tenu de l'impossibilité pratique, pour les médias des pays libres, de faire des reportages sérieux dans les pays communistes et, à vrai dire, vu leur assez faible désir d'y parvenir. Il en résulte par décantation que les neuf dixièmes de leurs informations consistent en réquisitoires contre les démocraties elles-mêmes. Celles-ci sont mises en accusation surtout à travers leurs alliés moins démocratiques, particulièrement exposés aux accusations, puisqu'en général à la fois perméables à l'information et passibles de condamnations morales. On saisit donc en vertu de quels enchaînements le système d'information démocratique suit ainsi la pente aisée d'un procès permanent instruit contre la démocratie même, et comment, inventé pour la défendre, il contribue à la détruire.

Certes la liberté de l'information est indispensable à la civilisation démocratique. Elle en est un élément constitutif. Mais hélas! face à un système militaro-totalitaire dont le but est de l'anéantir, la démocratie transforme, sans même le vouloir, en poison son propre sang et elle fabrique des arguments servant à démontrer qu'elle ne mérite pas d'exister.

Elle justifie par conséquent l'agression dont elle est l'objet de la part du totalitarisme, qui est loin de la valoir, si imparfaite soit-elle. On répondra qu'elle pourrait aisément se soustraire aux inconvénients de cette équivoque en devenant elle-même parfaite et en s'abstenant de recourir à l'appui stratégique de tout régime qui ne serait pas sans reproche. Cela revient à poser en principe que la démocratie n'a le choix qu'entre la sainteté et la mort.

Loin de moi la lubie de prescrire je ne sais quel conformisme sacré pour sauver la démocratie. Je ne demande pour elle que la vérité, mais la vérité tout entière. Encore une fois, ce qui importe, c'est de délimiter la fonction informative des moyens de communication, étant donné les conséquences désastreuses qu'une mauvaise information de l'opinion publique entraîne pour la démocratie, plus que pour tout autre système politique.

Le rôle de surveillant, de juge et même d'inquisiteur du pouvoir que s'attribue la presse, tout en étant salubre et nécessaire, constituerait selon elle une sorte de magistrature. Donc, comme toutes les magistratures, elle doit être entourée de garanties de compétence et d'impartialité. Or, le « quatrième pouvoir » ou le « contre-pouvoir » n'est qu'un pouvoir de fait. Il ne possède pas de substance constitutionnelle, sinon celle qui découle du droit de tout citoyen de dire et d'écrire ce qu'il veut. Tandis que les autres contre-pouvoirs, le judiciaire et le législatif, sont eux-mêmes des pouvoirs, recrutent leurs membres selon des critères de représentativité ou de compétence et de moralité définis par la Constitution, par les lois ou par les règlements, rien de tel ne conditionne l'embauche des journalistes. Les diplômes professionnels que décernent les écoles de journalisme n'ont qu'une valeur indicative. Outre qu'ils ne garantissent pas grand-chose, ils sont facultatifs, contrairement aux titres que la loi exige des médecins, des avocats ou des professeurs pour qu'ils puissent exercer. Ensuite et par conséquent le corps journalistique est seul juge des capacités et de l'honnêteté de ses membres, de la qualité de leur travail, avec, bien entendu, le public, mais celui-ci ne dispose presque jamais des éléments auxquels confronter l'information qu'on lui fournit, puisque la plupart des éléments d'information qu'il peut avoir proviennent justement du journal qu'il lit, de la télévision qu'il regarde et de la radio qu'il écoute. Lorsque, par hasard, il possède une source d'information extérieure à ces organes, lorsque, par exemple, son journal ou sa télévision traitent d'un problème qu'il connaît, de son métier, de sa région, d'un pays étranger où il a vécu, d'événements auxquels il a été mêlé, le citoyen moyen porte sur la façon dont la presse en rend compte un jugement presque toujours assez sévère, et parfois même scandalisé. C'est là un symptôme inquiétant, quoique fréquent et dont chacun de nous a pu être témoin. La presse est d'autant plus durement jugée que le lecteur ou le téléspectateur connaissent mieux le sujet dont elle parle. Lorsqu'un journaliste invoque le « droit d'informer », le « droit à l'information », il se réfère à son propre droit de présenter les faits comme il l'entend, presque jamais au droit du public d'être informé avec exactitude et sincérité. Quand les médias commettent des er-

*La puissance adultère*

reurs, parfois graves et grossières, aux suites néfastes, ces erreurs ne peuvent être dénoncées, pour que la dénonciation ait un écho et un effet, que par la presse elle-même, chose rare et mal vue dans la corporation, en France surtout. Les attaques sans ménagement contre d'autres journaux ne sont lancées d'ordinaire que par des feuilles extrémistes, et, dès lors, le public les attribue à la seule passion politique. Elles visent le parti pris plus que le professionnalisme. Or, c'est sur le seul terrain du professionnalisme et d'un contrôle de la qualité du service social de l'information que pourraient se légitimer le « quatrième pouvoir » et la prétention d'assumer la mission de « contre-pouvoir ». Au demeurant, cette « mission » se métamorphose comme par magie en celle de « pro-pouvoir », pour certains journaux, quand le pouvoir se trouve tomber ou revenir entre les mains du parti qui a leur préférence.

Pour parer le reproche, les journalistes se retranchent derrière la prétendue distinction entre l'opinion et l'information, autre poncif des grandes déclarations creuses. La distinction n'est presque jamais observée. Toute la controverse inhérente à la presse moderne vient précisément de ce que le droit, qui fut le premier reconnu, d'exprimer toutes les opinions, y compris les plus extravagantes, les plus haineuses, le droit d'avoir tort, de mentir, de bêtifier a déteint sur la mission d'information, apparue plus tard, et qui ne saurait, sans se détruire elle-même, revendiquer le même droit à l'arbitraire. Il reste toujours quelque chose des origines. Si aujourd'hui on traite, preuves à l'appui, un journaliste de falsificateur ou d'ignorant sur un point d'information précis, on est aussitôt accusé de se livrer à la « chasse aux sorcières », de s'en prendre à la liberté de la presse et de refuser le « pluralisme ».

Selon une maxime illustre, « le commentaire est libre, l'information est sacrée ». J'avoue avoir souvent l'impression que c'est l'inverse : que l'information est libre et le commentaire sacré. Mais le mal le plus pernicieux, c'est l'opinion déguisée en information. Les journalistes américains se moquent souvent de leurs confrères européens, surtout français ou italiens, qui, disent-ils, mélangent dans un même article les faits et les commentaires, coupant de jugements de valeur les nouvelles qu'ils débitent, les déclarations et les actes des hommes politiques qu'ils devraient rapporter de façon neutre. Il est vrai que bien des journalistes ont tellement hâte de faire savoir qu'ils pensent du mal de tel homme politique et du bien de tel autre, de peur qu'on ne les croit complices du premier et adversaires du second, qu'ils en perdent le souffle dès les premières lignes de leur article et exposent fort mal les faits. Il est vrai aussi que le journalisme américain se distingue par une discipline rigoureuse dans sa manière de rédiger les articles d'information pure, s'en tenant à un style volontairement impersonnel, mais sans la sécheresse obligée du style d'agence. Il évite de procéder par allusion et rappelle chaque fois tous les faits nécessaires à la compréhension de la nouvelle, comme si le lecteur n'avait jusqu'alors jamais rien lu sur le sujet. Les *news*, les *stories*, les *news analysis* et les *columns* constituent des catégories d'articles clairement séparées dans la conception et dans la présentation, de même que les éditoriaux non signés qui, seuls, traduisent l'opinion de la direction du journal. Mais le péril le plus grave pour l'objectivité de l'information ne provient pas de la confusion des genres, qu'il est, bien entendu, fort bon de bannir, sans pour autant que cette précaution suffise. Du reste, le mauvais rédacteur, qui prend manifestement sous son bonnet des remarques subjectives, parsème son article d'apartés qui ne se dégagent pas des faits mais les assaisonnent à la sauce partisane, n'est pas le plus dangereux. Car le lecteur se rend très bien compte du tour de passe-passe maladroit qu'on opère sous ses yeux. Le véritable péril vient de la possibilité, à laquelle les meilleurs journaux du monde ont fréquemment recours, de présenter sur un ton de neutralité impassible des informations fausses ou tronquées ou altérées. Il est facile de présenter un jugement partial comme un fait dûment constaté, sans que cela se voie au premier abord, comme il est à la portée de tous de faire passer une interprétation pour une information. Et les journalistes américains de la presse et des médias s'y laissent aller tout autant que leurs confrères européens, quoique, j'en conviens, à l'ordinaire de façon moins grossière et visible.

Un échantillon de la méthode européenne, piqué au hasard, se trouve dans le quotidien espagnol *El Pais* du 10 février 1988, à propos d'un événement relativement anodin : le résultat des élections primaires effectuées par les caucus (réunions délibératives privées, *caucuses*, au pluriel, en anglais) dans l'État de l'Iowa, au tout début de la campagne pour la sélection des candidats à la candidature présidentielle. L'article s'intitule : « La victoire du fanatisme ». De quel fanatisme s'agit-il ? De celui de Pat Robertson, prédicateur évangéliste et vedette de télévision, virtuose de la « religion électronique », et qui a devancé dans l'Iowa le vice-président George Bush. « Victoire atteinte grâce à une mobilisation sans précédent de chrétiens fanatiques, par le canal des Églises évangéliques, qui veulent en finir avec le droit à l'avortement, avec la "tyrannie" soviétique, et rétablir la prière dans les écoles publiques[1] ». Le lecteur parvient ainsi à la moitié de l'article sans avoir appris grand-chose de ce qui l'intéresse, à savoir: les pourcentages obtenus par les divers candidats des deux partis. En revanche, il est amplement renseigné sur les émotions personnelles de l'envoyé spécial du journal à Des Moines (capitale de l'Iowa), émotions pour lesquelles j'éprouve autant de respectueuse considération que de profonde indifférence. Je n'ai pas dépensé 60 pesetas pour m'informer des vibrations déclenchées par le révérend Robertson dans l'âme de ce correspondant espagnol. Au lieu de faire une enquête, il affirme d'abord naïvement qu'on n'a jamais vu auparavant dans l'histoire nulle part aucune levée en masse comparable de « chrétiens fanatiques », ce qui implique chez lui une dose alarmante d'ignorance crasse, et surtout il ne s'interroge pas sur les causes de la capacité de mobilisation de l'Église évangéliste, sur les racines sociales populaires de son succès, seul sujet intéressant, et sur lequel nous aimerions obtenir des renseignements, des éclaircissements. L'envoyé spécial tient avant tout à nous faire savoir qu'il méprise Robertson. Et donc qu'il mérite, lui, toute notre estime. Sans éprouver plus de sympathie pour la « majorité morale » et pour Pat Robertson que notre rédacteur, je dois rappeler qu'en démocratie on n'a pas le droit de traiter un citoyen de « fanatique », même si on déteste ses idées, dès lors que ce citoyen se borne à exprimer librement des opinions (ce droit sacré!) dans le cadre d'une campagne électorale. L'avortement ayant été autorisé en vertu d'une loi, un homme n'a-t-il pas le droit de chercher à faire voter une loi contraire par un appel aux électeurs? De même, s'il souhaite rendre la prière obligatoire dans les écoles? Ceux qui ne sont pas d'accord n'ont qu'à faire campagne à leur tour contre lui, par la persuasion et l'argumentation. Le fanatisme se définit non par le contenu des opinions que l'on professe, mais par la manière dont on prétend les imposer. Du moment que ce n'est pas la manière forte, ni l'intolérance, ni la persécution, ni la terreur, on ne manque pas à la démocratie. Le correspondant du *Pais* ne semble guère apercevoir cette distinction, base de la possibilité même du pluralisme, puisqu'il éprouve le besoin de mettre entre guillemets le mot « tyrannie » soviétique, affichant ainsi à la fois sa réprobation d'une aussi noire malveillance — appeler tyrannie le totalitarisme communiste! — et sa conception de ce qu'est la tolérance véritable.

1. « *Victoria lograda mediante una movilizacion sin precedentes de cristianos fanaticos, utilizando las iglesias evangélicas, que quieren acabar con el derecho al aborto, la "tirania" soviética, y restablecer el rezo en las escuelas publicas.* »

Le minuscule échantillon que je viens d'analyser se reproduit quotidiennement sous mille aspects divers dans la presse libre : au lieu de faire une enquête, le journaliste fait un sermon. D'un degré supérieur de raffinement est l'opinion non plus substituée à l'information, mais présentée comme une information, sous la forme et dans le style d'une information. Prenons le discours de Gorbatchev adressé au Comité central du parti communiste de l'Union soviétique, à la fin du mois d'octobre 1987. Le 3 novembre 1987, le *New York Times* et le *Wall Street Journal* consacrent l'un et l'autre leur une à cette harangue et titrent, le premier : « Gorbatchev prononce un sévère réquisitoire contre les crimes de Staline et fait l'éloge de Khrouchtchev », et, le second : « Gorbatchev recule devant les durs en atténuant son attaque contre Staline[1]. » On pouvait percevoir le discours du secrétaire général sous l'un et l'autre éclairage. Mais il s'agissait là d'interprétations, non d'information. A vrai dire, Gorbatchev critiqua durement Staline, mais l'opinion internationale fut déçue car elle s'attendait à le voir aller plus loin encore. Or il alla moins loin dans la sévérité que Khrouchtchev en 1956, beaucoup moins loin, même. Il loua la « résolution » et les « talents d'organisateur », pendant la guerre, de Staline, dont Khrouchtchev nous avait au contraire révélé l'incapacité, l'aboulie et l'incurie durant les premières semaines de l'invasion allemande de juin 1941. Gorbatchev, en outre, ne réhabilite pas Boukharine, fusillé au cours des procès de Moscou d'avant-guerre, mais cette réhabilitation viendra en février 1988. Il accable Trotski, que beaucoup escomptaient le voir absoudre. Disons donc qu'en gros le titre du *Wall Street Journal* paraît, à cette date, plus conforme à la réalité du discours que celui du *New York Times*, mais là n'est pas la question : les deux titres constituent des jugements de valeur et non des comptes rendus, ils reflètent des désirs secrets des rédacteurs, des conjectures implicites sur les luttes de clans qui diviseraient le Politburo ou sur la détermination de Gorbatchev, sur ses intentions futures et sa sincérité. Or, comme Karl Marx lui-même l'a écrit, avec bon sens : « La discussion sur la réalité ou l'irréalité de la pensée, isolée de la pratique, est purement scolastique. »

On notera que je ne me suis référé qu'à des journaux excellents, et aussi à des journaux indépendants. A ce propos, j'ajouterai à ma liste des idées reçues et superficielles sur la presse et

---

1. « *Gorbachev Assails Crimes of Stalin, Lauds Khrushchev* », *New York Times*. « *Gorbachev Bends to Hard-Liners by Hedging his Attack on Stalin* », *Wall Street Journal*.

les médias, celle qui attribue la vertu d'objectivité à l'indépendance, comme allant de soi. Quand on a dit « le grand quotidien indépendant du matin » ou « du soir », on croit avoir tout dit pour justifier la confiance du public, et les journaux aiment à se qualifier eux-mêmes ainsi. Or, pas plus que la liberté ne garantit l'infaillibilité, l'indépendance ne garantit l'impartialité. Elle lui est propice : elle n'en tient pas lieu. On peut fort bien être indépendant et malhonnête. Je peux, si j'ai ou si je trouve l'argent nécessaire, et si, de plus, je suis lu par une partie suffisante du public, dont je satisfais les préjugés et les passions, créer un journal dans le dessein délibéré de présenter en toute indépendance une version mensongère de l'actualité et une peinture ignoble des gens qui ne partagent pas mon point de vue. Il n'est pas indispensable pour cela que je sois inféodé à un parti politique, à des intérêts financiers ou à un gouvernement. L'homme n'a pas besoin qu'on le force à être intellectuellement malhonnête pour le devenir. Il y parvient très bien tout seul. Il n'a pas non plus besoin qu'un pouvoir extérieur le contraigne à être incompétent, tant est grande sa capacité d'y parvenir seul et en toute spontanéité. Car, pas plus qu'elle ne garantit l'impartialité, l'indépendance ne garantit la compétence ou le discernement. Autant de journalistes incompétents sévissent dans les chaînes de télévision privées, américaines et européennes, que dans les chaînes publiques. Comme le pluralisme, l'indépendance constitue *l'une des conditions* qui rendent *possible* une information honnête et exacte, mais qui ne la rendent pas certaine.

Les conditions favorables ne suffisent pas : encore faut-il les hommes capables et désireux de les mettre à profit pour produire de la bonne information. Celle-ci ne saurait être tenue pour acquise d'avance, en vertu de je ne sais quel déterminisme naturel, pas plus que la liberté de création ne suffit à faire surgir en permanence des écrivains, des peintres et des compositeurs de talent. C'est ce qui explique que certains journaux parmi les plus universellement réputés et estimés, orgueil des civilisations démocratiques les plus développées, certaines des compagnies audiovisuelles les plus vénérables, aient pu et puissent parfois se tromper et tromper leurs contemporains, sur des points fondamentaux, dans une mesure réellement surprenante, si l'on songe à l'ampleur de leurs moyens d'information et de vérification. Pendant la décennie antérieure à la Seconde Guerre mondiale, le *Times* de Londres adopta, on le sait, une position favorable, non certes, au régime hitlérien, mais à la conciliation et au désarmement comme meilleurs moyens de calmer Hitler et de perpétuer la paix. En tant que pari séduisant et qu'hypothèse de travail diplomatique, la détente, face aux systèmes totalitaires, revient en faveur périodiquement dans les démocraties. Chacun a licence de plaider, certes, pour qu'on l'expérimente, et la direction du *Times* avait celle de la recommander, si sa conscience lui dictait ce choix. La forfaiture, vue sous l'angle du « métier d'informer », commença lorsque le *Times* se mit à passer sous silence les informations tendant à démontrer que l'esprit de conciliation des gouvernements démocratiques ne modérait nullement les ambitions belliqueuses de Hitler. En particulier, le *Times* dissimula l'ampleur du réarmement allemand, clandestin d'abord, en violation des traités et accords en vigueur, puis de plus en plus visible. Ici, on le constate une fois encore, c'est l'information qui s'aligne sur l'opinion du journal et non l'inverse. Toutes les indications convergeaient vers un dénouement qui ne pouvait logiquement être qu'une agression hitlérienne, mais le *Times* les ignorait à dessein ou en niait le sens. Les souvenirs d'un diplomate français en poste à Londres à cette époque[1] mettent en lumière avec précision et dans le détail à partir de cet exemple les mécanismes par lesquels les gouvernements rejettent les informations incompatibles avec leur grille d'interprétation et ceux par lesquels la presse, au moyen de la même sélection, insinue dans l'opinion publique une vision déformée des menaces. La tromperie est peu visible et difficile à déjouer puisqu'elle se situe au stade de l'information, qu'elle intercepte, et non du commentaire. Compte tenu de l'influence énorme du *Times* avant la guerre sur l'opinion britannique et sur le Foreign Office en particulier, compte tenu aussi du rôle hégémonique du cabinet anglais dans la conduite de la politique étrangère des pays démocratiques, Paris n'ayant alors ni l'autorité ni les moyens de contredire Londres, on peut juger le grand quotidien « indépendant » partiellement responsable d'avoir fait adopter par les dirigeants et accepter par les opinions la politique docile de Neville Chamberlain, qui poussa Hitler à déclencher la guerre.

Le *New York Times* n'est pas moins lu, craint et admiré aujourd'hui que son homonyme londonien en 1938, plus encore peut-être, étant donné la diffusion mondiale de la presse américaine par le relais, notamment, de l'*International Herald Tribune*. Quoique l'un des journaux les plus complets et les mieux informés de la planète, quelles que soient par ailleurs ses pré-

---

1. Girard de Charbonnières, *La plus évitable de toutes les guerres*, Paris, Éditions Albatros, 1985.

férences politiques, du reste variables et variées, le *New York Times* n'a pas pour autant été privé par la nature d'un des dons les plus distinctifs de l'*Homo sapiens*, celui de ne pas voir ce qui existe et de voir ce qui n'existe pas.

Ce don avait été imparti avec prodigalité au correspondant permanent du *New York Times* à Moscou, durant les années vingt et trente: le célèbre Walter Duranty. La peinture que ce journaliste, pendant la famine géante puis pendant la Grande Terreur, trace de l'URSS dans le journal le plus influent de la plus puissante démocratie du monde, patrie, en outre, du reportage rigoureux et « investigatif », ne se distingue en rien des articles les plus servilement staliniens des journaux communistes d'alors, occidentaux ou soviétiques. Inspectant l'Ukraine en 1933, Duranty annonce avec joie à ses lecteurs d'outre-Atlantique qu'il en a vu assez pour pouvoir affirmer catégoriquement que toutes les rumeurs au sujet d'une famine dans cette région sont ridicules. Quatre ans plus tard, lors des procès de Moscou, l'illustre correspondant permanent dispense aux Américains tout aussi catégoriquement une autre affirmation, à savoir qu'il est, dit-il, impensable, que Staline, Vorochilov, Budenny et la Cour martiale aient pu condamner leurs amis à mort sans preuves accablantes de leur culpabilité. Duranty prétendait là, rappelons-le bien, se situer dans le domaine non de l'analyse ou de l'interprétation, mais de la constatation des faits. Imaginez qu'un journaliste européen, se trouvant aux États-Unis, vers 1860, ait écrit dans son journal qu'après s'être rendu sur place il peut affirmer, catégoriquement, que « les rumeurs de guerre civile sont ridicules » et qu'il est « impensable » qu'il se tire un seul coup de feu sur toute l'étendue du territoire de l'Union. Quel jugement porterait sur le niveau du journalisme du XIXe siècle un historien américain prenant aujourd'hui connaissance de ce « reportage »? Les gens de presse, peu enclins à se critiquer eux-mêmes, n'étudient pas suffisamment les erreurs de leurs devanciers. Ils en commettent donc à leur tour de semblables. Qui a tiré les leçons de l'inqualifiable et déshonorante forfaiture de Duranty? Toujours dans le *New York Times*, Harrison Salisbury, autre vedette du reportage contemporain, écrit pendant la guerre du Vietnam que l'aviation américaine bombarde au nord des objectifs non militaires : information fausse, ayant pour source *unique* Hanoi, où Salisbury a passé une quinzaine de jours en 1967, sans pour autant préciser qu'il tient son « scoop » des seuls services de propagande communistes. *Time Magazine*, à son insu, a fait mieux, puisque son principal correspondant à Saigon pendant la guerre, un Vietnamien anglophone, Phan Xuan An, non point simple collaborateur occasionnel (*stringer*), mais membre à part entière de la rédaction (*staff reporter*) se révéla, au lendemain de l'invasion du Sud par les armées communistes en 1975, avoir été de tout temps un agent communiste! On le vit peu après trôner sur une tribune aux côtés de Pham Van Dong, avec tout le Politburo d'Hanoi, au cours d'un défilé militaire. Quant à Sydney Schanberg, du *New York Times*, il a, lui, vu, de ses yeux vu, après la chute de Saigon et de Phnom Penh en 1975, une ascension soudaine et substantielle du niveau général de vie de la population, dans le Cambodge des Khmers rouges comme dans le Vietnam des camps de concentration et des exécutions en masse. Son article d'avril 1975, intitulé: « L'Indochine sans Américains: pour le plus grand nombre, une vie meilleure » (« *Indochina without Americans: For Most, a Better Life* ») mériterait d'être analysé dans toutes les écoles de journalisme. Je doute que ce soit leur occupation favorite, pas plus, je suppose, que l'analyse de tel article d'un envoyé spécial du *New York Times* en Angola, James Brooke (3 janvier 1985), d'après qui, « en Angola, des écrivains fleurissent de toute part dans un climat d'indépendance » (« *Angolan writers bloom in independent climate* »). J'avoue avoir cherché en vain à me documenter sur cette luxuriante renaissance des lettres angolaises apparue, selon Brooke, sous l'égide de cette académie platonicienne d'un genre inattendu qu'est le Politburo de Luanda. Je n'ai rien trouvé. Mais, comme il ne faut jamais désespérer des capacités d'adaptation de l'esprit humain, réjouissons-nous à la nouvelle que le « climat d'indépendance » dont parle Brooke, climat qui se caractérise à l'époque par la présence, dans le secteur angolais contrôlé par Luanda, de 50 000 soldats cubains, 2 000 « conseillers » soviétiques (dont un général) et 1 millier de Coréens du Nord, ait pu stimuler la création artistique au point de transformer le segment communiste de l'Angola en nouvelle Florence des Médicis.

Je ne m'acharne pas, croyez-le bien, sur le *New York Times*. J'aime beaucoup ce journal. J'essaye de ne lire que de bons journaux. Mais c'est dans les bons journaux, où l'on ne s'attend pas à les trouver, que les aberrations étonnent et scandalisent. L'effondrement passager de la réputation du *Monde*, pendant les années soixante-dix, est venu de ce que les entorses à la vérité et le réarrangement de l'information en fonction de partis pris idéologiques choquaient dans ce journal plus que dans d'autres, dont on connaissait d'avance la médiocre éthique professionnelle. On n'est pas surpris, quand on lit dans le *New*

*York Times*, par exemple, l'excellent reportage de Richard Bernstein sur le Mozambique (3 septembre 1987). C'est quand M. Brooke tombe en extase devant les esthètes angolais du MPLA que l'on est stupéfait.

Est-il légitime alors de plaider le droit à l'erreur? On peut, on doit accorder largement ce droit dans les articles de réflexion, d'opinion, d'analyse, de prévision. Mais le droit à l'erreur n'est admissible dans l'information que si l'on peut établir d'abord que le journaliste a fait de son mieux pour trouver la vérité, pour se renseigner, réunir tous les éléments accessibles, qu'il n'a rien passé sous silence de ce qu'il savait et rien inventé de ce qu'il ne savait pas. Inutile d'invoquer ici l'impossibilité de jamais parvenir à une information exhaustive. Elle va de soi, et l'on peut fort bien et fort clairement indiquer, dans un article, la limite jusqu'où on a pu obtenir une information solide et au-delà de laquelle commencent l'incertitude et la conjecture. Mais l'étude attentive de la presse et des médias nous enseigne hélas! que les erreurs et omissions, outre une part considérable due à l'incompétence pure, sont fort souvent des erreurs et omissions volontaires. Lorsque Walter Duranty nie l'existence de la famine de 1933 en Ukraine, ce n'est point du tout parce qu'il lui est impossible de s'informer sur ce fléau. Il ne le dit d'ailleurs pas: il dit au contraire qu'il a pu s'informer de façon approfondie et qu'il est, de ce fait, en mesure d'affirmer qu'il n'y a pas la moindre famine en Ukraine. Pourquoi? Il a fort nettement vu qu'il s'agit d'une famine provoquée, d'un génocide par la faim. Et comme il ne veut sans doute pas l'écrire, il préfère nier le fait même de la famine. Mais pourquoi? Même sans être communiste, Duranty estime probablement qu'il vaut mieux que l'Union soviétique ait une bonne réputation en Occident. Dès lors il traite l'information non plus comme un but, selon le critère de l'exactitude mais comme un moyen en fonction de l'effet qu'elle peut produire. Le malheur est que dans la partie même du monde moderne, déjà fort restreinte, où la presse et les médias sont libres, on traite fréquemment l'information dans cet esprit. Non point tout le temps ni partout, certes, dans tous les journaux, dans tous les médias, tous les jours; mais néanmoins assez pour nuire au bon fonctionnement de la démocratie. Au lieu d'informer leurs semblables, les journalistes veulent trop souvent les gouverner. Qu'est-ce, en effet, qu'une démocratie? Un système dans lequel les citoyens se gouvernent eux-mêmes. A quoi servent la presse et les médias dans ce système? A mettre à la disposition des citoyens les informations sans lesquelles ils ne peuvent pas se gouverner eux-mêmes à bon escient, ou, du moins, désigner et juger en connaissance de cause ceux qui les gouverneront. C'est même ce lien organique entre le *self-government* et l'information, sans laquelle le choix du citoyen serait aveugle, qui justifie et même rend nécessaire la liberté de la presse en démocratie. Quand les informations que la presse fournit à l'opinion sont fausses, le processus de la décision démocratique est donc lui-même faussé. Il l'est d'autant plus que les médias exercent également une influence sur les dirigeants, d'abord directement, puis par le biais des courants qu'ils font naître dans l'opinion et qui feront retour sur les dirigeants.

Il est difficile de ne pas attribuer un rôle à la presse des États-Unis, et surtout à certains de ses journaux les plus écoutés, dans la formation des conceptions avec lesquelles les dirigeants américains, et au premier chef le président Roosevelt, abordèrent les conférences de Téhéran et de Yalta, durant la Seconde Guerre mondiale. Ces conceptions inspirèrent à la délégation américaine un esprit de conciliation et de concession qui est à l'origine de la plupart des difficultés ultérieures de l'Occident. Si la presse américaine des années trente avait fait mieux connaître à ses lecteurs les textes de Lénine sur l'irréversibilité des conquêtes communistes, les dirigeants occidentaux n'auraient peut-être pas livré aussi facilement à Staline l'Europe centrale et la Corée du Nord, en se contentant de la promesse que l'Union soviétique évacuerait ces territoires après y avoir procédé à des élections libres ou après la signature d'un traité de paix. Les mêmes, qui avaient refusé de prendre au pied de la lettre le programme exposé par Hitler avec une grande clarté dans *Mein Kampf*, se fondaient, pour bâtir l'après-guerre, sur une vision idyllique de l'Union soviétique. Ils ignoraient, niaient ou tenaient pour des accidents du système les famines dues à la collectivisation forcée, la terreur de masse, les méthodes sanguinaires de répression. La plupart des correspondants à Moscou des journaux apparemment sérieux et impartiaux leur avaient caché ces faits, mentionnés surtout par les journaux d'extrême droite, suspects de passion partisane. Il n'est donc pas étonnant que les négociateurs de Yalta aient cru pouvoir reconstruire le monde après la guerre avec, pour tout ciment, la bonne foi de Staline et son respect de la parole donnée! Roosevelt insiste beaucoup sur l'importance de ce facteur dans les confidences qu'il fait à ses collaborateurs, notamment à l'amiral Leahy, alors chef d'état-major de la Maison-Blanche. Une autre des fantaisies favorites de la presse, au cours des années trente, consiste à diagnostiquer une conver-

*La puissance adultère*

sion imminente, voire d'ores et déjà en cours, de l'Union soviétique à la démocratie et au capitalisme. Cette élucubration, à vrai dire, apparaît en Occident dès 1922 et réapparaît périodiquement par la suite. C'est ainsi qu'on pouvait par exemple lire, en 1936, dans le *Herald Tribune*[1]: « Rufus Woods, patron de presse américain, passant par Paris le 12 mai après deux mois de prospection en Allemagne et en Russie, déclare: "La Russie est en train de se découvrir elle-même en vertu d'un processus d'évolution qui l'éloigne du communisme et la rapproche du socialisme, avec l'adoption des méthodes de production du capitalisme. Le tabou de l'égalité des salaires a été abandonné en faveur d'une échelle graduée comme il en existe dans les pays capitalistes. Deuxièmement, la rémunération des travailleurs se fait sur la base du salaire aux pièces, et seulement pour des marchandises effectivement produites; ce qui a provoqué un bond en avant de la production. Troisièmement, l'Union soviétique a cessé de chercher à contrôler toute la distribution et autorise maintenant des marchés libres qui font concurrence aux marchés d'État. Tout cela est en train de remettre la Russie sur pied avec une solidité que l'on n'imaginait même pas en rêve[2]." » On remarquera qu'à côté d'observations exactes mais mal interprétées (le salaire aux pièces, moyen d'une très dure répression économique, présenté comme une mesure libérale!) Rufus Woods mentionne comme des informations sûres, comme des faits dûment constatés par lui, la liberté du commerce, purement imaginaire, ou l'augmentation de la production, qu'il n'a, et pour cause, pas pu observer. Il ne semble en outre éprouver aucun doute, pas plus que des générations de confrères avant et après lui, sur les limites de l'observation de la réalité dans un pays totalitaire. Il est aussi convaincu d'avoir pu tout observer à sa guise que s'il rentrait d'un voyage d'enquête

---

1. Alors appelé *New York Herald Tribune* et non encore *International Herald Tribune*.
2. Reproduit dans l'*International Herald Tribune* du 12 mai 1986, dans la rubrique « 75 and 50 years ago ». « *1936: Russia Progresses. PARIS — Rufus Woods, American newspaper publisher, passed through Paris (on Mai 12) after two months of scouting in Germany and Russia. "Russia is finding itself," he said, "by a process of evolution away from Communism toward Socialism, with the adoption of the production methods of capitalism. The fetish of equal wages has been given up in favor of a graduated scale such as exists in capitalistic countries. Secondly, payment to laborers is made on a piece basis for goods actually produced; this has boomed production. Thirdly, the Soviet Union has given up its attempt to control all distribution and now sanctions public markets in competition with government markets. All this is putting Russia on its feet with a solidity never dreamed of."* » On se croirait sous la *perestroïka* de Gorbatchev !

dans la Confédération helvétique. Que de journalistes occidentaux se ridiculiseront trente ou cinquante ans plus tard, sans se déconsidérer d'ailleurs, et tromperont leurs lecteurs et leurs téléspectateurs, en rapportant des impressions analogues de Chine populaire, de Cuba ou du Nicaragua !

N'exagérons pas l'influence de la presse, mais ne la sous-estimons pas non plus, dans la genèse des conceptions qu'acquièrent les dirigeants. Le sénateur Tom Connally[1] affirme, par exemple, en 1943, que Staline est en train de procéder à un démantèlement de l'économie communiste, de jeter par-dessus bord le socialisme et de se diriger vers le capitalisme démocratique. Excellente raison, par conséquent, n'est-ce pas? de lui faire confiance dans les négociations diplomatiques qui s'ouvrent, puisqu'il devient, en somme, semblable à Roosevelt, et l'URSS un pays comme les États-Unis. On se croirait déjà entré dans un autre âge d'or de l'intelligence occidentale: celui de la théorie dite « de la convergence des systèmes », pendant les années soixante. En 1988, Valéry Giscard d'Estaing écrit que, grâce à Gorbatchev, la Constitution soviétique devient « analogue » à la Constitution américaine[2]. Le sénateur Tom Connally, notons-le bien, n'est ni négligeable ni stupide. C'est l'une des personnalités clefs du Congrès en matière de politique étrangère et il sera l'un des architectes, côté américain, de l'Alliance atlantique. En attendant, durant les années décisives de Téhéran et de Yalta, il a contribué, avec bien d'autres, à insérer dans la doctrine diplomatique de l'Occident d'alors le postulat faux et fatal d'une Union soviétique en voie de démocratisation et délestée de tout esprit de conquête. Ne venait-elle pas de prouver en dissolvant le Komintern qu'elle abandonnait ses ambitions impérialistes? Autre faux-semblant, panneau dans lequel les dirigeants occidentaux donnèrent sans retenue. L'Union soviétique a surabondamment démontré depuis 1945 qu'elle n'a pas besoin du Komintern pour être expansionniste et que l'Internationale communiste peut rester une redoutable réalité sans avoir de structure officielle et visible.

On ne saurait, je le répète, tenir la presse pour responsable des erreurs d'analyse des dirigeants politiques. Mais on ne saurait l'en tenir non plus pour entièrement innocente. L'opinion publique se forme en démocratie sur la base des informations que lui fournit la presse, et les dirigeants ne peuvent aller

---

1. A ne pas confondre, bien sûr, avec John Connally, futur gouverneur du Texas et futur ministre du Trésor du président Nixon. Le commentaire cité du sénateur Tom Connally est paru dans le *New York Times* du 25 mai 1943.
2. *Paris-Match*, 15 juillet.

impunément contre l'opinion. Quiconque cherchait, à la fin de 1987, à Washington, au moment du sommet entre Gorbatchev et Reagan, à susciter un sentiment élémentaire de prudence à l'égard de l'accord sur les forces nucléaires intermédiaires, se voyait à l'instant même rejeté en marge de l'opinion générale et isolé dans le ghetto du dernier carré dit des ultra-conservateurs, confinement peu enviable pour un homme politique. De surcroît, la politique active en démocratie ne laisse guère de loisir pour s'informer et peu de désir de le faire. On est souvent surpris de l'ignorance ou des « trous » que certains grands dirigeants font voir dans des conversations privées, ou même dans des propos publics, parce que la déformation professionnelle, les surmenages du métier, le temps croissant dévoré par la vie médiatique les conduisent à s'intéresser de moins en moins au contenu des dossiers et de plus en plus à ce qu'en pense l'opinion, donc à ce qu'en dit la presse. Les polémiques et manifestations qui mirent en échec la réforme des universités, en France, à la fin de 1986, ne roulèrent en aucune façon sur la teneur du projet de loi, que la plupart ignoraient. Ce fut un phénomène de pure interaction triangulaire entre les craintes des lycéens, l'amplification de ces craintes par les médias et leur exploitation par certains partis politiques. Du fond du problème, point de nouvelles. De même, après tout, Roosevelt avait à Moscou, avant la guerre, un observateur très perspicace : son ambassadeur, William Bullitt, qui vit tout venir, y compris le pacte Hitler-Staline. Mais Roosevelt, apparemment, préféra croire Walter Duranty[1].

Dès lors que les journalistes, tout en feignant de faire de l'information pure, et ils la pratiquent, d'ailleurs, fort heureusement, pour une large part de leur activité, estiment, pour une autre part, avoir le droit de présenter l'actualité de manière à orienter l'opinion dans un sens qu'ils jugent salutaire, la démocratie est amputée d'une de ses conditions. Elle l'est aussi pernicieusement que par une justice corrompue ou par la fraude électorale. N'oublions jamais ce principe élémentaire que le totalitarisme ne peut vivre que grâce au mensonge et la démocratie survivre que grâce à la vérité. Les journalistes considèrent trop souvent ce principe comme secondaire. La liberté d'expression leur paraît inclure celle de mettre en scène l'information selon leurs préférences et selon l'orientation qu'ils souhaitent imprimer à l'opinion publique. C'est si vrai que, dans certaines

---

1. Bullitt fut ambassadeur en URSS de 1933 à 1936, puis en France de 1936 à 1940, entre autres postes.

rédactions, les syndicats de journalistes exigent que l'on procède à un panachage, à un « équilibrage » des obédiences politiques, non point parmi les éditorialistes, mais dans les services d'information, comme si les critères idéologiques pouvaient tenir lieu de critères professionnels, comme si une rédaction pouvait devenir une sorte de parlement, vouée à refléter l'éventail des partis politiques du pays, et comme si l'information, dans sa version finale, pouvait résulter d'un compromis entre diverses falsifications partisanes! Cette perversion de la notion d'objectivité, calquée sur le modèle du pluralisme des opinions, suppose que l'information vraie peut naître du pot-pourri des partis pris. Elle a même inspiré, par exemple, en Italie, depuis les années soixante-dix, ce monstre que l'on a baptisé la *lottizzazione* (lotissement). Cette opération, dans le recrutement d'une équipe rédactionnelle, consiste à répartir des « lots » de places réservées: tant de postes pour des journalistes communistes, tant à des démocrates-chrétiens, tant à des socialistes, et ainsi de suite. Un directeur du *Corriere della Sera*, nommé en 1986, me confiait qu'il lui était impossible de se séparer de certains collaborateurs incapables, parce que leur départ ferait tomber au-dessous du contingent prescrit les fidèles de tel ou tel parti politique!

Comment les journalistes pourraient-ils avouer plus ingénument que par de telles précautions combien mince est leur confiance dans leur propre intégrité de purs informateurs? Nous revenons au même sempiternel contresens de base, dans toutes les controverses sur la presse: est-elle un contre-pouvoir? A-t-elle trop de pouvoir? En a-t-elle trop peu? Sa liberté est-elle chaque jour plus menacée? Est-elle trop arrogante ou remplit-elle pour le bien des citoyens une mission investigatrice? Parmi ces interrogations rituelles, il en est une qui manque presque toujours: dans les informations que la presse et les médias ont fournies à propos de telle affaire, qu'est-ce qui était vrai et qu'est-ce qui était faux? Il me semble, malgré tout l'intérêt des autres questions, que c'est là le point fondamental pour la bonne santé de la démocratie. Or c'est celui dont on parle le moins.

En janvier 1987, le directeur général de la BBC, Alasdair Milne, dut démissionner après cinq ans de conflits divers avec le gouvernement conservateur, mais aussi avec le Board of Governors de la Corporation, tantôt à cause d'erreurs de gestion, tantôt à cause de protestations des journalistes. Ceux-ci, quelques jours auparavant, avaient demandé la démission de Milne, arguant qu'il avait perdu la confiance de son équipe[1]. Dans la

---

1. *The Times*, 30 janvier 1987.

presse britannique ou étrangère pourtant, on présenta le plus souvent l'affaire sous le seul angle de l'atteinte à l'indépendance légendaire de la BBC. *Le Monde*[1] intitule un éditorial de première page: « BBC: la fin d'un mythe ». Le « mythe », c'est celui de son indépendance vis-à-vis du pouvoir politique, naturellement. Il n'effleure à aucun moment l'esprit du commentateur que ce puisse être également celui de son objectivité. Or l'indépendance, dans un service public ou vis-à-vis d'un propriétaire privé, n'est défendable qu'au nom de l'objectivité, qui suppose à la fois la compétence et la probité. Il paraît abusif de la revendiquer au nom du droit de mentir ou de se tromper. Dans les combats qui opposent des rédactions à des propriétaires publics ou privés, c'est une question que l'on ne soulève jamais, comme s'il était démontré une fois pour toutes que les membres de la profession journalistique exécutent toujours leur travail de façon parfaite, sans erreur ni vilenie. Une rédaction doit défendre son indépendance vis-à-vis du pouvoir politique et des actionnaires, mais pas pour en faire n'importe quel usage. Le milieu du journalisme peut-il prétendre être le seul groupe social du monde à jouir d'un privilège d'indépendance qui ne serait assorti d'aucune règle technique, professionnelle ou déontologique, sauf celle que dicte au journaliste sa propre conscience et dont il serait seul juge? Dénoncer comme une atteinte aux droits de l'homme et aux libertés publiques toute mise en cause critique de cette immunité surnaturelle constitue une position insoutenable. Que diraient les journalistes si on leur demandait d'accorder le même privilège aux hommes politiques, aux chefs d'entreprise, aux grands responsables économiques et financiers, aux dirigeants syndicaux, aux intellectuels, à la police, aux fonctionnaires, aux députés, bref à tous ceux qu'ils passent leur temps à étriller? Le journaliste n'existe que comme produit d'une civilisation où existe la liberté de critique. Il ne saurait sans hypocrisie hurler à la profanation quand cette liberté de critique, dont il vit, s'applique à lui-même.

Après la démission forcée du directeur général de la BBC, j'ai lu attentivement la presse anglaise et une partie de la presse continentale. J'y ai trouvé beaucoup d'éditoriaux sur des questions de principe, sur l'atteinte à l'indépendance de la BBC et sur les problèmes des rapports entre une télévision d'État et le pouvoir. Ces opinions, naturellement, divergeaient, mais toutes restaient dans le domaine des généralités. Il n'y avait pas ou, du moins, je n'ai pas trouvé d'article qui commençât par ces simples

---

1. 31 janvier 1987.

mots : « Je me suis fait reprojeter les émissions litigieuses, en compagnie, chaque fois, d'un spécialiste des affaires traitées. Voici les faits et les arguments qui peuvent permettre de soutenir que la BBC a failli ou n'a pas failli à sa mission. »

Le premier reportage qui déclencha un conflit grave entre la BBC et les conservateurs était consacré, au printemps de 1982, à la guerre des Malouines. Il était favorable aux Argentins. Sans affirmer que l'Angleterre se soit toujours bien conduite dans cet épisode, on peut quand même comprendre une certaine indignation dans l'électorat conservateur, et même travailliste, devant un reportage qui donnait tous les torts à la partie britannique. Les auteurs du reportage contre-attaquèrent au nom de la liberté d'informer et de la morale professionnelle. Ils furent confraternellement soutenus par la presse écrite, jusqu'au moment où l'un des auteurs du reportage révéla qu'il avait été lui-même écœuré de la façon dont l'émission avait été « cuisinée » : le producteur avait coupé au montage tous les faits, interviews et points de vue favorables à la thèse britannique.

En janvier 1984, dans l'émission « Panorama », sont diffusés les résultats d'une « enquête » selon laquelle le parti conservateur a été infiltré par des activistes d'extrême droite. Deux membres du Parlement, Neil Hamilton et Gerald Howarth, sont accusés, dans cette émission, de racisme, d'antisémitisme et de fascisme. Les deux députés protestent, demandent une rétractation, d'autant plus qu'à l'examen les « sources » confidentielles invoquées par les auteurs de la séquence se révèlent inexistantes et s'effondrent. Néanmoins le directeur général de la BBC s'obstine à soutenir que ces sources sont excellentes et les renseignements solides (« *well founded* »). Il persiste dans la diffamation. Les deux victimes de celle-ci font alors un procès, qu'ils gagnent : la BBC doit leur verser à chacun 20 000 livres (200 000 francs environ) de dommages et intérêts, à quoi s'ajoutent 250 000 livres (2 500 000 francs environ) de frais de justice et d'honoraires d'avocats[1]. En outre, le tribunal condamne la BBC à présenter aux deux députés d'humiliantes excuses publiques. On le voit, il s'agit dans cette affaire d'une faute professionnelle grave et d'une faute contre l'honneur aussi coûteuse financièrement que pour la réputation de la BBC. Dès lors, présenter la réaction qu'a suscitée cette faute comme une « atteinte du pouvoir politique à l'indépendance de la BBC » constitue une entorse supplémentaire au sacro-saint « devoir d'informer ».

---

1. *The Sunday Times*, 1er février 1987.

Une autre émission litigieuse, en juillet 1985, souleva également une tempête, parce qu'elle présentait un terroriste irlandais de l'IRA, Berry Adams, sous un jour étrangement sympathique. On sentait que le producteur qui s'entretenait avec le porte-parole de l'IRA était de tout cœur avec lui, accueillait avec faveur sa justification du terrorisme, prétendument « résistance à l'oppression ». Théorie usée, absurde en démocratie, sophisme de tous les mouvements subversifs d'inspiration totalitaire, qui profitent justement de la liberté même que leur octroie l'État de droit pour tenter de l'abattre.

Cette apologie de la violence et du sang tombait, pour comble, au beau milieu d'une période de recrudescence du terrorisme. Elle venait, en particulier, juste après que les « diplomates » mitrailleurs de l'ambassade de Libye à Londres eurent assassiné, en tirant de leurs fenêtres, un brigadier de police, une jeune femme, qui... protégeait les locaux de cette ambassade même contre des manifestants libyens antikadhafistes ! Vu l'irritation régnant dans le pays après ce haut fait, le ministre de l'Intérieur, Leon Brittan, intervint auprès du Board of Governors de la BBC pour demander que l'on déprogrammât cette émission vraiment inopportune, une quasi-provocation, qui était prévue, annoncée, mais point encore diffusée. Après que le Board of Governors eut accédé à cette requête et ajourné la diffusion, les journalistes de la BBC firent une grève de protestation d'une journée, soutenus par de nombreux confrères de la chaîne de télévision privée ITV. Contrairement au cas précédent, l'émission contestée ne constituait pas littéralement parlant une falsification de l'information. Une télévision qui invite à s'exprimer de nombreuses personnalités de toutes tendances peut très bien organiser un débat, même d'un goût douteux, avec un terroriste. Le problème déontologique provenait de la complaisance de l'animateur à l'égard de ce dernier. Qu'est-ce qu'un « débat » en l'absence de toute réplique ou objection ? Déjà, on peut considérer comme une conception fallacieuse de l'équité celle qui eût consisté à présenter comme deux opinions également respectables, d'un côté celle d'une terroriste plaidant pour le meurtre comme moyen normal d'expression politique dans un État de droit, d'un autre côté celle d'un citoyen réclamant le simple respect de ce droit et de ces institutions démocratiques. On aurait pu faire valoir que la symétrie entre l'assassin et sa victime potentielle n'eût été équitable qu'en apparence. Mais le débat eût malgré tout existé et eût, précisément, mis en relief cette asymétrie. Mais que le terroriste seul ait eu la parole, avec la bénédiction d'un présentateur presque complice ou au moins bienveillant, cela rejoignait en quelque sorte la faute contre le « devoir d'informer ». Car ce devoir aurait exigé que l'on fît aussi connaître au public les arguments et les faits qui jouent contre le terrorisme et non pas seulement ceux qui le glorifient. On peut agiter sans fin la question de savoir s'il s'agissait d'information ou d'opinion, mais il n'est pas scandaleux d'estimer qu'en l'occurrence la BBC n'a pas respecté l'impartialité qui est la contrepartie obligée de son indépendance.

Ce n'est pas scandaleux non plus quand on examine la façon dont la BBC, dans ses journaux télévisés et ses magazines, a couvert le raid américain d'avril 1986 sur la Libye. Le président du parti conservateur, Norman Tebbit, rendit public, en octobre 1986, un rapport de 21 pages, que chacun peut consulter, et aussi contester : mais à condition de le contester avec des arguments et de solides exemples en sens contraire des siens, car le dossier n'est pas vide, loin de là. Des éléments précis que fournit Tebbit dans son texte il ressort une évidente et indubitable présomption d'inflexion tendancieuse et de distorsion de l'information dans le sens d'un parti pris antiaméricain et antibritannique — le gouvernement de Londres ayant autorisé l'aviation américaine à se servir des bases situées en Grande-Bretagne. La polémique autour du bien-fondé de l'opération américaine est, certes, légitime : on peut, on devait, organiser tous les débats concevables sur ce sujet. En revanche, la partialité dans la sélection et la présentation des informations transporte de façon insidieuse et subreptice la polémique sur un terrain où le public est pris par traîtrise, puisqu'on s'adresse à lui sur le ton de l'objectivité, tout en lui cachant une partie des informations qui lui seraient nécessaires pour se forger en connaissance de cause une opinon. L'indignation qui accueillit le rapport Tebbit me paraît, en outre, de mauvais aloi. On parla de « censure ». Depuis quand est-il interdit de publier des appréciations critiques sur des émissions d'actualité qui ont *déjà été diffusées*, et de passer au crible leur conformité ou leur non-conformité aux faits ? Depuis quand les dictionnaires définissent-ils comme « censure » l'examen rétrospectif de documents publiés ? L'acte de censure n'émanerait-il pas plutôt des gens qui veulent prohiber tout contrôle de la véracité des journaux télévisés et qui auraient voulu empêcher le rapport Tebbit de voir le jour ? En vertu de quelle dispense exorbitante les journalistes devraient-ils échapper au contrôle de fiabilité que subissent les plus grands historiens, les plus grands mémorialistes, les plus grands savants ? Au nom de la liberté de la presse ? Mais un savant a-t-il le droit de truquer une expérience au nom de la liberté de la recherche scientifique ?

Milne dut finalement partir à la suite d'une émission préparée en janvier 1987 sur un satellite d'observation militaire extrêmement secret, destiné à survoler l'Union soviétique. Ici, l'on ne touchait plus seulement à des questions d'opinion, on mettait en péril la sécurité même du pays et sa défense. Certes, les documents concernant ce satellite secret avaient été publiés par l'hebdomadaire de gauche *The New Statesman*. Faut-il ou non publier tout ce que l'on sait ? Problème aussi vieux que la presse elle-même. Mais il y a une différence de nature entre, d'une part, un journal privé, que sa direction conduit comme elle l'entend, à ses risques et périls, que le lecteur est libre d'acheter ou de ne pas acheter, et, d'autre part, une institution nationale, entièrement payée par les contribuables (la BBC ne diffuse aucune publicité) et où les journalistes, par conséquent, engagent beaucoup plus qu'eux-mêmes.

De tout temps, on a considéré la BBC comme à peu près le seul exemple d'une radiotélévision d'État réussie, sur le plan de la qualité comme de l'impartialité. Elle savait résister victorieusement aux pressions des gouvernements, qu'ils fussent conservateurs ou travaillistes : Harold Wilson, par exemple, quoique socialiste, fut probablement, durant les années soixante, le Premier ministre qui eut les plus mauvais rapports avec la BBC depuis la guerre.

Mais cette réussite miraculeuse de l'indépendance totale d'une radiotélévision d'État avait pour condition une probité non moins totale dans la présentation de l'information et les débats d'idées. Hélas ! cette probité commença de faiblir, après 1968, lorsque la Grande-Bretagne aussi fut envahie par l'idéologie trop commode selon laquelle il n'y a pas d'information neutre, mais seulement une « information de combat ». Ce marxisme de pacotille était devenu depuis 1970 la doctrine courante de la fine fleur de Cambridge et d'Oxford, c'est-à-dire des jeunes recrues de la BBC. J'écoute, depuis des années, chaque matin, l'admirable « BBC World Service », certainement l'émission radiophonique la plus complète qui existe au monde sur les événements internationaux. Je n'ai pu m'empêcher de remarquer, insensiblement, l'apparition de certains manquements flagrants à la neutralité de l'information, à propos de dossiers délicats, tels le Nicaragua, l'Initiative de défense stratégique dans l'espace ou les réformes de Gorbatchev[1].

---

1. Certaines formules d'aspect purement descriptif cachent un parti pris sous leur apparente neutralité. Ainsi, je n'ai jamais entendu le service international de la BBC appeler les contras nicaraguayens autrement que « les

Tout individu qui en a les moyens financiers peut parfaitement créer un journal pour expliquer que la Terre est plate et que le Soleil tourne autour d'elle. S'il a des clients, tant mieux pour lui. Sinon, il fera faillite. Mais une télévision d'État est un service public qui, à ce titre, n'est viable et acceptable que s'il repose sur la compétence et l'honnêteté, car le public n'a pas de moyen de le sanctionner, comme il sanctionne un journal privé. La probité journalistique ne consiste pas à résister aux seules pressions des gouvernements, elle consiste à résister à *toutes* les pressions: idéologiques, politiques, culturelles, d'où qu'elles viennent. Le miracle de la BBC n'aura de nouveau lieu que si ses responsables futurs se souviennent de ce principe et y reviennent.

Même dans la petite portion de la presse mondiale qui est libre, la plupart des professionnels de l'information parlent ou écrivent non pas pour informer mais pour démontrer quelque chose. Ce qui distingue la presse sérieuse de celle qui ne l'est pas, c'est la proportion d'exactitude plus ou moins grande que comporte une information orientée. Les bons journaux donnent la priorité à l'exactitude, s'efforçant de rendre l'orientation d'abord plaidable ou, à défaut, pour ainsi dire invisible ; et ils savent se résigner assez souvent à publier des informations susceptibles d'infirmer leurs interprétations préférées. Ils n'ignorent pas que leur autorité est à ce prix, grâce à quoi ils continuent d'être lus ou regardés par quantité de lecteurs ou téléspectateurs qui ne souscrivent pas tous à leurs postulats

---

rebelles contras soutenus par la CIA » ("*the CIA backed contra rebels*"). Mais la BBC n'appelle jamais le gouvernement sandiniste « les dictateurs de Managua soutenus par l'Union soviétique », formule qui, pourtant, ne serait que le reflet pur et simple de la réalité. Toutes les correspondances du « BBC World Service » sur le Nicaragua que j'ai entendues pendant des années tendaient à insinuer dans l'esprit de l'auditeur que la Contra était un phénomène totalement artificiel, suscité exclusivement par la CIA, et sans aucun appui populaire dans le pays, ce qui constitue une contre-vérité manifeste. Tout correspondant honnête pouvait sans mal constater l'impopularité du régime sandiniste à de nombreux signes : le flot des Nicaraguayens demandant l'asile politique aux pays voisins, fût-ce sans se joindre à la Contra ; le fait que même les soldats sandinistes faits prisonniers par la Contra, et libérés par suite des accords de cessez-le-feu, ont refusé de regagner le Nicaragua ; la manifestation de plus de 10 000 personnes, à Managua, au début de 1988, réclamant la démocratisation ; la présence dans les geôles sandinistes, encore à la fin de 1987, d'environ 9 000 prisonniers politiques, dont moins de 1 000 étaient d'anciens somozistes, etc. Malgré ces faits éloquents, le correspondant de la BBC à Managua affirmait encore, le 3 avril 1988, au cours de l'émission « News Desk », que les chefs de la Contra n'avaient aucune représentativité et craignaient simplement de perdre les « confortables salaires que leur verse la CIA » ("*their handsome CIA salaries*"). Ce que je me demande, c'est si le « handsome salary » de ce correspondant est justifié.

politiques ou éthiques. Les mauvais journaux, eux, sélectionnent, arrangent et altèrent les informations de façon tellement patente et maladroite que seuls les esprits partisans, dont le seul souci est de trouver la confirmation de leurs idées fixes, supportent de les lire ou de les regarder.

Reste que même les organes d'information qui jouissent de la meilleure réputation professionnelle et du plus grand prestige international se laissent aller à déformer la simple relation des faits. En 1984, un institut new-yorkais nommé *Institute for Applied Economics* a publié une étude sur la façon dont les journaux télévisés des trois grands *networks* américains, ABC, NBC et CBS, avaient rendu compte, au jour le jour, de la reprise économique amorcée aux États-Unis à la fin de 1982 et devenue extrêmement vigoureuse en 1984. L'institut prit note pendant six mois de toutes les informations économiques données par les trois journaux. En 1983, l'Amérique réalisa l'une des plus fortes croissances de l'après-guerre et la plus forte des pays industrialisés cette année-là, 7,7 % en dollars constants ; la plus faible inflation, 0,3 % ; et une baisse sensible du chômage, tombé à 8 % de la population active, alors qu'il avait grimpé jusqu'à 11 % en 1981. De toutes les statistiques économiques, officielles ou privées, rendues publiques au rythme de 4 à 15 par mois durant les six mois d'observation des *networks*, du 1$^{er}$ juillet au 31 décembre 1983, 95 % faisaient ressortir des résultats positifs, attestant l'évidence de la reprise. Or, durant la même période, sur les 104 informations, analyses, interviews ou commentaires concernant l'économie et l'emploi qu'ont diffusés, au total, les trois journaux du soir de ABC, NBC et CBS, 86 % dépeignaient la situation comme mauvaise ou catastrophique. En d'autres termes, l'immense majorité des citoyens, pour qui, comme dans tous les pays modernes, les journaux télévisés constituent la source principale d'information, ne pouvaient absolument pas se douter qu'une reprise économique était en cours dans leur pays, en fait la plus forte depuis le début de la crise, en 1973, et même depuis la fin de la Seconde Guerre mondiale[1].

Ou plutôt, les téléspectateurs en avaient bien vent de temps en temps, mais c'était pour s'entendre expliquer aussitôt que les prétendus progrès inscrits dans les statistiques n'avaient aucune valeur pratique et n'entraîneraient pas d'amélioration dans la

---

1. Le rapport de l'*Institute for Applied Economics* a été synthétisé notamment dans le *Wall Street Journal*, du 7 mars 1984 : Holmes M. Brown : « How Television Reported the U.S. Recovery ».

vie courante. Les médias ne pouvaient naturellement pas se risquer à passer entièrement sous silence les informations sur la reprise. Mais, s'ils les mentionnaient, c'était pour en annuler aussitôt l'effet en y ajoutant un commentaire ou un reportage tendant à les dépouiller de toute portée générale et même de toute réalité. Ainsi, le chômage tombe, entre décembre 1982 et décembre 1983, de 10,7 % de la population active à 8,7 % . En une année, la reprise a créé 4 millions d'emplois nouveaux. Or, le 2 décembre 1983, jour où le département du Travail annonce ces chiffres, ABC se consacre à la situation de l'emploi dans le Midwest « où le chômage frappe le plus durement » (« *where unemployment is most severe* »). Le chômage a reculé dans 45 États sur 50, mais ABC choisit l'un des 5 États restés à la traîne pour y effectuer un reportage sur le terrain. L'envoyé spécial y déniche deux cadres moyens (« *uppermiddle class employees* ») qui se trouvent sans emploi depuis un an et demi. Leur cas n'est nullement représentatif de la durée habituelle du chômage américain, dont tous les journalistes devraient savoir que, même aux heures les plus noires, il dépasse rarement trois ou quatre mois en moyenne, contrairement au chômage européen, plus long. La sélection de ces cas, s'ajoutant au choix géographique d'un des 5 États restés en panne, engendre l'impression globale que l'on devine. Pendant quatre minutes, proportion énorme sur vingt de journal effectif, publicité déduite, la chaîne recueille les propos des deux cadres, fort pessimistes évidemment, on le serait à moins, sombres et déprimés au point que l'un d'eux insinue qu'il n'écarte pas l'idée de mettre fin à ses jours. C'est sur cette note macabre, lugubre et désespérée que s'achève un journal télévisé dont le point saillant était, en principe, la baisse de deux points et demi du taux de chômage dans l'ensemble du pays!

J'entends bien que le journaliste a pour devoir, même quand lui parvient une bonne nouvelle de ce genre, de signaler aussi qu'il subsiste néanmoins des endroits et des gens qu'elle ne concerne malheureusement pas, et que nous ne devons pas oublier. Qu'il le dise, mais pas au point d'en faire l'information principale de la soirée! Car alors quel droit moral conservent les journalistes de reprocher aux hommes politiques leur improbité lorsqu'ils escamotent dans leurs bilans les ombres pour ne se vanter que des morceaux brillants du tableau, si eux-mêmes se livrent à la même amputation en sens inverse? Et de façon plus pernicieuse: car le public n'attend pas de l'homme politique une information objective, il lui accorde une latitude d'enjoliver ses résultats, tandis qu'il présuppose chez le journaliste l'impartialité. Lorsque Dan Rather, le célèbre *editor* et *anchorman*[1] de « CBS News », écrit dans une libre opinion du *New York Times*, en 1987 — pour protester contre des réductions de personnel dans la chaîne, qui est en baisse d'audience —, que « les journaux télévisés sont un instrument de la démocratie... une lumière à l'horizon... un phare qui vient au secours des citoyens d'une démocratie[2] », il confond, une fois de plus, le principe et la pratique. De même qu'un homme politique perd le droit de se réclamer de la démocratie dans un pays où l'on truque les élections, le journaliste perd ce droit s'il déforme sciemment l'information. Or, il ressort clairement de l'étude des journaux télévisés de 1983, et aussi, pour que ce que j'en ai vu, de ceux de 1984, que les médias américains ont déployé des efforts frénétiques pour dissimuler la reprise économique, de manière à ne pas donner acte à l'Administration Reagan du succès de sa politique économique. Pendant le premier trimestre de 1984, le produit national brut progressa au rythme inouï de 9,7 %, calculé annuellement. Au cours du premier semestre, 2 millions d'emplois supplémentaires furent créés, dont 1 950 000 pendant les seuls mois de mai et de juin, annonçait le département du Travail le 7 juillet : ce qui portait à 6 millions et demi le nombre des personnes ayant trouvé ou retrouvé un emploi depuis le début de la reprise, fin 1982. Or, encore en juin 1984, j'ai vu un soir Dan Rather consacrer un bon tiers de son journal, « CBS Evening News », à la « crise de l'agriculture dans le Midwest », dépeinte sous un jour apocalyptique. Nul n'ignore que les agriculteurs des pays riches, bénéficiaires d'un système de subventions, avec des prix artificiels, plusieurs fois supérieurs au cours mondial, passent leur temps à crier misère pour conserver ces privilèges. Nous eûmes donc, de nouveau, droit au défilé des drames personnels et aux doléances rituelles des céréaliers du Midwest, tous, eux aussi, apparemment au bord du suicide. Dan Rather put donc conclure ce soir-là que l'aggravation de la situation économique était assez profonde pour compromettre la réélection de Reagan en novembre 1984. On sait que ce dernier fut réélu par 49 États sur 50. A la longue, les médias durent pourtant bien s'incliner devant les faits : durant l'été 1987, le chômage était tombé à un peu plus de 5 % (taux considéré comme incompressible), l'inflation éliminée et je vis un Dan Rather résigné, dans un

---

1. A la fois rédacteur en chef et présentateur.
2. « *Television news is a tool of democracy... News is a light on the horizon... a beacon that helps citizens of a democracy.* »

journal d'un des tout premiers jours de septembre 1987, avouer ce que tout le monde savait : les États-Unis venaient de traverser et continuaient de vivre très exactement leur plus longue période de croissance ininterrompue en temps de paix depuis la fin de la guerre de Sécession.

Les objections fondées contre la politique économique de Reagan ne manquaient certes pas : avant tout le déficit de la balance commerciale et le déficit budgétaire. Le krach boursier d'octobre 1987 mit en relief aussi la fragilité du système financier de Wall Street. Mais l'on n'a autorité pour formuler ces objections que si l'on a par ailleurs l'honnêteté de donner acte à ceux contre lesquels on les formule de leurs bons résultats et, lorsqu'on est journaliste en tout cas, de ne pas s'efforcer de les cacher.

Une société n'a pas l'obligation de s'installer dans un système qui, comme la démocratie, ne peut fonctionner que grâce à un minimum d'informations exactes connues de tous. Les enquêtes faites par la revue *Public Opinion* montrent que le groupe social des journalistes américains est considérablement plus « libéral », voire « radical » que l'ensemble du pays. C'est son droit. S'en soucier serait de la « chasse aux sorcières » si les opinions personnelles et les règles professionnelles restaient séparées. Trop souvent, il n'en est rien. Pour plusieurs responsables américains des médias, il *fallait* que la politique économique de Reagan fût un échec. Aussi longtemps que cette thèse resta tenable contre le témoignage des chiffres, ils la soutinrent, mais surtout, ce qui est plus grave, la travestirent en information.

Nous le savons : les journalistes se justifient en arguant que la presse est un « contre-pouvoir », un « chien de garde » (*watchdog*), qui a pour rôle de surveiller, de critiquer, de harceler le gouvernement. Nous nous heurtons ici de nouveau à l'ambiguïté de cette notion de contre-pouvoir. Si l'on parle des opinions, l'expression en est libre, fussent-elles fausses, injustes, haineuses, flagorneuses, rétribuées, sincères ou hypocrites. Si l'on parle de l'information, si, en se proclamant elle-même « quatrième pouvoir », la presse se confère une sorte de magistrature, alors elle n'a pas à être *a priori* pour ou contre le pouvoir. S'il se trouve que l'information est défavorable au pouvoir, elle la donne. Mais elle la donne aussi dans le cas contraire. C'est en cela que peut consister sa magistrature, si tant est qu'elle en ait une. Un magistrat n'ouvre pas l'audience en se disant *a priori* qu'il doit condamner le prévenu, et que ce serait déchoir que de l'acquitter ou de lui accorder les circonstances atténuantes. De plus, le seul pouvoir relevant du « contre-pouvoir » de la presse n'est pas le gouvernement du pays où opèrent les journaux et les médias. Ce sont aussi les partis d'opposition qui, quoique n'étant pas au pouvoir, peuvent avoir *du* pouvoir, et des torts ; ce sont aussi les puissances financières et culturelles, syndicales et religieuses — voire la presse elle-même. Ce sont aussi les gouvernements étrangers, qui devraient faire l'objet, sur un pied d'égalité total, quelle que soit leur couleur politique, d'informations non triées ; comme devraient en faire l'objet *en tous pays* les partis et mouvements d'opposition, les guérillas, les réalités économiques, la corruption, les violations de droits de l'homme, les forces militaires, les répressions, les succès et les échecs. La critique, à l'égard de tous, et pas seulement de son propre gouvernement, doit, dans une presse qui se considère comme un magistrat, *résulter* de l'information correctement établie, et non *diriger* le choix de cette information sous l'empire d'un parti pris sélectif, qui métamorphose l'impitoyable férocité à l'égard des uns en indulgence sans limite à l'égard des autres.

Malheureusement, le pouvoir du quatrième pouvoir ne milite pas toujours au seul service de la vérité, tant s'en faut ; et, pourtant, seule l'intransigeance dans ce service lui prêterait une légitimité de principe qui, jusqu'à présent, lui fait défaut. Car, si le quatrième pouvoir, dès l'origine, est consubstantiel à la démocratie, la formule même n'a cependant de valeur que par analogie. J'y reviens, pour avoir souvent constaté que c'est là une des distinctions les moins bien comprises. Les trois autres pouvoirs sont définis par des textes constitutionnels. Les hommes et les femmes qui les exercent doivent, pour être légitimes, se recruter selon des règles précises — l'élection, le concours, la nomination par les autorités qualifiées. Ils encourent des sanctions déterminées en cas d'abus, de forfaiture, d'erreur grave. Ces critères deviennent en revanche des plus vagues dès qu'il s'agit du pouvoir d'informer et de communiquer. Proposer au public des informations et des opinions, des images, des photos, des reportages, une exhortation à prendre un parti ou un autre, c'est un droit qui est inclus dans les droits généraux du citoyen. La loi ne va pas au-delà. Elle ne confère ici à aucune catégorie de citoyens en particulier de pouvoir spécifique sur les autres, alors qu'elle le fait pour les autres pouvoirs, dont elle décrit et prescrit à la fois la mission et les bornes. La liberté d'expression appartient à tous, mais, tout comme la liberté de circuler, elle n'indique pas l'itinéraire du voyage. Le pouvoir qui en découle éventuellement provient du succès, c'est un pouvoir de fait, tout comme la légitimité conférée par le public, par l'audience, due à la bonne réputation professionnelle — ou à la mauvaise, dans le cas de la presse partisane, scandaleuse et diffamatoire, qui elle aussi a ses amateurs. On peut réussir, dans la presse et les médias, soit parce qu'on est scrupuleux, soit parce qu'on est crapuleux. Dans les deux cas, vous aurez du pouvoir, et même de la légitimité, puisqu'une partie du public vous suit, vous achète, vous écoute, vous regarde. Aussi d'excellents observateurs de notre époque n'accordent-ils à la notion de quatrième pouvoir qu'une résonance tout au plus métaphorique.

D'où une situation passablement consternante: dans la majorité des pays, la presse est l'esclave du pouvoir, ou bien ne jouit que d'une liberté très surveillée, sujette aux représailles et aux persécutions; dans les démocraties, elle n'est exacte et honnête dans sa fonction d'information que de façon partielle. Le pouvoir y redoute la presse moins parce que ce qu'elle dit est vrai que parce que ce qu'elle dit remue l'opinion, que cela soit vrai ou non. C'est un homme politique socialiste, et d'un socialisme délivré du léninisme, un homme peu enclin à rechercher le monopole de la parole, Michel Rocard, qui a dit un jour: « Le pouvoir médiatique est aujourd'hui beaucoup plus fort que le pouvoir politique. » Et un homme politique libéral (au sens européen), « conservateur », au sens américain, démocrate à coup sûr, Raymond Barre, peut, lui aussi, se demander: « Le quatrième pouvoir n'est-il pas devenu puissant au point d'empêcher les trois autres de fonctionner ? » Puissance qui n'était évidemment pas prévue à l'origine des constitutions démocratiques[1]. Et puissance (si elle existe) que l'on peut d'autant moins accepter sans condition ni inventaire qu'elle ne repose sur aucune garantie de l'authenticité des nouvelles ni de la bonne foi dans la pratique du métier. L'effet produit sur l'opinion publique par une « information » n'est pas moindre si elle est fausse que si elle est vraie. On le constate aussi bien dans les relations internationales qu'en politique intérieure. L'inexactitude ou la pauvreté de l'information moyenne peut nous faire hésiter à dire que les peuples, même les plus démocratiques, votent principalement en fonction des résultats réels obtenus par leurs gouvernements et d'une connaissance au moins élémentaire de la situation internationale où se trouve inséré leur pays.

1. Ces deux phrases ont été prononcées par MM. Rocard et Barre dans leurs allocutions respectives au colloque « Médias, pouvoirs et démocratie », organisé à Paris en mai 1987 par l'Institut international de géopolitique, présidé par Marie-France Garaud.

Bizarrerie suprême, la défense de la vérité constitue rarement le critère de la presse elle-même lorsqu'elle se rebelle contre les empiétements du pouvoir ou déplore les mésaventures commerciales de l'un des siens. On invoque alors l'« indépendance », le « pluralisme », fort peu la crédibilité et presque jamais la compétence, la connaissance des questions traitées, qui semblent à certains des conditions tout à fait accessoires pour travailler dans la communication. Ainsi, lorsque dut fermer ses portes, faute de lecteurs, le quotidien socialiste français *le Matin*, en janvier 1988, toute la profession versa des larmes sur ce nouveau rétrécissement de l'« espace de liberté » — formule creuse entre toutes et notion bien indéfinie — mais personne n'osa dire que *le Matin* était mort d'esprit partisan et d'incapacité professionnelle. Maintenu depuis déjà plusieurs années en survie artificielle par l'Élysée, qui était allé, en 1985, jusqu'à placer à la direction du journal son ancien ministre de l'Information, Max Gallo, *le Matin* ne pouvait que voir s'élargir inexorablement autour de lui le vide qui se crée autour de n'importe quel journal militant, dont chacun sait d'avance ce qu'il va y lire. Ne brillant point par l'impartialité, il étalait en outre une incompétence professionnelle qui passait parfois les bornes. Pour ne citer qu'un exemple, il annonce le 14 novembre 1986, en première page, les élections législatives brésiliennes sous le titre suivant : « Pour la première fois depuis quarante ans, élections libres samedi au Brésil. » L'erreur des « quarante ans » se répète dans le corps de l'article, ce qui prouve qu'elle n'est pas imputable à la malencontreuse intervention d'un titreur, et que le rédacteur et son rédacteur en chef l'ont commise et l'ont entérinée. Soyons charitables et supposons que le journaliste avait oublié l'élection démocratique du président de la République du 15 janvier 1985, issue, il est vrai, d'un collège électoral restreint ; puis, oublié également les élections municipales du 15 novembre suivant, qui, elles, pour le coup, constituaient le vrai premier scrutin libre au suffrage universel direct depuis la fin de la dictature militaire. Supposons néanmoins que le spécialiste des affaires latino-américaines du *Matin* ait voulu se référer au début de ladite dictature militaire et au coup d'État qui avait marqué l'interruption de la démocratie au Brésil : reste que ce coup d'État avait eu lieu en 1964, vingt-deux ans auparavant et non quarante. Ce renseignement, la plus rudimentaire des encyclopédies portatives aurait pu le lui fournir. Lorsqu'un homme politique perd les élections, on dit qu'il a été « désavoué par le corps électoral » parce qu'il a mal rempli son mandat. Pourquoi, quand un journal fait faillite, ne dit-on jamais qu'il a été « désavoué par ses lecteurs » pour la même raison?

En revanche, si Michel Polac fut renvoyé de TF1 quelques mois après la privatisation de cette chaîne, en 1987, ce ne fut pas faute d'audience, puisque son émission « Droit de réponse » attirait de nombreux téléspectateurs, malgré son heure tardive, le samedi. Je précise pour les lecteurs qui ne sont pas français que « Droit de réponse » était une émission-débat produite et animée par le journaliste de radio et de télévision Michel Polac, et qui portait sur des sujets politiques, sociaux, internationaux, plus rarement scientifiques, historiques ou philosophiques. En outre, Polac accueillait à intervalles réguliers une demi-douzaine d'éditorialistes de la presse écrite pour les faire discuter autour de l'actualité. Nommé par les socialistes en 1981 à TF1, quand cette chaîne était encore une chaîne d'État, Polac défendit ardemment pendant six ans l'idéologie socialiste, avec une habile férocité pour le libéralisme. Lorsque les libéraux revinrent au pouvoir en mars 1986 — TF1 étant toujours chaîne d'État — ils ne lui retirèrent pourtant pas son émission, qui continua de servir de tribune hebdomadaire de gauche. En novembre 1986, lors de manifestations d'étudiants où l'action de la police entraîna la mort d'un jeune homme à la suite de brutalités inadmissibles, mais que l'on ne saurait dire préméditées par les autorités responsables de l'ordre public ni découlant de l'essence du système politique français, Michel Polac consacra un « Droit de réponse » d'une violence inouïe à ces événements, assimilant le gouvernement Chirac aux plus infâmes dictatures fascistes passées et présentes. Il ne perdit pas, pour autant, son poste, rétribué sur fonds publics. Il le perdit, en définitive, pour avoir insulté ou laissé insulter le propriétaire de la chaîne, *après* la privatisation de TF1, qualifiée un soir de « chaîne de merde », en direct à l'antenne. Que, licencié par son employeur « de merde » à la suite de cet exploit, Michel Polac ait pu, au cours d'une ample campagne de presse, qui se développa durant des semaines après son renvoi, se peindre et être dépeint comme une victime de la persécution politique et comme un martyr de la liberté, cela montre bien que les journalistes ne s'appliquent pas à eux-mêmes les critères qui leur servent à juger les autres. Je ne vois aucune raison pour que l'art de la télévision ne comporte pas d'émissions pamphlétaires, voire de mauvaise foi, tendancieuses et d'inspiration exclusivement polémique, puisque la littérature fourmille d'œuvres de talent qui offrent exactement les mêmes caractéristiques et dont il serait dommage de se priver. Mais les auteurs qui ont écrit ces œuvres l'ont toujours fait à leurs risques et périls, sans prétendre avoir droit pour l'éternité à un copieux salaire mensuel versé par ceux mêmes qu'ils attaquaient : État ou entrepreneur privé. On ne pouvait défendre Polac ni au nom du devoir d'informer, car remplir ce devoir n'avait pas précisément constitué son souci dominant, ni au nom de la liberté du débat public, car la manière dont il avait mené le sien était tout sauf équitable. Son émission était un tribunal dont la cause était entendue d'avance. Les opposants à la thèse que Polac voulait faire prévaloir faisaient figure d'accusés, qui n'étaient en général pas invités ou qui étaient très minoritairement représentés, réduits au silence, conspués par des compères, ridiculisés et refoulés dans le rôle du méchant. La caméra désertait opportunément tout contradicteur qui paraissait sur le point d'articuler un argument dangereux pour la doctrine chère au producteur. Ce spectacle pouvait amuser, mais comment soutenir que l'objectivité, la tolérance et le respect d'autrui en constituaient les moteurs essentiels ? Tous doivent pouvoir accéder aux plaisirs du sectarisme : nul ne peut exiger d'être rétribué à vie pour s'y livrer. En outre, fâcheusement, aucune émission télévisée du même genre mais d'idéologie opposée n'existait, ni sur TF1, ni sur une autre chaîne. La justification coutumière par le pluralisme des excès contraires n'était donc même pas assurée. Les autres débats politiques télévisés, quoique plus sereins, se trouvaient en majorité produits et dirigés par des journalistes socialistes, intronisés par le pouvoir socialiste et restés en place. La « liberté » incarnée par Polac était donc celle d'un monopole. Elle ne concernait ni l'information authentique ni le débat d'idées équilibré. Attribuer le renvoi de Polac à une vengeance purement politique, à une tyrannie liberticide, à une volonté du pouvoir d'asphyxier la presse, l'information, l'opinion, la pensée ne résistait donc pas à l'examen. C'était, une fois encore, du mauvais journalisme, et le journalisme est rarement pire que quand il traite du journalisme même.

Je puis, à cet égard, apporter un témoignage personnel. Lorsque j'étais directeur de la rédaction de *l'Express*, entre 1978 et 1981, et lorsqu'une crise survenait à l'intérieur de la rédaction ou entre le propriétaire et moi-même, je lisais souvent sur cette crise chez nos confrères des articles rédigés sans que leurs auteurs eussent éprouvé le besoin de se mettre en rapport avec moi pour confronter ma version avec celle qu'on leur avait fournie. Cette dernière émanait en général de tel ou tel clan intérieur à la rédaction, qui, dans le cadre d'un combat politique ou d'intrigues intestines, utilisait un réseau d'amitiés pour publier à l'extérieur un récit arrangé de façon à servir sa cause. Ce récit, personne, à l'autre bout, ne songeait à le vérifier, en recourant à la précaution élémentaire du journaliste ou de l'historien sachant leur métier : la comparaison des sources. J'ai vu maintes fois se reproduire cette faute professionnelle (plus particulièrement française, il est vrai) à propos d'« informations » fausses ou à moitié fausses, me concernant ou concernant une activité que j'étais bien placé pour connaître, sans que le responsable, qui parfois était même l'auteur d'une dépêche de l'Agence France-Presse, se fût donné la peine de prendre des renseignements cependant à portée de sa main. Il est vrai qu'il cherchait sans doute moins à communiquer au public des renseignements qu'une thèse.

Cette préséance de la thèse sur le fait s'élève jusqu'à des sommets parfois comiques. Au début de 1988, Daniel Ortega, président du gouvernement communiste du Nicaragua, fit une tournée de propagande et de relations publiques en Europe de l'Ouest. La Suède, en particulier, l'accueillit chaleureusement. Il expliqua, dans ce pays, que le Nicaragua souffrait de disette à la suite d'une longue sécheresse, ce qui incita la Suède à faire passer instantanément de 35 à 45 millions de dollars son aide annuelle à M. Ortega. Libre à la Suède d'alléger la facture de Moscou, mais pourquoi le faire en avalant une contre-vérité scientifique aussi flagrante? Quiconque ayant un peu séjourné en Amérique centrale ne saurait manquer d'être profondément surpris par cette « longue sécheresse ». Je me borne à recopier ici ce que dit du climat de cette région le *Grand Dictionnaire encyclopédique Larousse* en dix volumes (édition 1982): « Climat tropical chaud et humide. La façade caraïbe, battue par les alizés, a un climat *presque constamment pluvieux*, tandis que les bassins sous le vent et la côte pacifique sont *moins arrosés* et bénéficient d'une *saison sèche* bien marquée » (c'est moi qui souligne). Les huit dixièmes du territoire nicaraguayen se trouvent situés du côté caraïbe. Le reste vit sous le régime des pluies tropicales à dates et à heures fixes. Les sécheresses imprévues sont un phénomène inconnu dans cette région. Armé de ce texte, je téléphonai à un vieil ami suédois, directeur d'un des plus importants quotidiens de Stockholm, pour lui demander si la presse de son pays avait fait son travail en rectifiant l'aimable facétie climatologique de Daniel Ortega, et si lui-même y avait consacré, pour ouvrir les yeux de ses concitoyens, un de ces billets pleins de bon sens qui faisaient sa réputation. « Vous êtes fou, me répondit-il, je n'ai pas envie de me faire traiter de réactionnaire! » Voilà comment, au pays qui décerne les prix Nobel de science, le sandinisme a pu impunément prêter à l'Amérique centrale l'aridité du Sahel.

Il pleuvait bien, en revanche, sur Paris, le jour de décembre 1985 où le président François Mitterrand accueillit officiellement le général Jaruzelski. Bien des gens s'étonnèrent et jusqu'au Premier ministre lui-même, Laurent Fabius, que cet honneur fût accordé au sinistre personnage qui avait jugulé Solidarnosc et les espoirs polonais de liberté. Quel calcul politique pouvait bien justifier cette étrange complaisance ? On cherchait en vain à le deviner. C'est alors que commença de se répandre une curieuse rumeur : la raison secrète de cette incompréhensible hospitalité était que, grâce à cette concession, Mitterrand allait sous peu obtenir de Moscou l'autorisation pour les juifs soviétiques d'émigrer et que ces juifs transiteraient par Varsovie, d'où ils s'envoleraient dans des appareils d'Air France. Ce plan romanesque et invraisemblable fut « dévoilé » notamment par deux éditorialistes célèbres et « proches de l'Élysée », comme on dit, confidents coutumiers et dispensateurs privilégiés de la présidentielle pensée, Serge July et Jean Daniel. Leurs éditoriaux se terminaient tous deux sur une note du genre « rira bien qui rira le dernier » et « ceux qui crient aujourd'hui seront grotesques demain ». Interrogé sur l'éventualité de l'opération aéroportée qui eût fait triompher Mitterrand, l'historien et soviétologue Michel Heller répondit avec prudence combien l'hypothèse lui semblait fantasque. On ne percevait alors aucun indice d'octroi massif de visas aux juifs candidats à l'émigration ; si c'eût été le cas, on ne voit pas pourquoi ils auraient dû transiter par la Pologne ni ce que venait faire dans le tableau Jaruzelski, ni enfin comment la flotte d'Air France aurait suffi à transporter tout ce monde — à moins de suspendre tous ses vols sur tout le reste de la planète. Questionné à son tour au micro d'une radio sur le scepticisme de Michel Heller, M$^e$ Théo Klein, président du CRIF (Conseil représentatif des institutions juives de France), homme visiblement confiant et optimiste, répliqua : « Dieu nous garde des soviétologues ! » J'espère que Dieu aura continué d'avoir M$^e$ Théo Klein et quelques autres en sa sainte garde, car, durant les années qui suivirent, rien ne se concrétisa jamais du mirifique plan d'évacuation des juifs soviétiques via Varsovie concocté par François Mitterrand avec le général Jaruzelski. Mais le plus frappant est que nul de ceux qui avaient répandu cette fausse information ne sentit par la suite le besoin de la retirer, d'en expliquer l'origine ni de s'excuser de l'erreur.

Venir à résipiscence n'est pas la passion prédominante de la presse. Quand les médias consentent à envisager leur autocritique, il ne s'agit à l'ordinaire que d'une autocritique noble, tournant autour de questions telles que : les limites de l'intrusion dans la vie privée ; le risque de se laisser manipuler par les terroristes en donnant trop de résonance aux attentats et aux prises d'otages ; l'accoutumance à l'horreur que peut contracter le public à force de voir des images de guerre ; la contagion possible du spectacle de la violence chez les enfants ; l'indifférence à l'actualité provenant de l'accumulation même des nouvelles ; l'anesthésie de l'esprit critique et l'affaiblissement de la mémoire recouverts par le flot ininterrompu des dépêches : ces questions sont fort estimables, fort intéressantes ; ce sont toutes, on le remarquera, des questions éthiques, qui certes honorent ceux qui se les posent, non sans narcissisme. Elles n'ont malheureusement rien à voir avec la plus importante de toutes les questions : ce ne sont pas des autocritiques relatives à la vérité et à la fausseté de l'information, à la raison d'être du journalisme, relatives à l'erreur, au mensonge, à la compétence. La presse et les médias nous servent-ils à mieux connaître notre monde ou pas ? Quelle est la part de vérité de ce qu'ils véhiculent ? On conviendra que c'est le problème principal : c'est rarement celui qui est abordé. Quand il l'est, les réactions de rejet du milieu journalistique sont des plus vives, voire féroces. Il refuse de se laisser mettre en cause sur le terrain du faux et du vrai, le seul qui compte, pourtant. Lorsqu'en 1976, Michel Legris, ancien collaborateur du *Monde*, fit paraître un livre intitulé *le Monde tel qu'il est*, où il dévoilait ce qu'il considérait être la partialité de ce journal, en donnant des exemples précis de falsification ou d'amputation de l'information, Jacques Fauvet, alors directeur du célèbre quotidien, ne songea ni à répondre aux objections ni éventuellement à rectifier les erreurs, les siennes ou celles de Legris. Il ne s'employa qu'à déconsidérer, par tous les moyens non intellectuels possibles, l'auteur du livre sacrilège et à le détruire professionnellement. Les confrères, tout en riant sous cape de voir contester l'infaillibilité d'un journal qui se drapait dans le rôle de grand donneur de leçons de la presse française, se gardèrent bien, tant ils redoutaient la vindicte du *Monde* et sa puissance, de donner du travail au pauvre Legris, qui se trouva ainsi plongé pour longtemps dans un désespérant chômage. Le « journalisme d'investigation » cesse brusquement d'être sacré quand il a le journalisme même pour objet. Un directeur de journal adopte alors la conduite d'extermination rancunière qu'il flétrit avec tant de hauteur quand il la surprend chez un homme politique ou un chef d'entreprise. De la même manière, *Time Magazine* et CBS firent, en 1986, tout pour empêcher la publication d'un livre de Renata Adler, journaliste et juriste, intitulé *Reckless Disregard*, ce qui veut dire en gros « mépris sans scrupule » ou « cynique mépris des faits ». En 1983, le général en retraite William Westmoreland avait fait un procès à CBS en raison d'une émission, « Vietnam Deception » (« Tromperie au Vietnam »), où il était mis en cause dans son rôle de commandant en chef à l'époque de la guerre du Vietnam. La même année, le général israélien Ariel Sharon avait fait un procès à *Time* en raison d'un article l'accusant d'avoir donné l'ordre de massacrer des Palestiniens dans les camps de Sabra et Chatila, en 1982, pendant la guerre du Liban, tuerie perpétrée par des troupes libanaises chrétiennes à la solde, il est vrai, d'Israël, mais sans que l'on ait pu prouver qu'elles avaient agi avec l'accord du commandement israélien, le contraire s'étant révélé à l'audience plus probable. Les deux procès se terminèrent par des compromis entre les parties respectives. Les plaignants n'obtinrent qu'à moitié réparation, *Time* et CBS échappèrent à la condamnation pour diffamation. Renata Adler reprit alors l'ensemble des dépositions et le compte rendu *in extenso* du procès. Les ayant minutieusement analysés, elle conclut qu'il en ressortait indubitablement que *Time* et CBS, tout en ayant échappé à la condamnation pour diffamation (*libel*), n'en avaient pas moins infligé aux faits de graves distorsions, puis menti après les premières protestations, pour dissimuler (*cover up*) les fautes qu'ils avaient commises. Pendant l'été 1986, *The New Yorker* fit paraître sur deux numéros les bonnes feuilles extraites de *Reckless Disregard*. Aussitôt, *Time*, et surtout CBS, au lieu de répondre aux arguments par des arguments, mirent en route le rouleau compresseur de l'intimidation à l'égard de l'éditeur, Alfred A. Knopf, avec menace de procès, afin de l'effrayer et de l'acculer à l'ajournement *sine die* de la publication de l'ouvrage complet. Ce n'est d'ailleurs pas tant l'éventualité du procès qui terrifia Knopf que la perspective de se brouiller avec *Time* et de disparaître de ses pages de critique littéraire, comme de voir à tout jamais ses auteurs rayés de la liste des invités aux débats de CBS. Les journaux et groupuscules gauchistes (*far left*) prirent fait et cause paradoxalement pour les deux grands conglomérats géants du capitalisme médiatique ! Ils leur prêtèrent main forte contre la parution du livre, s'acharnant à discréditer Renata Adler à coups de calomnies, puisqu'ils avaient à cœur la thèse de la culpabilité totale des États-Unis au Vietnam et de la culpabilité totale d'Israël au Liban. Agréable climat de probité intellectuelle et morale !

Rares sont les hommes qui ne suppriment pas l'information, fussent-ils des professionnels de l'information, quand elle leur est défavorable. La presse se veut et se voit comme un contre-pouvoir. Mais elle agit à l'instar du pouvoir, et même plus brutalement que lui, pour étouffer ce qui l'embarrasse, car elle est moins contrôlée que lui : je parle d'un contrôle non point politique ou idéologique, mais professionnel et déontologique, lequel est, dans son cas, inexistant. La presse est même le seul métier où il n'y en ait aucun. Loin d'être, dans ce sens, l'antithèse des pouvoirs, elle en est plutôt la copie, à un degré d'arbitraire dont aucun pouvoir politique en démocratie ne peut s'offrir le luxe, elle est un enfant adultérin de l'anarchie et de l'absolutisme — la « puissance adultère » dont parle Lamartine, imitation sauvage de la puissance des « maîtres de la terre ». Dans les démocraties, parfois, les pires assauts contre la liberté de la presse proviennent de la presse même. « Voilà un cas, commente William Safire, grâce à qui *Reckless Disregard* finalement parut après avoir été plusieurs fois retardé, voilà un cas de censure préalable contre un livre par de puissantes compagnies de communication, qui sont promptes à dénoncer la censure préalable quand elle est le fait de gouvernements[1]. »

La disparité entre la censure exercée par les gouvernements dans les démocraties et celle exercée par la presse, c'est que la première est le plus souvent dénoncée et empêchée, tandis que la seconde ne l'est pas, puisqu'elle ne pourrait l'être que par la presse même. Sans doute ceux qui n'en font pas partie la contestent-ils fréquemment, et même violemment, mais ils n'osent pas le faire en public, de peur de se faire mal voir. Les hommes politiques ou les responsables économiques, lorsqu'ils critiquent les médias, même avec raison, ne récoltent que l'impopularité et une réputation d'adversaires de la liberté d'expression. Les journaux polémiquent parfois entre eux à partir de préjugés idéologiques, jamais ou rarement sur la qualité professionnelle de leur travail. Je ne prends pas position sur le fond des procès Westmoreland et Sharon, je dis simplement que CBS et *Time* auraient dû répondre, comme ils demandent aux autres de le faire, par des arguments sur le contenu du dossier, non point tenter de l'occulter par des pressions sur l'éditeur. Les journalistes sont-ils les derniers citoyens, en démocratie, qui

---

1. « *This is a case of prior book restraint triggered by powerful news organizations that are quick to denounce prior restraint by government* ». « The Book Criticizes Giants, so Publication is in Doubt » (« Un livre critique des géants : la publication en devient donc incertaine »), *New York Times*, repris dans *International Herald Tribune* (28 octobre 1986).

jouissent du privilège d'écarter les informations qui les agacent ? En 1977, quand le directeur du *Giornale*, Indro Montanelli, fut grièvement blessé par balles dans la rue par des terroristes des Brigades rouges, le *Corriere della Sera*, fâché avec Montanelli, rapporta qu'« un journaliste », apparemment dépourvu d'identité, avait été victime d'un attentat. Une brouille personnelle aboutissait — ô devoir sacré d'informer — à ce que le plus célèbre éditorialiste de la presse italienne n'avait même pas le droit de se faire trouer la peau sous son nom ! Et ce, dans le *Corriere*, journal dont il avait été la vedette pendant trente ans...

La presse se tient en permanence sur le qui-vive pour relever les erreurs des responsables politiques, mais elle n'aime guère qu'on relève les siennes et elle se refuse en général à les reconnaître comme à les rectifier. Le 21 avril 1982, CBS diffuse à l'heure de grande écoute un documentaire télévisé de Bill Moyers dépeignant trois familles pauvres victimes des réductions de dépenses sociales, autrement dit, sans méprise possible sur le message du réalisateur, plongées dans la misère par la volonté de Reagan. La Maison-Blanche proteste. Elle rappelle d'abord que, contrairement aux affirmations constantes de la presse, Reagan a, non pas réduit les dépenses sociales, mais réduit le taux d'*augmentation* annuel des dépenses sociales (ce qui fait que, inflation déduite, on a dépensé plus dans ce domaine en 1982 qu'en 1981). Elle argue ensuite que les trois cas choisis l'ont été dans une intention de dénigrement car ils ne sont pas représentatifs : deux des trois suspensions d'allocations tenaient à des arbitrages locaux, rendus par un État ou une municipalité, non au budget fédéral ; la troisième avait été prononcée avant que Reagan ne devînt président ! La Maison-Blanche précise bien qu'elle n'entend ni contester le droit de CBS de diffuser ce qu'elle veut, car le premier amendement est sacré, ni même invoquer la « *fairness doctrine* » (« doctrine de la probité ») de la Federal Communications Commission. Elle demande un temps d'antenne, pour que son porte-parole donne au public les précisions que je viens d'énumérer. La CBS lui refuse ce droit de réponse, et Bill Moyers justifie ce refus en déclarant que, notoirement, « M. Reagan a choisi de ménager les riches, les puissants, les gens bien organisés, dans ses réductions de dépenses, et de s'en prendre aux faibles, avec un budget dont le poids pèse le plus lourdement sur les pauvres[1]. »

---

1. « *Mr. Reagan has chosen not to offend the rich, the powerful and the organized in his budget cuts, but to take on the weak, with a budget which falls most heavily on the poor* », New York Times, 23 avril 1982.

En d'autres termes, il réplique par de pures imputations générales et vagues, sans daigner prendre en considération les objections précises qui lui ont été faites.

Cet exemple illustre la situation absurde où se trouve l'humanité d'aujourd'hui à l'égard de l'information. Dans la majorité des pays de la planète, les pays qui comptent, en tout cas, la majeure partie de la population mondiale, le pouvoir politique muselle la presse. Dans les pays où elle est libre, elle peut formuler contre le pouvoir politique, ou toute autre institution, contre les particuliers eux-mêmes, des accusations injustes sans observer de critères d'exactitude et sans être astreinte à corriger ses erreurs. C'est ainsi que la CBS peut refuser sèchement au président des États-Unis un droit de réponse *sur des questions de fait* sans fournir d'explication. D'ailleurs les journalistes américains n'ont jamais vraiment accepté ni reconnu la validité du *Communications Act* (loi sur la communication) de 1934, définissant la « *fairness doctrine* » ou doctrine de probité, d'impartialité, aux termes de laquelle, en échange de l'attribution d'une licence et d'une fréquence, toute station souscrivait à un cahier des charges et s'engageait à ne pas abuser de son pouvoir pour présenter un seul aspect des choses ou pour passer sous silence des sujets essentiels. Le point de vue de la profession est que personne, en dehors d'elle, n'est apte à juger de la façon dont elle fait son métier : privilège unique au monde. Et il est exact que les journaux honnêtes et dignes de confiance le sont par le seul effet des capacités et des scrupules des journalistes mêmes qui les font. Les autres, écumant sur les flots troubles d'une culture incertaine les débris d'une antique épave philosophique, articuleront sentencieusement que « l'objectivité n'existe pas », poncif qui constitue, comme dirait Kant, l'« asile de l'ignorance » ou, plutôt, de l'arrogance. Car ce qui n'existe pas, c'est, bien entendu, l'infaillibilité. L'impartialité, elle, existe bel et bien, c'est-à-dire, non point l'inaccessible objectivité absolue, mais l'effort pour y parvenir. Dans la plupart des cas d'erreurs graves relevées dans la presse, cet effort est plus que douteux. Dans un grand nombre de cas, c'est même l'effort en sens contraire qui est manifeste.

J'ai fourni plus haut un échantillon du tintamarre fait dans la presse européenne de gauche et du centre gauche lors de la semi-victoire du « télévangéliste » Pat Robertson aux élections primaires de l'Iowa en février 1988, durant la campagne pour l'investiture. L'Inquisition revenait, le typhon du fanatisme submergeait l'Amérique, le totalitarisme bigot partait à l'assaut de la Maison Blanche ! Trois semaines plus tard, le révérend Pat

Robertson se trouvait balayé. La primaire du New Hampshire, celle de la Caroline du Sud et enfin le « Grand Mardi » (*Super-Tuesday*: 8 mars 1988) des États du Sud replongeaient ses prétentions électorales dans le néant politique dont elles n'étaient, en réalité, jamais sorties, pour tout observateur sérieux. Dans l'Illinois, le 15 mars, son chiffre de délégués obtenus fut zéro, ce qui l'élimina de la compétition. Les mêmes journaux éprouvèrent-ils le besoin de revenir sur leurs analyses et de nous expliquer l'origine de leur précédente et hyperbolique surestimation de l'importance du révérend ? Point du tout.

La presse des peuples libres, donc, ne servira pas la démocratie, ne remplira pas sa mission vis-à-vis de l'opinion et ne servira pas de modèle à la future presse des peuples actuellement esclaves, tant qu'elle déguisera des organes militants en organes d'information. Un organe d'information n'est pas un journal où ne s'exprime aucune opinion, loin de là : c'est un journal où l'opinion *résulte* de l'analyse des informations. Un journal militant est celui où l'opinion *précède* et oriente l'information, y pratique son choix et en règle les éclairages. *Der Spiegel*, dit Ralf Dahrendorf, à la fois citoyen allemand et directeur de la *London School of economics*, défend « une conception de l'unité allemande à la fois antieuropéenne et antioccidentale[1] ». Disons même que *Der Spiegel* est nettement pro-soviétique, ayant pris, par exemple, une position hostile à Solidarnosc et favorable à Jaruzelski en 1981. Elisabeth Noelle-Neumann, directeur du principal institut de sondages de la RFA, a pu dire que « l'orientation fondamentalement gauchiste de la jeunesse allemande a probablement été façonnée par *Der Spiegel*[2] », lequel a, en effet, toujours soutenu le mouvement pacifiste et attisé la haine de l'Alliance atlantique. C'est son droit le plus indiscutable. Mais le célèbre hebdomadaire n'a pas celui de se présenter comme un magazine d'informations, le plus puissant, disons même le seul d'Allemagne. S'il publie, en effet, des informations, et beaucoup, et parfois de fort bonnes, il les trie avec soin en fonction de critères idéologiques. Or la faute suprême, en matière de presse, ce n'est pas de défendre des opinions, c'est de le faire en n'ayant pas l'air de le faire.

La réplique à cette objection, nous la connaissons par cœur : le rôle de la presse, nous dit-on, est de prendre systématique-

---

1. Cité par *Newsweek*, 19 avril 1982. « *Stands for an anti-European and anti-Western position of German Unity.* »
2. « *The Basically leftist orientation of younger Germans was probably fashioned by Der Spiegel* », ibid.

ment le contre-pied de ce que fait le gouvernement et, en général, de tenir sous sa surveillance l'establishment. D'abord, la presse ne prend pas systématiquement le contre-pied de ce que fait n'importe quel gouvernement. Quand la majorité change, tel journal, qui avait pour habitude de passer volontiers sous silence les réussites du gouvernement précédent, se met soudain à taire plutôt les échecs du gouvernement en place. De plus, l'information ne concerne pas que la politique intérieure. Le mot de passe du contre-pouvoir doit se replacer dans un contexte international. En démocratie, attaquer sans relâche son propre gouvernement lorsqu'il se défend contre les empiétements d'une puissance totalitaire et impérialiste ne s'appelle pas jouer son rôle de contre-pouvoir: c'est au contraire se ranger dans le camp du pouvoir le plus fort. Il est faux que *Der Spiegel* soit impitoyable pour n'importe quel gouvernement: il l'est surtout pour les gouvernements démocratiques, rarement pour les gouvernements communistes, presque jamais pour le gouvernement soviétique, dont la bonne volonté, la sincérité, les intentions pacifiques paraissent soustraites à son universelle suspicion. De même, depuis l'accession au pouvoir de Mikhaïl Gorbatchev, en 1985, comment comprendre que la fonction de *watchdog* (chien de garde) que s'attribuent la presse « libérale » et les médias en Amérique ait si peu joué vis-à-vis du chef soviétique, pour se concentrer sur le seul Reagan ? Bien entendu, l'information ne doit pas être censurée si elle est défavorable à un pouvoir démocratique et favorable à un pouvoir totalitaire, du moment qu'elle est vraie. Rassurons-nous pourtant : ce n'est pas là le type de censure le plus fréquent. La presse américaine conçoit son rôle de chien de garde presque uniquement par rapport au pouvoir américain, surtout s'il est républicain, et à ses alliés ou appuis dans le monde. Mais est-ce là remplir une fonction de chien de garde ? Un bon chien de garde doit avoir l'instinct de ce qui est le plus dangereux, non de ce qui est le plus proche. L'homme fort n'est pas celui qui bat sa femme tout en laissant courir l'assassin de son fils, voire en lui prêtant sa voiture.

La théorie exclusive du « contre-pouvoir » et du « chien de garde » mène à cette aberration que le travail journalistique devrait se déterminer par rapport au seul « devoir » d'être « pour » ou « contre » ceci ou cela. Cette conception simpliste fait perdre de vue qu'il doit se déterminer d'abord par rapport au contenu du dossier, à la substance des informations, et ne trancher qu'ensuite, et à partir de là, s'il condamne ou approuve, et dans quelle proportion. Jamais cet oubli du contenu d'un dossier, cette indifférence à ce qui était en jeu, au bénéfice d'une attention concentrée exclusivement sur la relation conflictuelle entre la presse et le pouvoir, n'ont été aussi éclatants, peut-être, que dans l'affaire du débarquement américain à la Grenade, en 1983. Pour y revenir brièvement, on se rappelle que la presse ne fut pas autorisée à accompagner le corps expéditionnaire pendant les deux premiers jours de l'opération destinée à déloger de l'île une dictature soviéto-cubaine passablement sanguinaire. Rappelons les éléments du dossier : la dictature en question n'avait, bien entendu, aucune légitimité — ce qui ne gêne jamais les « libéraux » du moment que la dictature est marxiste — et avait renversé un gouvernement démocratique en 1981 ; pendant deux ans, la tyrannie du mouvement New-Jewel (parti communiste admis au sein de l'Internationale socialiste !) avait régné sous le contrôle effectif de Soviéto-Cubains, aimablement assistés de Coréens du Nord, d'Allemands de l'Est et autres philanthropes, sous la direction tout apparente d'un communiste local, Maurice Bishop ; au début d'octobre 1983, celui-ci, au cours d'une discussion animée au sein de la junte marxiste, présidée par l'ambassadeur de Cuba, avait été assassiné avec ses amis, leurs familles, la sienne, femmes et enfants compris, un massacre de quelque 200 personnes, 140 d'après les estimations basses ; le « ministère » Bishop fut « remplacé » (« légitimité » socialiste au second degré, fort fréquente) par une junte d'officiers, le Ruling Military Council ; laquelle renforça encore la répression déjà infligée depuis longtemps à une population terrorisée, dont les souffrances étaient connues de Washington et indifférentes aux « libéraux » ; les Soviéto-Cubains avaient construit à la Grenade un vaste aéroport militaire et une base sous-marine. De quoi il ressortait clairement que l'on assistait à la mise en place d'une nouvelle tête de pont soviétique dans les Caraïbes, au moment même où s'en installait une autre en Amérique centrale ; après la liquidation de Bishop un vent de panique avait secoué les îles voisines, qui se voyaient soudain à quelques encablures de la gueule du loup ; elles firent discrètement parvenir à Washington des signaux de détresse, après avoir en vain appelé au secours Londres, qui avait fait la sourde oreille. (Cela n'empêcha pas Mme Thatcher de protester après coup contre l'opération américaine : l'appartenance de la Grenade au Commonwealth ne comportait pas, semble-t-il, le devoir de la secourir, mais incluait le droit de rouspéter contre ceux qui la libéraient, après un long silence sur les forfaits de ceux qui l'avaient asservie.)

De tout ce dossier, la presse américaine ne souffla pour ainsi dire pas mot. Le seul drame qui l'émut et dont elle parla fut l'outrage dont elle s'estima ensuite victime de par son exclusion du théâtre des opérations les 25 et 26 octobre. Elle ne s'intéressa quasiment pas à la situation dans les Caraïbes et se dispensa d'exposer au public les raisons politiques et géostratégiques qui avaient conduit Reagan à décider l'opération — quitte éventuellement à contester ces raisons en proposant sa propre analyse, bien sûr. Du moins ce problème d'intérêt national et international fut-il relégué au second plan. Le rétablissement de la démocratie à la Grenade, qui réussit à la perfection, au grand soulagement de la population, s'estompa devant le plus grand crime contre l'humanité des temps modernes: avoir tenu à l'écart les médias et les journaux pendant quarante-huit heures. Edward M. Joyce, président de CBS, dénonça dans ce forfait « l'aube d'une nouvelle ère de censure, de manipulation de la presse, d'abaissement des médias au rang de valets du pouvoir[1] ». Les journalistes invoquèrent le sempiternel premier amendement, oubliant, une fois de plus, que celui-ci garantit la liberté d'expression et d'opinion, mais ne stipule d'aucune manière que l'armée ait l'obligation d'amener des reporters dans ses bagages pour couvrir toute opération militaire. L'Association américaine des propriétaires (*publishers*) de journaux (ANPA) cria à la « guerre *secrète* »: or elle ne fut nullement secrète (fausse information!), elle fut annoncée et claironnée par le gouvernement dès le début des opérations. Mais elle ne fut, il est vrai, couverte, en un premier temps, que par les communiqués et les documents filmés de l'état-major. C'est différent, même si c'est insuffisant. *Editor and Publisher*, l'hebdomadaire professionnel de la presse écrite américaine, déplora que l'Amérique ait *cessé d'être la nation la mieux informée du monde* (pas moins!), à propos de ce que son gouvernement était en train de faire *soi-disant* en son nom (« *particularly about what their government is doing supposedly on their behalf* »). Ce *supposedly* est admirable! Car, autant qu'on sache, le gouvernement en question, étant démocratiquement élu, et ne transgressant pas les limites constitutionnelles de la liberté d'initiative dévolue à l'Exécutif par la Constitution, pouvait sans abus estimer agir dans la légitimité *au nom du peuple*. En revanche, *Editor and Publisher* ne le pouvait pas.

Il arrive, certes, que des gouvernements démocratiques

---

1. « ... *the dawn of a new era of censorship, of manipulation of the press, of considering the media the handmaiden of government* », cité dans Leonard S. Sussman, « Press Versus Government », *Freedom at Issue*, mai-juin 1984.

empêchent les journalistes de faire leur travail d'informateurs. Pendant la guerre d'Algérie, les gouvernements français des IV$^e$ et V$^e$ Républiques ont lourdement péché sur ce point. Il est d'autant plus normal de le leur reprocher qu'ils trahissent, ce faisant, leurs propres principes. Ce n'est pas le cas des pouvoirs totalitaires. L'URSS n'a jamais dit qu'elle considérait comme un droit pour les journalistes étrangers de se promener librement en Afghanistan. Ce qui viole les droits de la personne humaine, dans un régime totalitaire, ce n'est pas son déni de liberté à la presse : c'est ce régime lui-même. Il faut le démocratiser tout entier pour y démocratiser l'information. La vigilance des journalistes libres à l'égard des démocraties mêmes, sans jamais devoir se relâcher, est néanmoins aux prises avec des difficultés moindres. C'est notamment le cas aux États-Unis, de toutes les démocraties peut-être la plus volontairement transparente. Mais la conscience professionnelle des journalistes doit être à la mesure de cette transparence.

Soyons justes : certains journalistes eurent conscience que leurs récriminations contre Reagan reflétaient souvent plus le narcissisme de la tribu que des objections solides et, en outre, ne convainquaient pas. Avant l'invasion déjà, 13,7 %, à peine, des Américains consultés par sondage estimaient la presse et les médias dignes de confiance. Après l'opération, selon un sondage réalisé au début de décembre, après six semaines de tir nourri des médias contre la « censure » de l'Administration, seulement 19 % des citoyens jugeaient que la presse aurait dû accompagner les troupes de débarquement dès la première minute. L'accusation du *Washington Post*, selon laquelle ces quarante-huit heures d'absence de la presse « affectaient la nature entière des liens entre gouvernants et gouvernés[1] », sonnait comme une mélodramatique outrance. Avec lucidité, *Time* se demanda plutôt comment les médias avaient pu susciter contre eux un aussi profond ressentiment du public (« *far-ranging resentment* ») et pourquoi leur exclusion temporaire avait en fait réjoui le citoyen ordinaire et même éveillé en lui un esprit de vengeance (« *gleeful and even vengeful public attitude* »). Pourquoi, en effet? Au lieu de souffler dans des bulles de savon totalement inventées pour les besoins de la querelle, la presse et les médias auraient été bien inspirés de chercher une réponse à cette question.

La réponse, c'est que l'Administration, d'accord avec l'im-

---

1. « *The whole character of the relationship between governor and governed is affected.* »

mense majorité du public, n'avait aucune confiance en l'impartialité avec laquelle les médias rendraient compte des premières phases de l'expédition. Elle pensa qu'ils s'acharneraient à en transmettre à la nation une image aussi tronquée et noircie d'atrocités que possible, assortie de l'interview d'un castriste qui parlerait de « crime impérialiste », de manière à provoquer une réaction pacifiste de l'opinion. La presse aux trois quarts était hostile aux motifs stratégiques et politiques qui avaient dicté à Reagan sa décision. Elle inclinait par avance à ne même pas les prendre en considération, à en nier *a priori* le bien-fondé. Depuis le Vietnam et Watergate, la presse se confine dans sa mission d'adversaire inconditionnel du pouvoir. Mais il y a des moyens d'inspirer à l'opinion de l'antipathie pour le pouvoir qui n'ont rien de commun avec une critique politique raisonnée. L'Administration savait très bien par quels procédés la télévision pourrait, dès les premières minutes de l'entrée en action à la Grenade, isoler des scènes pénibles pour déconsidérer l'opération en détournant l'attention de ses objectifs généraux. Par exemple : durant les premières heures du combat contre les occupants cubains, des obus américains tombèrent sur un hôpital psychiatrique. Événement affreux, dont il fallait parler, mais à condition de parler de tous les aspects de l'opération. C'est pourtant probablement à cela qu'elle eût été ramenée, pour 100 millions de téléspectateurs américains, si les équipes de télévision avaient débarqué avec les troupes. « Que serait-il arrivé, écrit Leonard Sussman, si la télévision en couleurs, durant la première nuit de l'intervention à la Grenade, avait montré l'hôpital avec ses décombres, ses cadavres, et peut-être un malade mental, blessé, errant parmi les gravats ? Cette seule image aurait-elle prouvé que le fondement politique de l'intervention américaine — éliminer une base soviéto-cubaine — était faux dans son principe ? Que le meurtre, quelques jours auparavant, du Premier ministre et de civils avait été une action juste ? Que les Américains devaient se retirer sans avoir appréhendé les meurtriers ? Que les Grenadins se seraient mieux trouvés de ne voir aucun soldat américain débarquer[1] ? » Ce

---

1. « *What would have happened if color television on the first night of the Grenada intervention had shown the blasted hospital, dead bodies, and perhaps a wounded mental patient wandering through the rubble? Would that single picture have proved that the political basis for the American intervention — elemating a Cuban/Soviet beachhead — had been erroneously conceived? That the murder, days earlier, of the prime minister and civilians had been justified? That Americans should pull out before the murderers were apprehended? That Grenadians would have been better off if no American soldier landed?* » (article cité). Leonard R. Sussman a dirigé de 1967 à 1988 Freedom House, institution spécialisée dans l'étude des problèmes de presse et d'information dans le monde.

n'était pas, en tout cas, leur avis, puisqu'un sondage CBS, effectué peu après, confirma que l'analyse de l'Administration sur la situation dans l'île avant l'opération coïncidait totalement avec celle de la population grenadine, pour qui l'intervention fut vécue comme une libération. Une majorité massive des Grenadins interrogés, 91 %, se déclarent heureux que les États-Unis soient intervenus, 85 % disent qu'ils vivaient jusque-là dans la peur, pour eux-mêmes et leurs familles, 76 % que Cuba, selon eux, voulait contrôler définitivement la Grenade, et 65 % que l'aéroport avait, sans aucun doute, été construit pour servir des objectifs militaires, soviétiques et cubains, et non touristiques.

Il convient d'ajouter qu'après quelques semaines les troupes américaines quittèrent l'île, où des élections libres purent avoir lieu et où la démocratie fut restaurée. En dépit de cette aveuglante clarté du langage des faits, j'ai encore entendu, en mai 1987 à Paris, près de quatre ans après l'événement, pendant le colloque « Médias, pouvoir et démocratie », déjà mentionné, des dizaines de journalistes américains et de professeurs dans des écoles de journalisme flétrir avec véhémence et désespoir leur exclusion de la Grenade pendant deux jours comme le forfait le plus abominable jamais perpétré contre les droits de l'homme. Quand une profession qui a pour raison d'être de savoir écouter l'opinion, et de savoir lui parler, s'isole autant, à la fois de l'opinion publique de son propre pays et de celle du pays libéré, objet de la polémique, c'est qu'elle s'est repliée dans une sorte d'autisme tribal peu compatible avec les exigences de sa mission. L'autisme est[1], chez le sujet qui en souffre, la « polarisation de toute la vie mentale sur son monde intérieur et la perte de contact avec le monde extérieur ». Pour des professionnels dont le métier est d'observer le monde extérieur, c'est assez fâcheux. D'où vient le mal? Encore et toujours de ce que trop de journalistes sont guidés par la préoccupation non de ce qui est, mais de ce qu'il faut démontrer. Et je ne me réfère dans ce chapitre, je le répète à satiété, qu'aux pays où la presse est libre. Des autres, il est superflu de parler. Mais, précisément, il est intéressant d'examiner quel usage fait l'homme de la liberté, quand il l'a, et aussi — c'est tout le sujet de ce livre — quel usage il fait de la faculté de savoir et de dire ce qu'il sait. A propos des pays où sévit la censure, j'ai souvent noté ce paradoxe que le citoyen ordinaire, et surtout l'intellectuel, y sont sur bien des points mieux infor-

---

1. Antoine Porot, *Manuel alphabétique de psychiatrie*, Paris, PUF, 1969.

més des affaires du monde que ceux des nations libres, parce que plus aiguisés par l'obstacle même de la censure et d'autant plus aptes à trier le faux du vrai et à reconnaître l'authentique information qu'ils en sont davantage sevrés.

    Loin de moi l'idée de soutenir que les gouvernements, même démocratiques, ont toujours raison, ne font que de bonnes choses. La presse les attaque souvent fort justement. Je vise l'attitude caricaturale et puérile d'une presse jugeant indigne d'elle tout ce qui n'est pas l'attaque du pouvoir politique et de tous les pouvoirs établis. Bien entendu, les gouvernements s'efforcent d'empêcher la diffusion des nouvelles qui leur sont défavorables et d'amplifier celles qui sont flatteuses pour eux. Bien entendu, la raison d'être de la presse est de rétablir l'équilibre et de faire connaître ce que les gouvernements (et les partis d'opposition aussi, d'ailleurs, pour ce qui les concerne) souhaiteraient laisser dans l'ombre. Mais ce rôle de la presse n'a de validité que s'il repose sur le respect scrupuleux de l'information. Or, il y a aussi peu de journaux, dans chaque démocratie, qui la respectent qu'il y a de pays dans le monde qui respectent la démocratie. Dans les autres cas, les plus nombreux, la presse n'est pas le contrepoids ou l'antidote de la malhonnêteté politique : elle en fait partie, elle en constitue un des principaux instruments. Quand, dans une conversation, nous passons en revue les journaux et médias du pays où nous nous trouvons, nous les classons spontanément, et sans contestation bien ferme, en favorables ou défavorables à tel courant politique, à tels milieux financiers, culturels, religieux, raciaux, sexuels. Dans l'appréciation que nous portons sur eux, ce n'est presque jamais la qualité de leurs informations qui constitue le critère mis au premier plan. L'information est d'ailleurs le plus souvent interprétée non pour elle-même, sa vérité ou sa fausseté, mais comme le signe d'une opinion. Publier telle information montre qu'on a telle opinion. Qu'elle soit vraie ou non est secondaire.

    La façon d'annoncer même un fait divers, surtout quand on peut le baptiser pompeusement « phénomène de société » vous « classe » un journal aussi sûrement que ses préjugés politiques. Le 1ᵉʳ décembre 1987, la police arrête à Paris le mystérieux « assassin des vieilles dames », un homme qui, en quelques années, avait tué au moins une trentaine de personnes âgées, vivant seules, pour leur voler leurs économies. Il se trouve que le meurtrier est un Noir, homosexuel et drogué. Pendant une semaine, les quotidiens de gauche, *le Matin*, *Libération*, *le Monde*, *la Croix*, *l'Humanité*, vont pousser subrepticement sous la moquette de leurs pages intérieures cette arrestation et la personnalité de l'assassin. La nouvelle et les détails sont dispensés avec parcimonie. Ils sont éparpillés et enfouis dans les profondeurs du sommaire, énoncés à contrecœur, certains jours pas du tout. Quand on les mentionne, c'est pour détourner l'attention loin du criminel lui-même et politiser le fait divers. Ainsi, le 3 décembre, *Libération*, en page 13, sous le titre : « Un assassin met les pouces », écrit : « En juillet 1986, après trois mois et demi de présence au gouvernement, Charles Pasqua doit déjà déplorer neuf assassinats de grand-mères. Exactement le même nombre que la gauche depuis 1984. » Était-ce bien le problème ? A partir d'un succès policier, obtenu après une enquête très difficile, *Libération* s'arrange pour infliger un blâme au ministre de l'Intérieur ! Ce passage inaugure d'ailleurs un procédé journalistique à retenir : si quelqu'un que vous n'aimez pas obtient un succès, au lieu de publier la nouvelle du jour, qui vous contrarie, vous publiez celle de trois ans auparavant, en choisissant une circonstance où votre tête de turc s'est lamentablement fourvoyée. On saisit bien les motifs de tant de discrétion : la peur du racisme antinoir et du racisme antihomosexuel. L'hostilité aux immigrés ne pouvait cependant pas se rallumer, puisque Thierry Paulin, l'assassin, était citoyen français. Le souci de ne pas renforcer les comportements d'« exclusion » à l'égard des drogués pesait aussi. Mais comment ne pas voir que cette occultation, inacceptable professionnellement, se retourne en outre contre la cause qu'elle croit servir ? Dans la hiérarchie du crime en France au XX$^e$ siècle, Paulin se situe très haut par le nombre de ses victimes, après le Dr Petiot, qui assassina plusieurs dizaines de juifs pendant la guerre pour les voler, mais devant Landru. Ne pas en parler dans une poignée de journaux quand toute la France ne parle que de ça, est tout simplement maladroit, car ce silence n'empêchera pas la population entière d'être au courant. En 1979, Jimmy Goldsmith, propriétaire de *l'Express*, m'avait demandé que le journal ne parlât point de l'« affaire des diamants » que Giscard avait reçus en cadeau de l'« Empereur » du Centre-Afrique, Bokassa, affaire qui secouait alors durement le président de la République, pour lequel Goldsmith avait de la sympathie. Je refusai, bien évidemment, d'abord par principe, puis en arguant que notre silence ne servirait naturellement en rien Giscard et desservirait à coup sûr *l'Express*. De même, le racisme ne peut que s'aggraver quand l'opinion se rend compte que des journaux influents minimisent la responsabilité de l'auteur d'une série de crimes atroces parce que le criminel se trouve être un citoyen noir et homosexuel. Ils suscitent l'irritation de bien des gens qui ne peuvent éviter de songer à ce qu'eût été l'orchestration de ce fait divers si l'assassin avait été un Blanc tueur d'Arabes. Ces misérables entourloupettes journalistiques ne conjurent pas le racisme, elles le ravivent, au contraire, elles s'inscrivent dans le cercle vicieux des paranoïas complémentaires, dont on ne peut sortir qu'en cessant de considérer la race ou l'homosexualité comme des facteurs modifiant quoi que ce soit, en bien ou en mal.

Félicitons un journal antiraciste qui explique de façon claire et ouverte en quoi le racisme est une position pratiquement contradictoire, scientifiquement sotte et moralement indéfendable, mais pas un journal qui supprime les informations dont il se figure qu'elles peuvent exciter le racisme. Il raisonne alors exactement comme il reproche à l'homme politique de le faire, lorsque celui-ci s'imagine résoudre un problème en obtenant qu'on le passe sous silence. Il avoue, de plus, implicitement par là qu'il n'a pas confiance dans son dossier, puisqu'il éprouve pour le plaider le besoin de mentir, au moins par omission.

Que l'opinion du journaliste détermine l'information et non l'inverse, dans les neuf dixièmes des cas, est admis dans les conversations courantes des gens de presse entre eux et de tous ceux qui ont affaire à eux. « Tu penses ! Ce n'est sûrement pas dans le journal X que tu risques de trouver cette information », est une ritournelle énoncée comme un axiome de pur bon sens. Dans les colloques internationaux sur le journalisme, on célèbre la grand-messe et le culte de l'information sacrée et intangible, on stigmatise la « censure » imposée par les puissances diaboliques de la raison d'État et de l'argent. Mais entre soi, on sait très bien qu'untel ne parlera pas de ceci et que tel autre ne parlera pas de cela, « ceci » et « cela » étant, d'un point de vue neutre, des informations. En 1980, appelé de Madrid par Juan Luis Cebrian, le directeur de *El Pais*, qui me demandait une lettre de soutien destinée à être lue à un procès qu'on lui faisait, je lui demandai, après avoir naturellement acquiescé à sa requête, comment il se faisait que son journal fût à peu près le seul en Europe à n'avoir pas mentionné l'« affaire Marchais », c'est-à-dire la publication par *l'Express* d'un document trouvé dans les archives allemandes et prouvant sans conteste que le secrétaire général actuel du parti communiste français était parti en 1942 et en 1943 comme travailleur *volontaire* en Allemagne nazie, et non comme déporté, ainsi qu'il l'avait toujours prétendu. Cebrian me répondit avec une louable ingénuité et sans aucune gêne : « Oui, je sais, vraiment, c'est regrettable, mais figure-toi que le chef du service étranger se trouvait en voyage et que son adjoint, qui le remplaçait, est communiste ; il a donc fait silence sur l'affaire. » C'était ériger sans ambages en principe que le directeur même d'un journal a bien du mal chez lui à empêcher qu'une information n'ait sa source dans les préférences politiques de celui qui la transmet — ou refuse de la transmettre. Mon ami Cebrian et son journal ont — en douteriez-vous ? — reçu de nombreux « prix de journalisme », dans tous les pays.

Sauf exceptions rarissimes, on admet comme une réalité dans le milieu de la presse, en dépit de toutes les protestations du contraire, destinées au monde extérieur, que les préférences politiques des journalistes servent de critère à leur présentation de l'information. En Italie, cette capitulation devant la partialité a même été institutionnalisée, sous le vocable, déjà expliqué plus haut, de « *lottizzazione* » : à savoir le découpage en tranches. Revenons-y. Décrivant ce curieux usage au cours d'une conférence à l'UNESCO, Paolo Romani (correspondant à Paris du *Giornale* durant les années quatre-vingt) est allé plus loin dans le détail et a exposé comment les partis politiques interviennent directement pour l'embauche et la promotion interne des journalistes. Les partis veillent au « respect des équilibres », comme on dit en Italie pudiquement. Aussi, contrairement à ce qui se passe dans d'autres pays, où ces liens sont d'ordinaire niés ou dissimulés, les journalistes italiens revendiquent souvent sans détour leur appartenance à un parti, qui, au fond, se charge de leur « plan de carrière ». Beaucoup sont inscrits, précise Romani ; les autres se réclament ouvertement de la « mouvance » (*area*) socialiste, démocrate-chrétienne, républicaine, communiste. Selon une expression charmante, ils se tiennent, à l'égard de cette « *area* », dans un état de « disponibilité constructive ». L'art de distribuer les « lots » journalistiques à la proportionnelle, en fonction de la force respective des partis, atteint sa perfection suprême à la RAI, la radiotélévision d'État (les chaînes privées n'ont pas l'autorisation de faire de l'information). Chaque journal télévisé possède, le plus officiellement du monde, sa coloration politique : celui de la première chaîne est démocrate-chrétien, celui de la deuxième est socialiste et celui de la troisième, communiste. On ne saurait avouer avec plus de franchise que personne, pas même dans le milieu journalistique, n'a la moindre confiance dans la fameuse « conscience professionnelle », en tant que telle, ni dans la « déontologie » des journalistes. Ainsi, le 17 mars 1988, durant la crise ministérielle ouverte par la chute du gouvernement Goria, le journal de RAI 2, à 19 h 45, commença par dix bonnes minutes sur Bettino Craxi, le leader socialiste, alors que c'était Ciriaco de Mita, le leader de la démocratie chrétienne, que le président de la République venait de charger de former le nouveau gouvernement. Et surtout, que l'on ne nous reserve pas le poncif du « pluralisme » ! Les communistes journalistes nommés *directement* par le Parti en 1981 à la télévision française ne le furent point par « pluralisme ».

Pendant toutes les années que j'ai passées à observer le journalisme et à en faire, ce qui m'a le plus frappé, c'est le petit nombre des professionnels qui se comportent comme tels, c'est-à-dire dont la curiosité va aux faits avant tout. Cette engeance réduite peut, elle aussi, nourrir des opinions et porter des jugements, et même fort prononcés. Ce n'est pas le point en question. L'impartialité n'est pas l'indifférence. Au contraire : plus quelqu'un attache de prix aux idées, moins il supporte qu'elles reposent sur un vide d'informations. L'opinion n'est intéressante — dans le journalisme — que si elle est une forme d'information. Je veux dire qu'un éditorial n'a aucun intérêt s'il n'émane pas d'une documentation solide et solidement analysée. La bête noire des censeurs et des idéologues n'est pas l'opinion pure, ce n'est pas non plus l'« humeur » arbitraire d'un publiciste quelconque : c'est l'opinion étayée par l'information, autrement dit la démonstration. Ce que l'idéologue redoute n'est pas que vous disiez : « Je n'aime pas le régime communiste vietnamien », c'est que vous disiez, preuves à l'appui : « Le régime communiste vietnamien a tué 1 million d'innocents en dix ans. » Ce n'est pas que vous disiez : « Je suis contre ce qu'ont fait les gouvernements socialistes français entre 1981 et 1985 », c'est que vous disiez, preuves à l'appui : « Les socialistes ont contribué à faire renaître en France, vers 1984, le phénomène de la mendicité de masse, qui avait disparu depuis plusieurs décennies. »

Les mauvais raisonnements ont fréquemment pour première cause de mauvaises informations. A partir de là, ils s'incrustent dans l'opinion et plus rien ne peut les en déloger. Prenons l'idée reçue selon laquelle ce serait François Mitterrand qui, au moyen de l'Union de la gauche et du Programme commun, aurait provoqué l'effondrement du parti communiste français. Chacun sait qu'en logique élémentaire la concomitance de deux faits ne suffit pas à établir le lien de cause à effet entre eux. Les partis communistes se sont effondrés ou ont sensiblement reculé dans toute l'Europe : aussi bien sans union avec les socialistes et sans participation au gouvernement, comme en Espagne et au Portugal, qu'avec participation au gouvernement, comme en Finlande. Ils ont reculé lorsqu'ils étaient staliniens, comme les partis français et portugais, et lorsqu'ils étaient eurocommunistes, comme le parti espagnol, qui a pratiquement disparu. Le puissant parti italien même est tombé en douze ans de 34 à 21 % des voix[1], au moment où le PS de Craxi lui était violemment hostile, en ne cessant de progresser. Enfin, l'écroulement significatif du PCF s'est produit entre les élections législatives de 1978 et l'élection présidentielle de 1981, c'est-à- dire précisément durant les trois années où communistes et socialistes étaient en guerre ouverte, où le Programme commun avait été proclamé « forclos » par Mitterrand et où l'Union de la gauche était en miettes au fond du ravin, après la rupture de l'automne 1977. Au contraire, au moment où cette union était en pleine activité, elle permit au PCF de remporter un des plus grands triomphes de son histoire, aux élections municipales du printemps de 1977. Tous ces arguments n'empêcheront pas des « éditorialistes » de continuer à ressasser l'increvable lieu commun[2].

On évoque souvent, dans l'enrouement des fins de colloques,

1. Aux élections dites « administratives » des 29 et 30 mai 1988.
2. De 1968 à 1988, le vote communiste en France évolue comme suit : aux élections législatives de 1968 le parti communiste obtient 4 435 337 voix ; à celles de 1973 (donc un an après la constitution de l'Union de la gauche et la signature du Programme commun socialo-communiste), 5 085 108 ; aux élections législatives de 1978, 5 791 525 (une partie de cette progression est due à l'accroissement du nombre des électeurs, notamment des plus jeunes, puisque le président Giscard d'Estaing avait ramené de vingt et un à dix-huit ans l'âge du droit de vote). Les années d'Union de la gauche ont donc indubitablement profité au PCF, et non pas seulement au parti socialiste. Rompue à l'automne de 1977 par la volonté du PC, l'Union connut une brève résurrection entre les deux tours des législatives de 1978, puis s'effondra définitivement. Même quand Mitterrand prendra des ministres communistes dans son gouvernement socialiste de 1981 à 1984, il n'y aura plus de Programme commun. L'hostilité communiste au PS sera tantôt violente et déclarée, tantôt (durant la période de présence de quatre ministres communistes dans les gouvernements Mauroy, entre 1981 et 1984) feutrée et sournoise. A l'élection présidentielle de 1981, le vote communiste, après trois ans de rupture et de polémiques, tombe à 4 003 025, et, aux législatives de 1986, à 2 663 734. Enfin, à la présidentielle de 1988 à 2 055 995 voix, pour remonter, légèrement, à 2 675 040 aux législatives du 5 juin. L'effondrement du vote communiste en France commence donc *après* l'enterrement de l'Union de la gauche et du Programme commun. Il se poursuit même durant les années où le PC entre dans un gouvernement socialiste comme partenaire d'appoint et où, comble de malchance, il partagea par conséquent le discrédit qui frappa la politique suivie par ce gouvernement, lequel plongea, en 1984, dans un abîme d'impopularité, tout comme le président François Mitterrand lui-même. S'échappant de ce piège en juillet 1984 et reprenant ses attaques contre les socialistes, le PCF n'en répara pour autant pas ses pertes. Il devint marginal. Ainsi, dans tous les cas de figure, on le voit, le grand reflux du communisme européen, au cours de la décennie quatre-vingt, se déroule en France, comme ailleurs, indépendamment du contexte, un contexte lui-même en perpétuel changement.

la possibilité de créer des « commissions de déontologie », des sortes de « conseils de l'ordre » journalistiques. Mais qui jugerait qui ? D'une certaine manière, ces commissions existent dans quelques pays sous forme de journaux et revues consacrés à la presse et aux médias. Or ces publications spécialisées, qui distribuent bons et mauvais points, ne se placent quasiment jamais du point de vue de l'exactitude de l'information. Elles adoptent pour critère de valeur l'orientation de l'information. C'est le cas du plus prestigieux, peut-être, de ces organes dans le monde, la *Columbia Journalism Review*, publiée par l'école de journalisme réputée la meilleure des États-Unis. La revue se targue de distribuer ses éloges et ses blâmes hors de toute perspective idéologique, de n'épouser aucune cause partisane, de n'être ni de gauche ni de droite. Pourtant, *Public Opinion* a publié en 1984 une étude examinant statistiquement tous les articles de critique des médias de la *Columbia Journalism Review* pendant dix ans. Il en ressort que 78 % de ces articles étaient écrits d'un point de vue nettement de gauche ou « libéral », 12 % d'un point de vue « conservateur » et 10 % sans qu'on puisse y discerner d'orientation partisane. La conception du journalisme qui émerge de la *Columbia Journalism Review*, comme étant la bonne, est celle d'un journalisme d'attaque, qui doit s'en prendre, par principe, aux autorités établies et s'ouvrir aux griefs des minorités opprimées. La revue fustige inlassablement la tiédeur de la presse dans la poursuite de ces objectifs. En 1983, par exemple, elle lui reproche, ainsi qu'à la télévision, sa... partialité en faveur de Reagan. Les médias sont, dit-elle, « la *Pravda* sur Potomac », un « canal d'écoulement pour les déclarations de la Maison Blanche et sa bataille officielle pour l'image » (« ... *The Pravda of the Potomac, a conduit for White House utterances and official image-mongering* »). Voilà comment une publication professionnelle chargée de surveiller les autres peut se révéler incapable ou, du moins, peu désireuse de vérifier sa propre information. En effet, d'une étude faite par un groupe de sociologues sur les journaux télévisés des trois chaînes pendant la période considérée[1], il ressort que les informations présentant sous un jour favorable Reagan totalisaient 400 mots et celles qui lui étaient hostiles 8 800 mots, soit un rapport de 22 à 1 en faveur des « *stories* » négatives. En politique étrangère, la *Columbia Journalism Review* (la *CJR*, pour les initiés) applique également des critères moins professionnels qu'idéologiques dans les appréciations qu'elle formule sur

---

1. *Wall Street Journal*, 19 juin 1984 (édition européenne).

*La puissance adultère* 287

le travail des journalistes. Ainsi, passant en revue les reportages consacrés à l'Iran, elle déplore que les médias manquent d'équité envers Khomeiny et dépeignent son régime comme autoritaire et réactionnaire. Poussant le tiers-mondisme jusqu'au militantisme, la *CJR* insinue que la presse américaine a caricaturé le « combat pour la liberté » que mèneraient, d'après elle, les ayatollahs. Nous sommes loin, on le voit, de l'étalon purement technique dont est censée se servir cette publication pour jauger les mérites et démérites des moyens d'information.

Les écoles de journalisme ne sont d'ailleurs pas des lieux où l'on enseigne particulièrement à rechercher l'information et à la contrôler. Les élèves y développent plutôt le sens de leur mission sociale au service d'une noble cause, qu'ils définissent eux-mêmes, et doivent aider à triompher. Cette noble cause, au CFJ de Paris (Centre de formation des journalistes), était, durant la décennie 1970-1980, le Programme commun de la gauche unie. A cette époque une délégation des « meilleurs élèves » du CFJ demanda un jour à me rencontrer et me rendit visite à *l'Express*. La question qu'elle était venue me poser était la suivante : « Pourquoi avez-vous consacré une couverture de *l'Express* à l'affaire Marchais et pas à l'affaire des diamants de Giscard ? N'y a-t-il pas là une preuve de votre partialité politique, de votre complaisance à l'égard du pouvoir et de votre hostilité à la gauche ? » Je commençai par répondre que mes opinions personnelles ressortaient en effet clairement de mes éditoriaux, où je n'avais jamais cherché à dissimuler mon aversion pour les idées de Georges Marchais et ma préférence (relative) pour Giscard d'Estaing. Cependant, ma décision dans la question qui les préoccupait, leur dis-je, ne provenait nullement de mes opinions personnelles : elle obéissait à des critères purement professionnels. L'affaire des diamants avait été « sortie » par *le Canard Enchaîné* et *le Monde* simultanément, puis reprise par l'ensemble de la presse, dont nous. Mais nous n'avions pas d'élément nouveau et inédit qui justifiât que nous portions à la une cette affaire. J'avais bien tenté de découvrir des éléments nouveaux que seul *l'Express* aurait eus : pour cela j'avais envoyé (quoique le propriétaire du journal eût tout fait pour m'en dissuader) une équipe de journalistes essayer de voir, en Côte-d'Ivoire, où il s'était réfugié, l'ex-« empereur » Bokassa (dispensateur présumé des diamants). Mais la police ivoirienne avait empêché tout contact. Au contraire, la fiche prouvant ce dont on se doutait depuis longtemps sans en avoir de preuve formelle, à savoir que Marchais avait collaboré avec l'ennemi en tant de guerre, puisqu'il était parti volontairement travailler chez Hitler dans une usine d'armements, était une découverte de *l'Express*. Il nous en avait coûté beaucoup de temps, de recoupements et de travail pour qu'un de nos hommes pût avoir accès au fichier des volontaires français en Allemagne, conservé à Augsbourg, et, d'abord, pour localiser ce fichier. C'était là une exclusivité de notre journal, et il était logique que nous lui donnions la couverture. C'était là, en outre, une affaire non point privée, mais hautement politique, puisqu'il n'était pas indifférent, politiquement, que le secrétaire général du parti communiste français eût collaboré avec les nazis et que les Soviétiques eussent donc probablement un dossier sur lui. Je citai au demeurant plusieurs articles où nous avions critiqué la politique de Giscard d'Estaing avec sévérité et même avec violence, quand elle nous avait paru critiquable. Je compris, d'après les visages figés de mes interlocuteurs, que je m'exprimais en étrusque. Mon idiome leur demeurait complètement hermétique. Pour eux, la déontologie n'avait rien à voir avec la quête de l'information authentique et inédite, avec la collecte de documents nouveaux et originaux, avec le débat d'idées fondé sur les seuls arguments. Elle imposait, d'abord, de soutenir la gauche, et ensuite, à défaut, de traiter sur un pied d'égalité la gauche et la droite — quelles que fussent par ailleurs les informations disponibles, jamais de donner tort à la gauche. C'était là leur conception de l'« objectivité ». Bien entendu, observer cet égalitarisme scrupuleux n'incombait qu'à la presse libérale. Nos confrères de gauche, eux, avaient le droit moral d'attaquer uniquement la droite et de soutenir uniquement la gauche. En cela consistait l'objectivité par excellence et plénière. A défaut de pouvoir atteindre ce degré de perfection, nous avions le devoir, nous, confrères mineurs, nous, presse libérale, de respecter au moins cette forme inférieure d'objectivité qu'était l'égalitarisme *a priori*, quelles que fussent les nouvelles du jour. Pourquoi, me demandèrent-ils, traitez-vous avec tant d'insistance du communisme, du totalitarisme, de l'expansionnisme soviétique, du socialisme, du maoïsme, du tiers-mondisme ? Je leur répondis que ce n'était pas de ma faute si, depuis 1945, c'étaient ces types de visions du monde et de forces politiques qui avaient dominé la scène internationale. Ils se comportaient, en somme, comme le font souvent les hommes politiques, en m'accusant de déformer la réalité parce que je la reflétais.

C'est à cette déformation que font allusion en effet les politiques lorsqu'ils accusent les journalistes de tous leurs malheurs. Accusation puérile, et que nous écartons rituellement à l'aide de la remarque ironique : « Naturellement, c'est encore de la faute des journalistes ! » Ce que les politiques considéreraient comme une bonne presse serait celle où la sélection se ferait en sens inverse du sens habituel et ne retiendrait que les nouvelles servant leur gloire. Cela existe, d'ailleurs, tels journaux étant systématiquement hostiles à tel parti (au pouvoir ou non) ou à telle idéologie dans leur traitement de l'information, et tels autres leur étant systématiquement bienveillants. Si bien que, la mauvaise foi régnant des deux côtés, du côté des journalistes comme de celui des politiques, la querelle est sans issue. Il est certain que bien des journalistes ne jouent pas simplement le rôle du messager innocent que l'on rend par superstition responsable de la mauvaise nouvelle qu'il apporte. Ils font en général beaucoup plus que remettre le message : ils le corsent ou, au contraire, l'enjolivent, selon les sentiments qu'ils portent au destinataire. Ils ont tendance à égarer en route les nouvelles qui feraient trop plaisir ou, à l'inverse, qui peineraient trop ce destinataire. Celui-ci, de son côté, attend du messager qu'il fasse un bon tri en sa faveur, et il le soupçonne, souvent avec raison, d'avoir fait à dessein un mauvais tri pour le desservir et le démoraliser.

Le journaliste assume dans la vie publique un double rôle : il est à la fois acteur et informateur. S'il croit sincèrement aux causes dont il est l'avocat, il ne doit pas rencontrer de conflit entre son rôle d'acteur, l'influence qu'il cherche à exercer, et son rôle d'informateur. Sur la base d'informations qu'il s'efforce de relater et d'analyser consciencieusement, il élabore des arguments, fait des choix et recommande des solutions. Si, au contraire, il est amené à tronquer l'information et à la falsifier, c'est probablement que sa cause n'est pas très bonne. La disjonction entre « presse d'information » et « presse d'opinion » est fallacieuse. Si l'opinion est bonne, l'information peut l'être aussi sans aucune gêne ; si l'information est contrainte de se faire mauvaise, c'est que l'opinion ne vaut pas grand-chose. L'antagonisme présumé des deux composantes du journalisme est un faux problème. On a toujours scrupule à critiquer la presse parce que, de toute manière, la liberté de la presse est un bien si rare et si fragile que l'on se solidarise spontanément, dans la profession, avec tout journaliste mis en cause, même quand sa cause n'est pas excellente. Cette règle de solidarité, pourtant, souffre des exceptions, lesquelles sont, chacun le devinera, idéologiques. En 1984, lors du Festival international de télévision de Séville, Christine Ockrent, alors directeur de l'Information d'Antenne 2, propose au jury, dont elle faisait partie, de signer un texte en faveur de la libération de Jacques Abouchar, journaliste de sa chaîne, qui venait d'être capturé et accusé d'espionnage par les Soviétiques en Afghanistan. Présidé par Robert Escarpit, ancien billettiste au *Monde* et professeur en « sciences de la communication » à Bordeaux, le jury se composait de Sean McBride, prix Nobel de la Paix et prix Lénine, fondateur d'Amnesty International, d'un écrivain espagnol, Antonio Gala, d'Enrique Vasquez, directeur de l'information à la télévision espagnole (TVE) et d'une représentante de la télévision soviétique, une Mme Formina ou Formida (mes sources se contredisent sur l'orthographe). Bref, Formida, Formina ou Formica, je ne sais, éructa une diatribe contre la provocation de Christine Ockrent et tout le monde se coucha devant elle. Tout le monde, sauf, cela va de soi, Christine Ockrent elle-même, qui, constatant la vanité de ses efforts malgré plusieurs atténuations du texte primitif, démissionna du jury et reprit l'avion pour Paris. Particulièrement instructive fut l'attitude d'Enrique Vasquez (ne parlons pas d'Escarpit, depuis toujours pro-soviétique) qui, bien que nommé par un gouvernement social-démocrate des plus modérés, soutint Moscou contre un confrère jeté en prison pour « n'avoir fait que son métier », selon l'expression consacrée et qui n'avait jamais été plus vraie. Après cet exploit, comment pouvait-on prendre au sérieux les protestations des membres de ce jury contre les atteintes à la liberté de la presse au Chili ou en Afrique du Sud?

La presse se déchaîne parfois pour revendiquer des privilèges inacceptables en démocratie. Juridiquement, elle mène alors un mauvais combat lorsqu'elle exige, au nom de sa liberté, qu'on lui octroie le droit de violer les lois en cours. Ainsi, deux journalistes italiens sont arrêtés, en mars 1987, pour avoir publié dans leurs journaux respectifs, *l'Unitá* et la *Repúbblica*, un document provenant du dossier d'une affaire criminelle en cours d'instruction. Ils n'ont pu obtenir ce document que grâce à une « taupe » faisant partie des fonctionnaires du ministère de la Justice ou du palais de justice. Le ministère public somme les journalistes de nommer leur source : ils refusent — ce qui est conforme au code d'honneur de la profession et suscite l'estime. Mais le code d'honneur n'est pas toujours la loi démocratique, sans quoi un meurtre commis par vendetta familiale ne devrait pas faire l'objet d'une inculpation. Les deux journalistes donc vont en prison. Le cas se produit aux États-Unis quand des journalistes refusent de déférer à ce qu'on appelle un *sub poena* du ministère public, leur enjoignant de révéler leurs sources « sous peine » d'aller en prison. Aussitôt, les journaux crient au fascisme, à la fin des libertés et des droits de l'homme. « La presse menottes aux mains » titre la *Repúbblica* du 18 mars. Or, dans tous les pays démocratiques, notamment au Royaume-Uni, beaucoup plus démocratique que l'Italie depuis beaucoup plus longtemps, commenter même une instruction en cours est puni avec une extrême sévérité. Nous avons de plus, en l'occurrence, un cas de forfaiture d'un fonctionnaire, cas prévu par le Code pénal, et une publication appelée à peser sans le moindre doute sur le cours de l'instruction. Comment peut-on réclamer pour soi-même le privilège de l'illégalité quand on fait métier de la dénoncer dans tous les autres secteurs de la société ? On peut décider de prendre un risque en publiant, malgré la loi, un document capital, on ne peut pas accuser de fascisme ceux qui vous poursuivent alors. Les journalistes doivent le comprendre : ils ne peuvent pas, d'une part, continuer à se comporter avec l'opportunisme même qu'ils condamnent chez les hommes politiques, sans avoir les mêmes excuses puisqu'ils n'ont pas de responsabilités dans l'action, et, d'autre part, revendiquer l'immunité due aux serviteurs de la vérité pure qu'ils sont, en effet, quelquefois, mais pas toujours.

La partialité n'est toutefois pas le seul vice qui guette la profession journalistique. Ajoutons-y un fléau qui fait également d'énormes ravages : l'incompétence. Si étrange que cela paraisse, le journalisme est sans doute le seul métier où l'on puisse entrer sans aucune préparation. J'ai dit mon scepticisme sur les écoles de journalistes, quoiqu'elles produisent parfois de très bons sujets, mais qui eussent sans doute été bons sans passer par lesdites écoles. Les professeurs qui sont censés y former de futurs confrères ne pratiquent pas toujours eux-mêmes de façon particulièrement brillante l'art qu'ils enseignent. Posséder un diplôme d'une école de journalisme reste d'ailleurs, heureusement, facultatif. Le recrutement dans les rédactions (nationalisées ou privées) se fait surtout par relations, par hasard ou par choix politique. On espère que le talent viendra. Mais, s'il ne vient pas, il faut néanmoins garder le journaliste insuffisant, car le licenciement, du moins en Europe, est ou bien impossible ou très difficile et très coûteux. Bien des rédactions regorgent ainsi de « collaborateurs » peu collaborants, inutilisables et néanmoins hélas ! utilisés. Mais même des journalistes intelligents peuvent être victimes des idées reçues sur les sujets qu'ils traitent et ils n'acquièrent pas toujours la culture nécessaire pour comprendre ce qu'ils voient ou lisent. C'est surtout vrai dans les pays où l'information, disons plutôt la désinformation, est habilement maniée par le pouvoir — d'autant plus vrai, je l'ai souvent dit dans ces pages, que la méfiance des journalistes, impitoyablement en éveil dans les démocraties, s'assoupit dangereusement dans les pays totalitaires « de gauche ». Il suffit de lire, par exemple, ce que le *Guardian* a écrit régulièrement sur la Pologne entre 1980 et 1984 pour être saisi d'une irrépressible crise de fou rire[1].

Dans *Reluctant Farewell*, Andrew Nagorski, l'ancien correspondant de *Newsweek* à Moscou, a bien décrit l'impréparation et l'espèce de naïveté crédule, l'absence de zèle, même, dans la recherche de l'information, du milieu des journalistes occidentaux. La plupart, à l'époque de son séjour, ne parlaient pas le russe et dépendaient donc entièrement, pour faire leur travail, du service en langues étrangères de l'agence Tass. Pour le reste, ils s'en remettaient à leurs traducteurs soviétiques, tous fonctionnaires on devine de quels « organes », ou aux diplomates occidentaux, aussi coupés de la réalité qu'eux-mêmes. Presque aucun, en matière de soviétologie et d'histoire du communisme, ne possédait les connaissances que l'on peut acquérir même sans savoir le russe. Parmi les rares qui parlaient la langue, Nagorski en trouva fort peu qui fussent désireux de parcourir le pays et de rencontrer des Soviétiques autres qu'officiels. En majorité ils se méfiaient des dissidents, qui les ennuyaient avec leurs récriminations et dont les points de vue, disaient-ils, n'intéressaient pas l'Occident. Aussi l'essentiel des « reportages » du groupe journalistique occidental consistait-il à « recycler » ce que les autorités soviétiques mettaient à sa disposition, autrement dit le message que ces autorités voulaient faire passer en Occident. Le plus gros de la copie produite par les correspondants occidentaux consistait en dépêches de Tass et en articles de la presse soviétique récrits par leurs soins. Michael Binyon, correspondant à Moscou du *Times* de Londres durant ces années 1980-1984, écrit dans son livre *Life in Russia* (« La vie en Russie ») qu'il a fondé son « reportage » essentiellement sur la lecture de la presse soviétique parce que, dit-il, « c'est de notre part montrer beaucoup plus de sagesse et de tact de laisser les Russes faire leurs propres critiques de leur propre société que de les juger et de pontifier d'un point de vue d'observateur extérieur qui a d'autres présuppositions et une autre vision d'ensemble[2] ». On peut difficilement afficher avec plus de fierté

---

1. Les amateurs de littérature comique pourront se reporter à l'anthologie dressée par *Survey* dans son numéro spécial sur la Pologne, été 1983 (XXVI, 3).

2. « *It is far wiser and more tactful to let the Russians make their own criticisms of their society than to judge them and pontificate as an outsider with different assumptions and outlook.* » Cité par Andrew Nagorski, *Reluctant Farewell*, p. 48. Bien des correspondants, commente Nagorski, trouvaient les vues de Binyon parfaitement acceptables à Moscou, alors qu'ils auraient rejeté

le culte triomphaliste de l'ignorance volontaire. Et il s'agit du correspondant d'un journal « conservateur » ! Dans un pays comme l'URSS où l'État contrôle toute la communication, c'est là un principe méthodologique original. On voit que la fameuse vaillance de la presse en tant que « contre-pouvoir » s'étiole bizarrement dès que le pouvoir n'est pas démocratique, c'est-à-dire dès qu'il aurait précisément le plus grand besoin d'être « contré » ou, du moins, contredit. On frémit à l'idée que tant de journalistes occidentaux ont appliqué pendant tant de décennies ces mêmes méthodes à Pékin ou Hanoi, à La Havane ou Managua, à Varsovie ou en Éthiopie.

Leur indolence faisait d'eux, on le comprend sans peine, de dociles véhicules de la désinformation, à leur insu, sans doute, mais c'est justement là le fin du fin de la désinformation. Dans *Para Bellum*, Alexandre Zinoviev la définit en faisant dire à l'un de ses personnages, surnommé l'« Occidental », parce qu'il s'est spécialisé, au sein des « organes », dans l'art de duper l'Ouest: « L'ennemi doit agir comme nous le désirons, tout en étant convaincu qu'il agit selon sa propre volonté et contre nos intérêts. » C'est à dessein que je ne traite pas de la désinformation proprement dite dans ce livre, parce que mon dessein est d'y montrer non point comment la presse libre se laisse enrôler par les services de désinformation totalitaires, sujet sur lequel existe une abondante littérature[1], mais comment elle se trompe elle-même, volontairement ou involontairement, par idéologie ou incompétence. Je ne mentionne ici la désinformation que pour signaler qu'on la confond trop aisément avec des notions voisines, mais techniquement différentes.

La désinformation doit être comprise dans le vrai sens de ce terme. Nous l'employons, à tort, aujourd'hui comme synonyme de contrevérité, de tromperie, de version tendancieuse. La désinformation est sans doute tout cela, mais elle est aussi quelque chose de beaucoup plus subtil. Elle consiste à s'arranger pour que ce soit l'adversaire lui-même, ou à défaut un tiers neutre, qui, le premier, rende publique la fausse nouvelle ou soutienne la thèse que l'on souhaite répandre. Le mensonge fait ainsi d'autant plus de dupes que nul n'en soupçonne la véritable source.

En octobre 1985, un journal de New Delhi, *The Patriot*,

ailleurs cette justification de leur travail compris comme simple écho d'une presse contrôlée par l'État.

---

1. Je l'ai moi-même effleuré dans *Comment les démocraties finissent*.

publiait un article pour « révéler » que le virus du SIDA était le produit d'expériences en ingénierie génétique faites par l'armée américaine en vue de la guerre biologique. Le virus s'était ensuite propagé à New York, puis dans le tiers monde, transporté par des militaires américains. Le 30 octobre 1984, la *Literatournaya Gazeta* « reprenait » l'information du *Patriot* et stigmatisait les forfaits américains. C'est là l'originalité de la technique de la désinformation. Elle permet de clamer bruyamment : « Voyez ! ce n'est pas nous qui le disons, nous nous bornons à citer un journal étranger. » *The Patriot*, organe prosoviétique, est bien connu en Inde pour se prêter à ce genre d'opération. Mais qui le sait hors de l'Inde ? Et le plus beau de l'affaire, c'est que l'article en question n'avait en fait pas paru ! Sans doute les services soviétiques l'avaient-ils envoyé à la direction, ne doutant pas un instant de sa publication à la date convenue, et avaient indiqué au rédacteur de la *Literatournaya Gazeta* qu'il pouvait s'y référer. Négligence ou sabotage ? Manque de coordination ? Toujours est-il que personne n'eut l'idée de vérifier, sinon, un an plus tard, un journaliste du *Times of India*, qui fit son enquête et découvrit l'atroce vérité[1]. L'article n'avait jamais été publié par le *Patriot* !

Mais ce quiproquo n'empêcha nullement la rumeur de prospérer et de faire le tour du tiers monde, répercutée à partir de la *Literatournaya Gazeta* par les agences de presse, même si elles ne prenaient pas la responsabilité de la thèse. Au Brésil *l'Estado de Sao Paulo*, journal extrêmement sérieux et respectable, tomba dans le piège et prêta sa crédibilité à la théorie. En septembre 1986, au sommet des pays non alignés, à Harare, au Zimbabwe, un épais rapport présentant toutes les apparences du sérieux scientifique, avec tableaux, schémas, annexes, bibliographie, était distribué à tous les délégués. Le rapport concluait que le virus du SIDA provenait d'expériences conduites dans le laboratoire de Fort Detrick, dans le Maryland. Il était signé de deux « chercheurs de l'Institut Pasteur de Paris », les Drs Jakob et Lilli Segal. Renseignement pris, l'Institut Pasteur n'avait jamais entendu parler de ces deux « savants », que l'on finit par localiser à... Berlin-Est. Mais il va de soi que les non-alignés, rentrés chez eux, n'ont jamais été informés de cette rectification.

Toutefois, le plus beau jour des désinformateurs fut incontestablement le 26 octobre 1986, date à laquelle le *Sunday Express*

---

1. Bharat Bhushan, « Aids, a Soviet Propaganda Tool », *The Times of India*, 19 novembre 1986.

de Londres reprit à son compte la théorie. En effet, dans l'art de désinformer, plus à droite est le journal qui véhicule la rumeur, plus il l'authentifie, puisque, se dit le lecteur, il ne saurait s'en faire l'écho que la mort dans l'âme et sur la foi de preuves sans doute bien fortes. Le 31 octobre 1986, la *Pravda*, qui est, je le rappelle, le quotidien officiel du Comité central du parti communiste de l'Union soviétique, publiait un dessin humoristique où l'on voyait un médecin en blouse blanche remettre à un officier américain une énorme éprouvette où nageaient des choses noirâtres, le virus, pendant que l'officier lui glissait dans l'autre main une liasse de dollars. La légende du dessin était la suivante: « Le SIDA, terrible et incurable maladie, est, de l'avis de certains chercheurs *occidentaux*, une création des laboratoires du Pentagone » (souligné par moi). Bénéfice supplémentaire, l'article du *Sunday Express* déclencha une nouvelle rafale planétaire de dépêches d'agences. Il était désormais trop tard pour effacer la mystification, bien que, très honnêtement, *l'Estado de Sao Paulo* ait tenté de le faire: il s'excusa, fin novembre 1986, auprès de ses lecteurs de les avoir trompés « sur la base de fausses informations en provenance d'URSS ». Cette autocritique valut, du reste, au quotidien brésilien une verte réprimande dans la presse soviétique. Elle rappela qu'elle s'était bornée humblement à reprendre des « renseignements fournis par la presse occidentale elle-même » et confirmés par « les plus grands experts occidentaux (*sic*)[1] ». De toute manière, elle avait remporté la victoire: dans le tiers monde, il est aujourd'hui très difficile de rencontrer quelqu'un qui ne soit pas persuadé que c'est le Pentagone et la CIA qui ont déclenché l'épidémie de SIDA.

En 1987, les services de désinformation réussissaient même à glisser dans les programmes d'un grand éditeur français un livre où, non seulement le roman du KGB était repris dans son entier, mais où s'y ajoutait une faribole des plus burlesques: le Pentagone avait réussi à fabriquer le virus HIV[2] *de telle sorte qu'il devrait frapper sélectivement les Noirs* tout en épargnant *les Blancs*! Soit dit en passant, cette idiotie scientifique présuppose, chez ceux qui la répandent, le racisme le plus épais: à savoir la conviction que les Noirs seraient *biologiquement* différents des Blancs, condition nécessaire à l'efficacité sélective du virus. Pour démolir ces élucubrations, les témoignages de

---

1. *Literatournaya Gazeta*, 3 décembre 1986.
2. « *Acquired immunodeficiency syndrom virus* », « virus du syndrome de l'immuno-déficience acquise ».

savants occidentaux abondent. Je ne les citerai pas, puisque, selon les désinformateurs, ces savants dissimulent leur pensée, les uns parce qu'ils travaillent eux-mêmes pour la CIA, les autres parce qu'ils ont peur. Je citerai donc des savants soviétiques. L'un est Victor Jdanov, directeur de l'Institut de virologie de Moscou et considéré comme le premier spécialiste soviétique du SIDA. Dans *Sovietskaïa Kultura* du 5 décembre 1985, le Dr Jdanov, répondant aux partisans de la culpabilité de la CIA, écrit que le virus du SIDA existe sans doute depuis des millénaires en Afrique. Durant la II$^e$ Conférence internationale sur le SIDA, en juin 1986, à Paris, le Dr Jdanov, répondant à un journaliste qui lui demande si les Américains ont fabriqué le SIDA, déclare: « C'est une question ridicule. Pourquoi pas les Martiens? » (Reuter, AP, UP, 25 juin 1986.) L'autre savant soviétique est Valentin Pkrovski, président de l'Académie soviétique de médecine. Au journal *le Monde* (6 novembre 1987), le Pr Pkrovski déclare: « Aucun chercheur soviétique n'a jamais parlé de fabrication artificielle du virus. Comme tous les scientifiques de mon pays, j'estime que le virus a une origine naturelle. »

L'honnêteté de ces prises de position sauve l'honneur de la communauté scientifique soviétique. La campagne de désinformation a trouvé en son sein moins de nigauds ou de complices que dans certains médias de l'Ouest! Non seulement le virus HIV est beaucoup trop complexe pour que l'homme ait pu le fabriquer, mais on a repéré des cas de SIDA bien antérieurs à 1981, année où la maladie prit de l'ampleur, et bien antérieurs à la période où les savants diaboliques du Pentagone sont censés, selon le KGB, avoir travaillé au virus. En 1960, par exemple, la revue médicale anglaise *The Lancet* publiait une observation clinique faite sur un patient mort en 1959 d'une maladie non identifiée et qui s'avéra, rétrospectivement, avoir été le SIDA[1]. Je refermerai cette parenthèse sur la désinformation en soulignant que, si elle n'entre pas directement dans mon sujet, elle s'y rattache néanmoins en ce sens que seuls le préjugé ou l'incompétence lui permettent de faire des dupes dans la presse des pays libres. On serait en droit d'attendre de nos médias une meilleure préparation, qui les rendrait moins crédules face aux ruses souvent bien grossières de la désinformation. Mon propos étant de me demander pourquoi l'homme — journaliste ou pas

---

1. *The Lancet* a commenté cette observation dans son numéro du 12 novembre 1983, identifiant comme SIDA le syndrome présenté comme énigmatique en 1960.

— embrasse avec tant d'avide impétuosité ce qui est faux, alors même qu'il peut si aisément savoir ce qui est vrai, je me devais au moins de citer les succès des désinformateurs en tant qu'ils s'expliquent par cette prédisposition — ou, si l'on préfère, car elle n'est sans doute pas innée — par cette immuno-déficience acquise. De plus, par une convergence dans la désinformatisation comme dans le terrorisme que l'on constate avec fréquence, l'extrême droite se retrouve ici aux côtés de l'extrême gauche. En 1988 la revue *Éléments*, organe de la nouvelle droite française, reprend à son tour le bobard du KGB, dans son numéro 63, intitulé « Sida, le Pentagone en accusation ».

Le monde actuel se partage entre pays où le gouvernement veut remplacer la presse et pays où la presse veut remplacer le gouvernement. La maladie des premiers ne pourra guérir que par la vertu d'un seul remède : la démocratie, ou un début de liberté. La guérison des seconds, ceux qui sont déjà démocratiques, est entre les mains de la presse elle-même. Il serait grand temps que tous les journalistes, et non pas seulement une poignée d'entre eux, se décident à faire enfin pleinement leur seul véritable métier : donner des informations exactes et complètes, et ensuite toutes les opinions, analyses, exhortations et recommandations qu'ils voudront, pourvu qu'elles soient fondées sur ces mêmes informations exactes et complètes.

Nul n'est tenu de vivre dans une civilisation où la circulation planétaire de l'information est le facteur déterminant de la décision et du jugement collectif, plutôt que l'astrologie, les haruspices ou les dés. Mais il se trouve que nous sommes entrés dans cette civilisation, que nous l'avons construite nous-mêmes telle qu'elle est. Nous devons donc, sous peine de la détruire, en suivre les règles. Par nature, elle ne peut fonctionner qu'alimentée par la connaissance. Il en résulte que, dans ce type précis de civilisation, la fausseté des perceptions, l'oubli de l'expérience et la dissimulation comme principal talent politique ont des conséquences particulièrement dévastatrices. N'empoisonnons pas nous-mêmes les fontaines d'où coule l'eau que nous buvons.

## LA TRAHISON DES PROFS

> *Comme tous les faiseurs de bouc émissaire, ils tiennent leur victime pour coupable. Il n'y a donc pas, pour eux, de bouc émissaire.*
>
> René GIRARD.

La civilisation occidentale tourne autour de la connaissance, et toutes les autres civilisations tournent autour de la civilisation occidentale. Ce n'est point tomber dans l'ethnocentrisme que d'énoncer cette dernière proposition, qui n'est vraie, d'ailleurs, que dans la mesure où la connaissance est concernée, et peut-être aussi les droits de l'homme et la démocratie. Il existe partout une demande de développement, il existe donc également partout une acceptation implicite ou explicite de la condition du développement, qui est d'appliquer la connaissance à l'activité. La revendication de l'« identité culturelle » n'est souvent rien d'autre qu'une manière de nier cette exigence sans renoncer pour autant aux bénéfices du développement. Elle revient à dire: donnez-nous le développement sous forme de subventions, de façon à nous épargner l'effort d'établir une relation d'efficacité avec le réel. Car c'est bien de cela qu'il s'agit dans le tiers-mondisme, sinon dans le tiers monde, je veux dire dans la fiction, sinon dans la réalité. Car le tiers-mondisme est une philosophie non pas du développement, mais du transfert de ressources destiné à perpétuer le sous-développement tout en atténuant la pauvreté et, surtout, en palliant les difficultés de trésorerie des dirigeants de la pauvreté. Par « défense de l'identité culturelle », les tiers-mondistes entendent moins la défense de la culture proprement dite que la préservation du droit à l'inefficacité dans la production et du droit à la corruption dans la direction. Car on ne voit pas pourquoi les valeurs esthétiques, les créations de l'art et de la littérature, qui sont, quand tout est consommé, la seule marque distinctive de l'originalité culturelle des civilisations, pourquoi ces valeurs et ces créations ne pourraient pas conserver leur identité parce qu'une société ferait par ailleurs ce qui est rationnellement et universellement nécessaire, dans les domaines économique, technique et politique, pour sortir de la pauvreté. Je constate qu'aucune société, aujourd'hui, ne repousse *a priori* l'objectif du développement et, donc, que toutes s'alignent, de plus ou moins bon gré, sur l'axiome du rôle central de la connaissance.

Mais ce rôle théoriquement central l'est-il réellement dans la pratique ? Et surtout l'est-il dans la pratique du prototype culturel au cœur duquel il se trouve logé comme sa définition, et sa condition de fonctionnement, à savoir la civilisation occidentale ? Je dirai qu'il s'y trouve logé en quelque sorte *malgré elle*, ou, plus exactement, à cause d'elle mais malgré nous. S'il fallait rassurer les gardiens jaloux de l'identité spirituelle et esthétique des cultures, dont je suis, il suffirait d'attirer leur attention sur la force de la résistance au rationnel qui se déploie dans la civilisation même qui s'est construite sur le rationnel. Pourtant le plus radical antagonisme interne ne se situe encore pas là. Les civilisations les plus malades, par exemple les civilisations précolombiennes, entièrement bâties et organisées pour mettre en œuvre un délire astrologique aussi sanguinaire que totalitaire, sans que rien ni personne pût se soustraire à ses ravages, n'ont-elles cependant pas produit l'un des arts les plus grands et les plus originaux de toute l'histoire de l'humanité ? L'antagonisme véritable, c'est donc celui qui introduit la division, la contradiction et l'incompatibilité non pas entre l'« identité culturelle » et la rationalité, mais au sein de la rationalité même : c'est-à-dire l'antagonisme qui, dans un système culturel édifié sur, par et pour la connaissance, tient en échec la connaissance, à l'intérieur du domaine même qui est de son ressort. Ce domaine n'est certes pas le seul qui fasse que la vie vaille d'être vécue, mais comme cadre d'action il ne saurait sans dommage être posé et nié tout à la fois. Dans son pertinent essai, *la Défaite de la pensée*, Alain Finkielkraut a fort bien décrit un aspect capital de cette aliénation. Mais, à mon avis, la contradiction interne sur laquelle bute actuellement la civilisation de la connaissance, et qui la paralyse, va beaucoup plus profond que les zones où déferlent certains effets de futilité des médias de masse et de l'aplatissement des valeurs par le refus de toute hiérarchie entre les cultures. La source du savoir est corrompue beaucoup plus en amont du point d'eau à fleur de terre que sont la presse et des médias.

Qu'en est-il, dans la civilisation de la connaissance, de ceux qui en ont la responsabilité : les intellectuels ? Par ce substantif, on entend les penseurs, les écrivains, les artistes et aussi les savants dans la mesure où ils s'expriment sur des questions politiques ou morales — j'ai plus haut, et à plusieurs reprises déjà, évoqué comment. Mais par intellectuels on entend beaucoup moins fréquemment les enseignants. Or ce sont eux qui transmettent la connaissance, ou ce qui en tient lieu, qui façonnent la culture à sa racine et ont en main la clef qui ouvre à chaque génération l'accès à une représentation de l'univers, depuis les plus humbles instituteurs des écoles élémentaires jusqu'aux plus resplendissants et célèbres professeurs d'université, en passant par ceux qui sont peut-être les plus influents dans la vision du monde d'une société : les enseignants du second degré, qui forment les enfants et les adolescents de dix à dix-huit ans. Leur influence est encore plus décisive en cette fin du XX$^e$ siècle que par le passé, puisque le progrès de l'égalité économique dans les sociétés modernes amène une proportion de plus en plus élevée de jeunes gens à recevoir leur enseignement.

Tous les enseignants, certes, ne sont pas des « intellectuels ». Une partie d'entre eux seulement participent ou sont perçus comme participant à l'élaboration de la culture. Très peu, même, entretiennent avec cette culture la relation personnelle de jugement et de goût qui fait, pour le meilleur ou pour le pire, l'intellectuel ; disons, avec moins de pédanterie, l'homme cultivé. Ce n'est en aucune façon diminuer les enseignants que de les définir comme les répétiteurs de la culture, et, beaucoup plus encore, comme ceux qui en reconstruisent et recomposent l'image, tout en la simplifiant, à l'usage de l'enfance et de la jeunesse. De tout temps, mais surtout depuis qu'a pénétré dans toutes les couches sociales l'instruction obligatoire, le pédagogue a rempli cette fonction d'interprète qui fournit à chaque génération la traduction condensée de l'état des connaissances et des valeurs à un moment donné. Mais tout traducteur, on le sait, peut se montrer infidèle au texte original, et les pédagogues ne se sont jamais privés de le récrire en fonction de leurs préjugés et de la mission éducatrice qu'ils se conféraient. Sans doute ne sont-ils pas seuls : ils suivent des circulaires ministérielles, des directives de leurs supérieurs, de bureaux et commissions de toutes sortes, des programmes, qui leur imposent les orientations générales et parfois le contenu précis de l'éducation. Toutefois, dans les pays libres, le « corps » enseignant, comme disent les Français, exerce sur les autorités qui sont censées le diriger, notamment à travers ses puissants syndicats, un irrésistible ascendant. Les dirigeants administratifs et pédagogiques, d'ailleurs recrutés, comme il est naturel, parmi les professeurs et instituteurs, ne sauraient impunément donner l'assaut contre la « forteresse enseignante », pour reprendre le titre d'un livre sur la Fédération de l'Éducation nationale[1]. La question dominante se ramène donc bien à celle de l'état d'esprit d'un groupe social et d'une catégorie particulière d'intellectuels, les professeurs, de leur rapport avec la connaissance, de leur sens de la responsabilité pédagogique et de leur éthique professionnelle.

Remarquons-le d'abord, l'enseignement, sous la bannière d'une idéologie de la transmission impartiale du savoir, s'est toujours en même temps voulu, avec une délicieuse ingénuité dans la contradiction, un instrument de combat. Même avant le XIX$^e$ siècle, où un groupe de sociétés ont commencé à ressentir comme un devoir et à mettre en œuvre l'éradication de l'analphabétisme et l'instruction généralisée, nous apercevons depuis l'origine, dans le comportement pédagogique, une dimension plus normative que descriptive. Ensuite, comme la liberté de la presse, l'instruction populaire croît avec la démocratie moderne et en constitue l'une des composantes organiques. La démocratie ne saurait se dispenser de l'information et, à côté de la presse, l'enseignement n'est, après tout, qu'une autre face de l'information. Pourtant, ou plutôt dès lors, il souffre d'une ambiguïté, dont il ne s'est jamais complètement débarrassé, entre l'éducation-information et l'éducation-formation. Je pense d'ailleurs qu'il faudrait revenir, pour désigner la première, au beau mot d'instruction, qui est la transmission de la simple connaissance, et réserver éducation pour le second travail, qui vise à incorporer à la personnalité une conception de la réalité et un style de comportement.

En outre, le professeur peut ou bien enseigner ou bien endoctriner. Quand l'enseignement l'emporte sur l'endoctrinement, l'éducation remplit sa fonction principale, dans l'intérêt de ceux qui la reçoivent et dans l'intérêt de la démocratie bien comprise. En revanche, quand c'est l'endoctrinement qui l'emporte, elle devient néfaste, abuse de l'enfance et substitue l'imposture à la culture.

Un signe très sûr que l'éducation-formation, dans la mesure où elle touche à la connaissance (car, pour le reste, elle a bien licence de marcher au gré de la coutume et au hasard de la

---

1. Fondation Saint-Simon, Paris, Fayard, 1985.

mode), un signe infaillible que l'endoctrinement, pour tout dire, est le mauvais génie de l'instruction, c'est que les sociétés totalitaires y ont consacré l'essentiel de leur système éducatif. Tout ce qui, de près ou de loin, touche à la sphère idéologique y tombe sous le coup de la censure et du mensonge. Heureusement, certaines connaissances élémentaires, certaines sciences fondamentales, certaines techniques peuvent s'enseigner dans leur authenticité sans déranger l'idéologie et sans être dérangées par elle. Cela permet à ces sociétés de tenir à peu près debout, d'un point de vue purement pratique, quoique de nombreuses activités intellectuelles primordiales y végètent dans une semi-asphyxie, à cause de l'interdiction qui leur est faite de se déployer selon leur logique propre, dont le déroulement constituerait une réfutation vivante de l'idéologie. Au cours de certaines périodes, pourtant, l'idéologie dévore toutes les disciplines et toutes les pratiques, elle sort de son lit naturel pour envahir des aires habituellement concédées au savoir et à l'apprentissage purs, pourvu que ceux-ci restent politiquement inoffensifs. Un tel cataclysme se produisit en URSS à l'époque où Staline, puis Khrouchtchev, imposèrent la « biologie » de Lyssenko, nous l'avons vu. Ou encore, en Chine, le désastre survint à l'époque de la révolution culturelle — le grand événement mondain de l'Occident — où l'on ne pouvait planter une salade ou un clou sans suivre la « méthode » exposée dans le *Petit Livre rouge*, lequel, n'étant qu'un tissu de stupidités creuses, replongea le pays dans la nuit préhistorique. Les écoliers cubains, pour autant qu'il s'agisse d'idées générales, n'ont guère accès qu'aux vaticinations du « lider maximo », comme les écoliers albanais ingurgitaient de force les œuvres pléthoriques d'Enver Hodja, et les petits Allemands de 1935 les rudiments de l'idéologie nazie. Tous les dictateurs ont été, c'est presque un pléonasme, des ravisseurs de l'éducation, comme de la presse, et pour la même raison. « Que l'école, dans tous ses degrés et dans tous ses enseignements, proclama Benito Mussolini en 1925, éduque la jeunesse italienne de façon à lui faire comprendre le climat historique de la Révolution ! » Il s'agit de la révolution fasciste, bien entendu, car c'en fut une[1]. Au nom d'une autre, un pédagogue du parti communiste italien disait exactement la même chose en 1972 : « Il y a dans le monde et dans notre pays un ensemble d'idées qui représentent ce que le

---

1. « *La scuola in tutti i suoi gradi e in tutti i suoi insegnamenti educhi la gioventù italiana a comprendere il clima storico della rivoluzione* », Benito Mussolini (5 décembre 1925).

mouvement progressiste et révolutionnaire a produit de plus avancé depuis un demi-siècle : nous avons à cœur que ces idées s'affirment à l'école[1]. »

Et elles s'y sont affirmées ! A vrai dire, le fait que, depuis les débuts des institutions démocratiques, il existe, en Italie comme en France, un enseignement confessionnel et un enseignement laïque séparés prouve à lui seul que l'enseignement n'a jamais été neutre et n'a jamais consisté à mettre simplement à la disposition de la jeunesse des informations en la laissant libre de les juger. Les élèves des établissements religieux et ceux des écoles publiques se servaient de manuels distincts, y compris les anthologies de textes littéraires, constituant deux séries parallèles et indépendantes, rédigés par des auteurs différents, dans des esprits différents, privilégiant des événements et des concepts différents, publiés par des éditeurs différents — même les grammaires latines ! C'étaient deux mondes à part, et il est clair qu'aucun des deux ne pouvait être objectif. Les parents qui envoyaient, au début de notre siècle, leurs enfants à l'école confessionnelle voulaient avant tout qu'ils y trouvassent une « éducation chrétienne » même dans les matières où la religion n'avait ou n'aurait dû rien avoir à faire. Quant à l'école publique, et laïque, elle tendait à inculquer aux enfants les valeurs « républicaines », comme on disait en France. Elle récrivait l'histoire et hiérarchisait la littérature en fonction de cet objectif. En étudiant les manuels d'histoire d'Ernest Lavisse, qui, à la fin du siècle dernier et au début du nôtre, jusqu'en 1914, donnèrent le ton à l'enseignement public français, Pierre Nora met bien en lumière l'objectif d'édification républicaine qui sert de fil conducteur à ces manuels scolaires[2]. Le déroulement de l'histoire dans ces manuels repose entièrement sur le principe de l'explication par les causes finales (que condamnait vigoureuse-

---

1. « *Vi sono nel mondo e nel nostro paese un complesso di idee che rappresentano quanto di più avanzato il movimento progressista e rivoluzionario ha prodotto da mezzo secolo: abbiamo interesse che esse si affermino nella scuola* », Giorgio Bini.

2. *Les Lieux de mémoire*, 4 volumes sous la direction de Pierre Nora. Paris, Gallimard. Dans le tome I (1984), Pierre Nora, *Lavisse, instituteur national ; le petit Lavisse, évangile de la République*. Chez Lavisse, écrit Nora, « le devoir patriotique est le corollaire de la liberté républicaine. L'histoire de France n'est, à bien des égards, qu'un répertoire d'exemples pour le manuel d'instruction civique. » En d'autres termes, c'est le contraire d'une initiation à la connaissance historique. Si louable soit-il d'inculquer aux enfants le culte de la patrie et de la liberté, c'est s'engager sur une mauvaise pente que de le faire en enseignant l'histoire ou la littérature, car c'est légitimer le principe que l'enseignant a le droit de se servir de la science pour endoctriner, principe susceptible par la suite de se prêter à d'autres utilisations beaucoup plus néfastes. Ou l'on enseigne ou l'on prêche : on ne saurait faire les deux à la fois.

ment par ailleurs l'esprit scientiste de l'époque). Car l'histoire de la France s'y scinde en deux périodes : avant et après 1789. La première période, qui naît, avec la France, en 987, n'est que la lente gestation d'une Révolution française qui se cherche et d'une Troisième République dont l'avènement est légèrement retardé par les complots moyenâgeux de l'absolutisme clérical. A l'inverse, dans les écoles religieuses, on enseignait que le déclin avait commencé en 1789. Cette façon d'utiliser l'école pour y transporter les luttes idéologiques des adultes et y aguerrir les troupes qui assureront la relève dans chacun des deux camps ennemis constitue une forfaiture pédagogique assez répandue, comme le prouvent les efforts, heureusement vains, déployés aux États-Unis dans certains États par des associations religieuses pour faire interdire l'enseignement de l'évolutionnisme darwinien. Mais, bien que la coexistence et la concurrence de l'éducation-formation et de l'éducation-information subsistent et persistent dans les sociétés libres, et bien que la seule considération de la vérité ne guide pas la pédagogie, tout est affaire de dosage et de sagesse. Si l'endoctrinement se fait trop envahissant, la société réagit, pourvu qu'elle reste démocratique et puisse donc le faire. Elle rejette la tentative d'annexion de l'enseignement par une seule idéologie. C'est ce qui s'est produit en France contre le cléricalisme au XIXe siècle et, au printemps de 1984, contre le socialisme, lorsque des manifestations, les plus gigantesques qui eussent eu lieu depuis une quarantaine d'années, obligèrent Mitterrand à retirer son projet de service public « unifié » de l'Éducation nationale, qui eût scellé l'arrêt de mort de l'école privée. N'allons pas croire que les quelques millions de citoyens qui défilèrent alors à Paris et dans plusieurs grandes villes de France étaient tous des catholiques fervents, qu'inspirait seule leur foi, hypothèse peu plausible en des temps où la pratique religieuse ne cessait de reculer. La majorité des manifestants ne se composait même pas de parents ayant leurs enfants à l'école privée, laquelle, du reste, ne portait plus guère la marque du confessionnalisme militant et se servait depuis belle lurette des mêmes manuels scolaires que l'école publique. Même en défalquant la part des manifestants qui, pour des motifs politiques, se bornaient à saisir cette occasion de protester contre le gouvernement, le plus important mobile, le pressentiment qui avait rassemblé ces foules immenses, c'était la perception d'une menace de monopole idéologique. Le véritable sectarisme confessionnel, le vrai cléricalisme n'était plus chrétien, comme au XIXe siècle, il était marxiste. Marx était grand et la Fédération de l'Éducation nationale était son prophète. Comme le fit observer fort justement à l'époque Emmanuel Le Roy Ladurie, c'était un contresens que d'invoquer l'idéal laïque pour revendiquer la mainmise idéologique sur la totalité de la jeunesse. On avait forgé au siècle dernier le concept de laïcité précisément pour combattre l'idéologie dans l'enseignement et affirmer le principe de la *neutralité* de la connaissance. On le brandissait aujourd'hui pour exiger le contraire exact de ce qu'il signifiait! La société tolère quelque infléchissement tendancieux à l'école pourvu que le bloc principal et central de l'enseignement reste sérieux et professionnel. Ayant fait mes études primaires et secondaires chez les jésuites, de 1929 à 1941, je puis dire que c'était déjà le cas dans l'enseignement privé juste avant la guerre, sans quoi, d'ailleurs, cet enseignement aurait disparu faute d'élèves. Paradoxe curieux, c'est quand je suis arrivé dans un lycée d'État pour y préparer, après mon baccalauréat, le concours d'entrée à l'École normale supérieure que j'ai le plus entendu parler de religion dans les classes, par certains professeurs de l'enseignement public qui étaient des catholiques convaincus, de gauche ou de droite, et mêlaient beaucoup plus leur foi à leur cours que les pères jésuites dont j'avais été auparavant l'élève. Mais, somme toute, il existait une zone commune aux deux enseignements. Dans cette zone on étudiait ce qu'il y avait à étudier comme cela devait être étudié, en fonction de critères définis par les règles banales de la transmission des connaissances.

C'est ce pacte de modération que la démesure des enseignants a brisé, au cours des ultimes décennies du XX$^e$ siècle.

Par une piquante inconséquence, c'est en 1953, année de la mort de Staline, que les manuels français d'histoire et de géographie sont devenus staliniens. Nous retrouvons là ce penchant des marxistes occidentaux à épouser les thèses officielles des pays communistes au moment même où ceux-ci les abandonnent ou les révisent. Prenant la parole à un colloque sur la « Perception de l'URSS à travers les manuels scolaires français », en 1987, l'historien et démographe Jacques Dupâquier, dans une analyse, plus particulièrement, des manuels de géographie, note que l'économie soviétique y est décrite en termes purement idéologiques, avec, à l'appui, les seules statistiques officielles. L'illustration consiste en documents tous puisés aux sources soviétiques: « Ils respirent le succès, la santé, la confiance en l'avenir. » Les auteurs de manuels dépeignent les kolkhozes avec des couleurs idylliques et en vantent la productivité! Ils louent « le plan Davydov de détournement des fleuves sibériens » et les « superbes résultats » obtenus par les disciples de Mitchourine et les élèves de Lyssenko! Approuver les âneries scientifiques de Lyssenko engendrait une tromperie plus bouffonne encore que l'excès de crédulité dans l'accueil fait aux statistiques officielles. N'oublions pas, en effet, que cet aval donné à l'obscurantisme lyssenkien se trouvait, non dans des journaux partisans, dont la lecture reste facultative et qui, au demeurant, se contredisent entre eux, mais *dans des manuels scolaires imposés à des enfants* comme unique source d'information en la matière, et cela *sous l'autorité du ministère de l'Éducation nationale et de l'Inspection générale de l'Instruction publique*. L'abus de confiance et la trahison du devoir moral de l'enseignant éclatent ici de façon ignominieuse. Pour comble, le rapport Khrouchtchev de 1956 n'altéra en rien ce zèle dans l'imposture et dans l'incapacité. Jusqu'en 1967, tous les manuels donnent de l'URSS une vision unique et conforme aux clichés de la propagande la plus optimiste. Les images continuent à venir des seules agences Tass et Novosti. Le déficit démographique s'explique, pour les auteurs, par l'héritage tsariste et par l'invasion hitlérienne, jamais par les purges staliniennes. Bien évidemment, seule une minorité de maîtres et d'auteurs de manuels appartenaient au parti communiste ou même votaient communiste. Mais cette constatation ne fait qu'illustrer un phénomène dont on doit mesurer l'ampleur si l'on veut comprendre l'histoire culturelle et politique de notre époque : c'est le débordement de l'idéologie communiste et de la vision marxiste du monde sur de vastes étendues de la gauche dite non communiste. On imagine mal le climat d'intolérance de ces années, dans l'enseignement français. L'expression « chasse aux sorcières » sert en général à désigner les actes d'intolérance de la droite contre la gauche, rarement l'inverse. Du reste, la chasse aux sorcières sévit alors, dans le corps enseignant, non point contre la droite, mais contre la probité scientifique et pédagogique. Dupâquier en fit la pénible expérience. En 1969, il avait réussi à faire publier chez Bordas un manuel fondé sur une documentation un peu plus sérieuse, en ce qui concernait l'URSS, que les statistiques, la propagande et les photos officielles pieusement avalées par les autres auteurs. Il raconte : « Comme il fallait s'y attendre, ce fut un beau tollé. Nous fûmes dénoncés par *l'École et la Nation* et reçûmes, aux Éditions Bordas, une quarantaine de lettres de protestation, où tout l'éventail des sentiments était étalé, depuis la tristesse jusqu'à la colère. L'indignation d'un de nos collègues était telle qu'elle ne put s'exprimer qu'en capitales d'imprimerie : « C'EST EFFRAYANT DE BÊTISE ET DE MAUVAISE FOI. » Un autre eut la

*La trahison des profs*

délicatesse d'écrire à M. Pierre Bordas lui-même pour lui dire qu'il lui avait toujours fait confiance, que ses manuels étaient adoptés dans toutes les matières et dans toutes les classes de son lycée, mais qu'après ce coup, ses collègues et lui-même allaient tout remettre en cause. Effectivement les ventes s'en ressentirent : les ventes annuelles du manuel suspect ne dépassèrent jamais 20 000, alors que son homologue de la classe de troisième atteignit allègrement 50 000. »

Le succès commercial d'un manuel scolaire, il faut le savoir, dépend de la décision souveraine de chaque professeur, qui le choisit ou ne le choisit pas comme livre de classe pour ses élèves. On comprend donc que les éditeurs hésitent à proposer des ouvrages qui heurtent de front les préjugés du corps enseignant.

Entre 1980 et 1985, un dégel survient et l'on peut parler d'une déstalinisation tardive et partielle des manuels d'histoire et de géographie en France. Sans doute faut-il l'attribuer à la démarxisation généralisée de l'intelligentsia française. En 1983, pourtant, on trouve encore des livres fidèles à l'évangile stalinien, tel celui de la collection Gauthier (aux éditions ABC), où l'on peut lire notamment que « plusieurs éléments laissent à penser que Iouri Andropov, qui a succédé à Leonid Brejnev à la tête du parti communiste de l'Union soviétique, le 12 novembre 1982, poursuivra la politique d'ouverture pratiquée par son prédécesseur ».

Libre à un éditorialiste intrépide de se livrer à des vaticinations gratuites de cet acabit, de juger Brejnev « ouvert » et l'ancien chef du KGB plus ouvert encore. Les lecteurs en ont vu d'autres et le journaliste peut toujours rectifier plus tard. Mais infliger à de pauvres gosses, dans un manuel scolaire, sous le pavillon du « service public », ces ineptes mais non innocentes prophéties ! Pauvre école publique !

Examinant l'histoire de l'URSS dans les manuels d'histoire français, depuis 1931, Maurice Decrop, au même colloque, relève que, sur les 24 manuels qu'il étiquette pro-bolcheviks (contre 21 antibolcheviks et 10 mitigés), 23 ont paru entre 1946 et 1982, ce qui confirme le processus de stalinisation de l'enseignement français après la guerre. Soulignons, car là est le critère, que les falsifications portent non sur les opinions mais sur les événements : par exemple, des manuels passent sous silence la révolte de Cronstadt ou encore attribuent la construction du mur de Berlin... à la République fédérale d'Allemagne[1] ! Decrop juge à bon droit que d'aussi grossières cen-

1. Je laisse Michel Heller raconter ce que fut la révolte de Cronstadt (Michel Heller, *Soixante-Dix Ans qui ébranlèrent le monde*, 1988, Calmann-Lévy) :

sures et déformations semblent dues « plus à un refus de l'information qu'à un manque d'information ». Il conclut: « On peut se demander ce qu'il en est véritablement de la neutralité de l'enseignement public. A ce sujet il est amusant de signaler l'étude de Jacqueline Freyssinet-Dominjon sur *les Manuels d'histoire de l'École libre, 1882-1949* (A. Colin, 1969). L'auteur y présente l'école publique comme le modèle de l'objectivité dont l'école libre serait assez éloignée. Les profondes divergences des manuels dans la présentation de l'histoire de l'URSS amènent à se demander si cette opinion ne réédite pas la parabole de la paille et de la poutre. »

Tout se passe comme si, à un moment donné, qu'on peut situer dans les années soixante, les professeurs, non contents d'être, comme nous tous, inconsciemment sous l'empire de leur idéologie, avaient consciemment décidé d'utiliser leur position de force à l'égard de la jeunesse pour combattre la civilisation

« Les troubles ouvriers de Pétrograd font une profonde impression aux matelots de la Flotte de la Baltique, "l'orgueil et le fleuron de la révolution". Le mouvement gagne bientôt les cuirassés *Petropavlovsk* et *Sébastopol* qui, en 1917, comptaient parmi les grands foyers du bolchevisme dans la marine. Le 28 février, l'équipage du *Petropavlovsk* rédige une résolution, formulant les nouvelles revendications des marins de la Baltique. Le 1$^{er}$ mars, elle est adoptée à un meeting réunissant toute la garnison de Cronstadt.

« Les marins de la Baltique exigent d'abord la réélection des soviets, la liberté de parole et de presse pour les ouvriers et les paysans, la liberté de réunion, le droit de former des syndicats et des associations paysannes. Ils revendiquent pour les paysans le "droit absolu de travailler la terre, comme ils le souhaitent, et d'avoir du bétail... sans être obligés de se louer". Dans leur résolution-programme, intitulée *Pourquoi nous luttons*, les marins de Cronstadt écrivent: "En effectuant la révolution d'Octobre, la classe ouvrière espérait obtenir son affranchissement. Mais le résultat est un asservissement plus grand de la personne humaine... De plus en plus il est apparu — et cela devient aujourd'hui une évidence — que le parti communiste russe n'est pas le défenseur des travailleurs qu'il prétend être, que ses intérêts lui sont étrangers et que, parvenu au pouvoir, il ne songe qu'à le garder."

« Le mot d'ordre des matelots: "Des Soviets sans communistes" ne laisse aucun doute: ils ne se soulèvent pas contre le pouvoir soviétique, mais contre la mainmise du parti communiste. C'est ce qui rend la révolte de Cronstadt si dangereuse pour les bolcheviks. La révolte de Cronstadt, déclare Lénine au X$^e$ Congrès du parti en mars 1921, est plus dangereuse pour nous que Denikine, Youdenitch et Koltchak réunis.

« Le 2 mars, Lénine et Trotski signent un ordre dénonçant le mouvement de Cronstadt comme une "conspiration blanche". 50 000 hommes sont affectés à l'écrasement de la révolte, sous le commandement de Toukhatchevski. Dans la nuit du 17 au 18 mars, les unités rouges font irruption dans la forteresse, défendue par 5 000 marins. Le 18 mars, tous les journaux soviétiques consacrent leur première page au cinquantième anniversaire de la Commune de Paris et fustigent en chœur "les bourreaux sanguinaires, Thiers et Galliffet". Dans la forteresse tombée, on fusille les marins insurgés. Les survivants sont transportés sur le continent et envoyés en camp de concentration à Arkhangelsk et Kholmogory. »

*La trahison des profs*

libérale et, à cet effet, pour récrire l'histoire au lieu de l'enseigner, un peu comme, au même moment, les magistrats de gauche s'arrogeaient licence de refuser la loi au lieu de l'appliquer. L'enseignement fait place à la prédication militante : ainsi, dans un livre du maître (c'est-à-dire un manuel destiné à guider le maître dans son enseignement), l'auteur (Vincent, Éditions Bordas, 1980) donne aux professeurs les consignes suivantes : « On montrera qu'il existe dans le monde deux camps :
– l'un impérialiste et antidémocratique (USA) ;
– l'autre anti-impérialiste et démocratique (URSS),
en précisant leurs buts :
. domination mondiale par l'écrasement du camp anti-impérialiste (USA),
. lutte contre l'impérialisme et le fascisme, renforcement de la démocratie (URSS). »

Nous voilà fixés : les enseignants ont pour tâche non plus d'enseigner, mais de renverser le capitalisme et de barrer la route à l'impérialisme. Ils accomplissent cette tâche jusque dans les livres de langues et littératures étrangères. Ainsi le manuel d'espagnol *Sol y Sombra*, à l'usage des classes terminales (préparation au baccalauréat, Bordas, 1985) de Pierre et Jean-Paul Duviols, tous deux agrégés de l'université, comprend tout un chapitre consacré à la célébration des mérites de Fidel Castro et un autre où se trouve entérinée la version mythique des raisons de la chute d'Allende. Les auteurs modernes cités dans *Sol y Sombra*, latino-américains ou espagnols, sont presque tous communistes ou compagnons de route. Avec la prétention d'offrir un panorama représentatif de la culture hispanique du XXe siècle, depuis ses prodromes jusqu'à nos jours, les auteurs s'arrangent pour confectionner un recueil où ne figurent pour l'Espagne ni Ortega y Gasset, ni Azorín, ni Menéndez Pelayo, ni Pérez Galdós, ni Gómez de la Serna, ni Pérez de Ayala, ni Maeztu, ni Salvador de Madariaga, ni, parmi les poètes antérieurs à 1936, Gerardo Diego, Salinas, Jorge Guillén. Ne subsistent que le « martyr » García Lorca — assassiné, malgré la légende, pour des raisons plus personnelles que politiques — et les communistes Alberti et Hernández. D'un des plus grands poètes de langue espagnole de notre temps et de tous les temps, le Nicaraguayen Rubén Darío, nous trouvons cité le *seul* poème politique (et l'un des rares médiocres) qu'il ait jamais composé, poème adressé en 1905 au président des États-Unis Théodore Roosevelt. Ce qui fait le prix de ce texte aux yeux des frères Duviols est manifestement qu'il s'agit d'une diatribe contre les

« yanquis ». Ce que les frères oublient de mentionner, s'ils le savent, c'est que Rubén Darío y attaque les États-Unis... pour défendre le colonialisme espagnol, au moment où Théodore Roosevelt[1] intervint à Cuba dans le dessein d'en expulser l'Espagne. Le poète s'accroche à un monde ancien, antidémocratique et réactionnaire, pour des raisons sentimentales, par nostalgie d'une société coloniale exsangue. Voilà son poème présenté comme un manifeste avant-coureur de la gauche révolutionnaire des années soixante!

Quant à la société capitaliste, si l'on en croit le corps enseignant français, elle ne mérite pas plus de vivre que l'impérialisme qu'elle sécrète. Le manuel *Initiation économique et sociale* destiné à la classe de seconde (l'année qui précède le baccalauréat[2]) choisit, pour illustrer en pleine page son « Dossier » sur « Le capital dans l'entreprise » l'affiche du film *la Banquière*, inspiré par la vie de Marthe Hanau, une des vedettes des annales de l'escroquerie, entre les deux guerres. Pourquoi pas Stavisky? La page initiale du « Dossier » intitulé « Qu'est-ce qu'une entreprise? » s'orne, de la même manière, d'une reproduction de l'affiche du film tiré du roman de René-Victor Pilhes, *l'Imprécateur*, réquisitoire simpliste d'un auteur d'extrême gauche noircissant à outrance le tableau d'une société multinationale imaginaire. Plus loin, autre illustration: les quatre frères Willot, hommes d'affaires véreux que plusieurs procès à scandale venaient, quand le livre sortit, de placer au premier plan de l'actualité. Voilà ce qui s'appelle de l'objectivité. Pourquoi pas Al Capone? Ainsi, dans un ouvrage destiné à initier les jeunes à l'économie, on ne trouve à graver dans leur mémoire, pour traiter des deux institutions, la banque et l'entreprise, qui, du XIVe siècle au XXe siècle ont fait la prospérité de l'Occident, que les noms d'une demi-douzaine de repris de justice.

Les tout petits enfants bénéficient également de la vigilance anticapitaliste du corps enseignant. Dans *l'Éveil à l'histoire* du cycle élémentaire[3], qui en est, en 1985, à son 957e mille (que de dégâts, juste ciel!), petit ouvrage qui va, en 100 pages, de la préhistoire à nous, on lit, en particulier, dans la 59e et dernière leçon, intitulée « Depuis 1945, de graves dangers », ceci: « Dans les villes surtout, la vie devient sans cesse plus pénible et

---

1. Dans l'original, le poème s'intitule d'ailleurs *Teodoro*. Mais les Duviols ont changé le titre et y ont substitué *A Roosevelt*, pour que tout soit clair.
2. Par J.-P. Cendron, C.-D. Echaudemaison et M.-C. Lagrange, Fernand Nathan, 1981.
3. Par M. et S. Chaulanges, Librairie Delagrave, 1975.

plus malsaine. Combien de *logements* trop petits, bruyants et sans confort! Combien de gens effectuent, pour aller à leur travail et en revenir, deux ou trois heures de *trajet* dans la cohue! *L'air qu'on respire* est rempli de poussières, de fumées, de vapeurs d'essence, de gaz de combustion; il devient de plus en plus toxique. On ne trouve plus guère le silence, même pendant la nuit. Il en résulte beaucoup de maladies.

« L'*alimentation* n'est plus aussi saine. Nous consommons de moins en moins de denrées naturelles. Le pain blanc, considéré longtemps comme un aliment de luxe, est moins sain et nourrissant que le pain bis d'autrefois. Que dire des fruits et des légumes forcés ou traités maintes fois par les insecticides? De la viande des animaux vaccinés, engraissés avec une rapidité anormale? La consommation d'*alcool* et l'usage du *tabac* causent beaucoup de maladies. »

C'est à se demander à la suite de quel incompréhensible miracle, dans ces épouvantables conditions, l'espérance de vie a pu augmenter autant qu'elle l'a fait durant notre siècle et, notamment, de façon aussi rapide et spectaculaire depuis 1950. Le ménage Chaulanges n'explique pas aux chers petits du cycle élémentaire pourquoi et comment des hommes empoisonnés par une nourriture de plus en plus malsaine, asphyxiés par un air de plus en plus toxique, exténués par des transports de plus en plus lents, comprimés dans des logements de plus en plus exigus, minés par une insomnie chronique due au tapage nocturne, ravagés par le tabagisme et l'alcoolisme, infectés par les insecticides et lardés de maladies sans cesse plus nombreuses et plus variées, réussissent néanmoins à vivre deux fois plus longtemps en moyenne qu'au siècle dernier.

La conquête de l'école par la gauche (marxiste, et non pas libérale) se produit dans toute l'Europe. En Italie, le détournement de l'école de sa fonction d'enseignement dans le dessein de la mettre au service de l'endoctrinement politique se déroule en deux temps. A partir de 1968 se déchaîne une bataille gauchiste en vue de faire supprimer purement et simplement tous les manuels! « Non au manuel! pouvons-nous lire dans une publication du syndicat des enseignants. Il est payé par les travailleurs, même quand c'est l'État qui l'acquiert. C'est une affaire qui rapporte des milliards à l'industrie de l'édition. Il est imposé par l'école des patrons. Il promeut un type d'instruction qui ne sert pas les travailleurs. Il favorise une culture de classe disqualifiée[1]. » Ce raisonnement rappelle la thèse développée

---

1. « *No al libro di testo! E' pagato dai lavoratori anche quando l'acquista lo stato. E' un affare di miliardi per l'industria editoriale. E' imposto dalla scuola dei padroni. Promuove un tipo di istruzione che non serve ai lavoratori.*

durant les années soixante par le sociologue français Pierre Bourdieu dans *la Reproduction*, selon laquelle l'enseignement n'aurait jamais servi qu'à « reproduire » la classe dirigeante. C'est pourquoi, nous annonce-t-on dans la suite du manifeste cité, le « collectif didactique et politique du syndicat des enseignants a décidé, au cours de son assemblée, de refuser l'adoption des manuels » (« *Gli Insegnanti del Sindicato C.G.I.L. scuola del collettivo didattico-politico hanno deciso in assemblea di rifiutare l'adozione del libro di testo* »). Ce plaidoyer pour un retour à la transmission orale sema une compréhensible panique dans les rangs des éditeurs de livres scolaires, qui se virent d'un jour à l'autre sur la paille. C'est alors que le parti communiste vint à leur secours : ce fut le deuxième temps de l'opération. Les manuels peuvent survivre, s'entendirent notifier les éditeurs, à condition de se mettre au service du Bien et non du Mal. On pouvait lire dans une étude publiée par l'une des maisons d'éditions du PCI qu'« il nous faut une école dans laquelle on cherche à abattre les obstacles à la formation de personnalités révolutionnaires[1] ». Les éditeurs obtempérèrent sans tarder et, à partir de 1976, produisirent des manuels alignés sur l'idéologie qu'on venait de leur proposer avec une lourde insistance. En Italie comme en France, ils cédèrent au chantage commercial : les huit dixièmes du corps enseignant se composant sinon, bien sûr, de communistes inscrits, du moins d'adeptes de la « vulgate marxiste » (selon la formule de Raymond Aron), les éditeurs n'avaient le choix qu'entre l'obéissance et la ruine. Le résultat fut édifiant. Un grand journaliste, Lucio Lami, a consacré un livre à le décrire. Dans ce livre, *la Scuola del plagio* (« L'école des faussaires », Armando Armando editore, Rome), il passe en revue une cinquantaine de manuels destinés à l'école élémentaire, donc aux enfants de moins de dix ans, et adoptés dans l'enseignement à partir de la « réforme intellectuelle et morale » de 1976, si j'ose dire. Les mensonges par omission ou commission y ressemblent à tel point à ceux des manuels français que je me garderai de lasser le lecteur à force de répétitions en lui infligeant une nouvelle

---

*Favorisce una cultura squalificata e classista.* » (*Il libro di testo nella scuola elementare, media, superiore*, supplément n⁰ 8, septembre 1976 de « Dimensione A ».)

1. « *Occorre una scuola nella quale si cerchi di abbattere gli ostacoli alla formazione di personalità rivoluzionarie* », « *Il libro di testo : pedagogia e politica* », *Calendario del Popolo*, janvier 1972. De nombreux articles de la presse et des revues communistes poussent dans le même sens.

rafale de citations. Je me contenterai d'une seule, où l'auteur du manuel, un « professeur » d'histoire, parvient à raconter la Seconde Guerre mondiale sans mentionner ni le pacte germano-soviétique, ni, par conséquent, l'invasion et l'annexion de la moitié de la Pologne par Staline en même temps que Hitler envahissait et annexait l'autre moitié. Il appert que, restée vertueusement et paisiblement à l'écart du conflit, l'URSS est ensuite la victime d'une attaque infâme et imméritée exactement comme l'avait été la Belgique. « Hitler (sont donc contraints d'apprendre les bambins italiens) envahit successivement l'Autriche, la Tchécoslovaquie et la Pologne. Les nations démocratiques, qui avaient cherché à éviter le conflit, doivent entrer en guerre. Mussolini, allié de l'Allemagne et prévoyant une victoire éclair des Allemands, déclare la guerre à la France (1940). Les armées allemandes envahissent la Belgique, pour tourner les fortifications françaises et frapper la France dans le dos. Après avoir occupé les Pays-Bas et une partie de la France, l'Allemagne se retourne contre la Russie, qui est forcée d'entrer en guerre » (extrait de *Quale Realtá*, manuel pour la 5ᵉ élémentaire)[1].

Le plus triste est que ce type de filouterie pédagogique foisonne à tel point dans les manuels scolaires que nous finissons par nous borner à en rire. Sans doute la falsification scolaire a-t-elle toujours sévi à quelque degré, mais il est des périodes où elle reste contenue dans des limites tolérables par un minimum de probité scientifique, d'autres où ces limites sont franchies. De plus, la démocratisation de l'enseignement, l'entrée dans l'ère de l'éducation de masse a prodigieusement étendu le champ d'action et accru le nombre des victimes du bourrage de crâne scolaire. Je suis tombé naguère, en fouillant les boîtes des bouquinistes le long de la Seine, sur un antique manuel d'histoire, visiblement destiné à quelque collège catholique et royaliste du début du siècle dernier, où la restauration de la monarchie était reculée jusqu'à 1799, fin de la Révolution, et où Napoléon Bonaparte était transformé en lieutenant général des armées de Louis XVIII ! Je doute que cette audacieuse version des faits se soit imposée en son temps et, de toute manière, elle

---

1. « *Hitler invade successivamente l'Austria, la Cecoslovacchia e la Polonia. Le nazioni democratiche, che avevano cercato di evitare lo scontro, sono costrette ad entrare in guerra. Mussolini, alleato della Germania, prevedendo una vittoria lampo dei Tedeschi, dichiara guerra alla Francia e all'Inghilterra (1940). Le armate tedesche invadono il Belgio, per aggirare le fortificazioni francesi e colpire la Francia alle spalle. Occupati i Paesi Bassi e una parte della Francia, la Germania si rivolge contro la Russia che è costretta ad entrare in guerra.* »

ne pouvait tromper beaucoup de jeunes cerveaux, car une part infime de la population allait alors à l'école. Maintenant que toute le monde y va, nous ne pouvons pas nous offrir le luxe de l'indifférence souriante. Or rares sont les auteurs qui portent à la connaissance du public et mettent en accusation comme elle le mérite la « désinformation scolaire », pour reprendre le titre de l'ouvrage brillamment démoralisant de Bernard Bonilauri sur le sujet[1].

Les enseignants, du moins le courant dominant parmi les enseignants, se sont donc fixé comme objectif la formation de la « personnalité de base » socialiste chez leurs élèves. De même que, jadis, l'éducation chrétienne supposait que l'on dissimulât aux élèves certaines informations et certaines idées — n'était-ce pas la raison d'être de l'Index? — de même l'éducation de la « rupture avec le capitalisme » justifiait que l'on expurgeât et complétât les connaissances humaines conformément à ce qu'il fallait que l'on amenât les élèves à croire. A partir de 1968 et des révoltes inspirées par la contre-culture américaine qui déferlèrent cette année-là, une deuxième composante idéologique s'ajouta aux grossières pratiques de la puérile et cynique censure, à savoir que la transmission même des connaissances était réactionnaire. Par voie de conséquence logique, apprendre l'était aussi. Nous assistâmes à l'essor de la pédagogie dite non directive, qui réalisa en quinze ans ce tour de force qu'un bon tiers des enfants qui se présentaient à l'entrée du deuxième cycle, après cinq à six ans d'« instruction » élémentaire, étaient quasiment analphabètes, et qu'une partie à peine minoritaire des étudiants qui arrivaient à l'Université pouvaient lire, mais fort peu comprendre ce qu'ils déchiffraient. Cette décadence ne provient que pour une part de l'augmentation des effectifs et du manque de personnel enseignant qualifié. Elle résulte principalement d'une doctrine des plus officielles, d'une option délibérée, selon laquelle l'école ne *doit* pas avoir pour fonction de transmettre des savoirs. Que l'on ne croie pas là à une boutade : l'ignorance fait, de nos jours, à l'école, ou faisait encore, jusqu'à une date toute récente, l'objet d'un culte voulu, dont les justifications théoriques, pédagogiques, politiques et sociologiques s'étalent explicitement dans maints textes et directives[2].

1. PUF, 1983. Avec maints exemples, Bonilauri montre que les objectifs dominants des manuels d'enseignement sont de 1) « Embellir le soviétisme » ; 2) « Condamner le libéralisme » ; 3) « Corrompre le pluralisme ».
2. On les trouvera, en ce qui concerne la France, dans des livres qui, vers 1982-1985, se mirent à foisonner pour dénoncer les ravages de cette lubie et qui, preuve de l'inquiétude de la société civile, furent souvent des succès de librairie. Il faut retenir, parmi les plus retentissants, deux livres de Maurice Maschino, *Vos enfants ne m'intéressent plus* et *Voulez-vous des enfants idiots?*, ainsi que le

Selon ces directives, l'école doit cesser de transmettre des savoirs pour devenir une sorte de phalanstère « convivial », de « lieu de vie » où se déploie l'« ouverture à autrui et au monde ». Il s'agit d'y abolir le critère jugé réactionnaire de la compétence. L'élève ne doit rien apprendre et le professeur peut ignorer ce qu'il enseigne.

N'est-ce point la méthode la plus expéditive pour supprimer l'échec scolaire ? Les zélateurs de la nouvelle pédagogie nient, en effet, que cet échec soit scolaire : ils l'attribuent à une seule et unique cause : les inégalités sociales. Il n'existe pas, selon eux, d'inégalités de capacités ou de dons ou d'énergie entre les hommes, ni de différences qualitatives entre leurs dispositions. Les écarts que l'on observe entre leurs résultats scolaires proviennent de ce qu'ils sont favorisés ou défavorisés socialement et culturellement. Il importe donc avant tout d'empêcher ces écarts de se produire, car ils pourraient donner l'illusion et répandre la conviction erronée que certains élèves réussissent mieux que d'autres parce qu'ils sont plus intelligents ou plus travailleurs ou ont un meilleur professeur que d'autres. Or il n'en est rien. Seule la classe sociale, le privilège économique, l'avantage culturel conféré par le milieu expliquent ces écarts. Tout ce qui se passe à l'école découle de facteurs extérieurs à l'école[1]. L'école n'a donc qu'une seule mission : neutraliser l'influence de ces facteurs en rétablissant dans son sein la rigoureuse égalité de résultats qui ne se rencontre malheureusement pas hors de son enceinte. Laisser se manifester des écarts entre « bons » et « mauvais » élèves, permettre aux prétendus « bons » élèves d'acquérir plus de connaissances et plus rapidement que d'autres, ce serait encourager la croyance dans des inégalités naturelles ou des différences qualitatives et octroyer une prime aux bénéficiaires de l'injustice sociale. Le bon élève doit être maintenu au niveau du mauvais, considéré comme

---

savoureux *Poisson rouge dans le Perrier*, de J.-P. Despin et M.-C. Bartholy. Et, de J.-C. Milner, un accablant réquisitoire : *de l'école*. Enfin, de Jacqueline de Romilly, *l'Enseignement en détresse*, 1984.

1. Le théoricien attitré de cette théorie est Pierre Bourdieu, notamment dans *les Héritiers* (1964) et *la Reproduction* (1970). Pour mesurer la fragilité de la base sociologique de cette thèse, et l'arbitraire de son abstraction idéologique, on lira, non sans ahurissement, Philippe Bénéton qui, dans *le Fléau du Bien* (1983) met à nu (chapitres III et IV) l'indigence scientifique et le support empirique dérisoire d'une prétendue « enquête » de Bourdieu dans un lycée parisien. Raymond Boudon avait déjà montré l'impuissance de ce dogmatisme à rendre compte des faits dans *l'Inégalité des chances, la mobilité sociale dans les sociétés industrielles* (1973).

l'équitable moyenne sociale. On redistribue la réussite scolaire comme l'État socialiste redistribue les revenus. Toute tentative pour voir dans l'enseignement une machine à détecter les talents et à leur fournir de quoi se développer est qualifiée d'élitiste et, à ce titre, condamnée comme réactionnaire.

J'ai sous les yeux une résolution du Congrès FEN 13 (Fédération de l'Éducation nationale, section des Bouches-du-Rhône), votée à l'unanimité le 22 janvier 1988 à Aix-en-Provence, toutes tendances et tous syndicats confondus. Elle a pour objet de dénoncer et, si possible, d'empêcher la réalisation d'un « projet d'établissement » d'un lycée de Marseille, projet adopté par le conseil d'administration du lycée et visant à revaloriser la filière littéraire. Ce document s'intitule significativement : « Contre les filières d'élite » et il est ainsi conçu :

« Au lycée Saint-Charles à Marseille, un projet de création d'une section A (première et terminale) sélectionnée sur dossier a été voté par le conseil d'établissement. A côté de cette filière "noble" subsisterait une section A privée de ses meilleurs élèves et donc sans avenir.

« Ce projet, s'il se réalise, crée un précédent très dangereux. Il crée officiellement une filière sélective sans possibilité d'appel pour les élèves. A la faveur de l'autonomie des établissements, ce projet s'inscrit dans la mise en concurrence des lycées de Marseille, encourageant les autres établissements à créer aussi des filières d'élite.

« La FEN (Fédération de l'Éducation nationale) qui s'est toujours prononcée pour une démocratisation de l'enseignement et pour l'accession du plus grand nombre au plus haut degré de formation possible, condamne ce projet et de façon plus générale tout rétablissement des filières. Elle appelle ses adhérents et plus généralement l'ensemble des enseignants à s'opposer à tout projet sélectif. »

On remarquera que toute cette philosophie pédagogique, dont le texte ci-dessus n'est qu'un échantillon, s'appuie sur deux postulats dénués de toute valeur scientifique. Le premier est le postulat de l'identité du patrimoine génétique de tous les êtres humains. Le second pose en dogme que les résultats scolaires sont en raison directe des avantages économiques et du milieu social, c'est-à-dire qu'aucun enfant d'un milieu plus pauvre que le milieu d'un autre n'aurait jamais réussi mieux que ce dernier. L'observation la plus courante dément cette affirmation gratuite. L'absurdité sociologique s'ajoute ici à l'absurdité biologique. L'enseignement, véhicule de la connaissance, s'appuie sur l'ignorance ! Les tenants de cette pédagogie obscurantiste confondent, ainsi que l'a très bien dit Laurent Schwartz, l'égalité *devant* l'école et l'égalité *dans* l'école[1]. Démocratiser l'enseignement, cela veut dire en réalité faire en sorte que sa situation économique n'empêche jamais un enfant de faire les études correspondant à ses aptitudes. Cela ne veut pas dire que tous les enfants ont les mêmes aptitudes: le même niveau et le même genre d'aptitudes. Rien, dans l'état actuel de la science, ne permet d'affirmer que tous les individus sont également doués pour tout, et bien des choses incitent à penser qu'il n'en est rien. Décréter que tous les enfants des écoles seront premiers le jour où toute la société sera juste — et de quelle « justice », d'ailleurs ? — ne peut être le fruit que d'un délire idéologique fondé sur l'incompétence. On regrette que cette incompétence volontaire fleurisse aujourd'hui précisément dans le corps socioprofessionnel qui a pour mission de transmettre de génération en génération le trésor de la connaissance. Comme l'a écrit François Jacob dans *le Jeu des possibles*, c'est justement parce que les hommes ne sont pas naturellement égaux que l'on a inventé l'égalité des droits et que l'on doit se battre pour elle. L'égalité des droits remédie à l'inégalité des dons — entre les individus, bien sûr, ce qui est un phénomène observable, et non entre les races, ce qui n'est ni un phénomène observable ni un concept scientifique. Si l'égalité naturelle régnait, l'égalité juridique serait inutile. Par ailleurs, on voit très bien comment l'on peut de plus en plus, dans le capitalisme démocratique, réduire tant les inégalités économiques que l'influence des inégalités économiques sur les inégalités culturelles, sur les chances scolaires et universitaires. Ce que l'on ne voit pas du tout, en revanche, à moins de renoncer à l'essence même de l'acte d'enseigner et de l'acte d'apprendre, c'est comment faire en

---

1. Laurent Schwartz, *Pour sauver l'Université*, 1984. Pour illustrer cette façon de promouvoir l'égalité, je mentionne encore ce petit fait vécu, dont j'ai pu avoir directement connaissance. Ayant bénéficié de la « rénovation des collèges », un élève arrive en seconde à dix-sept ans à peu près sans savoir lire ni écrire. Une partie du conseil de classe, en fin d'année, propose de le faire redoubler et de l'orienter l'année suivante vers une formation professionnelle. Une autre partie, majoritaire et qui obtient gain de cause, décide de le faire passer en première littéraire (*sic*) « pour ne pas ajouter un traumatisme psychologique à son handicap scolaire ». C'est dire dans quelle estime la FEN tient les terminales littéraires, dites terminales A. Pour mieux mesurer la nocive imbécillité de la résolution citée, au sujet du lycée Saint-Charles, il faut savoir que les terminales C (scientifiques) sont les seules bien considérées et que les A sont de véritables dépotoirs. D'où l'absence de khâgne compétitive (préparation à l'École normale supérieure Lettres) à Marseille. Les bons « littéraires » filent donc à Paris dès la classe terminale. Après quoi, la FEN dénonce la « double inégalité » scientifiques-littéraires et Paris-Province, alors qu'elle fait tout pour aggraver l'une et l'autre.

sorte et pourquoi il serait souhaitable que tous les enfants placés dans les mêmes conditions obtiennent les mêmes résultats et se préparent par conséquent aux mêmes activités, exercées plus tard de la même manière et avec le même bonheur. Ajouté à la falsification des manuels scolaires, ce principe irréaliste parachève la destruction de l'enseignement par les enseignants mêmes.

L'égalité dans l'enseignement ne peut consister qu'à créer des conditions d'accès aux études dans lesquelles chacun réussirait en fonction de ses seules facultés intellectuelles réelles, et non de son milieu social. Cela ne signifie pas que tous les hommes ont les mêmes facultés intellectuelles réelles. L'enfant né dans un milieu porteur ne doit pas être favorisé s'il est médiocre — et pour cela nous avons besoin d'un enseignement sévère et sélectif. L'enfant né dans une famille sans moyens et sans culture ne doit pas être privé d'études de haut niveau s'il est intelligent — et pour cela aussi nous avons besoin d'un enseignement sévère et sélectif, apte à détecter les dons, au lieu de les réprimer en les empêchant d'émerger et en les maintenant au niveau des plus mauvais élèves. Cette dernière conception de l'égalité aboutit au pire tort que l'on puisse faire aux élèves défavorisés par leur milieu : *leur infliger à l'école un second milieu défavorisant* ! Sous prétexte qu'ils vivent dans un entourage qui asphyxie l'activité intellectuelle, on leur fournit en classe une cargaison supplémentaire d'éteignoirs ! Voilà qui est fortement pensé. Ce système pédagogique anéantit la grande fonction historique de l'école, sa véritable vocation démocratique, qui est de corriger les inégalités sociales par les inégalités intellectuelles. L'idéologie qui l'anime postule l'égalité et l'identité de tous les êtres humains. Seules les inégalités sociales expliqueraient les inégalités de réussite dans les études. Comme l'expérience ne confirme pas ce postulat, il faut la contraindre à le faire, en organisant l'échec généralisé, qui fait office de purgatoire permettant d'attendre le nirvāna de l'égalité intellectuelle totale. Ce postulat antiscientifique engendre en fait l'école la plus réactionnaire qui soit, car seuls les enfants de milieux porteurs ont les moyens matériels et les relations nécessaires pour trouver, hors d'un enseignement devenu stérile, la formation que cet enseignement ne leur fournit plus. La prétendue matrice de la justice accouche de la suprême injustice.

L'école a été et peut redevenir un instrument de perfectionnement de la société et de correction des inégalités, mais, précisément, comme c'est son rôle, en passant par le savoir, non pas en le niant et en l'interdisant. Ce que la démocratisation de l'enseignement a permis, c'est de transformer de plus en plus le savoir en levier de correction des inégalités économiques de départ. L'une des significations les plus profondes du concept de démocratie est peut-être celle-ci : que la démocratie sert à désagréger le déterminisme sociologique de la participation à la culture. Mais c'est au moyen de la culture même qu'elle le désagrège, non pas de son contraire, non en fabriquant « des enfants idiots », égaux dans l'idiotie. Le rêve des nouveaux pédagogues est de transformer l'école en outil de destruction de la société, par le mensonge et l'ignorance. Cette tactique ne détruira pas la société, d'abord parce que les nouveaux pédagogues ne connaissent pas cette société, ne se donnent pas la peine de l'étudier et la jugent à travers des préjugés paresseux et consternants de simplisme figé ; ensuite parce que la société ne tolérera pas longtemps une école dont le but avoué est de la saper de l'intérieur ; enfin parce qu'à force de s'anéantir elle-même pour mieux anéantir la société, l'école, d'accusatrice qu'elle se croyait, devient la principale accusée. Son inefficacité la discrédite et la ridiculise. Elle croyait faire la révolution : elle fait naufrage.

Par bonheur, la société civile se défend avec vigueur contre les efforts de son corps enseignant pour la replonger dans l'illettrisme. La demande d'éducation reste forte, elle croît même toujours plus, et la pression qu'elle exerce tient partiellement en échec la nouvelle pédagogie. Parmi les moins de trente ans, le pourcentage des titulaires d'un diplôme égal ou supérieur au baccalauréat (fin des études secondaires) a quadruplé en un quart de siècle. Il est vrai que ce n'est plus tout à fait le même diplôme. Il est vrai aussi que l'on peut fort bien enregistrer dans une société une progression importante du nombre des diplômés sans que, pourtant, ce nombre suffise, parce que le besoin de diplômés a progressé encore plus vite, à cause des transformations culturelles et technologiques. Il peut y avoir progression en chiffres absolus et régression en termes relatifs. Nous entrons dans des types de sociétés où ont diminué et sont appelés à disparaître les emplois non qualifiés. « Chaque année en France, 80 000 jeunes, quasi analphabètes, deviennent des handicapés adultes[1] » qui, voilà trente ou cinquante ans, auraient été des travailleurs manuels, dans l'agriculture, l'industrie ou l'artisanat, parfaitement normaux et insérés. Il ne suffit pas de se féliciter de ce que le nombre des diplômés soit, dans un pays, plus élevé que jadis : il faut également savoir s'il a crû

---

1. Paul Camous, dans *la Vie publique*, septembre 1987.

aussi vite que la demande. Une société peut fort bien manquer à la fois d'emplois non qualifiés pour ses chômeurs et de jeunes diplômés pour ses emplois qualifiés. Cela explique, malgré l'augmentation du nombre des diplômés, que le public puisse avoir néanmoins l'impression que l'enseignement a failli à sa tâche et donc exige un enseignement plus efficace, ce qui ressort de tous les sondages. De même, ces sondages démontrent qu'au milieu des années quatre-vingt, la tranche d'âge des dix-huit/vingt-quatre ans perçoit l'URSS comme une faillite économique, un cimetière des droits de l'homme et une menace pour les démocraties — ce qui rend heureusement flagrant l'échec de trente ans de bourrage de crâne par les manuels scolaires[1].

Les pédagogues ont progressivement abandonné dans les manuels scolaires récents l'entreprise de plus en plus désespérée de faire admirer par leurs élèves le modèle soviétique[2]. Néanmoins ils ont trouvé une autre rampe de lancement d'où faire partir leurs attaques contre le capitalisme démocratique. C'est le tiers-mondisme, selon lequel l'enrichissement des pays développés n'aurait qu'une seule cause: l'appauvrissement des pays sous-développés. Thèse sans le moindre appui dans la réalité économique et historique, simple substitut et déplacement dans l'espace de l'insoutenable idéologie marxiste de la plus-value, le tiers-mondisme a été si souvent et si complètement réfuté que je n'y reviendrai pas sinon pour souligner qu'il s'agit en l'espèce d'un nouvel exemple de persistance, notamment scolaire, d'une représentation fausse, en dépit de la totale disponibilité des informations qui la ruinent.

Selon une idée reçue, l'enfant moderne compenserait les insuffisances et les partis pris de l'enseignement scolaire au moyen des informations que lui apportent les médias. Ce serait même là une des sources de « démoralisation » du corps enseignant, dépouillé du « public captif » que constituaient jusqu'alors ses ouailles et de l'autorité que lui conférait jadis le monopole dans la dispensation du savoir. Je ne sais si les gens qui tiennent ce raisonnement ont souvent regardé leurs enfants regarder la télévision et se sont souvent regardés eux-mêmes quand ils la regardent. Outre que les préjugés politiques des

---

1. A partir de 1987, « l'effet Gorbatchev » atténue la perception de l'agressivité soviétique chez les jeunes comme dans les autres tranches d'âge. Le changement de style de la diplomatie soviétique réussit là où la falsification scolaire avait échoué en partie.
2. Sur cette « révolution culturelle », notée en 1987 lors du colloque mentionné plus haut, voir, dès 1982, l'enquête de Branko Lazitch et Christian Jelen dans *l'Express* du 25 juin 1982.

journalistes des médias ne sont souvent pas très éloignés de ceux des professeurs, tantôt par choix tantôt par conformisme et paresse, outre également que l'éducation ne se nourrit pas seulement de l'actualité du jour, fût-elle « culturelle », on ne peut éviter de songer à la nature volatile de l'information télévisée et à l'état semi-onirique dans lequel nous la percevons. La caractéristique du fait télévisé, c'est qu'il est séparé du contexte et des antécédents, qu'il n'est ni situé ni expliqué, sinon par des propos nécessairement si maigres qu'il vaudrait mieux s'en abstenir. C'est la violence de l'image et non l'importance de l'événement qui produit la force de l'impression. Or l'éducation, l'initiation à la culture et l'apprentissage d'une pensée autonome supposent des conditions qui sont aux antipodes de cette perception passive. Je me réfère surtout aux journaux télévisés, car les magazines permettent bien davantage d'utiliser la puissance illustrative de la télévision sans renoncer au raisonnement, à la comparaison des données, bref à tout ce qui s'adresse à la conscience claire et laisse une trace dans la mémoire. Mais la masse principale des messages vient des journaux télévisés. Or la nature du médium télévisuel, indépendamment, bien sûr, de la volonté des journalistes, favorise chez le téléspectateur à la fois l'intensité de l'impression et la rapidité de l'oubli. La loi du genre impose la succession rapide et la brièveté des sujets. Elle entraîne l'absence de hiérarchie. Une nouvelle internationale ou économique d'une extrême importance voisine avec un fait divers ou un épisode local. Le commentaire, inévitablement très simplifié, reste superficiellement perçu quand il est même physiquement entendu. Le « je l'ai vu » à la télévision n'implique pas qu'on ait la moindre notion de ce qu'« il » a dit. Isolée de ses causes et de son contexte, l'image frappe un étage de notre perception où l'analyse intellectuelle, et donc la mise en route de la mémoire interviennent faiblement. Nous nous rappelons de « grands moments de télévision » parce qu'ils nous ont marqués par le pathétique, le baroque, l'horrible ou le comique, non par leur valeur explicative ou leur influence objective sur le cours de l'histoire.

On pourrait appliquer à l'état de conscience du téléspectateur, qui est aussi un télé-électeur, les quatre termes qu'employait Freud pour décrire le mécanisme du rêve: « déplacement » (ce qui veut dire que quelqu'un peut jouer le rôle de quelqu'un d'autre); « dramatisation » (ce qui veut dire que le geste remplace la pensée); enfin, « condensation » et « symbolisation ». J'y ajouterai un cinquième terme: évaporation.

Ce n'est pas là une « critique de la télévision », critique qui n'aurait pas plus de sens que celle des voyages aériens. Constatons simplement que l'information télévisée — même si j'écarte par hypothèse les déformations dues au parti pris, à la censure ou à l'incompétence — n'est qu'une forme d'enregistrement et non d'analyse des faits. Et encore n'enregistre-t-elle que la face externe des événements, jouant devant nous une pièce dont nous ne parviendrions pas à entendre le texte. Pièce somptueuse, à n'en pas douter, et qui a enrichi jusqu'au prodige, jusqu'à la satiété notre vision physique de la planète et de nos frères humains. Mais cette vision ne nous permet pas de tirer la leçon des faits, de les rattacher les uns aux autres, ni d'introduire un ordre entre les antécédents et les conséquences. Comment pourrions-nous dès lors articuler les événements au sein d'une compréhension d'ensemble et les intégrer avec un sens et une valeur à notre mémoire ? Une impression chasse l'autre — et c'est ce dont savent fort bien jouer les plus habiles politiques.

Une autre servitude accentue la faiblesse de la capacité formatrice des médias : c'est l'impossibilité, voire l'inutilité de rectifier. Toute information, si monstrueusement fausse ou privée de perspective soit-elle, vogue, une fois diffusée, comme un navire désemparé et démâté que plus rien ni personne ne peut ramener au port pour le rafistoler. Or l'apprentissage de la pensée est, dans une large mesure, un processus permanent de rectification, par intégration constante de nouvelles données à la représentation initiale, qui ne cesse ainsi de se modifier. « Les enfants n'ont ni passé ni avenir », écrit La Bruyère. L'éducation consiste à leur fournir l'un et l'autre. Je doute que puissent la remplacer ou l'aider dans ce rôle les messages des médias, qui eux aussi n'ont ni passé ni avenir.

Les enseignants répondent habituellement, aux objections du genre de celles qui précèdent, d'abord que le sort de l'enseignement a toujours été lié à des facteurs politiques, ensuite qu'eux-mêmes ont droit, comme tous les citoyens en démocratie, à l'opinion et au combat politiques. Ce sont là deux sophismes. Que toute société, tout État aient, doivent avoir une politique *de* l'enseignement ne signifie pas que les professeurs aient le droit de faire de la politique *dans* l'enseignement. Il vaut mieux, certes, qu'ils soient consultés sur la politique de l'enseignement, mais, chaque fois qu'ils le furent depuis quarante ans, les avis qu'ils émirent furent tellement infantiles, sectaires et irresponsables que cela jette sur leurs mobiles profonds un doute préoccupant. Quant au droit des professeurs d'entrer en politique, et Dieu sait qu'ils ne s'en privent pas, ils y font même vastement carrière, en quoi serait-il violé par le scrupule professionnel et l'honnêteté intellectuelle dans la transmission des connaissances? Les professeurs n'ont, bien sûr, aucune raison de rester des vestales. Julien Benda, dans *la Trahison des clercs*, ne condamne pas l'engagement en tant que tel pour les intellectuels. Ce qu'il demande, c'est que eux surtout, eux avant tout, subordonnent l'engagement à la vérité et non la vérité à l'engagement. Ce devoir s'impose encore davantage à l'enseignant, dont l'auditoire n'a pas le choix entre l'écouter et ne pas l'écouter. Le professeur infidèle à son devoir ajoute au péché contre l'esprit celui d'abus de position dominante.

Pourquoi les enseignants, dans tous les pays démocratiques, haïssent-ils à ce point la société libérale et, pour parler concrètement, votent-ils notablement plus à gauche que la moyenne de la société dont ils sont membres et instruisent les enfants? Au XIX$^e$ siècle et au cours de la première moitié du XX$^e$ siècle, c'était souvent l'armée qui s'écartait périlleusement du courant principal de l'opinion publique, vers la droite et l'extrême droite. Aujourd'hui, ce sont les professeurs, vers la gauche et l'extrême gauche. Non seulement dans les démocraties européennes, mais aux États-Unis même, ce décalage attire l'attention. En 1982, par exemple le Pr Bertell Ollman, de l'université de New York, se félicitait en constatant: « Une révolution culturelle marxiste se déroule aujourd'hui dans les universités américaines » (« *a Marxist revolution is taking place today in American universities* »)[1]. Le manuel du Pr Ollman lui-même, *Alienation: The Marxist Conception of Man in the Capitalist Society* (« Aliénation: la conception marxiste de l'homme dans la société capitaliste »), dont le titre sonne comme une mauvaise plaisanterie italienne du début des années soixante, avait cours en 1982 dans plus de cent universités américaines comme texte obligatoire, et atteignait sa septième réimpression. Tout observateur européen ne pouvait suivre depuis lors qu'avec amusement cette fortune américaine d'un marxisme en pleine déroute intellectuelle et politique sur le Vieux Continent. « Les idées extrémistes, écrivait Guenter Lewy dans la *Policy Review* (hiver 1982), ont gagné du terrain et ont pénétré en profondeur. Ce n'est nulle part aussi vrai que dans les collèges et les universités, où se trouvent des centaines, peut-être des milliers de professeurs ouvertement socialistes[2]. » Les organisateurs de col-

---

1. Cité par le *Wall Street Journal*, 14 mai 1982. « Karl Marx Goes to College », par Arnold Beichman.
2. « *Radical ideas, have spread and deepened. Nowhere is this more true than in the colleges and universities. There are hundreds, perhaps thousands, of openly socialist professors.* »

loques européens, qui avaient de plus en plus de mal à trouver sur place des participants acceptant de jouer le rôle du marxiste de service, carré et sans complexe, en furent réduits à les importer des États-Unis. Ils nous rendaient avec usure ce que nous leur avions prêté! Mais le spectacle de cet aimable ping-pong idéologique par-dessus l'Atlantique ne fait qu'épaissir le mystère: d'où vient la haine farouche des intellectuels pour les sociétés les moins barbares de l'histoire et leur rage de détruire les seules civilisations à ce jour qui aient précisément conféré à l'intelligence un rôle dominant?

## 12

## L'ÉCHEC DE LA CULTURE

Lorsqu'on se demande comment et pourquoi une civilisation née de la connaissance et qui en dépend semble s'acharner à la combattre ou à s'abstenir de s'en servir, on est en bonne logique amené à réfléchir tout particulièrement au rôle des intellectuels dans cette civilisation. Selon la vision canonique de notre monde, il y aurait d'un côté les intellectuels, les artistes, les écrivains, les journalistes, les professeurs, les autorités religieuses, les savants, qui défendraient depuis toujours, envers et contre tous, la justice et la vérité, puis, de l'autre côté, les puissances du mal : les pouvoirs, l'argent, les fauteurs de guerre, les affameurs et les exploiteurs, la police, les racistes, fascistes et dictateurs, l'oppression et les inégalités, la droite en général et un peu la gauche, dans un petit nombre de ses déviations éminemment passagères et atypiques. Cette vision prévaut avec d'autant plus de facilité que les moyens de communication, dans les démocraties, sont par définition entre les mains de ceux qu'elle flatte.

Les autres, ceux qui les regardent faire, nourrissent une conception entièrement opposée, mais tout aussi outrancière du rôle des intellectuels. Ils soulignent sans pitié leurs erreurs, leur mauvaise foi, leur servilité à l'égard de la mode, leur irresponsabilité quand ils se prononcent sur des affaires graves. Il y a donc non pas une mais deux conceptions de l'intellectuel moderne.

La première consiste à reprocher aux intellectuels leur manque de sens des responsabilités dans l'exercice de leur influence, la désinvolture avec laquelle ils négligent, ou même falsifient l'information, leur indifférence aux dégâts causés par leurs erreurs. En France, ce procès remonte à Tocqueville et à son célèbre chapitre de *l'Ancien Régime et la Révolution* intitulé : « Comment, vers le milieu du XVIII$^e$ siècle, les hommes de lettres devinrent les principaux hommes politiques du pays, et des effets qui en résultèrent. » Tocqueville y expose que « la condition même de ces écrivains les préparait à goûter les théories générales et abstraites en matière de gouvernement et à s'y confier aveuglément ». Dès lors, « en prenant en main la direction de l'opinion, malgré l'éloignement presque infini où ils vivaient de la pratique », ils ont créé le prototype de l'intellectuel qui se comporte en chef de parti, mais sans les risques.

La seconde présentation du rôle de l'intellectuel consiste à exalter, au contraire, comme un avantage, sa distance par rapport aux contraintes de la pratique. Il est la conscience morale de sa société, le serviteur du vrai, l'ennemi des tyrannies, des dogmes, des censures, des iniquités. Cette glorieuse tradition possède ses hauts faits, qui vont de l'affaire Calas à l'affaire Dreyfus et à la lutte contre le racisme. On a coutume de considérer la première de ces deux thèses comme de droite et la seconde comme de gauche.

Cette benoîte séparation du bon grain et de l'ivraie ignore toute l'histoire intellectuelle de l'Ancien comme du Nouveau Monde depuis trois siècles. Il y a autant de penseurs de droite que de penseurs de gauche qui ont propagé des utopies irréalisables, des dogmes pseudo-scientifiques et des mots d'ordre porteurs de catastrophes, notamment entre les deux guerres. Il y a autant de penseurs de gauche, notamment après 1945, que de penseurs de droite qui ont employé leur talent à justifier le mensonge, la tyrannie, l'assassinat, voire la sottise. Bertrand Russell, futur prix Nobel, déclare en 1937 : « La Grande-Bretagne devrait désarmer, et, si les soldats de Hitler nous envahissaient, nous devrions les accueillir amicalement, comme des touristes ; ils perdraient ainsi leur raideur et pourraient trouver séduisant notre mode de vie[1]. »

---

1. Voici la citation complète en anglais prise dans la rubrique « 50 years ago » de l'*International Herald Tribune* (2 avril 1987) : « *"Britain should disarm, and if Hitler marched his troops into this country when we were undefended, they should be welcomed like tourists and greeted in a friendly way." So declared Bertrand Russell, writer and philosopher, in an address (on April) at Petersfield, Hampshire, on the practical application of pacifism. Concerning the hospitable welcome, Earl Russell explained: "It would take the starch out of them and they might find some interest in our way of living. » If the British government stopped arming and turned pacifist, this country would not be invaded and would be as safe as Denmark, according to Russell, who contended that no country ever attacked another country unless it was afraid of the other's armaments. As a step toward world peace, he proposed dismemberment of the British Empire.* »
Je traduis la fin du passage : « *Si le gouvernement britannique s'arrêtait d'armer et devenait pacifiste, notre pays ne serait pas envahi et serait aussi en sécurité que le Danemark* (bel exemple, en effet, comme la suite le prouvera en 1940), *selon Russell, qui soutient qu'aucun pays n'en a jamais attaqué un autre, sinon parce qu'il avait peur de l'armement de ce dernier. Comme premier pas vers la paix mondiale, il a proposé le démembrement de l'Empire britannique.* »

Bertrand Russell a beau être un éminent philosophe dans sa spécialité — la logique symbolique — il n'en est pas moins un imbécile sur le point traité dans sa phrase. L'auteur d'un des plus sourcilleux plaidoyers en faveur de l'indépendance nécessaire des intellectuels, *la Trahison des clercs*, Julien Benda lui-même, vingt ans après ce livre purificateur, s'égarera au point d'acclamer la condamnation à mort de Rajk lors du procès truqué de Budapest. « Voltaire, écrit-il dans l'hebdomadaire communiste *les Lettres françaises* du 17 novembre 1949, était pleinement dans son rôle de clerc en intervenant dans l'affaire Calas, Zola dans l'affaire Dreyfus ; je prétends y être comme eux en défendant le verdict hongrois, dont la justice ne me paraît niée que par des partisans. »

La vision séraphique et sacerdotale de l'intellectuel lui confère par trop naïvement l'infaillibilité, le courage, la probité, le discernement. En revanche, la vision critique traduit un pessimisme excessif en supposant l'intellectuel atteint d'une légèreté congénitale et d'une foncière inadaptation au réel, fût-il par ailleurs un profond théoricien, un éclatant artiste. Les deux conceptions souffrent d'un vice commun : elles attribuent à l'intellectuel des qualités ou des défauts en quelque sorte innés.

Or l'intervention de l'intellectuel dans les affaires publiques se déroule sous l'empire de considérations, de pressions, d'intérêts, de passions, de lâchetés, de snobismes, d'arrivismes, de préjugés, d'hypocrisies en tout point semblables à ceux qui meuvent les autres hommes. Les trois vertus nécessaires pour y résister, à savoir la clairvoyance, le courage et l'honnêteté, ne sont ni plus ni moins répandues chez les intellectuels que dans les autres catégories socioprofessionnelles. C'est pourquoi les contingents qu'ils fournissent aux grandes aberrations humaines sont, en proportion, équivalents à ceux fournis par le reste de leurs contemporains.

Si, par exemple, entre les deux guerres, on retranche les intellectuels qui ont cédé ou bien à la tentation fasciste, ou bien à la tentation stalinienne, il ne reste plus grand monde. La plupart des gloires de la littérature et de l'art italiens ont poussé à l'avènement et à la consolidation de l'État fasciste, au nom d'un idéal « révolutionnaire » : D'Annunzio, Pirandello, Papini, Marinetti avec les futuristes, Ungaretti (devenu stalinien après 1945) et, à un moindre degré, Benedetto Croce, sympathisant au moins ambigu jusqu'en 1925. Comme Antonio Gramsci, théoricien communiste de la conquête du pouvoir intellectuel total, les théoriciens fascistes exècrent les institutions démocratiques et parlementaires. Ils prêchent une « pédagogie de la violence », celle même que l'on verra resurgir à l'extrême gauche, vers 1970, chez les « philosophes » inspirateurs et animateurs du terrorisme des Brigades rouges. Dans toute l'Europe, la haine de la société libérale devient le point commun de nombreux écrivains de droite comme de gauche. En Allemagne, les intellectuels de gauche détestaient la République de Weimar autant que la détestaient les nazis, et leurs coups, aussi, contribuèrent à sa chute. En Grande-Bretagne, les plus prestigieux maîtres à penser, de Bernard Shaw au doyen de Cantorbéry, le fameux « Doyen rouge », ne condamnent le fascisme que pour mieux encenser les procès de Moscou et (avec une belle logique!) le pacte germano-soviétique. Avant comme après la guerre, ces prises de position liberticides ne furent pas le fait de quelques folliculaires désuets, mais des plus célèbres talents.

En France, le fameux Comité des intellectuels antifascistes de 1934, entrelardé d'agents du Komintern, ne compte pas moins d'adversaires de la démocratie libérale que le camp adverse. André Thirion, dans *Révisions déchirantes* (1987), qui complète son chef-d'œuvre de 1972, *Révolutionnaires sans révolution*, raconte avec une cruelle vivacité ces étranges chevauchements des totalitarismes de droite et de gauche. « Nous ne sommes pas les moins sévères pour la démocratie libérale et parlementaire, écrivait par exemple, en 1935, Emmanuel Mounier, chef de file des chrétiens de gauche et fondateur de la revue *Esprit*. Démocratie d'esclaves en liberté... » Il ajoutait: « Nous ne nions nullement que les fascistes apportent, en regard des régimes qu'ils remplacent, un élément de santé. » Mounier, après la Libération, aura des faiblesses pour le stalinisme.

Il faut heureusement contrebalancer ce réquisitoire avec les noms des intellectuels dont l'antifascisme, avant ou après la guerre, fut authentique, c'est-à-dire ne consista pas à troquer un totalitarisme contre un autre: André Gide, George Orwell, André Breton, François Mauriac, Albert Camus, Raymond Aron, Octavio Paz, Vargas Llosa, Carlos Rangel. Mais ils ne surabondent pas, et l'on ne saurait dire que leurs confrères se conduisirent toujours à leur égard avec une parfaite élégance.

Lorsque Albert Camus meurt, victime d'un accident de la route, le 4 janvier 1960, à quarante-six ans, il est à la fois l'un des écrivains français les plus célèbres dans le monde, et le plus déchiré. Le plus attaqué aussi. Français d'Algérie, homme de gauche et continuant à se revendiquer comme tel, il se doit, répète-t-on de plus en plus, d'adopter publiquement sur la guerre d'Algérie une position nette. Or, au lieu de servir de guide moral, il s'enferme, depuis le début de 1956, dans un silence douloureusement accablé, perçu par beaucoup comme une dérobade. Il se tait, ostensiblement, malgré les tragédies chaque jour plus effrayantes d'un conflit entré déjà dans sa sixième année.

Comment expliquer cette apparente fuite devant les « responsabilités de l'intellectuel »? Ce sont surtout les progressistes et les anticolonialistes, bien entendu, sa famille politique d'origine, qui demandent des comptes à l'écrivain. Et leur explication ne tourne guère en sa faveur. Pour eux, Camus déguise en humanisme noble son refus d'un choix révolutionnaire. Ou, plus simplement, le pied-noir en lui a muselé le progressiste. Une petite phrase, en décembre 1957, a fait scandale. A Stockholm, où il est allé recevoir le prix Nobel, Camus, interrogé sur l'Algérie, déclare: « Je crois à la justice, mais je défendrai ma mère avant la justice. »

Ce mot sème aussitôt la fureur dans une gauche indignée. N'est-ce point la traduction française de l'évangile impérial « *My country, right or wrong*[1] »? Camus plaçait donc l'appartenance charnelle à la mère patrie, à la communauté française d'Algérie au-dessus de la justice d'Antigone, des « lois non écrites » du Bien politique!

Depuis qu'il a été prononcé, combien de fois n'a-t-on pas cité le raccourci camusien de la « mère » préférée à la « justice » dans ce sens, qui est un contresens, ou pour le moins une équivoque!

En effet, lorsque Camus parle de sa mère, il s'agit bien de Mme Camus mère, et non d'un symbole de la patrie. Si elle est un symbole, c'est celui des populations civiles, des victimes innocentes. En mars 1956, déjà, il usait de la même image dans un propos à Emmanuel Roblès: « Si un terroriste jette une grenade au marché de Belcourt (à Alger), que fréquente ma mère, et qu'il la tue, je serais responsable dans le cas où, pour défendre la justice, j'aurais également défendu le terrorisme. J'aime la justice, mais j'aime aussi ma mère. » L'impossibilité d'accepter le terrorisme aveugle du côté algérien, comme la répression aveugle du côté français, telle est la clef du « silence » de Camus.

L'oppression, l'injustice, Camus les avait depuis toujours combattues aux côtés des musulmans. En 1937, il avait même été exclu du parti communiste, pour être resté fidèle aux natio-

---

[1]. « Mon pays d'abord, qu'il ait raison ou tort. »

nalistes algériens, avec lesquels le parti avait rompu, par suite d'un brusque changement de ligne à Moscou. Né dans l'extrême pauvreté, fils d'un ouvrier agricole qui fut tué dès le début de la guerre de 1914 et d'une humble femme qui ne sut jamais ni lire ni écrire, c'est à « La misère en Kabylie » qu'il consacre ses premiers reportages, dans *Alger républicain*, en 1938. Plus tard, à Paris, après la Libération, c'est la famine de 1945 en Algérie, c'est la répression, consécutive aux soulèvements de Constantine et de Sétif, qui inspirent à Camus ses éditoriaux de *Combat*. Il ne cesse d'y réclamer pour les Arabes le pain et la justice. Il soutient le populaire mouvement des Amis du manifeste de Ferhat Abbas, partisans d'une « République algérienne » fédérée avec la France (programme alors fort audacieux) et proteste contre l'arrestation de ses dirigeants, faute politique majeure, qui devait rejeter la jeunesse musulmane vers les courants les plus extrémistes.

Pourquoi donc, dix ans plus tard, Camus se sépare-t-il des progressistes français qui appuient sans réserve la révolution algérienne? Parce qu'il leur refuse le droit de souscrire indistinctement à *tous* les actes des rebelles algériens, comme il refuse aux Français d'Algérie, les pieds-noirs, celui d'absoudre indistinctement tous les actes de la répression française. En fait, ce que Camus voit naître, ce dont il redoute les ravages dans le monde contemporain, c'est le terrorisme de masse, celui qui frappe, non les chefs, trop bien protégés, mais la foule des civils sans défense comme sans responsabilité. Aussi, de juillet 1955 à janvier 1956, Camus écrit-il dans *l'Express* une série d'articles tendant à obtenir des révolutionnaires algériens comme des militaires français que les populations civiles, au moins, soient laissées à l'écart des attentats comme des représailles. En janvier 1956, il lance, sur place, à Alger, un « Appel pour une trêve civile en Algérie », qui lui vaut les menaces des ultras, la neutralité bienveillante du FLN (le Front de libération nationale des insurgés) et le mépris des progressistes. Cet échec sera sa dernière tentative pour influer directement sur le cours des choses. Par la suite, il interviendra constamment auprès des pouvoirs publics en faveur de gens arrêtés, français ou algériens, en particulier auprès du président de la République en faveur des condamnés à mort algériens, mais il ne fera plus aucune déclaration politique d'ensemble.

C'est qu'ils sont odieux, pour lui, ces Français métropolitains, dont le Parlement a, depuis un siècle, voté contre *toutes* les réformes en Algérie et qui, maintenant, trouvent naturel que les pieds-noirs soient sacrifiés sur l'autel de la révolution. Mais il sent bien que l'heure n'est plus à la bonne foi. Pourquoi un intellectuel continuerait-il à s'exprimer, si on lui demande non ce qu'il pense, mais d'encourager l'un ou l'autre fanatisme? A-t-on besoin de lui pour cette tâche? Dans un climat où chaque camp n'est peuplé pour celui d'en face que de « salauds » à part entière, Camus s'interdit de risquer le sang des autres avec « ces articles qu'on écrit si facilement dans le confort du bureau ». Il ajoute: « J'ai dénoncé la répression collective avant même qu'elle ne prenne les formes hideuses qu'elle vient de revêtir... Je continuerai, mais pas avec ceux qui se sont toujours tus sur les crimes affreux et les mutilations maniaques du terrorisme qui tue civils, Arabes et femmes. »

Façon commode de renvoyer dos à dos les deux adversaires? Non point. Pour comprendre Camus, il faut situer son cas de conscience algérien dans le débat plus large né de la polémique autour de *l'Homme révolté*, en 1951. Ayant dit qu'il n'est pas de Bien absolu à gauche, pas plus qu'à droite, Camus avait déclenché contre lui une campagne de dénigrement dont la méchanceté et la malhonnêteté n'eurent d'égale que l'efficacité. Toute déclaration politique de sa part était, sans délai, déformée, travestie, ridiculisée. Alors, à quoi bon? Le silence qu'observe Camus, c'est aussi le silence auquel l'a condamné l'intolérance de la gauche.

Il serait outrecuidant de dresser un palmarès. Constatons simplement que l'intellectuel ne détient, de par son étiquette, aucune prééminence dans la lucidité. Ce qui distingue l'intellectuel, ce n'est pas la sûreté de son choix, c'est l'ampleur des ressources conceptuelles, logiques, verbales qu'il déploie au service de ce choix pour le justifier. Ce qui le distingue, en outre, c'est son influence. Par son discernement ou son aveuglement, son impartialité ou sa malhonnêteté, sa fourberie ou sa sincérité, il en entraîne d'autres dans son sillage. Être intellectuel confère donc non pas une immunité qui rendrait tout pardonnable, mais plus de responsabilités que de droits, et au moins une responsabilité aussi grande que la liberté d'expression dont on jouit. En définitive, le problème est surtout moral. Lorsque Gabriel García Marquez écrit que les boat people vietnamiens sont de vulgaires trafiquants et se livrent en réalité à l'exportation frauduleuse de capitaux, il ne peut ignorer que c'est faux. Sa contre-vérité n'est donc pas une erreur de jugement, elle est d'une autre nature. Comme l'était celle de Jean Genet lorsqu'il faisait l'éloge des assassins de la bande à Baader en première page du *Monde* en 1977. Va-t-on prétendre que ces vilenies sont vénielles parce qu'elles émanent d'écrivains de réputation internationale ? Autant plaider que plus on est écouté, moins on est comptable de ce qu'on dit.

Sur ce débat ancien est venu s'en greffer un autre, celui des rapports des intellectuels avec les médias. On trouve tous les degrés de qualité culturelle à la télévision et à la radio, depuis l'excellent jusqu'à l'inexistant. La vraie question n'est pas là : elle est dans la modification que provoque dans le comportement des intellectuels eux-mêmes l'existence des médias. La possibilité d'atteindre une vaste audience, plus par l'effet théâtral que par l'analyse scrupuleuse, pousse les intellectuels à des stratégies de communication politiciennes.

Que l'intellectuel se serve des médias, fort bien. Mais, trop souvent, il ne s'en sert pas pour faire passer ses idées : il modifie ses idées pour qu'elles puissent passer dans les médias. C'est Arlequin qui se prend pour Antigone. Et malheur à celui qui veut réellement être Antigone... Ainsi, en 1961, Lucien Bodard publie *la Chine du cauchemar*. Le premier, il y décrit les horreurs du Grand Bond en avant, qui fit mourir de faim 60 millions de Chinois. Scandale ! Il se fait honnir. Il est « sifflé en quatuor », comme disait Stendhal. Il faudra la mort de Mao en 1976 et les révélations de ses successeurs pour qu'on puisse se permettre de dire la vérité sur la Chine communiste. Je me rappelle une émission de télévision, un « Dossier de l'écran », sur la Chine, pendant les années soixante, où le même Lucien Bodard, seul contre tous, ne put physiquement pas placer un mot. Plus tard, l'auteur d'un témoignage fondamental, *Prisonnier de Mao*, Jean Pasqualini, subira un même tir de barrage. Simon Leys, dont *les Habits neufs du président Mao* sont de 1971, et *Ombres chinoises* de 1974, a pu dire tout ce qu'il avait sur le cœur au sujet du maoïsme pour la première fois à la télévision française en... 1983, au cours d'un mémorable « Apostrophes ». Pendant vingt-cinq ans, les médias ont servi à repousser, au lieu de les faire connaître, les livres véridiques sur la Chine. Ce n'étaient pas les animateurs qui prenaient l'initiative de ces exécutions, enfin... pas toujours. C'étaient *les autres intellectuels* invités sur le plateau et ligués contre le blasphémateur. Où est donc passée, durant ce quart de siècle d'occultation de la vérité chinoise, la bienfaisante pédagogie de masse des médias ? Et si cette dissimulation couarde du vrai n'est pas imputable aux animateurs de radiotélévision — pas uniquement —, ce sont donc les intellectuels eux-mêmes qui se disent qu'ils ne doivent pas trop s'écarter des opinions régnantes, ou qui s'y conforment d'instinct. Et ce sont eux qui estiment, pour conquérir le vaste public de l'audiovisuel, devoir user de méthodes à la fois simplificatrices et grossissantes. Ces moyens, Julien Gracq les évoquait déjà en 1950, dans *la Littérature à l'estomac*, à propos de la radio, où, disait-il, « le mugissement de la littérature vient mourir au bord de l'infini ».

Dans bien des cas, et j'en ai déjà décrit plusieurs dans les chapitres précédents, on s'aperçoit que les intellectuels, dont la mission, selon eux, est de guider les non-intellectuels sur le chemin de la vérité, sont parfois ceux qui contribuent le plus à les induire en erreur. Nous avons vu plus haut quelques mécanismes de cette activité d'éducation à rebours. Soit l'intellectuel sort de sa sphère de compétence mais utilise le prestige qu'elle lui a conféré pour habiller de son autorité des thèses à propos desquelles il ne sait rien de plus que l'homme de la rue ; soit il dissimule ou altère les connaissances qu'il possède à l'intérieur de sa spécialité, de manière à les faire coïncider avec une thèse extérieure à la science, mais à laquelle il tient pour des raisons non scientifiques ; soit il n'a aucune spécialité, je veux dire dans l'ordre de la connaissance, et il n'a d'ailleurs pas à en avoir, en dehors de son art, qu'il soit romancier, peintre, architecte, poète ou compositeur, mais il ne s'en prononce pas moins avec fougue et assurance sur quantité de questions qui lui sont étrangères.

L'évolution de Grass, partisan d'une social-démocratie réaliste dans les années soixante-dix, pour finir par s'enliser dans les fangeuses extravagances du pacifisme prosoviétique, illustre bien la difficulté qu'éprouve un écrivain à conserver une position moyenne et raisonnable, mais fort peu pourvoyeuse de vedettariat. Les imprécations excessives, même et surtout si elles sont sans fondement sérieux, apportent plus de gratification à leurs auteurs que la sincérité dans l'effort de compréhension. Lorsque Günter Grass estima qu'il était devenu assez célèbre comme romancier pour avoir le droit de perdre complètement la tête en politique, il se mit à exhorter ses concitoyens à « faire acte de résistance, à résister au leadership américain dans la perspective du génocide qui menace ». L'Allemagne tenait là, selon lui, le moyen de compenser « l'occasion manquée en 1933 de résister lorsque fut annoncé le génocide à venir[1] ». En fait, la résistance de Grass à l'Alliance atlantique fait plutôt penser à la résistance des pro-nazis et pro-fascistes à la démocratie, durant les années trente, et notamment en France. Eux aussi « résistaient » au réarmement des pays démo-

---

1. Citations extraites de *l'Allemagne, un enjeu pour l'Europe*, de Renata Fritsch-Bournazel, préface d'Alfred Grosser, Éditions Complexe, 1987.

cratiques. Je laisse sans commentaire et sans qualificatif, tant ils seraient superflus, la théorie selon laquelle le meilleur moyen de laver l'opprobre du génocide hitlérien serait de laisser le pouvoir soviétique devenir politiquement et stratégiquement dominant en Europe occidentale. La haine de la démocratie qu'impliquent de telles déclarations chez certains grands intellectuels du monde libre est intrigante. Ainsi, en 1951, Bertrand Russell, qui, nous venons de le voir, estimait en 1937 que l'Allemagne nazie ne représentait pas un danger pour les démocraties, pourvu que celles-ci consentissent à désarmer unilatéralement, écrit plus tard dans le *Manchester Guardian*[1] que les États-Unis sont devenus un « État policier » identique à l'Allemagne d'Hitler et à la Russie de Staline. Nous étions, il est vrai, en pleine période de maccarthysme. Mais, justement, c'était là mal apprécier la nature du maccarthysme, lequel fut éliminé, peu après, de la vie politique américaine par le jeu même de la démocratie, cette démocratie que Russell comprenait si mal, puisqu'il était allé jusqu'à parier 5 livres sterling avec Malcolm Muggeridge que Joseph McCarthy serait sous peu élu président des États-Unis ! Lorsque à quelque temps de là le sénateur du Wisconsin, déconsidéré et mis à l'écart de toute activité politique, mourut dans la disgrâce, Russell dut payer son pari perdu, mais n'en révisa pas pour autant ses idées sur l'Amérique « totalitaire ».

Sidney Hook, dans ses mémoires, *Out of Step*[2], un témoignage indispensable pour comprendre l'histoire et l'état d'esprit de l'intelligentsia des États-Unis (et indirectement de l'Europe) avant, pendant et après la Seconde Guerre mondiale, nous relate longuement ses relations et discussions avec Albert Einstein. Il cite maintes conversations et échanges de lettres avec l'illustre physicien, qui nous confirment que l'on peut être dans son domaine un génie et manquer de jugement dans d'autres domaines. Et ce, à un point qui fait douter que ce soit le même esprit qui s'applique à deux sujets différents, tant il se montre intelligent au contact d'une matière et faible au contact d'une autre. Ces crevasses de la pensée, dans lesquelles tombent les plus brillants esprits, n'entraîneraient de casse que pour eux-mêmes, si, justement, leurs prises de position n'influençaient des millions d'autres humains, par l'effet d'un transfert illégitime d'autorité d'un domaine à l'autre.

Avant la guerre déjà, dans une lettre écrite à la fin de 1938 à

---

1. 30 octobre 1951.
2. New York, Harper and Row, 1987.

Max Born (et publiée dans la correspondance de celui-ci), Einstein avait donné la mesure de son discernement politique en confiant à son ami et collègue qu'il avait changé d'avis sur les procès de Moscou, après mûre réflexion. Voilà un cas au moins où il aurait mieux fait de ne pas réfléchir, car le processus de la méditation le conduisit de l'impression juste que les procès étaient truqués à la conviction erronée qu'ils étaient véridiques et loyaux, de sorte que les condamnés selon lui méritaient effectivement la mort. Après la guerre, Einstein, devenu citoyen américain, milite, lors des élections présidentielles de 1948, dans le comité de soutien de Henry Wallace, tiers candidat qui n'appartenait à aucun des deux grands partis et qui, vis-à-vis de l'Union soviétique, offrait toutes les caractéristiques de l'« idiot utile » à la fois orthodoxe et farfelu. On s'étonne d'ailleurs de voir alors combien de réfugiés politiques européens, parmi les intellectuels chassés du Vieux Continent par les totalitarismes, réfugiés qui, en somme, ne devaient leur survie qu'à l'existence et à l'accueil des États-Unis, ont pris, pendant la guerre froide et la première « offensive de paix » de Moscou, en 1949, des positions pro-soviétiques et antiaméricaines. Thomas Mann fut, en ces années, un autre célébrant de cette édifiante et inédite forme d'hommage reconnaissant à la démocratie qui l'avait sauvé. Le grand malheur du XX$^e$ siècle, ce sera d'avoir été celui où l'idéal de la liberté aura été mis au service de la tyrannie, l'idéal de l'égalité au service des privilèges, toutes les aspirations, toutes les forces sociales comprises à l'origine sous le vocable de « gauche » embrigadées au service de l'appauvrissement et de l'asservissement. Cette immense imposture a falsifié tout le siècle, en partie par la faute de quelques-uns de ses plus grands intellectuels. Elle a corrompu jusque dans les moindres détails le langage et l'action politiques, inversé le sens de la morale et intronisé le mensonge au centre de la pensée.

Gardons-nous de dresser un réquisitoire systématique contre « les » intellectuels. J'incline plutôt à penser que l'antithèse habituelle entre la théorie des « intellectuels qui se trompent toujours » et celle des « intellectuels qui ont toujours raison » ne repose sur rien d'autre que la subjectivité de l'observateur et son postulat de départ. Ce postulat n'est lui-même choisi que pour des raisons affectives, polémiques ou carriéristes. Mais s'il était avéré que les intellectuels de profession ou de statut ne se trompent, en définitive, ni plus ni moins que les autres hommes — lesquels sont tous, du reste, à quelque degré, des « intellectuels » —, alors il faudrait réviser l'hypothèse de la spécificité du groupe « intellectuels » en tant que communauté investie d'une capacité particulière de guider l'humanité vers le Bien et le Vrai. Et s'il était avéré qu'ils se trompent plutôt plus que les autres hommes, alors il faudrait chercher pourquoi et comment s'est produit ce que l'on serait alors en droit d'appeler l'échec de la culture.

On pardonnerait assez volontiers à Einstein ses enfantillages politiques, au moins sur le plan moral, si on ne les voyait parfois s'étendre à des domaines où sa compétence scientifique aurait dû lui servir de garde-fou et où, par conséquent, ses dérobades face à la vérité ne peuvent plus s'expliquer par la seule naïveté et doivent malheureusement être mises au compte de la mauvaise foi. A quoi d'autre attribuer le refus d'Einstein de s'associer à une protestation contre Frédéric Joliot-Curie, qui, en 1952, avait affirmé qu'après des « investigations personnelles approfondies », il était parvenu à la conclusion que les États-Unis pratiquaient la guerre bactériologique en Corée ? Ce fut là, on le sait, une des premières et des plus mémorables campagnes de désinformation soviétiques de l'après-guerre. Dans ses souvenirs, *J'ai cru au matin*, Pierre Daix, alors directeur du quotidien communiste français *Ce soir*, raconte par le menu comment cette campagne fut dirigée et orchestrée par le mouvement communiste international. Avec une noblesse bien rare dans l'aveu des erreurs passées, Daix se juge lui-même sévèrement, quoiqu'il fût, quand il les commit, obnubilé par l'adhésion idéologique (ce que n'était pas Einstein, simple sympathisant) : « Je considère aujourd'hui, écrit-il en 1976, que ma participation de directeur d'un journal du soir dans ce mensonge, la prétendue guerre bactériologique des Américains en Corée, est une faute aussi grave que ma riposte à Rousset (David Rousset avait signalé l'existence de camps de concentration en URSS). Fausses nouvelles, excitation à la haine, toute la panoplie du déshonneur pour un journaliste y figure[1]. » Le déshonneur était sans aucun doute encore plus grand pour Joliot-Curie, qui prostituait sa gloire de prix Nobel de physique au service de cette infamie. N'avait-il pas, il est vrai, abdiqué toute autonomie intellectuelle, lui qui disait en 1951 : « Placé au centre même des luttes, disposant grâce à ses militants d'une information complète, et armé de la théorie du marxisme, le Parti ne peut manquer de savoir mieux que chacun d'entre nous[2]. » Sans

---

1. Pierre Daix, *J'ai cru au matin*, Paris, Robert Laffont, 1976.
2. Cité par Jeannine Verdès-Leroux dans *le Réveil des somnambules*, Paris, Fayard-Minuit, 1987.

doute Joliot-Curie était-il conditionné, mais est-ce une excuse ? « Que j'aie été conditionné, précise avec courage Pierre Daix, ne m'ôte aucune responsabilité dans la mise en condition que j'ai contribué à répandre. Sinon, les nazis seraient irresponsables. » La remarque s'applique davantage encore à Joliot-Curie, puisque son mensonge se situe sur un terrain scientifique où la capacité de s'illusionner diminue avec l'importance d'impératifs de vérification qui lui étaient familiers. Et Einstein ? Que dire de son refus de s'associer à une protestation condamnant la forfaiture de Joliot ? Quel enseignement tirer de ce refus ? Le seul qui en ressorte, quand on voit l'un des plus grands génies scientifiques de toute l'histoire humaine corroborer, au moins tacitement, mais en connaissance de cause, une mystification scientifique à objectif politique, c'est que les intellectuels, jusqu'à présent, dans leur immense majorité, tout en revendiquant un rôle de guides, se considèrent au gré de leur convenance comme dégagés de toute obligation vis-à-vis de la vérité et de toute responsabilité morale.

Ils dépassent, en effet, souvent, dans le fanatisme outrancier, les pires monstres de la politique. Leur perte de tout sens moral n'est que risible dans le cas, par exemple, de Marguerite Duras, avertissant dans ces termes le peuple français en 1985 de ce qui l'attend s'il ne vote pas socialiste en 1986 : « Je suis là pour vous le dire : si vous continuez, vous allez vous retrouver devant les épouvantails Gaudin-Pasqua-Lecanuet, et seuls avec eux, et ce sera trop tard, vous ferez partie d'une société que nous ne voulons plus connaître, plus jamais, et de ce fait vous serez membres d'une société privée de nous : sans hommes véritablement et profondément intelligents, sans intellectuels, oui c'est le mot qui va, sans auteurs, sans poètes, sans romanciers, sans philosophes, sans vrais croyants, vrais chrétiens, sans juifs, une société sans juifs, vous entendez[1] ? »

Ainsi, d'après cette intellectuelle, le retour des libéraux au pouvoir signifierait la disparition de tous les citoyens « véritablement et profondément intelligents », parmi lesquels elle se place, bien sûr (« vous serez membres d'une société *privée de nous* »), la disparition de tous les philosophes, romanciers, poètes et... de tous les juifs (voyez côté Hitler). Les propos excessifs ne sont pas tous insignifiants, car certains révèlent le fantasme[2] présent dans l'âme de la romancière comme de nom-

---

1. Cité par Jean-Marie Domenach, *la Propagande du parti socialiste*, 1987.
2. « Fantasme. Scénario imaginaire où le sujet est présent et qui figure, de façon plus ou moins déformée par les processus défensifs, l'accomplissement d'un désir et, en dernier ressort, d'un désir inconscient », *Vocabulaire de la psychanalyse* de J. Laplanche et J.-B. Pontalis, PUF, 1967.

breux autres intellectuels, qui, si surprenant que cela paraisse, n'ont pas encore compris ce qu'est l'alternance démocratique et la conçoivent encore comme entraînant la proscription de l'adversaire. En outre, ils n'admettent pas qu'il puisse y avoir également des intellectuels dans un autre camp politique que le leur. La déclaration, en apparence insensée, de Marguerite Duras traduit donc surtout le désir, en cas de victoire socialiste, d'éliminer tous ceux qui ne pensent pas comme elle. Contrairement à ce que l'on croit souvent, ce sont les intellectuels, à notre époque, qui sont en retard sur les politiques, car plus aucun politique, du moins dans les démocraties, fût-ce le démagogue le plus échevelé, n'ose, en eût-il envie, tenir un langage aussi radical d'« exclusion », pour employer l'incongruité lexicale à la mode.

Mais ce qui est simple emphase comique dans un pays où les citoyens sont protégés, par le droit bourgeois, du fléau de l'alternance à la Duras, devient tragique dans d'autres contextes, où l'irresponsabilité verbale des intellectuels prend tout à coup des rougeurs de sang. Sidney Hook, toujours dans *Out of Step*, raconte une conversation qu'il eut chez lui avec Bertolt Brecht à propos des vieux bolcheviques fusillés au moment des procès de Moscou : « C'est à ce moment qu'il prononça une phrase que je n'ai jamais oubliée, écrit Hook. Il dit : *"Ceux-là, plus ils sont innocents, plus ils méritent d'être fusillés."* Je fus tellement interloqué que je crus l'avoir mal entendu : *"Que dites-vous ?"* lui demandai-je. Il répéta calmement : *"Plus ils sont innocents, plus ils méritent d'être fusillés."* Ces propos me laissèrent hébété. *"Pourquoi ? Pourquoi ?"* m'exclamai-je. Il se borna à m'adresser une sorte de sourire nerveux. J'attendis, mais il ne dit rien, même après que j'eus répété ma question. Je me levai, passai dans la pièce voisine et pris son chapeau et son manteau. Quand je revins, il était toujours assis dans son fauteuil, son verre à la main. Quand il me vit tenant son chapeau et son manteau, il parut surpris. Il reposa son verre, se leva, prit son chapeau et son manteau avec un pâle sourire et partit. Aucun de nous deux n'avait dit un seul mot. Je ne le revis jamais[1]. »

---

1. « *It was at this point that he said in words I have never fogotten, "As for them, the more innocent they are, the more they deserve to be shot." I was so taken aback that I thought I had misheard him. "What are you saying?" I asked. He calmly repeated : "The more innocent they are, the more they deserve to be shot."* ("Je mehr unschuldig, desto mehr verdienen sie erschossen zu werden.") *I was stunned by his words. "Why? Why?" I exclaimed. All he did was smile at me in a nervous sort of way. I waited, but he said nothing even after I repeated my question. I got up, went into the next room, and fetched his hat and coat. When I returned, he was still sitting in his chair, holding a drink in his hand. When he saw me with his hat and coat, he looked surprised. He put his glass down, rose, and*

On le remarquera, l'intellectuel va plus loin ici que n'importe quel politique ne le fit jamais dans l'exercice même de la pire tyrannie, car il *justifie* des crimes d'État d'un point de vue moral en plaidant la légitimité politique de l'assassinat utilitaire *d'innocents*. « Je dis, accuse Julien Benda dans *la Trahison des clercs*, que les clercs modernes ont *prêché* que l'État doit se moquer d'être juste ; ils ont donné à cette affirmation un caractère de prédication, d'enseignement moral. » En 1927, année où Benda écrivait ces lignes, l'État injuste pouvait être, au choix, socialiste ou fasciste. Après l'effondrement des totalitarismes « de droite », en 1945, ce droit à l'injustice fut réservé aux dictatures « de gauche ». Mais après comme avant la guerre, les intellectuels dépassèrent les politiques dans la justification de la violence pure. Même Staline, même Hitler, même Mao, même les fusilleurs des communards ont toujours éprouvé le besoin de n'assassiner que des « coupables », c'est-à-dire de les prétendre tels et d'inventer en conséquence leur culpabilité. C'était la raison d'être des tribunaux révolutionnaires sous la Terreur, des procès truqués de Moscou ou des sections spéciales de Vichy. Même les Khmers rouges, dont les chefs étaient pourtant des intellectuels éminents, eux aussi, des philosophes formés à la Sorbonne (bon sang ne peut mentir, si j'ose m'exprimer ainsi), ne se sont pas comportés tout à fait en dignes rejetons de cette lignée raffinée, puisqu'ils n'ont jamais osé affirmer que des innocents méritaient d'autant plus d'être tués qu'ils étaient plus innocents. C'est que, devenus des politiques, les chefs khmers rouges n'excluaient pas totalement l'éventualité d'avoir un jour à rendre des comptes.

Cette idée, en revanche, n'effleure aucunement l'intellectuel, qui se revendique à la fois « engagé » et irresponsable. Sartre eût été fort surpris qu'on lui demandât raison des millions de cadavres entassés par les divers régimes totalitaires dont il fit toute sa vie la propagande avec tant de zèle. Lui, le théoricien de l'engagement, lui qui démontrait avec sa dialectique implacable que nous sommes *tous* comptables des crimes qui se commettent dans le monde *même quand nous les ignorons*, il estimait sans doute que cette responsabilité cesse quand nous en avons connaissance, ce qui était son cas.

L'irresponsabilité intellectuelle, loin de se confiner dans l'abstraction philosophique, s'étend très concrètement au terrain juridique. C'est un aspect intéressant de l'évolution contempo-

---

*with a sickly smile took his hat and coat and left. Neither of us said a word. I never saw him again.* »

raine du droit. En 1979, la DST[1] arrête un physicien est-allemand, sous contrat depuis 1963 au Centre national de la recherche scientifique, par lequel il est dûment rémunéré, ce qui est normal. Spécialiste des questions thermonucléaires, Dobbertin se révèle travailler depuis toujours pour les services de la RDA, selon le contre-espionnage de la RFA, qui a transmis le dossier et tous les renseignements à la DST.

Aussitôt, la communauté scientifique française, sans juger les faits sur le fond, se met en branle pour exiger la libération de Dobbertin et dénoncer « une campagne d'espionnite ». Deux prix Nobel, plusieurs membres de l'Institut, le directeur de l'Institut Pasteur invoquèrent délicieusement le « principe de l'universalité de la science ». Quel superbe euphémisme! Dobbertin, lui, alla encore plus loin dans l'humour noir. Il se réclama de l'article des accords d'Helsinki sur la libre circulation des idées — et il est ô combien! exact que les pays communistes ont appliqué cet article en ce qui concerne l'espionnage! Il plaida la « coopération scientifique et technique » et le « caractère supranational de la recherche », qui la soustrayait par essence, précisa-t-il, à toute justice nationale. Son avocat clama que son client était victime d'une « grave atteinte aux droits de l'homme ». En novembre 1981, 500 savants français adressèrent un mémoire au président de la République et au ministre de la Justice où ils soutenaient que le maintien en prison du présumé espion est-allemand constituait une menace pour leurs libertés et pour la science. Une fois de plus, le fascisme passait! En mai 1983, Dobbertin obtint sa mise en liberté provisoire, ses amis chercheurs s'étant cotisés pour verser la caution exigée par la chambre d'accusation de Paris. En 1988, son procès n'a toujours pas eu lieu. Et Dobbertin a repris ses activités « scientifiques ».

En 1986, un psychanalyste mondain, dont la frivolité était d'ailleurs notoire depuis longtemps, est condamné par la justice italienne. Il extorquait à des patients, en général de riches femmes du monde subjuguées, des sommes d'argent dépassant plusieurs milliers de fois les honoraires même les plus abusifs auxquels pouvait méthodologiquement aspirer ce disciple du Dr Lacan. L'argent servait à financer une mirifique et ostentatoire Fondation Verdiglione, prodigue en colloques fastueux où se pressait, en particulier, la fleur de l'intelligentsia française. Celle-ci ne fut pas ingrate. Elle organisa une gigantesque cam-

---

1. Direction de la surveillance du territoire, service de contre-espionnage interne, équivalent du FBI américain ou du MI5 britannique.

pagne pour dépeindre Verdiglione comme une victime de l'obscurantisme et un martyr de la science. Elle alla jusqu'à présenter l'affaire Verdiglione comme « une nouvelle affaire Dreyfus », comparaison injurieuse pour la mémoire du capitaine Dreyfus, et qui dévalorise toute référence future à l'Affaire. *Le Nouvel Observateur* (1er août 1986) demandait : « Un tribunal peut-il décider du caractère délictueux de l'influence du psychanalyste sur son patient, du professeur sur son élève, de l'infirmière sur le vieillard malade dont elle s'occupe ? » Même s'il s'agit d'un « transfert » psychanalytique, je répondrai : bien sûr que oui, lorsque les professionnels en question se servent de cette influence pour extorquer de l'argent à leur paroissien. Et les textes de Freud condamnant les usages éventuels du transfert à des fins égoïstes et personnelles par l'analyste sont d'une totale clarté. C'est passer la mesure tolérable dans l'hypocrisie que d'affirmer sans vergogne qu'il n'existe aucun critère déontologique permettant de faire la distinction élémentaire entre l'influence désintéressée, à fonction purement pédagogique ou thérapeutique, et l'influence de l'aigrefin sur sa dupe. Les intellectuels qui orchestrèrent cette campagne ont révélé le fond de leur pensée : ce qu'ils désirent, au fond, c'est ne pas être soumis au droit commun. « Les lois du code et les lois de l'analyse ne sont pas faites pour s'accorder », écrivent deux psychanalystes[1], qui ajoutent : « Il appartient aux sociétés de psychanalyse, seules compétentes, d'essayer de remédier à certains abus. »

Je ne sais si les auteurs de ces lignes se rendent compte de l'énormité de ce qu'ils exigent : c'est tout simplement le retour au système judiciaire de l'Ancien Régime. Avant 1789, en effet, il existait un droit et des tribunaux pour la noblesse, d'autres pour le clergé, d'autres enfin pour les roturiers. Et encore, dans aucun de ces systèmes, crimes et délits ne restaient-ils entièrement impunis, tandis qu'aujourd'hui c'est l'impunité pure et simple que revendiquent pour eux-mêmes et leurs pairs les intellectuels cités, eux qui, pour la plupart, ont réclamé à cor et à cri la suppression des tribunaux d'exception et des cours de sûreté, au point même de signer souvent des pétitions en faveur de meurtriers terroristes, et à nouveau lors du procès d'Action directe à Paris en 1987.

Le terrorisme, d'ailleurs, devient à leurs yeux tout à fait bienfaisant lorsque c'est un intellectuel qui en prend l'initiative, en élabore la théorie et y incite les autres. On le vit, lorsque, mue par les mêmes sentiments que dans l'affaire Dobbertin, la

---

1. Maud et Octave Mannoni, cités dans *le Monde* du 2 septembre 1986.

communauté scientifique française protesta contre l'arrestation en 1987 d'un biologiste italien, le Dr Gianfranco Pancino, présumé ancien dirigeant du mouvement terroriste Autonomie ouvrière, mouvement responsable durant les années soixante-dix de presque autant de meurtres que les Brigades rouges. Visé sous des chefs d'accusation différents par 42 mandats d'arrêt émis par les autorités judiciaires italiennes, de 1980 à 1983, Pancino, qui avait fui en France en 1982, fit l'objet en 1987 d'une demande d'extradition. 317 scientifiques et médecins (*le Monde*, 13 janvier 1988) signèrent une pétition pour qu'il soit « rendu à sa famille et à ses activités scientifiques ». « Il avait commencé une nouvelle vie en France, explique l'un de ses collègues, le Dr Fabien Calvio. Cette incarcération injustifiée brise à la fois sa vie personnelle et sa vie de chercheur. Nous ne nous prononçons pas sur le fond de l'affaire, mais nous souhaitons qu'il puisse revenir travailler ici et rattraper le temps perdu. Il faut qu'il soit libéré. » Remarquons que, comme pour Dobbertin, les défenseurs de Pancino déclarent eux-mêmes ne pas se prononcer sur le fond de l'affaire. Cela revient à poser en principe que, même s'il est coupable, hypothèse que prudemment ils n'écartent pas, Pancino *ne doit pas* comparaître devant la justice de son pays. Lorsqu'il s'agit d'un intellectuel, par conséquent, la question de la culpabilité ou de l'innocence ne doit pas être posée, n'entre pas en ligne de compte. Quoi qu'il ait fait, l'intellectuel ne saurait être traduit devant un tribunal, fût-ce pour être acquitté. Même quand il est condamné avec toutes preuves adéquates à l'appui, cela ne prouve du reste pas sa culpabilité, puisqu'il appartient à un domaine supérieur à celui des autres humains (s'il est de gauche, bien sûr), puisque son royaume n'est pas de ce monde. Ainsi, aux États-Unis, Alger Hiss, collaborateur important de Franklin Roosevelt, fut condamné, à la fin des années quarante, pour espionnage au profit de l'Union soviétique (il fut, en particulier, la « taupe » de Staline au sein de la délégation américaine durant les négociations de Yalta, et l'on en vit les conséquences). Néanmoins Alger Hiss, aux yeux des intellectuels américains « libéraux », passa et passe toujours pour un martyr politique et une « victime du maccarthysme ». C'est au point que lorsqu'un jeune universitaire, Allen Weinstein, s'attela, trente ans plus tard, à une thèse sur cette affaire, il était convaincu, au point de départ, de l'innocence de Hiss et — à la grande fureur de ce dernier — fut amené par sa propre recherche historique à changer complètement d'opinion[1].

1. Allen Weinstein, *The Hiss-Chambers Case*, 1978.

Je ne sais si les intellectuels mesurent bien le tort qu'ils se font à eux-mêmes en émettant de telles prétentions. Quel crédit moral leur reste-t-il pour lutter en faveur des droits de l'homme et crier au fascisme à tous les coins de rue, lorsqu'ils réclament tranquillement par ailleurs en faveur des leurs le droit à l'espionnage éventuel pour un étranger en France, et aux frais des contribuables français, le droit à la trahison pour un Américain en Amérique, le droit à l'abus de confiance pour un analyste et le droit au meurtre, ou à l'incitation au meurtre pour un biologiste ? Droits que, fort heureusement, n'ont même pas les élus du peuple, dont on lève, dans ce cas, l'immunité parlementaire.

Moi aussi, je déplore du fond du cœur qu'un chercheur de valeur se retrouve en prison[1]. Mais je déplore plus encore, en l'occurrence, la raison qui l'y a conduit. Car enfin, il n'est pas frappé en tant que chercheur, contrairement à ce qu'une propagande sans scrupule voudrait faire croire, ni par quelque machine policière obtuse qui poursuivrait l'anéantissement de la culture. Il est soupçonné d'avoir participé à un complot violent contre la démocratie et, en qualité d'homme de pensée et de réflexion, il n'a pas fait ce choix dans l'ignorance et la naïveté. Il est, au contraire, c'est du moins ce dont on l'accuse et ce sur quoi il doit absolument s'expliquer, l'un de ceux qui ont *influencé* les ignorants et les naïfs. A moins de refondre le Code pénal dans un sens autorisant les intellectuels en général et les médecins en particulier à pratiquer ou à recommander l'assassinat, il semble inique de réserver aux seuls travailleurs manuels les peines prévues à l'encontre des attentats terroristes.

Pour revenir à la question sérieuse que pose le cas Pancino, comme le cas du philosophe Toni Negri, qui bénéficia aussi en France d'une complicité bienveillante, pourquoi tant d'intellectuels italiens à partir de 1970 ont-ils approuvé, recommandé ou pratiqué le terrorisme ? La réponse conventionnelle à cette question est qu'ils se révoltaient contre les injustices de la société italienne et la corruption du système politique. Mais comment retenir cette théorie, puisque le terrorisme s'est déchaîné au moment où l'Italie connaissait un degré de liberté dont elle n'avait jamais joui auparavant dans son histoire, et au moment de plus grande réussite du système capitaliste, d'élévation du niveau de vie, de solidarité sociale et de réduction des inégalités ? Cette évolution avait fait en vingt-cinq ans d'une dictature à l'économie sous-développée une démocratie à

---

1. Gianfranco Pancino obtint la liberté provisoire le 13 janvier 1988, au bout de trois semaines.

l'économie moderne et dynamique. L'hypothèse de Tocqueville, selon laquelle c'est quand les améliorations se produisent que les inconvénients résiduels sont le plus mal supportés, peut expliquer une violence irréaliste de la part de masses peu informées, non d'intellectuels disposant de tous les éléments d'appréciation nécessaires à une analyse correcte. Or ce sont justement les intellectuels, professeurs ou étudiants, qui ont fourni l'idéologie et le gros des exécutants du terrorisme actif. On doit donc chercher la source de leur conversion au terrorisme ailleurs que dans une interprétation rationnelle des maux et des injustices de la société italienne, bien réels, certes, mais qui avaient cessé d'être incurables et relevaient, infiniment moins qu'à aucune autre période, du désespoir violent et de la rage destructrice des « damnés de la terre ».

La Russie par la voix de son *intelligentsia* (le mot et le phénomène sont une création de la culture russe du XIX$^e$ siècle), les populistes des années 1860-1880 fabriquèrent de la même manière une sorte de tiers-mondisme intérieur. La Russie devait sauter par-dessus la phase capitaliste et démocratique pour aboutir sans délai au gouvernement direct par la paysannerie socialiste. Ces idées servirent aussi d'alibi au terrorisme, lequel ne choisit pas toujours bien (ou choisit trop bien?) ses cibles : sa victime la plus spectaculaire fut le tsar Alexandre II, assassiné en 1881, alors qu'on lui devait l'abolition du servage!

Peu à peu fut vaincu le courant de la pensée russe qui considérait la liberté et le bonheur individuels, actuels et concrets, comme les seuls critères de progrès. Herzen, d'ailleurs, faisant mentir Tolstoï, avait prédit cette orientation de l'histoire. « Le socialisme ira se développant dans toutes ses phases, écrit-il, jusqu'à ce qu'il atteigne ses extrêmes et ses absurdités. Alors s'échappera de nouveau du sein titanesque de la minorité en révolte un cri de refus, et la lutte à mort recommencera, où le socialisme prendra la place du conservatisme actuel et sera vaincu par la révolution à venir, que nous ne connaissons point encore... »

Les intellectuels italiens ne partent pas d'une connaissance de la société italienne. Ils partent de leur propre appétit interne de messianisme révolutionnaire et se construisent une vision de la société qui sert de justification imaginaire à cet appétit. Malheureusement, dans le cas particulier, ils ne se bornent pas à délirer dans leur coin : ils tuent. Dans son étude sur « Les intellectuels et le terrorisme[1] », Sergio Romano a employé la

---

1. *Commentaire*, printemps 1980, n° 9. La citation de Herzen se trouve dans : Isaiah Berlin, *les Penseurs russes*, trad. fr., Albin Michel, 1984.

formule de « révolution révélée » pour désigner la représentation psychique des intellectuels terroristes. C'est un mélange de christianisme et de communisme. D'une part, ils attendent un événement futur qui métamorphosera d'un seul coup et de fond en comble notre monde et notre personne ; d'autre part, grâce au marxisme, ils peuvent présenter leurs désirs comme des vérités scientifiques. Par exemple, Toni Negri a vu dans la panne d'électricité qui plongea New York dans l'obscurité en 1977 — le « grand black-out » — l'effondrement de l'« État-usine », comme il nomme la société industrielle. Sergio Romano souligne avec raison le caractère mystique et dérisoirement primitif de cette interprétation, qui transforme un incident technique en crise structurelle, ou encore y voit une rupture historique, comparable à la prise de la Bastille ou à celle du palais d'Hiver. La philosophie des intellectuels de la révolution terroriste conjugue la niaiserie du mage illuminé, la cuistrerie du docteur marxiste et la mitraillette du tueur de la mafia.

Pour comble, nombre d'intellectuels sont à la fois favorables au terrorisme et favorables au pacifisme. En d'autres termes, en prêchant le désarmement unilatéral de l'Occident, ils s'interdisent d'utiliser, pour défendre le territoire national en temps de guerre, une violence qu'ils trouvent nécessaire d'appliquer à leurs propres concitoyens en temps de paix.

Nous sommes là en présence, d'abord, d'une aliénation idéologique de type classique : des intellectuels récrivent les faits en fonction de leurs idées, et non l'inverse ; ensuite d'une trahison de la mission originelle de l'intellectuel : comprendre la réalité ; enfin d'une parodie de l'action, faisant suite à la parodie de la compréhension. Car l'assassinat terroriste, dans une démocratie, ne possède aucun pouvoir de transformation des réalités. C'est un acte symbolique dont la seule trace pratique est du sang sur le trottoir, comme si les terroristes avaient besoin de se rassurer et de se dire qu'en tuant un passant au coin d'une rue, ou en abandonnant dans le coffre d'une voiture un cadavre dont ils entendront parler le soir à la télévision, ils se prouvent que leur vision du monde n'est pas entièrement un rêve. Mais dans une démocratie ce cadavre n'est que l'absurde stigmate de leur impuissance et de leur délire, il n'a aucune influence sur le cours de l'histoire et ne peut pas en avoir.

Un moins sanguinaire aspect de la conduite des intellectuels terroristes est ce que j'appellerai l'usurpation pédagogique. J'ai déjà évoqué ces cas de forfaiture dans l'exploitation du prestige, l'intimidation des foules par la réputation, les titres, les lauriers. Cet amalgame est commun aux terroristes et à beaucoup d'intellectuels qui, fort heureusement, n'emploient pas la terreur, du moins physique. En l'occurrence, nous avions affaire en Italie à des professeurs d'université qui transformaient leurs cours en « collectifs » révolutionnaires, lesquels, écrit Sabino S. Acquaviva, sont des « fabriques de mots », « ces mots qui se réélaborent incessamment, épurent progressivement le monde social des individus concernés », comme dit Augustin Cochin dans *l'Esprit du jacobinisme*. Puis, « en bannissant les dissidents, ils opèrent une distinction entre une vérité propre à la société extérieure, qui repose sur les faits, et une vérité propre au groupe social qui doit gérer la lutte révolutionnaire[1] ».

Le facteur décisif, dans la diffusion des idées, vient ici de la superposition au message intellectuel du charisme dû à la position prestigieuse du maître qui l'exprime. Ce type de superposition se rencontre presque partout sous d'autres formes, avec d'autres matériaux, là où nous constatons une communication qui emprunte des véhicules plus affectifs qu'intellectuels.

Je ne sais s'il faut considérer le clergé comme composé d'intellectuels. Il en compte certainement beaucoup. Mais à leur valeur intellectuelle proprement dite s'ajoute l'ascendant spirituel dû à leur insertion dans une religion. Leur prestige, leur autorité se prévalent donc d'un double degré de supériorité : celle de l'intellectuel terrestre sur les autres hommes ; celle de l'intellectuel supraterrestre sur les intellectuels terrestres. Mais le prêtre-intellectuel, fût-il évêque, cardinal ou pape, est-il, même pour les croyants, vraiment supraterrestre ? Lorsqu'il se prononce sur des problèmes économiques, politiques, sociaux, stratégiques, dispose-t-il de lumières d'origine divine ? Même le plus fervent des chrétiens sait, ou devrait savoir, que cela est faux. Ni les textes sacrés, ni les Pères de l'Église, ni les conciles n'enseignent que le sacerdoce insuffle l'omniscience à tous les hommes qui ont été ordonnés prêtres. L'infaillibilité pontificale même (et, comme son nom l'indique, elle appartient au seul pape) ne porte que sur les questions de dogme, celles qui touchent aux fondements même de la foi. Lorsque les « théologiens de la libération », ou les évêques américains dans une lettre pastorale, ou le pape lui-même dans une encyclique se prononcent sur des questions économiques ou stratégiques, la valeur de leurs opinions dépend exactement des mêmes facteurs qui font la valeur des opinions de n'importe qui d'autre. Elle

---

1. Sabino Acquaviva, *Guerriglia e guerra rivoluzionaria in Italia*, Milan, Rizzoli, 1978.

dépend de leur connaissance des dossiers, de leur compétence, de la sûreté de leur jugement, de leur capacité de raisonner et de leur honnêteté intellectuelle. On doit apprécier leurs textes et déclarations en usant des mêmes critères que l'on applique aux écrits et propos des autres hommes. Par conséquent, invoquer l'autorité de la religion chrétienne pour apposer en quelque sorte un cachet divin sur des considérations qui valent ni plus ni moins que ce que valent l'information, l'intelligence et la probité de leurs auteurs constitue une regrettable imposture. Les théologiens de la libération ne proposent en fait rien de plus que la vulgate marxiste la plus primaire. Pour eux, il suffit de supprimer le capitalisme pour que le sous-développement cesse. Si on leur objecte que tous les pays du tiers monde dans lesquels on a supprimé le capitalisme sont tombés encore plus bas, dans un abîme de pauvreté plus profond que tous les autres, et que les seuls pays du tiers monde qui aient décollé sont capitalistes, ils ne répondent rien, ils ne veulent pas le savoir. Je peux en témoigner : j'ai parlé avec nombre d'entre eux. Comme dit Swift : « *You cannot reason a person out of something he has not been reasoned into.* » (« Vous ne pouvez pas détacher quelqu'un par le raisonnement d'une conviction à laquelle il n'a pas été amené par le raisonnement. ») En tant qu'individus et citoyens, les théologiens de la libération peuvent adhérer tant qu'il leur plaira aux opinions économiques de leur choix, fussent-elles fondées sur une ignorance abyssale des faits les plus élémentaires et sur un refus opiniâtre de s'informer des réalités. Ils ne font ainsi que suivre hélas ! la conduite qui nous est le plus habituelle, à nous autres, pauvres humains. Mais l'indigence intellectuelle devient de l'escroquerie morale lorsqu'ils prétendent que leurs opinions politiques sont *déduites* de la théologie chrétienne. Je voudrais bien voir comment. Nul d'entre eux ne m'a jamais montré la continuité du lien entre les principes du christianisme et les minables clichés marxistes qui leur servent de second évangile. L'Église, disent-ils, doit se ranger aux côtés des pauvres. Fort bien. Ce n'est pas très original et je ne connais personne, aujourd'hui, chrétien ou non, qui plaide pour l'aggravation de la pauvreté. L'apport de la théologie de la libération, s'il y en avait un, devrait consister à nous indiquer un remède original. Or le leur n'est qu'un remède d'emprunt, copié sur les vieilleries les plus éculées de guérisseurs idéologiques en complète banqueroute, dans tous les pays où ils ont sévi. Je ne leur conteste pas, je le répète, le droit d'adhérer à cette idéologie si elle leur convient, je leur reproche de tromper des millions de pauvres gens et de croyants sincères en plantant le pavillon chrétien sur cette marchandise avariée.

Pourquoi ? Sans doute parce que l'audience du catholicisme, en tant que religion à proprement parler, régresse. Les théologiens de la libération préfèrent l'orthodoxie marxiste à pas d'orthodoxie du tout. L'objet principal de leur haine est la société libérale, incontrôlable avec ses milliards de variantes individuelles. Cette société-là, ils savent qu'ils ne pourront jamais la reprendre en main, l'unifier. Au contraire, la société collectiviste, déjà unifiée par le marxisme, peut, croient-ils, leur revenir un jour, changer simplement de moule. Leur lutte n'est donc pas une lutte contre la pauvreté. Ils ne protestent pas contre la pauvreté en Éthiopie, à Cuba, au Mozambique, au Nicaragua, car ce sont là de bonnes pauvretés. Il retombera sur eux autant de honte et de ridicule d'avoir choisi les sandinistes comme leur modèle politique préféré, durant les années quatre-vingt, qu'il en est retombé sur les intellectuels qui ont flagorné Fidel Castro avec tant d'immonde obséquiosité durant les années soixante.

Le théologien Joseph Comblin, auteur de *Teologia de la revolucion* (1970) et de *Teologia de la practica revolucionaria* (1974), écrit dans ce dernier livre : « Si la libération se conçoit comme un processus d'émancipation par rapport à la domination impériale des nations développées, elle ne peut se concevoir que dans le cadre d'une révolution mondiale... Il est nécessaire que le changement soit universel. En ce sens, la libération latino-américaine est un des aspects de la révolution mondiale de la société contemporaine, société unitaire qui embrasse toutes les nations[1]. » Il serait difficile de plagier plus servilement la lettre et l'esprit des textes léninistes. On remarquera aussi que Comblin se livre à des considérations géopolitiques, économiques et historico-futurologiques qui exigeraient d'être démontrées sur leur terrain propre, et non pas avec dispense de toute preuve technique par la magie tutélaire, aussi miraculeuse qu'abusive, de la « théologie ».

Les théologiens de la libération arguent volontiers que la confrontation entre l'Est et l'Ouest les laisse indifférents, qu'ils s'occupent des problèmes de terrain, n'entendent nullement

---

1. « *Si la liberación se concibe como un proceso de emancipacion respecto a la dominación imperial de las naciones desarrolladas, solo se puede concebir en el marco de una revolución mundial. Es necesario que el cambio sea universal. En este sentido, la liberación latinoamericana es uno de los aspectos de la revolucion mundial de la sociedad contemporánea, que es una sociedad unitaria que abarca todas las naciones.* »

promouvoir le communisme ni faire l'éloge, même indirectement, des États communistes. Rien n'est plus faux. Alors qu'on ne leur arrachera jamais une parole pour reconnaître la moindre petite réussite sociale aux sociétés libérales, leurs langues se délient miraculeusement quand il s'agit de prendre à leur compte les mensonges d'État qui ont cours sur et dans les pays communistes. En août 1987, le P. Leonardo Boff, l'une des stars de la théologie de la libération, se rend en URSS et, lorsqu'il regagne le Brésil, son pays, après deux semaines de voyage, il donne une conférence de presse où il déclare notamment : « Le socialisme garantit, pour une existence chrétienne véritable, de meilleures conditions que l'ordre social de l'Occident », ajoutant que « des préjugés et des calomnies » sont répandus en Occident sur les conditions de vie des chrétiens en Union soviétique. Il ajoute que si « le socialisme accorde aux chrétiens authentiques de meilleures conditions », c'est que la société soviétique, selon Boff, « n'est pas fondée sur l'exploitation, l'individualisme et le consumérisme, mais sur le travail et sur le juste partage des bénéfices[1] »...

C'est un lieu commun assez répandu que l'Église catholique se serait brusquement aperçue, au bout de mille neuf cent soixante et quelques années, qu'elle s'était toujours trouvée dans le camp des forts et qu'il était temps pour elle de se conformer à sa mission évangélique et de passer dans le camp des faibles. Elle est donc passée dans celui de l'anticapitalisme. Mais ce serait une erreur de croire qu'elle l'a fait par amour soudain de la faiblesse. Si elle a embrassé l'interprétation socialiste du monde, c'est parce qu'elle s'imagine, à tort je l'espère, que le camp communiste est celui des futurs vainqueurs, en particulier dans le tiers monde. Elle reste donc fidèle à sa tradition : être du côté des forts.

Je ne l'en blâme pas. J'attire seulement l'attention sur le fait que, dans ce tour de passe-passe, la confusion entre la connaissance et la foi constitue l'un des plus beaux exemples de ce triomphe de l'ignorance qui marque notre temps.

Plus encore que de confusion entre la connaissance et la foi, il

---

1. Dépêche parue dans la *Neue Zürcher Zeitung* (14 août 1987). Le quotidien suisse précise que les médias brésiliens rapportent largement les déclarations de Boff, ce qui suscite dans le mensuel français *Est et Ouest* (septembre 1987) ce commentaire : « C'est l'occasion de se demander pourquoi les autres médias occidentaux, notamment européens (à notre connaissance), les ont passées sous silence. Quand Boff apparaît comme une victime de la "répression" du Vatican, il mérite d'occuper l'actualité. Mais quand le même Boff se présente comme un laudateur de l'Union soviétique et vend ainsi la mèche, révèle cet aspect capital de la théologie de la libération, on l'ignore. »

s'agit d'ailleurs de foi mise au service de l'ignorance et lui servant de garant. Par exemple, les évêques américains rendent public en 1984 un « projet de lettre pastorale » sur l'économie américaine et les rapports entre tiers monde et monde développé. Ils y affirment par exemple que la pauvreté n'a pas cessé de s'aggraver aux États-Unis depuis vingt ans, ce qui est tout simplement contraire à toutes les statistiques les plus facilement accessibles. Ils affirment ensuite que le tiers monde n'a pas cessé de s'appauvrir lui aussi tandis que le monde industrialisé s'enrichissait. Cette proposition est, d'abord, fausse, ensuite en contradiction avec la première. En effet, si le monde riche n'a pas cessé de s'enrichir, alors la pauvreté n'a pas pu s'accroître en même temps aux États-Unis. Il y a des limites à l'incohérence. Les solutions pratiques que proposent ensuite les évêques sont empruntées au vieil arsenal de la social-démocratie et de l'État providence. Elles brillent par leur amateurisme. « La conscience sociale, ironisa Robert Samuelson dans un article de *Newsweek* (3 décembre 1984) consacré aux éclairs de génie épiscopaux susmentionnés, ne suffit pas à produire la justice économique. L'Europe, faisait-il observer, a suivi les principes qu'admirent les évêques et cela, du moins en partie, a provoqué son chômage massif[1]. »

Si les évêques veulent traiter d'économie, ils doivent acquérir une compétence en *économie*, se procurer une information sérieuse *en économie* et observer les critères qui servent à l'administration de la preuve *en économie*, au lieu de brandir leur dignité d'évêques en guise de démonstration scientifique.

J'en dirai autant du Saint Père en personne, tout particulièrement à propos de son encyclique de février 1988, *Sollicitudo rei socialis*. Bien entendu, tout le monde sait que l'encyclique n'a pas été rédigée par le pape lui-même. Elle est l'œuvre de la commission pontificale Justice et Paix, présidée par le cardinal Etchegaray, ancien archevêque de Marseille et auteur d'un livre intitulé *Dieu à Marseille*, paru en 1976, et qui contribua certainement à faire mieux connaître sinon Dieu, du moins Marseille. L'auteur approfondit encore par la suite sa réflexion pour nous donner, en 1984, *J'avance comme un âne*, titre que l'on pourrait presque se risquer à classer parmi les vérités révélées,

---

1. « *The bishops who drafted the recent pastoral letter on the American economy could usefully spend a few weeks touring Europe. They might learn there what they obviously did not learn here: social conscience is not enough; it won't produce economic justice. The principles the bishops admire most are enshrined in Europe and, partially as a result, Europe's economy is mired in massive unemployment.* »

puisque le cardinal Etchegaray est, de notoriété vaticane, le principal inspirateur de *Sollicitudo rei socialis*. Que dire en effet de ce grimoire indigent, consacré aux problèmes économiques et sociaux ainsi qu'aux rapports entre le tiers monde et les pays riches, sinon qu'il aurait pu être composé vers 1948, qu'il a quarante ans de retard, qu'il ignore à la fois toute la recherche scientifique et toute l'expérience accumulées entre 1948 et 1988, et qu'il enveloppe sa condamnation archaïque et ignare du capitalisme dans un renvoi dos à dos, comme on le faisait alors, du capitalisme et du socialisme ? Les deux systèmes sont réputés incapables de se transformer et également pervers. Tous deux sont « impérialistes ». Aucune hiérarchie de valeurs n'existe entre les deux. Nulle part il n'est mentionné que le système libéral n'est plus du tout en 1988 ce qu'il était en 1948, qu'il a, lui, réussi globalement, alors que le système totalitaire a échoué non moins globalement. Sur le sous-développement, l'encyclique ne parvient pas à s'élever au-dessus du vieux cliché, maintes fois réfuté, « nous sommes riches parce qu'ils sont pauvres ». Les deux « blocs idéologiques » sont équivalents (nous connaissons ce parallélisme aberrant, comme si le monde libéral était un « bloc », le malheureux!) et tous deux aboutissent à des « structures de péchés » — quelle savante formule! — également malfaisantes. Comme l'a écrit A. M. Rosenthal dans le *New York Times*, Gorbatchev a dû sourire de plaisir en s'avisant avec délectation de ce parallélisme rigoureux établi par le pape, ou du moins son subrogé penseur.[1] Ce qui nous fait moins sourire, c'est que, là encore, le savoir accessible ait été tenu en échec, que la commission Justice et Paix n'ait pas cru devoir fournir le travail élémentaire de recherche et de documentation nécessaire à une étude sérieuse, qu'elle n'ait pas fait l'effort de se mettre au courant de l'état présent des questions et qu'elle ait galvaudé le prestige pontifical pour promouvoir un barbouillage de sorcellerie tiers-mondiste et antidémocratique.

Je ne me plains pas du tout de ce que Roger Etchegaray, en tant qu'individu, professe que le capitalisme démocratique soit pire ou, avec l'indulgence de la commission, peut-être égal au collectivisme totalitaire. Chacun a le droit de prendre parti à sa guise. Je ne me plains pas non plus de ce qu'il ignore l'économie. Nul n'est tenu de l'apprendre, à condition de ne point prétendre s'en mêler. Ce qui est inadmissible, c'est qu'il utilise un ascendant spirituel, en l'occurrence celui de la religion catho-

---

[1] « Gorbatchev Surely Grinned at the Pope's Parallelism », *International Herald Tribune*, 16 mars 1988.

lique et du Vatican, pour déverser de lourdes erreurs dans des millions d'esprits désarmés. En recourant à cet abus de prestige, comme on parle d'abus de confiance, les membres du clergé se comportent en intellectuels, car c'est là une démarche favorite des intellectuels. Ceux-ci semblent trop souvent dire à la foule : n'adhérez pas à une idée parce que vous l'avez comprise et que vous la trouvez juste ; approuvez-la parce que je suis intelligent, que je l'ai adoptée et que vous devez me suivre, car je suis célèbre ! La célébrité ne devrait pas être un sauf-conduit pour la banalité ou l'erreur. Ainsi, un autre cardinal, le cardinal Decourtray, archevêque de Lyon, président de la Conférence épiscopale française et Primat des Gaules, accorde un entretien au *Journal du Dimanche* (27 décembre 1987), où il nous gratifie, sur la campagne électorale française, d'une avalanche de platitudes que personne n'aurait jamais eu le masochisme de lire si leur auteur n'avait été archevêque. « Ça vole bas, dit-il, on parle trop des scandales », et autres fortes pensées, de celles que l'on tolère avec une lasse patience de la bouche d'un compagnon de voyage bavard, quand le trajet est un peu long et que le train a du retard, mais qui me paraissent pouvoir prospérer d'elles-mêmes, sans recevoir le sceau transfigurateur de la pourpre cardinalice. Étant donné qu'il n'est écrit nulle part dans les textes sacrés que Dieu dispense une révélation aux évêques pour juger de la politique courante, les opinions de Decourtray Albert sont les opinions de Decourtray Albert, et rien de plus. Leur conférer une autorité factice du fait de la position de l'homme d'Église qui les exprime équivaut à dégrader le public, et non à l'élever en faisant appel à son libre arbitre.

Ce procédé de la suggestion publicitaire est fréquent. Ainsi, soixante-quinze prix Nobel se sont réunis à Paris, à l'invitation du président de la République française, du 18 au 21 janvier 1988, pour réfléchir sur les « menaces et promesses à l'aube du XXI$^e$ siècle ». Ils ont rendu publics les fruits de leurs travaux sous forme de seize conclusions, solennellement divulguées le 22 janvier. Le plus indulgent commentaire que l'on puisse faire sur cette conférence, c'est que, si elle avait réuni soixante-quinze concierges, ou soixante-quinze coiffeurs, ou soixante-quinze garçons de café, le résultat aurait probablement été plus original.

J'ai la plus haute estime pour les trois professions que je viens d'énumérer, et c'est bien pourquoi je dis que le résultat aurait été, avec elles, *plus* original, car aucun membre de ces sympathiques corps de métier n'aurait accepté de signer le tissu de platitudes et d'erreurs que les Nobel nous ont infligé. Cette mésaventure culturelle nous rappelle une vérité dont l'histoire nous offre maintes démonstrations : à savoir que la puissance intellectuelle, le génie même, ne sont pas automatiquement transférables en dehors de leur sphère de compétence.

J'entends bien que la conférence de Paris constituait avant tout une opération de propagande pour François Mitterrand. Et, en tant que contribuable français, je suis heureux d'avoir pu participer, pour ma modeste part, aux frais de voyage et de séjour de ces éminents personnages, qui ont tant besoin de distraction. Je précise aussi que, parmi les invités de Mitterrand, ou plutôt des contribuables français, amphitryons malgré eux, figuraient beaucoup de prix Nobel de littérature ou de la Paix. Ce sont là gens aux talents et aux mérites certainement admirables, mais dont les vaticinations futurologiques sont rarement considérées par le public comme des vérités mathématiques, ce qui limite les dégâts. Mais enfin, il y avait aussi, au palais de l'Élysée, un fort contingent de Nobel scientifiques.

Or, que lisons-nous dans les « Seize conclusions » de cette auguste assemblée ? D'abord que « toutes les formes de vie doivent être considérées comme un patrimoine essentiel de l'humanité » et que nous devons donc protéger l'environnement. Magnifique ! Plus loin, que « l'espèce humaine est une, chaque individu qui la compose a les mêmes droits ». On avait lu ça quelque part, il y a quelques siècles. Plus loin encore : « La richesse de l'humanité est aussi dans sa diversité. » L'audace et la nouveauté de ces aphorismes sont positivement saisissantes. Mais ce n'est encore rien à côté de la suite. On tremble de gratitude en mesurant la force cérébrale, la créativité qui furent nécessaires pour découvrir que « les problèmes les plus importants qu'affronte l'humanité aujourd'hui sont à la fois universels et interdépendants ». Avec de telles consignes en poche, nous pouvons attendre avec confiance « l'aube du XXI$^e$ siècle ».

D'autant que, dans la suite du document, les Nobel poussent l'intrépidité et l'ingéniosité jusqu'à oser affirmer que « l'éducation doit devenir la priorité absolue » et « en particulier dans les pays en voie de développement » ; ou encore que « l'alimentation et la prévention sont des instruments essentiels d'une politique démographique ». Sachons aussi ô stupeur ! que « la biologie moléculaire permet d'espérer des progrès dans la médecine ». Nos pionniers de la science fourmillent ainsi de notions inédites, par exemple que « la télévision et les médias constituent un moyen essentiel d'éducation ». Mais, avisés et circonspects, ils ajoutent que « l'éducation doit aider à développer l'esprit critique face à ce que diffusent les médias ». Dire que personne n'y avait pensé! Nos grands hommes soumettent ensuite aux foules charmées des propositions aussi inattendues que celles de diminuer les dépenses d'armement pour utiliser à d'autres fins l'argent qu'elles absorbent ou de réunir une conférence internationale pour examiner le problème de l'endettement du tiers monde. Mais comme ils ne nous dévoilent pas leurs suggestions pratiques sur les moyens de résoudre ce problème, auquel, d'ailleurs, d'innombrables conférences ont déjà été consacrées, redoutons que ce vœu pieux reste à l'état de projet. De même, le désarmement est un cliché qui traîne depuis 1919 dans toutes les salles de rédaction et toutes les chancelleries : mais tant qu'on ne nous aura pas dit comment lever les obstacles politiques, stratégiques, nationalistes, économiques, idéologiques qui s'y opposent, on n'aura rien dit de nouveau ni d'utile.

Aucun colloque digne de ce nom à présent ne saurait avoir lieu sans émettre son avis sur le SIDA (AIDS). Cela n'a pas manqué. Et ce qui fut énoncé à ce propos illustre hélas! trop bien la dérive déplorable par laquelle un authentique scientifique peut, au nom et sous le couvert de la science, émettre des opinions non scientifiques, dictées par ses préjugés politiques ou autres. Prouvant que l'idéologie est plus forte que la science, même chez un savant, le biologiste britannique John Vane, prix Nobel de médecine 1982, s'est livré en effet à une diatribe contre les laboratoires pharmaceutiques, coupables, selon lui, de ne pas trouver le vaccin contre le SIDA à cause de leur « recherche du profit ». Or il existe, au moment où il s'exprime, des difficultés biologiques fondamentales, tenant à la nature même du virus HIV, qui freinent la découverte d'un vaccin préventif contre le SIDA. La principale difficulté n'est sûrement pas économique. Le profit? Si le Pr Vane se donnait la peine d'étudier un peu l'histoire, c'est-à-dire *pouvait conserver une attitude scientifique lorsqu'il sort de sa spécialité*, il constaterait sans peine que toutes les découvertes pharmaceutiques qui ont bouleversé la médecine en notre siècle ont été réalisées dans cinq ou six pays qui sont tous des pays capitalistes. Elles ont été réalisées par des laboratoires privés, qui consacrent au total à la recherche fondamentale beaucoup plus d'argent que les États, ou par des organismes indépendants, comme l'Institut Pasteur, qui lui-même vit en grande partie des profits de la vente de ses vaccins. En revanche, pas une seule spécialité pharmaceutique n'a été découverte depuis soixante-dix ans en Union soviétique, société sans profit. Tous les médicaments soviétiques sont des copies de médicaments occidentaux, et chacun sait que les médecins chargés de soigner les dirigeants communistes font venir de l'Ouest leurs médicaments et leurs appareils médicaux. Les Nobel réunis à Paris ne se sont donc écartés des banalités que pour tomber dans la falsification.

On ne saurait tirer de leurs cogitations la moindre application concrète. D'ailleurs, une fois sortis des généralités vagues, ils n'en suggèrent aucune. Mais je suis injuste. Ils en formulent une, parfaitement concrète, la seule, et d'une valeur inestimable, pour eux. C'est leur seizième et ultime conclusion : « La Conférence des lauréats du Nobel se réunira de nouveau dans deux ans pour étudier ces problèmes. »

De même, on peut se demander à quoi la science sociologique avait pu servir, quand on vit la stupeur de la France, le 24 avril 1988 au soir, premier tour de l'élection présidentielle, lorsqu'elle découvrit que presque 15 % des citoyens avaient voté pour Jean-Marie Le Pen, candidat du Front national, d'extrême droite. Ce résultat vient de ce que, depuis le début de la crise économique, qui rendit fragile la situation des immigrés en raison de la montée du chômage, on a toujours appliqué à la montée du lepénisme de fausses grilles d'interprétation. L'erreur de la classe politique dans son ensemble a été de ne pas voir la spécificité du phénomène Le Pen, erreur d'autant plus impardonnable qu'elle est en partie volontaire. La gauche n'a songé qu'à trouver dans la montée du Front national une arme pour accuser la droite classique, sans se rendre compte que l'arme était à double tranchant.

Comparer le Front national aux fascismes des années trente est pour le moins une sottise historique, je l'ai dit plus haut. L'électorat du Front national n'a aucune motivation idéologique générale. Il s'est formé en milieu urbain pauvre, du fait des frictions classiques avec de fortes concentrations d'immigrés. Il ne nourrissait au point de départ aucun racisme de principe. La preuve que le Front national n'a pas de consistance, c'est sa chute à moins de 10 % aux élections du 5 juin 1988 : un parti qui perd 2 millions de voix en six semaines n'est pas un parti sérieux. Son électorat en accordéon ne cesse de changer de camp à chaque consultation. Un million et demi de voix du F.N. s'étaient d'ailleurs portées sur Mitterrand au second tour de la présidentielle, le 8 mai !

Il aurait fallu analyser le problème sur un terrain sociologique, économique, scolaire, sécuritaire, froidement et avec efficacité. Au lieu de quoi, la gauche a tout fait pour le politiser, jusqu'au moment où elle s'est aperçue que des quartiers entiers qui votaient jadis communiste ou socialiste se mettaient à passer eux aussi au Front national. Plus de 18 % des électeurs de Le Pen aux élections européennes de 1984 sont des ouvriers ; 26 % aux législatives de 1986, 37 % à 40 % au premier tour de la présidentielle de 1988. Presque un quart des électeurs de Le Pen, je viens de le rappeler, ont reflué au second tour sur le candidat socialiste, assurant sa réélection, et non sur le candidat libéral, Jacques Chirac. De son côté, la droite s'est laissé enfermer dans le piège créé par le terrorisme intellectuel de la gauche. Elle a craint de traiter les problèmes de fond, avant tout matériels, pratiques, psychologiques, liés à l'immigration, de peur de se faire accuser de racisme. Le seul fait de dire que de tels problèmes existaient suffisait pour qu'on vous lançât l'infâme accusation. Donc on ne les traita pas du tout, et l'on se contenta de mener contre Le Pen une lutte abstraite et idéologique qui ne fit que renforcer sa position, car elle passait totalement au-dessus de la tête des populations concernées et de leur situation concrète. Ne songeant qu'à tirer parti des tensions et des équivoques pour faire de la démagogie, la gauche laissait ainsi le champ libre à la démagogie — mais pas la sienne.

Aucune voix courageuse ne s'est élevée — je veux dire sans être aussitôt réduite au silence par des insultes — pour arracher la question à son faux contexte idéologique. La gauche a uniquement songé à déstabiliser la droite classique au lieu de déstabiliser Le Pen lui-même. La droite classique s'est bornée à réagir passivement, coincée entre son désir de récupérer les électeurs perdus et la crainte d'une alliance impure.

Quelle utilité a donc eu, dans l'un des pays les plus cultivés du monde, le travail accumulé de centaines de sociologues sur la concentration en certaines zones urbaines d'ethnies différentes, dans des logements surpeuplés, avec un enseignement inadapté, un chômage supérieur à la moyenne nationale, des conditions de vie favorisant la délinquance, des bandes de jeunes désœuvrés, violents, parfois drogués ? Nos maîtres à penser et à gouverner ont-ils tiré parti des milliers d'études publiées aux États-Unis durant les années soixante sur ces problèmes, dans des situations identiques ? Ont-ils même vu *West Side Story* ? Mais les sociologues français qui observaient les perturbations causées dans la population d'accueil par les fortes concentrations d'immigrés pouvaient-ils faire état impartialement de leurs observations et des analyses qu'ils en tiraient, préconiser les mesures correspondantes qu'il aurait fallu prendre ? Ne se seraient-ils pas fait traiter de racistes et de complices de Le Pen ? La gauche n'avait-elle pas besoin, pour sa propagande politique, de décrire le phénomène Le Pen comme une réédition de

*L'échec de la culture*

la « montée des fascismes » des années trente et ne lui fallait-il pas dépeindre la France comme une Allemagne à la veille de la prise du pouvoir par Hitler ? Tout scientifique qui aurait dénoncé l'inexactitude de cette assimilation, quand on connaît le milieu universitaire, ne risquait-il pas le lynchage moral, l'ostracisme et l'expulsion ignominieuse hors de la sainte famille progressiste et dans le cloaque fasciste ? J'ai entendu tant de chercheurs tenir en privé des propos différents de leurs écrits publics, sur ces sujets empoisonnés, que l'instinct de conservation me semble souvent plus développé chez l'homme savant que l'amour de la science.

Nous saisissons là sur le vif l'une des formes les plus fréquentes de la « défaite de la pensée », à savoir l'interdit qui empêche de rattacher un phénomène à sa véritable cause. Tout comme, durant les épidémies de peste ou les sécheresses, jadis, on attribuait le fléau à quelque péché, non à ses causes naturelles, on isole aujourd'hui un fléau social de ses antécédents historiques, et on lui fabrique une origine compatible avec l'idéologie que l'on a intérêt ou plaisir à faire prévaloir. La différence est que les « intellectuels » du temps jadis ne connaissaient pas et n'avaient pas les moyens de trouver les vraies causes d'une épidémie, tandis que nous pouvons, nous, remonter plus facilement à l'authentique genèse d'une réalité sociale. L'obstacle à la connaissance constitue donc dans notre cas un interdit à proprement parler, il se situe en nous plus que dans la difficulté objective du problème à résoudre.

J'ai souvent évoqué l'inversion des séquences causales qui, devant les guerres civiles, fait prendre l'effet pour la cause, par exemple, au Mozambique, la rébellion de la RENAMO pour la cause de la famine et non la famine engendrée par la politique gouvernementale pour la cause de la rébellion. La terreur que fait régner au Mozambique la RENAMO (Résistance nationale mozambicaine), ses massacres, ses viols, ses pillages, ses destructions ne peuvent qu'inspirer l'horreur. Mais ce sentiment ne doit pas nous empêcher de nous demander pourquoi, malgré l'aide militaire fournie au gouvernement communiste de Maputo par l'URSS, la RDA et plusieurs démocraties (Grande-Bretagne, France, États-Unis), la RENAMO a pu devenir aussi puissante. Or, contents de la seule explication par l'aide sud-africaine, les observateurs se posent rarement la question, dans les termes, par exemple, où le fait clairement et avec sobriété James Brooke, du *New York Times* Service, après avoir amplement et objectivement décrit les atrocités de la RENAMO : « Au moment de l'indépendance, en 1975, poursuit-il, environ

90 % des 250 000 colons portugais quittèrent le pays. Les nouveaux dirigeants ne firent pratiquement aucun effort pour les empêcher de s'exiler [*rappelons que la plupart de ces Blancs étaient en fait mozambicains de naissance depuis plusieurs générations*], 93 % des Africains étaient illettrés. Le départ des Portugais conduisit à un effondrement économique. Dans ce vide se précipita le FRELIMO, un mouvement de guérilla, poussé par la vision d'un Mozambique socialiste qui, un jour, deviendrait le premier pays africain membre du COMECON, l'union économique du bloc de l'Est, dominée par l'Union soviétique. Les agents du FRELIMO, qui ne parlaient que le portugais et connaissaient mieux le marxisme que les langues locales des tribus [*autrement dit: c'étaient les intellectuels du cru*], apportèrent la révolution dans des campagnes encore fidèles à leurs coutumes. Ils fermèrent les églises et retirèrent leur autorité aux chefs traditionnels. Les plantations abandonnées par les Portugais furent transformées en fermes d'État du style est-européen [*idée que seuls des intellectuels pouvaient avoir*]. Des centaines de milliers de paysans [*même procédé qu'en Éthiopie ou en Tanzanie, et même incuriosité de la presse occidentale au moment des faits: deuxième intervention des intellectuels, la non-information, sans parler de l'absence de compassion – quand les bourreaux sont bien-pensants*] furent arrachés aux terres de leurs ancêtres, conduits comme des troupeaux et regroupés dans 1 400 villages communautaires. On envoya les récalcitrants dans des camps appelés par euphémisme "camps de rééducation" [*nous retrouvons, à l'identique, le système appliqué en URSS, au Vietnam, à Cuba et autres pays socialistes, où les intellectuels au pouvoir accordent, c'est normal, toujours une grande importance à l'éducation*]. Les brutalités et la famine y sévissaient. Les rebelles de la RENAMO trouvèrent là des recrues faciles lorsqu'ils effectuaient des incursions dans ces camps, tablant sur le ressentiment à l'égard du pouvoir » (*International Herald Tribune*, 12 mai 1988)[1].

1. « *At independence, about 90 percent of the colony's 250 000 Portuguese settlers left, many to neighboring South Africa. The new leaders made virtually no effort to win back this bitter exile groupe.*

« *When independence came, 93 percent of Mozambique's African population was illiterate. The departure of the Portuguese led to economic collapse. Into the vacuum stepped Frelimo, a guerrilla group with a vision of a Marxist Mozambique that one day would become the first African member of Comecon, the Soviet-dominated, East bloc economic union.*

« *Portuguese-speaking Frelimo operatives, who generally had a better command of Marxism than local tribal languages, brought revolution to a conservative countryside.*

« *Churches were closed and traditional leaders dismissed. Abandoned plantations were turned into East Europeanstyle state farms. Hundreds of thousands of*

*L'échec de la culture*

Tout en laissant la parole à un reporter qui se borne à noter les faits sur le terrain, j'ai tenu à souligner, çà et là, que vouloir changer par la force une société, d'un seul coup, en ignorant délibérément ce qu'elle est, constitue un comportement qui suppose, pour exister, la soumission de l'intelligence à l'omnipotence de l'idéologie. C'est donc une démarche d'essence intellectuelle, par définition, quelle que soit la doctrine. Un an et demi après l'indépendance, *le Monde* publia sur le Frelimo une série de reportages, dont le premier s'intitulait : « Créer un homme nouveau » (10 août 1976). Nous retrouvons cette idée fixe meurtrière de tous les socialismes. Le troisième reportage s'appelait « Une économie en difficulté » (12 août). L'action des marxistes avait donc déjà échoué, avant la Renamo.

Lorsque cette action échoue, tirent-ils les enseignements de cet échec ? Pas davantage. Les dirigeants des dix premières années de la Pologne communiste, presque tous des intellectuels, en offrent un des nombreux mais des plus effrayants exemples dans leurs témoignages, paru sous le titre de « *ONI* »[1], ce qui signifie « Eux », livre dont j'ai déjà évoqué la signification, en rapprochant l'entêtement dans l'horreur des communistes polonais de celui de Darquier[2].

« Eux », en l'occurrence, ce sont ces dirigeants qui ont créé la Pologne communiste, entre 1945 et 1956, année de la première grande révolte populaire contre le régime. Ils l'ont créée ou, plutôt, ils se sont faits les instruments d'une création dont le seul véritable auteur fut Staline. Instruments dociles : la plupart de ces chefs du parti polonais (ou de ce qui en subsistait, car Staline avait fait fusiller en 1937 la majeure partie des communistes polonais réfugiés en URSS) arrivaient en 1945 de Moscou, où ils avaient passé les années décisives de leur existence. Certains avaient même pris la nationalité soviétique.

Quelques-uns de ces survivants de la première période, une jeune journaliste polonaise a eu l'idée d'aller les interroger, et surtout le talent de les faire parler, dans leur retraite, durant les quelque dix-huit mois de relâchement des contrôles policiers et d'ébullition de la société civile qui s'écoulèrent entre la chute de

---

*peasants were herded from ancestral lands into 1 400 communal villages.*
« *Dissenters were sent to detention camps euphemistically termed "reeducation centers", where beatings and starvation were frequent. Renamo rebels, preying upon disenchantment with the government, raided them for recruits.* »

1. Teresa Toranska, « ONI »..., *op. cit.*
2. Voir ci-dessus, p. 46.

Gierek, en 1980, et la proclamation de l'état de siège, en décembre 1981. Effet corrosif de l'ivresse libertaire ambiante ? Toujours est-il que l'on voit ces vieux staliniens se mettre à déballer leur passé sans se contenir, sinon sans mentir : une mine où les historiens trouveront à puiser pendant des décennies. Mais l'immense leçon de ce livre dépasse de beaucoup les circonstances qui l'inspirent. Elle porte sur la nature humaine, ses relations avec la vérité, avec le mal, avec elle-même. Notre intelligence ne serait-elle qu'une machine à justifier nos fautes et nos crimes, sans aucun égard pour nos semblables ? Serait-elle une prison où la lumière ne pénètre jamais parce que nous en obturons nous-mêmes toutes les ouvertures ? De ces discours, au fil desquels des octogénaires obstinés ergotent fièrement sur leur œuvre de sang, d'esclavage et de misère, rayonne le mystère du mensonge primordial, le centre de l'homme, peut-être.

Ceux qui parlent, en effet, ont réalisé la soviétisation de la Pologne, infligé à son peuple la terreur et toute la gamme classique des proscriptions, extorsions, exécutions et déportations, pour aboutir à une piteuse faillite économique et humaine, à une monstrueuse impopularité, à la révolte de 1956 qui les balaya.

Et, cependant, il est impossible de leur faire dire qu'ils se sont trompés ! Le socialisme semble être quelque chose que l'échec ne réfute jamais, que la haine du peuple ne démoralise jamais. Le marxisme-léninisme, répétons-le, parce que eux-mêmes ne cessent de le répéter, se fonde sur la primauté de la praxis, qui veut que l'exactitude d'une théorie s'établisse à l'épreuve des faits, non par des raisonnements. Mais « eux » ne cessent d'éluder les faits à l'aide d'arguties et d'abstractions. Ils nient lâchement leur responsabilité dans les actes qu'ils ont commis. Tout ce qu'on arrive à leur soutirer, c'est un vague « il y a eu des erreurs ». Mais ils ajoutent aussitôt : elles ont été « reconnues », voire « corrigées », en général par le sacrifice d'un ou plusieurs boucs émissaires, envoyés à la potence ou au bagne, pour sabotage ou espionnage imaginaires.

Notre responsabilité est-elle abolie quand nos comportements néfastes ont découlé d'une conviction sincère ? Certes, un homme devient un fanatique presque à son insu, mais cela ne constitue pas une excuse. Chacun de nous doit savoir qu'il possède en lui cette capacité redoutable de construire un système explicatif du monde et en même temps une machine à rejeter tous les faits contraires à ce système.

Ainsi, Daix[1] raconte qu'un jour, à Moscou, en 1953, il tombe

---

1. Pierre Daix, *J'ai cru au matin*, Laffont, 1976.

sur une colonne de détenus que les gardes-chiourme conduisaient à un chantier. Mais, dans ce phénomène perçu, il ne voit pas, il ne peut ni ne veut voir l'indice d'un système totalitaire. « J'étais persuadé qu'il s'agissait de "droit commun" ou de prisonniers nazis. Quant à songer que ces détenus en plein Moscou servaient, tout comme les nôtres au milieu du bourg de Mauthausen, à la dissuasion commune, il eût fallu au moins que quelqu'un me mît sur la piste. » Et il observe très justement : « La terreur, quand elle est vraiment généralisée et quotidienne, n'est guère décelable. » D'où sans doute l'aveuglement de Sartre, qui rapportait au même moment d'Union soviétique un reportage où il affirmait : « La liberté de critique est totale en URSS. »

Comment se forment nos certitudes et comment se défont-elles ? Pourquoi l'individu intelligent et courageux n'est-il pas plus immunisé contre le sectarisme et le « bonheur dans la soumission » que l'individu lâche et borné ? Comment s'affranchit-on du fanatisme ?

Rares sont les guéris de l'idéologie qui ont poussé assez loin l'analyse de ces enchaînements, d'abord pour s'en arracher réellement et totalement, puis pour les expliquer sans les excuser, enfin pour recouvrer dans son intégralité l'usage de la liberté de penser. Pierre Daix est de ceux-là, ou encore Arthur Koestler, qui décrit dans son autobiographie[1], avec une exceptionnelle minutie, la mise en place d'une interprétation totalitaire du monde, la logique de la descente du système dans l'esprit et l'aveuglement qu'elle y installe. Ainsi Koestler, parcourant l'Ukraine en 1933, ne parvient pas à y prendre conscience de l'existence d'une famine massive. Il *voit* des gens visiblement affamés, certes, mais ne peut plus *construire le concept* de famine à partir de ces perceptions particulières. Emmanuel Le Roy Ladurie dans *Paris-Montpellier*[2], Alain Besançon dans *Une génération*[3] sont également parvenus à décrire avec détachement l'édification et la dislocation de ces conditionnements psychiques. D'ordinaire, pourtant, les guéris ne le sont qu'à moitié, et ils éprouvent plus de ressentiment pour ceux qui se sont abstenus de partager leurs erreurs que pour ceux qui les leur ont fait commettre.

« Si vous ne vous êtes pas trompé comme eux, vous n'avez pas droit à la parole ! » me rappela un jour Indro Montanelli.

---

1. *La Corde raide* et *Hiéroglyphes*, trad. fr., 1953 et 1955 ; nouvelle édition « Pluriel », 1978.
2. Gallimard, 1982
3. Julliard, 1987.

lors d'une manifestation, à Paris, en 1981, contre l'« état de guerre » décrété par Jaruzelski en Pologne, les socialistes présents hurlaient en direction des manifestants libéraux: « Vous n'avez pas le droit d'être ici! Allez-vous-en! » A leurs yeux, seuls avaient le droit de protester contre l'asservissement du peuple polonais ceux qui en avaient auparavant soutenu les auteurs, tandis que n'avaient aucune qualité pour le faire ceux qui n'avaient jamais été leurs complices. Ceux qui ont eu le monopole de l'erreur entendent se réserver aussi le monopole de la rectification de l'erreur. Ils la présentent d'ailleurs moins comme une rectification que comme une « évolution », comme la prise en considération d'éléments nouveaux, « pour sauver l'essentiel ». En d'autres termes, ils ont « affiné » leur théorie en la modifiant, grâce à d'incessantes réflexions créatrices. Mais, à l'époque où leur analyse était fausse, c'était néanmoins la meilleure possible sur le moment. Dès lors, bien évidemment, la seule existence de gens qui, durant la période incriminée, combattaient leurs positions leur rappelle désagréablement que leur aberration n'avait rien d'inévitable et tenait plus à eux qu'à la conjoncture. Il leur importe donc d'écraser ces gens avec plus de fermeté encore que leurs anciens compagnons. Les anciens maoïstes ou les anciens thuriféraires du « progressisme libérateur » de la révolution iranienne veulent raisonner comme si l'humanité entière avait naguère entériné leurs bévues. Pionniers ils étaient dans l'hallucination, pionniers ils veulent rester dans le réveil amer. Le parangon du pluralisme unanimiste, du pluralisme sans les autres, finit toujours par retrouver sa pente naturelle. « Reconnaître mes erreurs, oui! s'écrie-t-il. Mais reconnaître mes erreurs, pour moi, consiste à faire guillotiner à la fois ceux qui étaient d'accord avec moi hier, puisqu'ils se sont trompés, et ceux qui disaient hier ce que je dis aujourd'hui, puisqu'ils l'affirmaient à partir d'un point de vue réactionnaire, que je ne dois pas laisser confondre avec la logique de gauche inspirant ma conversion. »

Le besoin de croire l'invraisemblable — et quoi, sinon l'invraisemblable, satisfait le besoin de croire? — engendre une intolérance plus féroce et une rancune plus tenace envers les incroyants chez les compagnons de route que chez les militants, comme si l'homme démordait moins facilement d'une demi-croyance que d'une croyance entière. Les « libéraux » américains ou les « progressistes » européens pardonnent moins magnanimement aux autres leurs propres erreurs que ne le font les ex-communistes à part entière. En se critiquant, la demi-cécité n'aboutit chez eux qu'à une demi-lucidité et à une demi-sincérité. Dans son *Voyageur dans le siècle*[1], Bertrand de Jouvenel ne parvient pas à prendre sur lui de regarder en face et de s'expliquer son adhésion hésitante et passagère aux idéologies d'extrême droite, sur la fin des années trente. Il s'étonne, s'agite, se tord les mains, renonce à diagnostiquer cette incartade, qui, pourtant, chez un homme d'une telle intelligence, a dû avoir une genèse qu'il eût été instructif de pouvoir reconstituer. D'autant plus que Jouvenel avait, depuis 1945, chassé de sa tête, et en tout cas de sa conversation, ce souvenir. A partir de cette date, il est vrai, avoir fauté à droite ne permettait d'attendre aucune absolution, ni pour avant, ni pour après la conversion. Au contraire, fauter ou flirter avec la gauche totalitaire ouvrait et ouvre toujours droit aux plus flatteuses compensations, tant durant le temps de l'errance que pour y avoir mis un terme.

Tout remonte à la façon erronée dont on pose d'ordinaire l'insaisissable problème de la « fonction de l'intellectuel dans la cité ». Comment l'intellectuel pourrait-il être le gouvernail de la société s'il se révèle déjà incapable de jouer ce rôle dans sa propre pensée ? La fonction de l'intellectuel dans la vie publique ne peut pas être remplie, si l'intellectuel n'assume pas d'abord le rôle de l'intellectuel dans la vie intellectuelle. Comment peut-il être professeur d'honnêteté, de rigueur et de courage pour l'ensemble de la société, lorsqu'il est malhonnête, inexact et lâche dans l'exercice même de l'intelligence ?

Max Weber établit une distinction célèbre, mais dont la clarté n'est qu'apparente, entre l'éthique de la conviction, qui serait celle de l'intellectuel pur (*Gesinnungsethik*), et l'éthique de la responsabilité (*Verantwortungsethik*), qui serait celle de l'homme d'action. Le premier n'obéit qu'à ses principes et à sa vérité, le second doit, sous les contraintes du réel environnant et du résultat visé, composer tant avec le vrai qu'avec le bien et avec ses propres convictions. Dans la pratique, cette distinction ne s'applique à aucun cas concret, car la majorité des intellectuels de tout temps prennent part à l'action, soit directement, soit par leur influence, et sont ainsi amenés à effectuer un dosage entre leurs convictions et les impératifs d'une situation, comme les hommes d'action, d'ailleurs, qui par bonheur ne sont pas tous entièrement opportunistes. Mais surtout, la racine de la question est de savoir si l'éthique de la conviction pure existe, c'est-à-dire si l'homme peut se conformer à une totale honnêteté même en débattant les seules idées, hors de la pratique immédiate. Je crois qu'il le peut, mais dans une mesure statis-

---

1. Laffont, 1979.

tiquement négligeable et marginale, sans effet sur le cours des choses, du moins à court terme. Dans une mesure plus large, en revanche, nous avons vu à maintes reprises comment l'intellectuel décline en général toute responsabilité à l'égard des conséquences pratiques de ses affirmations, comme, autant que possible, toute obligation de preuve dans l'élaboration même de sa conviction. L'éthique de la conviction et l'éthique de la responsabilité parviennent donc avec aisance chez les intellectuels à se concilier dans l'éthique de la conviction irresponsable.

Cette irresponsabilité s'affirme d'abord au stade proprement intellectuel de l'élaboration de la conviction, ensuite par le refus de répondre des conséquences, aussi bien scientifiques que morales, des erreurs commises. Lorsque Paul Ehrlich, alors chef du département de biologie de l'université de Stanford, lance en 1968, dans *The Population Bomb*[1], les extravagances apocalyptiques de prophéties démographiques sans fondement sérieux, il ne montre pas plus de sens de la responsabilité intellectuelle qu'il ne montrera vingt ans plus tard de sens de la responsabilité morale en omettant de s'expliquer sur ses erreurs et sur leurs mobiles idéologiques. Il se contentera de passer à un autre sujet: la stratégie, comme nous l'avons vu, et la défense dans l'espace, en y déployant les mêmes talents.

Après avoir martyrisé la linguistique pendant vingt-cinq ans et l'avoir utilisée comme un simple ornement de ses fantaisies, la philosophie française passe aujourd'hui tardivement le tout par profits et pertes. Ses représentants ne se sentent pas tenus de regretter cette mystification, de l'analyser dans ses origines, ses raisons, son déroulement et ses méfaits. Pourquoi tant d'injures et aucune excuse à l'adresse de ceux qui tentèrent de s'y opposer? Quand paraît, en 1988, le livre d'une sérénité destructive de Thomas Pavel, *le Mirage linguistique*[2], le journal littéraire et philosophique *la Quinzaine littéraire*[3], qui avait été pendant un quart de siècle un des hauts lieux de la défense des erreurs dénoncées dans l'ouvrage, en publie un compte rendu entièrement élogieux, avec une placidité déconcertante, sans éprouver le besoin de revenir sur le passé. Comment ont pu réagir les fidèles abonnés de *la Quinzaine*? Imaginons un lecteur de *l'Osservatore romano* découvrant dans son journal doctrinal l'article d'un cardinal exposant, sans en faire un drame,

---

1. Trad. fr., *la Bombe P*, Fayard, 1972. Sur le manque de sérieux de ces thèses, voir Jean-Claude Chesnais, *la Revanche du tiers monde*, Paris, Laffont, 1987, et, du même *la Transition démographique*, Paris, PUF, 1986.
2. Paris, Éditions de Minuit
3. 1er mai 1988.

*L'échec de la culture*

qu'en définitive les Évangiles sont apocryphes et ont été concoctés par Néron et Pétrone au cours d'une nuit de beuverie. Il penserait que, malgré tout, la maison lui doit quelques explications. Nul souci de ce genre dans *la Quinzaine*, qui écrit (sous la plume de M. Vincent Descombes) : « Quant au bilan offert dans *le Mirage linguistique*, il est d'autant plus accablant qu'il est précis et mesuré. Il ne s'agit nullement ici d'intenter un procès à quiconque ou de réclamer un retour aux valeurs sûres. Ce dont il s'agit, c'est plutôt, conformément au devoir d'état des philosophes et des savants, de tenir le *livre de compte* des entreprises intellectuelles. » On remarquera que, sans esquisser la moindre tentative pour disculper les imposteurs sur le terrain de la linguistique et de la philosophie, *la Quinzaine* maintient la revendication d'irresponsabilité : « Il ne s'agit nullement d'intenter un procès à quiconque... » (Et pourquoi pas ? Qu'est-ce qui justifie cette immunité accordée à ceux qui, précisément, de par leur culture, la méritent le moins ?) M. Descombes poursuit : « ... ou de réclamer un retour aux valeurs sûres ». (Lesquelles ? De quoi s'agit-il au juste ? Que signifie cette ironie ? Existe-t-il, oui ou non, une linguistique scientifique, qui fut dévoyée par les jongleries mondaines des structuralistes ?) Le droit à l'erreur ne peut être reconnu que s'il s'accompagne du respect de l'objection fondée et de la bonne foi dans la discussion.

Dispositions d'esprit que l'on rencontre rarement, dans un univers culturel où prédomine plutôt la fureur exterminatrice devant l'argument contraire, même sur un terrain aussi éloigné des grands enjeux géostratégiques de notre temps que, par exemple, l'histoire de l'art. Ainsi, un important historien d'art anglais enseignant aux États-Unis, T. J. Clark, tout-puissant à l'université de Harvard, publie en 1985 *The Painting of Modern Life, Paris in the Art of Manet and His Followers*[1]. Dans ce livre, Clark soutient que le scandale causé par l'*Olympia* au Salon de 1865 provint non de ce que Manet avait accompli une révolution esthétique qui choquait les habitudes perceptives du public et de la critique, mais de ce qu'il avait peint un « nu prolétarien » et de ce que la main de la jeune femme cachant son sexe désignait en réalité l'« envie du pénis » et le « regret du phallus manquant » dont parle Freud comme d'un stade dans l'évolution de la psychologie sexuelle des petites filles. Il va de soi que l'on ne trouve dans toute la documentation écrite ou

---

1. Knopf. « La peinture de la vie moderne, Paris dans l'art de Manet et ses successeurs. » M. Clark a depuis émigré en Californie.

iconographique concernant l'artiste et ses contemporains pas la plus minuscule brindille d'un début d'indice susceptible d'étayer cette interprétation balourde et qui se croit subtile, résidu des clichés psychanalytiques des années cinquante. J'admire beaucoup Protagoras, mais je ne l'approuve pas quand il dit : « On ne pense pas ce qui n'est pas. » Grands dieux ! Veut-il nous mettre au chômage ? Penser ce qui n'est pas, nous ne faisons que ça ! Je ne suis donc pas contre les idées fausses, pourvu qu'elles soient amusantes. Mais se tromper pesamment pour se borner à ranimer, comme le fait Clark, les relents écœurants du dogme stalinien sur l'art qui circulait sous la houlette d'Andreï Jdanov vers 1946, ce n'est pas là se tromper avec esprit et élégance. Nous reconnaissons là cet étrange penchant des intellectuels de cette fin de siècle aux États-Unis pour les reliefs réchauffés d'un marxisme provincial et délabré qui, aujourd'hui, fait rire même à Oulan-Bator. Quant à la « perte du phallus », j'ai encore vu quelqu'un susciter un vague intérêt en faisant allusion à cette théorie, en 1967, dans une discothèque à Saint-Tropez, vers 3 heures du matin, sans pouvoir jurer que l'auditoire suivait attentivement et, de toute façon, ce fut vraiment la dernière fois. Mais enfin, T. J. Clark a bien le droit d'y croire, à cette idée éculée, et de s'en repaître ; seulement, il n'a pas celui de prétendre faire œuvre d'historien et encore moins le droit d'insulter grossièrement ceux de ses confrères qui, plus sérieux que lui, montrent que sa thèse est à la fois primitive et erronée. Démonstration à laquelle se livra Françoise Cachin, directeur du musée d'Orsay, dans la *New York Review of Books* du 30 mai 1985. Françoise Cachin venait tout juste d'être, en 1983, le commissaire de la grande exposition Manet, la plus complète, la plus savante depuis la mort du peintre, cent ans auparavant, et telle que l'on n'en verra sans doute pas d'autre avant cent ans. Elle avait assumé à cette occasion l'élaboration d'un catalogue de 550 pages *in-quarto* qui est un des plus beaux monuments d'érudition dont jamais exposition provoqua la naissance. Que répond Clark à Françoise Cachin, au long et minutieux article où elle réfute la thèse selon laquelle l'œuvre de Manet constituerait un réquisitoire contre le capitalisme et la prostitution ?

D'abord, Clark insulte Mme Cachin. C'est beaucoup plus fréquent qu'on ne le croit dans les hautes sphères de l'esprit — et il l'accuse de se livrer à un « règlement de comptes » (autre poncif, quand on ne sait pas quoi dire) pour des motifs sans rapport avec le sujet. Procédé aussi fâcheux que répandu en haute intelligentsia. « Des apparatchiks culturels tels que Mme

Cachin, écrit T. J. Clark[1], ont à leur disposition un appareil d'État leur permettant de vomir (sic) sans interruption des rétrospectives. L'animosité du compte rendu de Mme Cachin est dû, selon moi, dans une large mesure, à mon manque d'enthousiasme pour les produits de cet appareil[2]. » L'élégance de la formulation rivalise ici avec l'élévation des sentiments. Rien de tout ce fatras n'a, bien entendu, le moindre rapport avec le fond du débat. Quand Clark consent à y venir — et c'est le deuxième temps de sa réponse —, il accuse Françoise Cachin d'avoir ... falsifié les citations de son livre. Le vieux truc qui consiste à parler de « citations tronquées » ou « isolées de leur contexte » peut pousser à de paradoxales inconséquences un auteur aux abois. C'est ainsi que M. Clark escamote, le front haut, son histoire de main signifiant le phallus. Si bien que, dans sa réponse à la réponse, c'est Mme Cachin qui doit rétablir les citations complètes du livre de M. Clark ! Les intellectuels tronquent, certes, fréquemment les citations de leurs adversaires, mais, généralement, ceux que l'on accuse de ce forfait sont précisément les rares dont les citations soient exactes ! L'histoire sociale de l'art demande un minimum de scrupules dans l'administration de la preuve. Et les inanités de M. Clark ne sont pas nées dans les bas-fonds de la niaiserie militante, elles ont retenti dans les temples les plus glorieux de la pensée universitaire.

Là encore, on admire la bonne conscience avec laquelle les intellectuels s'adonnent de façon massive à des friponneries dont ils ne pardonnent pas le dixième aux dirigeants politiques ou économiques. Pris la main dans le sac, les exploits dont ils sont capables pour fuir toute responsabilité valent les meilleures acrobaties des politiciens les mieux entraînés. Quand je parle de comportement « politicien », je reste dans les limites de la description technique, car, pour les intellectuels comme pour les politiques, avec plus de fréquence encore et moins d'excuses, la question primordiale, devant un problème, une difficulté, une objection, n'est jamais de savoir quel est le vrai ou le faux, mais quelle incidence la chose peut avoir sur les intérêts de la cause. En 1987 paraît *Heidegger et le Nazisme*, de Victor Farias, auteur allemand dont le livre est publié toutefois en premier lieu dans sa traduction française[3]. Judicieuse décision

---

1. *New York Review of Books*, 15 août 1985.
2. « *Cultural apparatchiks like Mrs. Cachin have a state machine set up for the purpose, which never stops vomiting retrospectives. The animus informing Mrs. Cachin's review was provoked in great measure, I believe, by my lack of enthusiasm for most of its products.* »
3. Paris, Verdier, 1987.

ou heureux hasard, car l'attitude des philosophes français devant Heidegger depuis cinquante ans, faite de prosternation idolâtre devant l'œuvre et de dissimulation éhontée du nazisme de l'auteur, constituait une nitroglycérine éthico-conceptuelle apte à provoquer une assourdissante déflagration à la moindre secousse. Cela ne manqua pas. Dès la publication du livre fusèrent de toutes parts libelles par dizaines, articles par centaines, tribunes libres, à foison, lettres ouvertes, numéros spéciaux de revues, colloques et débats télévisés. La famine en Éthiopie fut mise en veilleuse, Gorbatchev momentanément sevré de conseils et abandonné à ses propres ressources cérébrales, l'écrasement du général Pinochet ajourné, car, toutes affaires cessantes, l'honneur de la tribu sali par l'infâme Farias réquisitionnait l'énergie de tous ses fils. La logique pure, comme d'habitude, fut à la fête, puisque les chaînons du système de défense s'articulaient en gros de la façon suivante : 1) ce que dit Farias est faux ; 2) nous l'avions déjà dit ; 3) nous ignorions tout de ces horreurs, mais elles constituent, de la part de Heidegger, une méprise individuelle qui ne prouve rien contre sa philosophie ; 4) de toute façon ce n'est pas à Farias de le dire, c'est à nous ; 5) c'est pour cela que nous nous taisions et effacions toutes les traces du cheminement heideggérien en politique.

Pourquoi la communauté philosophique française s'est-elle sentie à ce point visée et piquée au vif, mise en question par des révélations qui n'en étaient pas, selon elle, qui étaient vraies tout en étant fausses, ce qui au demeurant, disait-elle, n'avait aucune importance ? Pourquoi le dénommé Farias, passé soudain du statut d'inconnu total à celui de souffre-douleur accrédité, d'infâme suppôt de l'obscurantisme ontique[1], se voyait-il refuser le droit d'enquêter sur le nazisme de Heidegger ? A propos de ce dernier point, nous connaissons le principe : seuls ceux qui ont menti ou se sont trompés jouissent du privilège de rectifier l'erreur (sans toutefois se donner tort). Les autres, ceux qui n'ont pas dit de sottise, sont disqualifiés d'avance et priés de garder le silence : affaire de bon goût. Mais, sur le piège heideggérien même et sur le sinistre secret de famille, la philosophie française n'en menait pas large, et pour cause ; d'où l'affolement suscité par *Heidegger et le Nazisme*, cette panique de vieilles bigotes découvrant que le curé titillait les petits garçons.

---

1. On sait que Heidegger distingue l'ontologique, ou science de l'Être, et l'« ontique », concernant les « étants », niveau de l'« existence inauthentique ».

Le nazisme du philosophe allemand a toujours été connu. Chaque fois qu'il resurgit à la surface, la tribu philosophique pousse les mêmes glapissements. Pourquoi ces cycles répétitifs? Parce que le nazisme de Heidegger, non point accidentel, mais profondément inhérent à sa doctrine, met en question la philosophie même. Lorsque, entre 1935 et 1945, la philosophie française, qui était un peu faible en degrés, eut besoin d'être chaptalisée, on y versa une forte dose de Heidegger pour la remonter. On ne vérifia pas l'appellation d'origine, le terroir politique du fournisseur. Depuis, notre philosophie, en majorité de gauche, vit avec, dans son sang, ce virus réactionnaire, ce qui provoque périodiquement d'indicibles trémulations.

C'est qu'en effet, derrière l'engagement personnel et militant de Heidegger dans le nazisme, surgit le problème du lien de sa philosophie avec cet engagement politique même. Le nazisme de l'individu Martin Heidegger découle-t-il de sa philosophie? Cette philosophie même est-elle donc un échantillon de pensée totalitaire? Pour ma part, je l'ai toujours pensé, je l'ai écrit en 1957 dans *Pourquoi des philosophes*[1]? J'y soulignais chez Heidegger l'archaïsme, la haine de la « folie technique », de la civilisation libérale, de la société industrielle et marchande, le culte archaïque et mystique de la communauté rurale primitive, tous thèmes familiers des nazis. J'insistais principalement sur le totalitarisme dans la démarche discursive même et la méthode d'exposition de Heidegger, qui accumule les affirmations pour répéter la même idée de cinq ou six manières différentes, et en se bornant à placer un « donc » avant la dernière phrase du paragraphe, alors qu'il n'existe aucun enchaînement déductif entre les propositions antérieures et leur prétendue conclusion. Ce procédé caractéristique, que j'appellerai la « tautologie terroriste », se retrouve dans les discours de Hitler comme dans les écrits dits « théoriques » de Staline. Or c'est précisément ce procédé qui fit le succès de Heidegger chez les philosophes. La philosophie ne pouvant, de nos jours, plus rien démontrer, la sanctification de l'affirmation pure, intransigeante et inexpliquée, offrait la planche de salut rêvée. Depuis Heidegger, la philosophie est plus que jamais assertorique et péremptoire. Elle se fonde, non plus sur la preuve, mais sur le *mépris* du récalcitrant qui refuserait de se laisser envoûter. Qu'une œuvre aussi verbale et verbeuse que celle de Heidegger, un tel tissu de platitudes creuses, ait pu passer pour un monument de la pensée montre simplement que, faute de substance, la philo-

---

1. Voir en particulier le chapitre III.

sophie contemporaine est aux abois, au point qu'elle est condamnée à devenir totalitaire. Le comportement politique de Heidegger n'est donc pas un accident caractériel, une lâcheté subjective, il fait partie intégrante de sa philosophie. Dans un article sur la culture totalitaire[1], j'avais déjà cité cette phrase extraite de son *Appel aux étudiants* du 3 novembre 1933, exhumée et souvent citée à nouveau après la parution du livre de Farias : « Ne cherchez pas les règles de votre être dans des dogmes et des idées, écrivait Martin Heidegger, c'est le Führer lui-même, et lui seul, qui est la réalité allemande d'aujourd'hui et de demain. » L'acceptation du modèle transcendant débouche, on le voit, très vite sur la métaphysique de l'incarnation, dont la conséquence est le culte de la personnalité. Hitler avait, du reste, été reconnu juridiquement comme « titulaire de l'idée de l'État » (loi du 1er mars 1933). Lisez bien titulaire de *l'idée* d'État, et non de l'État seulement. Pour légitimer dans un régime cette propriété despotique d'une idée, il faut des idéologues totalitaires. Heidegger fut l'un d'eux. Si certains ont eu des doutes sur la connexion intrinsèque entre la philosophie de Heidegger comme telle et le nazisme, du moins lui-même n'en éprouvait-il aucun, puisque c'est dans son vocabulaire théorique, à l'aide de sa terminologie technique même qu'il justifie son engagement. « La révolution nationale-socialiste, dit-il encore, le 12 novembre 1933, apporte le bouleversement complet de notre *Dasein* allemand. » (Arrachons un instant les non-philosophes à leur quiétude civilisée pour leur préciser que, dans le vocabulaire heideggérien, le *Dasein*, « Être-là », désigne la « réalité humaine ».) Dans un livre posthume de souvenirs[2], Karl Löwith raconte une journée, en 1936, dans les environs de Rome, où il s'était réfugié, journée de promenade en compagnie d'un Heidegger en vacances. Le philosophe du *Dasein* arborait à sa boutonnière l'insigne de la croix gammée. « Sur le trajet du retour, écrit Löwith, j'orientai la conversation vers la controverse de la *Neue Zürcher Zeitung* et lui expliquai que je n'étais d'accord ni avec l'attaque politique de Barth contre lui ni avec la défense de Staiger, parce que, à mon avis, son engagement en faveur du national-socialisme était dans l'essence de sa philosophie. Heidegger m'approuva sans réserve et ajouta que sa notion d'"historicité" était le fondement de son "engagement" politique. »

1. *L'Express*, 7 juin 1971 ; repris dans *Idées de notre temps*, Paris, Robert Laffont, 1972.
2. *Ma vie en Allemagne avant et après 1933*, trad. fr. de Monique Lebedel, Paris, 1988 ; édition originale en allemand, Stuttgart, 1986.

*L'échec de la culture*

Toute cette controverse avait d'ailleurs déjà eu lieu au minimum une fois, justement grâce à la publication d'un texte de Löwith dans *les Temps modernes* en 1946, « Les implications politiques de la philosophie de l'existence chez Heidegger », texte qui avait amené Alphonse de Waehlens, commentateur du philosophe, à plaider la thèse lamentable, et profondément injurieuse pour la philosophie, d'une absence de lien entre la doctrine de Heidegger et l'engagement politico-moral de la personne privée. Voilà ainsi de nouveau étalée l'insouciance des intellectuels devant les conséquences de leurs prises de position ! Après l'effondrement du nazisme, on a fusillé des abrutis complets pour crimes contre l'humanité, en arguant que l'obéissance aux ordres n'excusait rien, et l'on nous soutient que le plus grand philosophe du XX$^e$ siècle (selon ses défenseurs) pourrait se prévaloir d'une étanchéité totale entre sa pensée et ses actes ! Étrange système de défense. Car enfin, de deux choses l'une : ou bien l'engagement politique de Heidegger découle de sa philosophie, et cela met en question le sens de cette philosophie ; ou bien elle n'en découle pas, et si un philosophe peut faire un choix aussi grave qui soit dénué de toute relation avec sa pensée, alors cela démontre la futilité de la philosophie même. Le souvenir de cette polémique de 1946 fut refoulé par la communauté philosophique, de même qu'une intervention, dix ans plus tard, de Lucien Goldmann (l'auteur de *Dieu caché*), qui lut publiquement, lors d'un colloque à l'abbaye de Royaumont, des textes nazis de Heidegger, se heurtant à une vive réprobation et à une fin de non-recevoir indignée et résolue. Les philosophes ont donc repoussé en toute connaissance de cause l'information historique et esquivé l'examen de ses implications philosophiques. Dans une discrète note de la *Critique de la raison dialectique* (1960), Sartre écrit : « Le cas de Heidegger est trop complexe pour que je puisse l'exposer ici[1]. » Venant d'un auteur pour qui mille pages ne constituaient qu'une légère entrée en matière préparant de maigres prolégomènes et qui, du plus loin qu'il m'en souvienne, n'a jamais jugé aucune question trop complexe pour son universelle boulimie ratiocinante, cette soudaine et passagère modestie surprend. Disons qu'elle tombe mal. Quant aux épigones qui, à la suite de la parution du livre de Victor Farias, se sont distingués par la bassesse morale et intellectuelle de leurs réactions[2], ils ne mé-

---

1. P. 21, note 1.
2. Voir l'édifiant dossier de presse dans *Heidegger et les modernes*, de L. Ferry et A. Renaut, Paris, Grasset, 1988.

ritent l'attention qu'en tant que révélateurs du naufrage de la philosophie moderne et de sa contradiction essentielle, dont le cas Heidegger se borne à incarner, dans le couple indissoluble de l'action et de la pensée, le néant.

L'histoire de la philosophie se divise en deux parties : au cours de la première, on a cherché la vérité ; au cours de la seconde, on a lutté contre elle. Cette seconde période, dont Descartes est le génial précurseur et Heidegger la manifestation la plus avariée, pénètre dans sa phase d'activité pleine avec Hegel. Entre Descartes et Hegel, quelques ultimes héritiers de l'époque vérace, dont le plus pathétiquement sincère fut Kant, et le plus subtil Hume, s'efforcèrent vainement de trouver une voie moyenne qui prévînt l'inéluctable avènement de l'imposture.

L'affaire Heidegger n'a eu d'autre intérêt que d'éclairer la pauvreté que masque la prétendue profondeur de la philosophie moderne[1] et aussi l'étendue de la « culture de la dérobade », pourrait-on dire : l'engagement est revendiqué à l'entrée, jamais à la sortie. Ceux des contemporains allemands de Heidegger qui n'étaient pas nazis, mais qui jugeaient, comme beaucoup d'intellectuels de gauche sous la République de Weimar, le centre et les sociaux-démocrates plus réactionnaires que les nazis, payèrent lourdement leur faute, puisque la sortie fut pour nombre d'entre eux le camp de concentration. Mais combien de ceux qui s'échappèrent pour trouver refuge aux États-Unis, préférant, selon l'expression de Walter Laqueur, « la Californie à la Sibérie[2] », tirèrent vraiment après la guerre les leçons de leur aveuglement des années vingt ? Trop nombreux, parmi les intellectuels qui survécurent grâce à l'Amérique, furent ceux qui, après 1945, dirigèrent une seconde fois leurs attaques contre la démocratie et mirent leur plume au service de l'autre

---

1. La futilité de Heidegger lui-même comme penseur se marque même dans des textes où son ontologie nazie ne constitue pas le thème de base. Ainsi dans *l'Origine de l'œuvre d'art*, dont j'avais noté la banalité dans *Pourquoi des philosophes ?* (chapitre v), Heidegger, qui accumule sur un tableau de Van Gogh des clichés d'un inénarrable ennui, n'a même pas été capable de consulter sur ce tableau du peintre une petite documentation élémentaire, et il commet sur le contenu de l'œuvre une erreur grossière qui démolit toute son outrecuidante interprétation. Voir à ce sujet Meyer Schapiro, « The Still Life as a Personal object. A Note on Heidegger and Van Gogh », *The Reach of Mind : Essays in Memory of Kurt Goldstein*, New York, Springer Publishing Company, 1968, trad. fr. dans Meyer Schapiro, *Style, artiste et société*, Paris, Gallimard, 1982.
2. Walter Laqueur, *Weimar, une histoire culturelle de l'Allemagne des années vingt* ; trad. fr., Georges Liébert, Paris, 1978 ; titre original, *Weimar, a Cultural History 1918-1933*, Londres, 1974.

système totalitaire, celui de Staline. A quoi leur avait donc servi leur expérience? Un rat même apprend plus vite, dans son labyrinthe. Et, alors que les intellectuels britanniques furent avec les suédois les seuls en Europe à être épargnés par les persécutions soit fascistes soit communistes, quelle opinion se faire de H. G. Wells et de Bernard Shaw qui, l'un et l'autre, se firent les encenseurs successivement de Mussolini dans les années vingt et de Staline dans les années trente? Bel éclectisme dans la cécité volontaire!

Ce qui fait la supériorité, en effet, de l'intellectuel sur le reste de l'espèce *Homo sapiens*, c'est qu'il tend, non seulement à négliger par paresse les connaissances dont il dispose, mais à les abolir de propos délibéré lorsqu'elles contrarient la thèse qu'il veut accréditer. Ce volontarisme dans le mensonge a souvent produit ses néfastes effets à propos de questions plus importantes que le passé nazi de Martin Heidegger et les puériles cachotteries des philosophes à ce sujet. Ainsi, on croit en général que les intellectuels de gauche à l'Ouest ignorèrent la nature réelle du régime soviétique jusque très avant dans le siècle, d'abord remplis qu'ils étaient d'une confiance légitime et généreuse dans les qualités du nouveau régime, puis trompés par la censure et la propagande staliniennes.

Cette explication est fausse. C'est une inversion de l'ordre des événements, comme l'a démontré Christian Jelen dans un travail historique fondé sur des documents jusqu'alors inconnus ou inédits, *l'Aveuglement*[1]. Cette reconstruction fallacieuse des faits a été élaborée après coup, pour disculper les responsables. La vérité, que Christian Jelen rétablit et démontre, dans le cas particulier mais exemplaire des socialistes français, c'est que *le mensonge est né en Occident*. La tromperie sur la nature réelle de la dictature léniniste constitua une opération délibérée, due à l'initiative des socialistes français, avant même la scission de Tours (décembre 1920), à une époque où le jeune État bolchevik ne disposait bien évidemment d'aucun service suffisant de propagande extérieure et où aucun parti communiste, et pour cause, n'existait encore en Occident pour falsifier les faits. La tromperie fut inventée par les trompés et non par les trompeurs.

A l'origine, en effet, régna la vérité. Dès 1917 la gauche française connut et comprit de façon complète et précise la nature dictatoriale, policière, antidémocratique et, selon tous les critères canoniques, antisocialiste du pouvoir bolchevik. Alors on n'avait pas encore baptisé « révolution » le coup

---

1. *Op. cit.*

d'État d'Octobre. Alors aussi, on tira les enseignements logiques des élections qui suivirent, et qui donnèrent, dans l'Assemblée constituante, 75 % des sièges aux formations politiques hostiles aux bolcheviks. Avec la même logique enfin, les socialistes français appelèrent au début par son nom le second putsch de Lénine : la dissolution par un coup de force, en janvier 1918, de cette Assemblée constituante même, dont le tort à ses yeux était de ne compter qu'un groupe bolchevik fortement minoritaire, révélant par là que le communisme ne traduisait pas la volonté générale. Le correspondant en Russie de *l'Humanité*, quotidien alors purement socialiste, cela va de soi, envoie, d'octobre 1917 à janvier 1918, toute une série d'articles : du très compétent et très probe travail journalistique, joignant l'objectivité dans le reportage concret à la perspicacité dans l'analyse politique.

Bien plus : de novembre 1918 à mars 1919, la Ligue des droits de l'homme procède à Paris à l'audition de témoins nombreux et qualifiés des événements, témoins français ou russes, pour la plupart socialistes ou proches des socialistes. La commission qui les entend comprend certains des plus grands noms de la littérature, de la science, de la philosophie, de l'histoire, de l'économie, de la sociologie, de la politique : Anatole France, Paul Langevin, Charles Gide[1], Victor Basch, Célestin Bouglé, Charles Seignobos, Alphonse Aulard, Albert Thomas, Marius Moutet, Marcel Cachin et Séverine, l'ancienne collaboratrice de Jules Vallès. Tous des intellectuels, on le notera. Certains d'entre eux figureront plus tard dans le gotha du parti communiste. Ces auditions, j'en ai lu le compte rendu sténographique intégral, grâce à Christian Jelen, qui a pu avoir communication d'un exemplaire conservé dans une bibliothèque privée, car les archives de la Ligue des droits de l'homme ont été naguère détruites dans un incendie. Cette lecture a déchiré pour moi un voile historique : elle permet de s'apercevoir que, dès 1918, on pouvait savoir, l'on savait effectivement, les plus hauts responsables politiques et intellectuels du socialisme de l'époque *savaient* déjà absolument tout sur le despotisme soviétique, puisque aussi bien le système presque entier s'est mis en place dès la première année de son existence.

Que se passe-t-il en 1918 et en 1919 ? Les socialistes français commencent à repousser la vérité. En janvier 1918, une fraction provisoirement minoritaire mais virulente de la SFIO (nom du parti socialiste alors et jusqu'en 1971 : Section française de

---

1. L'économiste, oncle d'André Gide.

l'Internationale ouvrière) se révolte contre les articles — trop exacts! — du correspondant de *l'Humanité* en Russie et obtient de la direction du journal que ses reportages ne passent plus. La gauche inaugure ainsi brillamment la tradition de censure qui ne cessera jusqu'à nos jours de fleurir, par doses variables en fonction de la crédibilité, d'abord au bénéfice de l'URSS, puis de la Chine, de Cuba, du Vietnam, du Cambodge, de l'Angola, de la Guinée, du Nicaragua, de nombreux pays étiquetés « socialistes » dans le tiers monde. Un an plus tard, les atrocités considérées comme démontrées par la Ligue des droits de l'homme commencent à devenir l'objet d'un laminage cynique qui les escamote ou d'interprétations retorses qui les justifient. Les deux historiens de la Révolution française qui font le plus autorité, Alphonse Aulard et surtout Albert Mathiez, absolvent les bolcheviks pour leurs exécutions en masse à l'aide des mêmes arguments qui leur servent à excuser, voire à exalter, la Terreur de 1793 et 1794. L'encerclement, réel ou mythique, par l'ennemi extérieur rend légitimes les proscriptions contre les ennemis intérieurs, à savoir tout le monde sauf les chefs bolcheviks. La responsabilité des crimes du communisme incombe à ses adversaires, réels si possible, imaginaires s'il le faut. Les premiers échecs économiques d'une longue et chronique série, et surtout leur persistance, trouvent leur explication dans les « circonstances exceptionnelles », l'« héritage », le « blocus des puissances capitalistes » — alors que, tout au contraire, et le président américain Wilson et le Premier ministre britannique Llyod George font ou feront des déclarations de sympathie et des offres d'aide économique au nouveau régime. Ainsi, l'usine à mensonges se met en marche toute seule.

Les intellectuels ne se comportent donc pas autrement que l'ensemble des hommes dans leurs rapports avec les idées. Comme la majeure partie d'entre nous, ils les tiennent pour des instruments au service, non de la vérité ou d'une sage décision, mais de la conception qu'ils défendent et de la cause qu'ils servent, fût-elle suicidaire. Seuls des secteurs bien déterminés, où la contrainte scientifique élimine ou marginalise de force le rôle de la subjectivité, échappent à cette règle, que les scientifiques, d'ailleurs, s'empressent de suivre dès qu'ils s'éloignent de leur secteur contraignant. Dans les domaines où le souci de la vérité et l'accueil impartial à toutes les informations, quelles qu'elles soient, dépendent de la seule bonne foi, la proportion des hommes qu'intéressent en premier lieu, lorsqu'ils portent un jugement, les connaissances accessibles ne me paraît pas plus élevée chez les intellectuels que chez les non-intellectuels —

pour autant qu'il existe une frontière précise entre ces deux catégories. Aussi le problème des intellectuels, tel qu'on le ressasse inlassablement, me paraît-il être un faux problème. Le seul vrai problème est celui en général de notre culture, c'est-à-dire d'une culture qui ne parvient pas à se gérer conformément aux critères qu'elle a elle-même formulés comme étant les conditions de sa réussite. Les intellectuels, il est vrai, incarnent cette contradiction de façon plus voyante, parce qu'ils manipulent un matériel conceptuel plus abondant ; mais ils se bornent à pousser jusqu'au paroxysme un comportement humain normal. Ce qui est sûr, en tout cas, c'est qu'ils servent fort peu de guides, contrairement à toutes leurs aspirations et prétentions. Si les prises de position courageuses et lucides ne manquent pas, chez les intellectuels, ils n'en ont pas le monopole, loin de là, et ils ont plus souvent indiqué la mauvaise direction que la bonne. L'idéologie fait naturellement plus de ravages chez l'intellectuel que chez le non-intellectuel, elle s'y enrichit et s'y consolide avec une dépense d'énergie qui la rend plus résistante aux réfutations de la réalité, ou aux arguments des contradicteurs. Pour cette raison, loin de corriger les défauts de notre civilisation, les intellectuels les accentuent. Loin d'être les médecins de notre maladie, ils en sont plutôt les symptômes. Ce qui va mal chez les intellectuels révèle ce qui va mal dans la civilisation tout entière. Ils en grossissent les traits.

D'abord, en repoussant les faits contraires à leurs préjugés. L'Organisation mondiale de la santé publie-t-elle un rapport établissant que la schizophrénie se manifeste de façon identique dans tous les types de société ? Qu'elle est donc une maladie probablement organique et non d'origine sociale ? Aussitôt, c'est une levée de boucliers chez les psychiatres de l'« antipsychiatrie », parce que ce rapport détruit leur explication de la schizophrénie par les contradictions du capitalisme[1]. De savoir ce qui est vrai ou faux dans cette affaire, point question. Attitude fort répandue, certes, mais la haine de la connaissance étonne particulièrement chez ceux dont penser est la profession. Cette haine, ils l'avouent parfois avec ingénuité, mais après coup ; quand leur aveu ne peut plus modifier leurs actes ni rectifier le passé.

Ainsi, Maurice Merleau-Ponty écrit dans *Sens et Non-Sens*, après la guerre, au sujet de l'état d'esprit de ses amis avant la guerre, et de l'acceptation des accords de Munich par certains d'entre eux en 1938 « comme une occasion d'éprouver la bonne

---

1. Voir cette polémique dans *le Monde* du 2 septembre 1986.

volonté allemande » (*sic*) : « C'est que nous ne nous guidions pas sur les faits. Nous avions secrètement résolu d'ignorer la violence et le malheur comme éléments de l'histoire, parce que nous vivions dans un pays trop heureux et trop faible pour les envisager. *Nous méfier des faits, c'était même devenu un devoir pour nous*[1]. » Ces intellectuels systématisent ici une passivité qui était celle de la masse des Français, lesquels, on le sait, accueillirent avec un enthousiaste et aveugle soulagement les accords de Munich. Si les hommes de savoir ont une plus lourde responsabilité que les autres dans l'échec de la culture — c'est-à-dire dans le refus de faire servir à l'analyse et à la prise de décision les informations dont ils disposent —, il n'en reste pas moins que cet échec a été possible en dernier ressort à cause de la passivité de tous les autres hommes, que leur peur de savoir conduisait au désir d'être trompés. Mais le moins qu'on puisse dire est que les intellectuels n'ont en général pas fait grand-chose pour les détromper. La prise de conscience par Merleau-Ponty de son aveuglement d'avant la guerre ne lui a d'ailleurs en rien ouvert les yeux après la guerre, que ce fût en politique ou en philosophie. On ne reconnaît pas un même comportement lorsqu'on le reproduit à propos d'objets différents. Quand on se trompe de la même manière, mais à propos d'autre chose que la fois précédente, on s'imagine avoir corrigé son erreur.

Une même erreur qui change perpétuellement de contenu mais non de contexture s'appelle une mode. Et comment les intellectuels pourraient-ils servir de guides à la société, quand leur docilité aux modes dépasse en moyenne celle des autres membres de cette société ? On est frappé, en effet, par le conformisme des intellectuels, leur manque fréquent d'originalité dans leurs appréciations, en tant que groupe social, et le bel ensemble avec lequel ils se sont rués tête baissée dans toutes les modes philosophiques, surtout de l'après-guerre, car le défaut s'accentue avec le temps. Contrairement à ce qu'on pourrait attendre d'eux, ils ont rarement sur les doctrines en vogue un jugement réellement personnel. Leur capacité d'exercer vis-à-vis des courants dominants leur esprit critique est parfois des plus limités. Bien sûr, tout courant dominant n'est pas une mode. Ne mérite ce nom que le courant de pensée qui apparaît sans justification rationnelle et disparaît de même. *Le Système de la mode* de Roland Barthes[2], tentative pour expliquer la haute couture à l'aide de la linguistique, fut lui-même un pro-

---

1. Souligné par moi.
2. Paris, Éditions du Seuil, 1967.

duit de la mode. Objet d'une adhésion non motivée, sinon par le désir d'appartenance élitiste à un groupe, la mode sombre à la suite d'un retrait d'amour tout aussi peu motivé. Il est divertissant de voir alors ses anciens valets se déchaîner contre elle et multiplier les libelles pour piétiner les faiblesses et les mystifications dont ils ne s'avisaient guère quand la bête possédait toute sa musculature. La lucidité rétrospective et le courage rétroactif sont l'une des formes de la connaissance inutile, nous venons de le voir dans le cas de Merleau-Ponty. Mais ils ne servent à rien, s'ils ne remontent pas aux sources de l'erreur, et consistent à en invectiver seulement quelques acteurs éphémères et épisodiques, sans analyse de la genèse et des lois permanentes de la mode. Il faut distinguer entre le mouvement des idées et celui des esprits. Le premier suit son cours, parfois sur le devant, parfois sur le derrière de la scène, tantôt fêté, tantôt négligé par la mode, ce qui importe peu. Le second, pour sa part, suit la mode, *est* la mode. Il papillonne, en déclinant toute responsabilité, autour des idées, de l'art, de la littérature, de la politique, de tous les mets, de tous les lieux, de toutes les saisons. Et c'est heureux : il n'est point de bonne salle de classe sans cour de récréation attenante. Mais il n'est pas non plus de bonne école qui puisse comporter uniquement des cours de récréation.

Le savant et l'ignorant ne diffèrent en rien quand ils communient grâce à la mode dans une même exaltation où, dit Le Bon, « le suffrage de quarante académiciens n'est pas meilleur que celui de quarante porteurs d'eau[1] ». Il n'y a aucun mépris du peuple dans la notion de foule selon Le Bon. Un groupe humain se mue en foule lorsqu'il devient soudain sensible à la suggestion et non au raisonnement, à l'image et non à l'idée, à l'affirmation et non à la preuve, à la répétition et non à l'argumentation, au prestige et non à la compétence. Au sein de la foule, une croyance se répand non point par persuasion mais par contagion. Ces mécanismes irrationnels, la mission des intellectuels serait, en théorie, de les ralentir : en pratique, ils les accélèrent.

Comment naît, comment règne, comment s'évanouit une mode intellectuelle? Et pourquoi?

La question est de savoir, à propos de Mao Tsé-Toung ou de Teilhard de Chardin, pourquoi les mêmes qui acclamaient autrefois l'idole se mettent brusquement un jour à s'apercevoir qu'elle sonne creux, ce qu'on n'avait pourtant jamais cessé de leur signaler. Si la critique soudain porte, ce n'est pas seulement

---

1. Gustave Le Bon, *la Psychologie des foules*, 1895.

parce qu'elle est bonne, cela ne suffit jamais, c'est parce que l'heure de la chute a sonné pour la cible. Dénouement tout aussi énigmatique, parce qu'il est tout aussi peu rationnel que l'avaient été l'ascension et le triomphe.

On n'explique rien, en effet, quand on se borne à parler avec mépris de « mode », parce que la mode doit elle-même être expliquée. Une mode intellectuelle est le phénomène par lequel une théorie, un ensemble d'énoncés, qui ne sont souvent qu'un groupe de mots, s'emparent d'un nombre significatif d'esprits par d'autres moyens que la démonstration. Pour que ce fait soit paradoxal, il faut qu'il s'agisse d'une théorie, et d'une théorie dont l'ambition soit scientifique. Dans tout ce qui est du domaine non de la connaissance, mais du goût, la mode est le fonctionnement naturel des choses. L'énigme commence là où ce qui relève des critères du savoir parvient à s'imposer sans se soumettre à ces mêmes critères. N'être ni vérifiable ni réfutable rationnellement est tout à fait normal pour un chapeau ou une danse, ce l'est moins pour une théorie psychanalytique, économique ou biologique. Mais c'est précisément lorsqu'une telle théorie réussit « hors critères », lorsque la suggestion même de lui appliquer des critères de vérification devient sacrilège, c'est à ce moment-là que nous sommes en présence d'une mode.

On ne « lance » pas une mode intellectuelle à volonté. L'acharnement répétitif, même appuyé par tous les médias imaginables, n'y suffit pas. Il faut que la théorie, sa matière et surtout sa manière répondent à un besoin, à des besoins. La réussite du Dr Jacques Lacan offre un condensé exemplaire des conditions à remplir. Psychanalyste, Lacan refuse les critères techniques de la cure, au point d'être exclu par l'Association internationale de psychanalyse. Il remplace les difficultés réelles de la recherche scientifique par les difficultés artificielles d'un style obscur, précieux et pédant, qui procure à ses lecteurs et à ses auditeurs à la fois l'illusion de faire un effort et la satisfaction de se croire initiés à une pensée particulièrement ardue.

Ces deux premières conditions, facilité réelle et difficulté apparente, fournissent la recette permettant à une vaste clientèle la jouissance initiatique, le privilège de se percevoir comme une minorité. C'est même la condition indispensable de toute mode intellectuelle: on peut la baptiser l'élitisme de masse. A quoi s'ajoute un autre ingrédient: le recours à une discipline d'appui. Le Dr Lacan a mis un certain temps à la trouver. Dans un chapitre de son *Introduction à la sémiologie*[1], Georges Mou-

---

1. Éditions de minuit, 1970.

nin a étudié en linguiste les vagues terminologiques successives qui déferlent sur le style de Lacan. Après la vague logico-mathématique, puis « dialectique », durant la mode hégélienne, surgit la phase phénoménologique et heideggérienne, puis l'émergence, après 1960, du structuralisme et de la linguistique.

Il ne fut naturellement pas question dans le cercle lacanien de faire de la linguistique sérieuse. Mounin déplore même que « l'Ecole normale, où eût dû par priorité se produire l'aggiornamento linguistique de haute qualité, ait perdu, en partie à cause de Lacan, quelque dix ou quinze ans difficiles à rattraper ». Car Lacan s'est borné à jouer avec la linguistique, posant en principe que « l'inconscient est un langage » ou, mieux, qu'il est « structuré comme un langage », ce qui, du point de vue freudien, est un contresens total. Sans revenir sur cette confusion dont j'ai souvent traité en détail[1], je me bornerai à souligner que ceux qui la commirent suivaient un penchant dominant de l'époque. Ce penchant consistait à tout ramener à un « discours ». Il n'y a pas de médecine, mais un « discours » médical, pas de politique, mais un « discours » politique. Récrire la psychanalyse ou le marxisme dans la terminologie de la discipline qui paraît à beaucoup la plus moderne, la plus en pointe en l'occurrence, la linguistique structurale (mais toute autre discipline a fait ou fera l'affaire), telle est la quatrième condition du succès, qu'il fût celui de Roland Barthes ou de Michel Foucault. A quoi il faut joindre une cinquième condition, qui n'est pas la moindre : aboutir à une doctrine qui paraisse donner une explication globale de la condition humaine, c'est-à-dire à un système philosophique. Facilité de fait, difficulté apparente, vocabulaire initiatique, élitisme de masse, discipline d'appui et globalisme explicatif, telle est la fiche signalétique minimale d'une mode intellectuelle. Elle acquiert, en outre, une force de pénétration exceptionnelle si elle est défendue et colportée par un « gourou » que l'on puisse idolâtrer.

Alors, pourquoi une mode meurt-elle ? Pas parce qu'elle est réfutée, mais parce que d'autres doctrines, d'autres courants se sont mis, avec un autre vocabulaire, à remplir les mêmes fonctions, à satisfaire les mêmes besoins que la vieille mode, qui, dès lors, se couvre de rides en l'espace d'un matin. Ceux qui tiennent aujourd'hui le même emploi que Lacan naguère sont là sous nos yeux, leurs noms sont sur toutes les lèvres, leur magie transfigure une foule de sujets sur lesquels nul n'estime devoir

---

1. *Pourquoi des philosophes?*, 1975, chapitre VI, et préface de l'édition 1971, Livre de poche, coll. « Pluriel », p. 36 et suivantes.

les soumettre à un contrôle de compétence, ou sur lesquels leur incompétence avérée ne leur enlève pas la moindre audience. Et les lecteurs qui se croient délivrés de la mode usagée ne se doutent pas que ce qu'ils acclament à la même minute est une incarnation nouvelle de l'illusion qui a cessé de plaire.

Enfin, une troisième caractéristique des intellectuels montre qu'ils accentuent, là encore, au lieu de la corriger, l'erreur humaine : c'est leur étrange penchant pour les systèmes totalitaires. Un coup d'œil sur les trois derniers siècles nous enseigne que seule une minorité d'intellectuels a opté pour la société libérale. En majorité, ils ont choisi des projets de dressage de l'homme, de production de « l'homme nouveau ». Pour cette majorité, la culture constitue un moyen de domination, de réforme, de propagande et de gouvernement, tout sauf un moyen de connaissance. Moins souvent cité que son chapitre de *l'Ancien Régime et la Révolution* sur les hommes de lettres, le chapitre de Tocqueville, dans ce même ouvrage, sur les économistes est peut-être encore plus éclairant[1]. Il y met à nu tous les ressorts de l'étrange prétention des théoriciens à rebâtir de fond en comble l'homme et la société. « L'État, suivant les économistes, écrit-il, n'a pas uniquement à commander à la nation, mais à la façonner d'une certaine manière ; c'est à lui de former l'esprit des citoyens suivant un certain modèle qu'il s'est proposé à l'avance ; son devoir est de le remplir de certaines idées et de fournir à leur cœur certains sentiments qu'il juge nécessaires. » C'est pourquoi « ils n'ont pas seulement la haine de certains privilèges : la diversité même leur est odieuse ; il adoreraient l'égalité jusque dans la servitude ». Fort peu d'intellectuels, depuis le XVIIIe siècle, ont été en faveur de la liberté : la plupart d'entre eux ont combattu surtout pour imposer à la société leur doctrine à eux de la « liberté », au besoin par la contrainte. Benjamin Constant se moque de l'abbé de Mably qui, écrit-il, « à peine apercevait-il, n'importe chez quel peuple une mesure vexatoire, pensait avoir fait une découverte et la proposait pour modèle ; il détestait la liberté individuelle comme on déteste un ennemi personnel[2] ». N'est-il pas déconcertant et préoccupant d'ailleurs que l'une des bêtes noires des intellectuels depuis trois siècles ait été ce qu'ils nomment péjorativement l'individualisme ? Sauf une poignée d'entre eux, ils considèrent eux aussi, à l'instar de l'abbé de Mably et de

---

1. Livre III, chapitre III : « Comment les Français ont voulu des réformes avant de vouloir des libertés ».
2. Benjamin Constant, *De la liberté des Anciens comparée à celle des Modernes*, 1819.

Rousseau, la liberté individuelle comme un ennemi personnel. Or ne devrait-ce pas être le contraire[1] ? La culture n'est-elle pas le moyen, pour chacun d'entre nous, de conquérir l'autonomie du jugement et de l'option morale ? Le penseur ne devrait-il pas être celui qui nous devance et nous ouvre la voie dans cette conquête de l'autonomie ? Pourquoi, au lieu de nous enseigner à devenir libres, se retourne-t-il contre nous et veut-il nous soumettre au système qu'il a conçu ?

La réponse, très simple, est incluse dans la question : ce que la majorité des intellectuels, jusqu'à ce jour, appelle le triomphe de la culture, c'est la faculté d'imposer leurs conceptions à tous les autres hommes et non pas de les libérer intellectuellement en plaçant à leur disposition les moyens de penser par eux-mêmes de façon originale. Si la plupart des intellectuels qui vivent dans les sociétés libérales haïssent ces mêmes sociétés libérales, c'est qu'elles les empêchent de s'approprier entièrement la direction d'autrui.

Troquer la liberté d'expression contre le pouvoir d'opprimer ne déplaît pas toujours aux intellectuels. Nombre d'entre eux adorent les régimes ou les partis qui suppriment ou rognent leur liberté et leur dispensent, en revanche, avec prodigalité flatteries, honneurs et subventions. Ces régimes ne risquent aucune rebuffade lorsqu'ils leur disent, en somme, pour citer Robert de Jouvenel : « Nous refusons de respecter votre droit. Par contre, nous reconnaîtrons volontiers des droits que vous n'avez pas[2]. »

Le socialiste polonais Jan Waclav Makhaïski avait bien vu chez les intellectuels cet appétit de domination et de monopole, en développant, aux alentours de 1900, sa théorie, qui fit scandale, du « socialisme des intellectuels[3] ». En un mot, selon Makhaïski, « le socialisme est un régime social basé sur l'exploitation des ouvriers par les intellectuels professionnels », et « Marx, fondateur du socialisme scientifique, est le prophète de cette nouvelle classe dominante, capable et compétente, qui éliminerait les ploutocrates, éléments archaïques », résume fort clairement Skirda. On ne peut s'empêcher de penser au pro-

---

1. L'histoire accablante de cette lutte fanatique des intellectuels contre la liberté individuelle a été faite par Alain Laurent dans deux ouvrages fondamentaux : *De l'individualisme* (Paris, PUF, 1985) et *l'Individu et ses ennemis* (Paris, Pluriel-Hachette, 1987).
2. *La République des camarades.*
3. En français, nous disposons d'un choix de textes de Makhaïski, *le Socialisme des intellectuels* (Paris, Seuil, 1979), traduit, avec une excellente présentation, par Alexandre Skirda. On trouvera dans les notes de cette présentation des références à plusieurs études en langue anglaise sur le « makhaïskisme »

gramme, appliqué en Italie de 1945 à 1980 environ, d'Antonio Gramsci, que des penseurs « bourgeois » naïfs prennent pour un libéral « eurocommuniste », ce qui est de la haute fantaisie. Gramsci est le théoricien le plus inflexiblement léniniste de la conquête du pouvoir intellectuel total. Cette idée fixe court, à droite comme à gauche, à travers l'histoire de l'intelligentsia. Dans la préface de la réédition, en 1985, de son premier livre, *les Indes rouges*[1], Bernard-Henri Lévy apporte ce témoignage édifiant : « Et je me souviens encore, si l'on veut une anecdote plus personnelle et plus précise, de ces petits matins d'hiver où Louis Althusser, sur un coup de téléphone bref et délibérément énigmatique, me convoquait rue d'Ulm ; où, avec des airs de conjuré préparant, loin des indiscrets, son grand soir philosophique, il m'entraînait, à peine arrivé, dans la cour intérieure de l'école ; et où nous restions longtemps ainsi, à marcher d'un pas lent autour du "bassin des Ernest[2]", moi l'écoutant et lui, le front pensif, les mains dans les poches de sa robe de chambre et le regard chargé de signes d'intelligence que je devais entendre à demi-mot, m'expliquant la place qu'il me réservait dans sa stratégie de conquête, de contrôle, de subversion... du pouvoir intellectuel en France ! »

Dans ses souvenirs, *les Royaumes déchirés*, Juan Goytisolo raconte un épisode très révélateur de la *libido dominandi* propre aux intellectuels. Il écrit : « Je me souviens qu'Arrabal, alors férocement insulté par Benigno et mes amis du Parti, avait fait parvenir à Sartre par l'intermédiaire de Nadeau l'une de ses premières pièces de théâtre ; celle-ci devait paraître dans sa revue avec une introduction du philosophe. La nouvelle me mit de fort mauvaise humeur, comme si un intrus avait envahi mon territoire et son talent pouvait faire de l'ombre au mien ; commentée par mes soins, elle scandalisa également mes amis militants. Sur leurs conseils, j'allai très démocratiquement voir Simone de Beauvoir pour empêcher "l'offense" : Arrabal, lui dis-je, était un idéaliste, un réactionnaire et n'était pas solidaire de notre Lutte ; bien des gens ne comprendraient pas que Sartre l'encourage, et en tout cas cette promotion serait préjudiciable à la cause de l'antifranquisme. A la suite de cette intervention, Sartre renonça à écrire son prologue ; mes amis et moi savourâmes sans vergogne notre mesquine victoire. Comme j'ai essayé de l'exprimer dans *Pièces d'identité*, la police idéologique

---

1. Paris, Grasset et Livre de poche.
2. Dans l'argot de l'École normale, les « Ernest » sont les poissons rouges qui nagent dans le bassin central de la cour d'honneur du 45, rue d'Ulm, à Paris

et culturelle correspondait parfaitement au code particulier de la tribu[1] ».

Quand les intellectuels se déferont-ils enfin de l'illusion perverse qu'ils sont appelés à gouverner le monde et non à l'éclairer, à construire, voire à détruire l'homme et non à l'instruire ?

Une frémissante séance d'exorcisme collectif a eu lieu, dans ce sens, les 16 et 17 mars 1988, à Rome, où d'anciens intellectuels communistes et des socialistes firent comparaître devant leur tribunal les ombres de Palmino Togliatti, qu'ils reconnurent coupable de complicité d'assassinat, en raison de son rôle à Moscou durant la Grande Terreur, en 1937, et de la stalinisation de la vie intellectuelle italienne à son retour dans son pays après la chute du fascisme. Togliatti avait, en effet, laissé fusiller par Staline sans broncher, je dirai même en y prêtant la main, des centaines de communistes italiens antifascistes, réfugiés en URSS. En outre, il avait habilement trouvé, après la guerre, un terrain d'entente avec le monde intellectuel italien, en lui proposant une sorte de pacte culturel « gramscien ». Ce pacte fonctionna du reste pendant trente ans à la satisfaction générale. A condition qu'ils fussent dans le giron ou dans la zone d'attraction du parti communiste italien et aussi du parti socialiste de Pietro Nenni, alors allié du PCI, les intellectuels, écrivains et artistes jouirent durant ces trois décennies d'un pouvoir, d'une protection et d'une sécurité matérielle considérables. Et aussi d'une appréciable quoique relative liberté, puisque Togliatti eut assez de finesse pour ne pas leur passer la muselière jdanovienne et pour leur permettre de venir avec leurs références, leurs lectures, leurs traditions. Reste que l'incidence fonctionnelle de ce pacte n'en fut pas moins l'oppression de la culture italienne par une omniprésente bureaucratie idéologique. La séance d'inculpation posthume de Togliatti, passionnante du point de vue historique et capitale comme tournant, peut donc être néanmoins versée au chapitre des remords rétrospectifs qui affleurent soudain à point nommé quand ils ne peuvent plus rien changer à la réalité. C'est la faillite culturelle du communisme et non l'autocritique des intellectuels qui en fut la cause déterminante. Évacuer bruyamment un navire échoué ne requiert aucun héroïsme particulier, bien que ce fût l'occasion d'analyses pénétrantes et de remémorations pleines d'intérêt. La question est de savoir si la critique du passé bannira ou non la répétition des mêmes erreurs sous d'autres formes à l'avenir.

1. Trad.fr., Fayard, 1988. L'édition originale espagnole parue en 1986 à Barcelone chez Seix Barral s'intitule *Lo Reino de Taifa*.

De bons observateurs de l'Italie contemporaine attribuent à la banqueroute du « pacte de Togliatti », c'est-à-dire à l'échec de la conquête culturelle du pouvoir social dans le cadre du marxisme institutionnel, l'orientation fatale de nombreux intellectuels qui, à partir de 1968, se tournèrent vers le terrorisme. Bien que la faillite idéologique et pratique du parti communiste italien ait, en effet, pu servir de cause occasionnelle et seconde à cette conceptualisation de la mitraillette, la cause première en demeure à mes yeux la haine fondamentale pour les civilisations de liberté. Sinon, pourquoi aurait-on assisté, dans un contexte politico-culturel et sur un arrière-plan historique sans aucun rapport avec ceux de l'Italie, aux États-Unis, dans ce haut lieu de l'esprit qu'est la School of Education de l'université de Stanford, du 4 au 6 février 1988, à un colloque intitulé « Talking Terrorism » et dont la liste des orateurs invités avait été établie de telle façon qu'il tourna entièrement à la gloire du terrorisme international et en faveur de la bonne vieille thèse que ce sont les démocraties qui sont intrinsèquement terroristes ?

Une des manies les plus intrigantes des intellectuels consiste à projeter ainsi sur les sociétés libérales les défauts qu'ils refusent de discerner dans les sociétés totalitaires. Nous avons vu ce mécanisme d'interversion des rôles se produire chez les intellectuels américains. En Europe, Michel Foucault est l'un des penseurs chez qui on l'observe avec le plus d'étonnement, car Foucault n'a jamais été ni communiste, ni sympathisant, ni même marxiste, contrairement à Sartre et à tant d'autres. Seul un banal parti pris « progressiste » intervient donc chez lui quand il interprète les sociétés ouvertes avec sa théorie de l'enfermement, développée en particulier dans *Surveiller et punir*[1]. Foucault y décrit les sociétés libérales comme fondées sur le principe d'un enfermement généralisé : enfermement de l'enfant à l'école, du soldat dans la caserne, du délinquant, ou prétendu tel, en prison ; du fou ou pseudo-fou à l'hôpital psychiatrique. Lorsqu'il fourre dans le même panier des formes aussi hétéroclites d'enfermement, pour intenter un procès en totalitarisme aux sociétés démocratiques, et ce au moment même où celles-ci n'avaient jamais connu un tel degré de liberté, ni de libéralisation de tous les secteurs ci-dessus énumérés, Foucault, on ne peut s'empêcher de le penser, décrit en réalité une autre société, une société qui le fascine, mais qu'il ne nomme pas : la société communiste. Dans quelle autre société, en effet, à l'époque précise où il élabore sa théorie, l'enferme-

---

1. Paris, Gallimard, 1975.

ment règne-t-il de façon aussi universelle et souveraine ? Enfermement de l'enfant à l'école, comme partout ; du soldat en sa caserne, encore plus qu'ailleurs avec le service militaire le plus long de la planète ; du fou mais surtout du faux fou dans les hôpitaux psychiatriques servant à la répression politique ; enfermement non seulement des criminels de droit commun dans les prisons, mais de nombreux innocents dans des camps de concentration et de travail forcé ; enfermement de la population par l'interdiction qui lui est faite de se déplacer sans autorisation, sans passeport intérieur, dans le pays même, et d'y choisir librement le lieu de sa résidence ; enfermement, enfin, de la population tout entière à l'intérieur des frontières de l'URSS, par l'interdiction de la quitter ou même de s'en absenter pour un bref séjour à l'étranger — à moins d'obtenir, toujours par faveur et non par droit, un rarissime visa de sortie.

Une composante essentielle du système totalitaire, opposé à la civilisation libérale, est la vocation qu'il s'attribue de dominer le monde, de le régénérer, d'imposer le type de société qu'il incarne et qu'il considère comme supérieur à tous les autres. D'où l'idéologie, et la place centrale qu'elle occupe dans ces systèmes et par conséquent qu'elle y octroie aux intellectuels, chargés de « surveiller » l'orthodoxie de la société. Seul le totalitarisme ménage aux intellectuels un monopole. Dans la civilisation libérale, chaque intellectuel n'est qu'un individu qui s'adresse à d'autres individus, lesquels sont libres de l'écouter ou de le négliger, de l'approuver ou de le désapprouver. Chaque jour, le travail de persuasion du public est à recommencer. Quelle fatigue, et quelle angoisse ! Lequel d'entre nous n'a pas rêvé de troquer cette précarité contre le confort d'un Lyssenko, d'un Heidegger, recevant l'appui de l'appareil d'État pour neutraliser tous leurs contradicteurs ? On s'amusera ou on s'attristera, selon son tempérament, de voir, par exemple, Diderot et d'Alembert, éditeurs de l'*Encyclopédie* (théoriquement la matrice de tant de libertés modernes), intervenir auprès de Malesherbes, chargé, sous Louis XV, de l'administration de la librairie, pour lui demander de censurer et de saisir les écrits des auteurs qui critiquaient l'*Encyclopédie* ! L'abbé Morellet, dans ses *Mémoires*[1], cite la lettre que lui envoie alors Malesherbes, pour qu'il la communique à d'Alembert, lequel avait dépêché l'abbé auprès du magistrat. Ce dernier répond : « Si

---

1. Réédités par le Mercure de France en 1988. *Mémoires* de l'abbé Morellet, de l'Académie française, *sur le XVIII<sup>e</sup> siècle et la Révolution*, introduction et notes de J. P. Guicciardini.

M. d'Alembert, ou un autre, peut prouver qu'il est contre le bon ordre de laisser subsister des critiques dans lesquelles l'*Encyclopédie* est aussi maltraitée que dans les dernières brochures, si quelque autre auteur trouve qu'il est injuste de tolérer des feuilles périodiques, et s'il prétend que le magistrat doive juger lui-même de la justice des critiques littéraires avant de les permettre, en un mot, s'il y a quelque autre partie de mon administration qu'on trouve répréhensible, ceux qui s'en plaignent n'ont qu'à dire leurs raisons au public. Je les prie de ne pas me nommer, parce que cela n'est pas d'usage en France ; mais ils peuvent me désigner aussi clairement qu'ils le voudront, et je leur promets toute permission. J'espère au moins qu'après m'être exposé à leurs déclarations, pouvant les empêcher, je n'entendrai plus parler de plaintes particulières, dont je vous avouerai que je suis excédé. »

En somme, ce que rappelle Malesherbes aux Encyclopédistes, c'est qu'ils doivent répondre aux arguments de leurs adversaires par d'autres arguments, au lieu d'exiger du bras séculier qu'il les réduise à un silence forcé. Mais, poursuit Morellet, « quand j'exposais à mon ami d'Alembert les principes de M. de Malesherbes, je ne pouvais les lui faire entendre ; et le philosophe tempêtait et jurait, selon sa mauvaise habitude ». Car, poursuivait d'Alembert en vertu de l'éternel et admirable sophisme qui trahit l'homme de lettres et le philosophe de tous les temps, car dans l'*Encyclopédie*, disait-il, lui et ses amis « ne passaient pas les limites raisonnables d'une discussion philosophique », tandis que les accusations de leurs adversaires étaient d'odieuses attaques personnelles « que devait interdire un gouvernement ami de la vérité et qui voulait favoriser le progrès des connaissances » ! Nul n'ignore, au demeurant, que Malesherbes protégeait ouvertement les Encyclopédistes et leur épargna tout ennui avec la censure royale. Mais à leur gré il eût fallu aussi qu'il embastillât leurs contradicteurs ! Sans doute est-ce à cause de son pluralisme félon et de son pernicieux respect pour toutes les opinions, qu'en 1794 les disciples des Encyclopédistes au pouvoir lui manifestèrent leur gratitude en le faisant guillotiner.

Que l'on me croie : pour autant que mes sympathies personnelles aient la moindre importance, je me sens moi-même un des lointains fils spirituels des Encyclopédistes et non de leurs adversaires. Mais mon propos est le suivant : tant que les intellectuels considéreront comme normal d'appeler « lutte pour la liberté de l'esprit » et pour « les droits de l'homme » la seule faculté, revendiquée pour eux-mêmes, de plaider dans l'abstrait pour la liberté tout en la refusant à leurs contradicteurs et de se réclamer de la vérité tout en cultivant le mensonge, l'échec de la culture, son impuissance à exercer une quelconque influence positive sur l'histoire, dans le domaine moral, se poursuivra dans l'avenir pour le plus grand dommage de l'humanité.

J'ose pourtant espérer que nous avons atteint la fin de l'ère durant laquelle les intellectuels se sont avant tout efforcés de placer l'humanité sous leur domination idéologique et que nous entrons dans celle où ils vont enfin se conformer à leur vocation, qui est de mettre la connaissance au service des hommes — et pas seulement dans le domaine scientifique et technique. Le passage de l'ère ancienne, où la stérilisation de la connaissance était tenue pour la norme, à une ère nouvelle n'est d'ailleurs pas un choix possible parmi d'autres : c'est une nécessité. Notre civilisation est condamnée à se mettre en accord avec elle-même ou bien à régresser vers un stade primitif, où il n'y aura plus de contradiction entre la connaissance et le comportement, parce qu'il n'y aura plus de connaissance.

ENVOI

## FRÈRES HUMAINS QUI APRÈS NOUS VIVREZ

« Envoi », nous rappelle Littré, se dit, dans l'ancienne ballade, « de quelques vers mis à la suite d'une pièce de poésie, comme un hommage à la personne à qui elle est adressée ». Comme une leçon aussi, une morale. En empruntant à François Villon le refrain de la plus poignante de ses ballades, j'exprime le vœu que nos descendants apprennent et parviennent un jour à se servir de leur intelligence en vue de ce pourquoi elle fut vraiment faite et de ce dont elle reste peut-être capable. Point d'autre conclusion.

Mais je dois répondre à la question que je posais au début de ce livre : la chance que nous avons de disposer d'incomparablement plus de connaissances et d'informations qu'il y a seulement trois siècles, deux ans, six mois, nous conduit-elle à prendre de meilleures décisions ? Pour l'heure, la réponse est : non.

La question, j'y insiste, n'est pas de savoir si nos connaissances ont progressé ou pas. Il apparaît clairement qu'elles ne cessent de le faire. La clause dirimante est celle de l'insertion de ces connaissances dans l'action. Il ressort de l'examen, si superficiel soit-il, que j'ai pu faire ici de la maigre étendue de cette insertion, qu'elle a lieu seulement lorsque aucun préjugé stérile ne s'y oppose. Dans le cas contraire, l'erreur dans l'impuissance est en général préférée à l'efficacité dans la connaissance. Bien sûr, nul ne voit d'inconvénient à l'amélioration de la technologie des chirurgiens-dentistes ou des ingénieurs en bâtiment quoique (j'en ai donné plusieurs exemples) la science ou la vérité triviale ne sortent pas toujours victorieuses de leurs conflits avec les préjugés. Entendons-nous : elles finissent parfois, en pratique, par s'imposer, parce qu'il faut bien survivre. Mais elles ne participent que partiellement à l'élaboration de la vision du monde qui façonne l'opinion du public et pèse sur le cours des choses. De plus, il existe un facteur décisif, dans l'influence que la connaissance peut exercer sur la vie, c'est le temps. Comprendre trop tard, c'est comme ne pas comprendre, ou, en tout cas, pas à temps pour agir utilement. Le poncif intéressé que répandent des hommes d'État, d'après lequel l'art de gouverner consisterait à savoir attendre ou, selon le dicton espagnol souvent ressassé par un président de la République française, à « laisser le temps au temps », n'est que le maquillage de l'irrésolution. Si c'est pour laisser les situations évoluer toutes seules, à quoi sert-il d'avoir des dirigeants ? Le succès du décideur dépend au moins autant du moment où il décide que de ce qu'il décide. Trop tardive, la décision n'en est plus une : elle enregistre le fait accompli. Souvent, gouverner, gérer, entreprendre ne sont pas davantage. La vie est un cimetière de lucidités rétrospectives.

Parviendrons-nous donc à faire ce pas de géant dans l'histoire de l'humanité, cette nouvelle révolution néolithique : la mise en harmonie de nos connaissances et de nos comportements ? Si j'ai donné une réponse momentanément réservée à cette question, je m'empresse d'ajouter que des indices permettent d'affirmer que, dans certains cas, nous avons accompli ce pas et savons comment procéder pour nous modifier. Par exemple, la manière dont a été gérée la crise économique mondiale ouverte en 1973 montre que les gouvernements des pays les plus développés avaient assimilé en partie les leçons des erreurs commises lors de la crise ouverte en 1929. Ils n'ont pas, comme leurs prédécesseurs, fermé les frontières, relevé les tarifs douaniers, ni joué sans mesure avec les monnaies, toutes fautes qui, durant les années trente, avaient transformé en cataclysme une simple panne. Voilà donc un exemple où l'expérience acquise a été incorporée à l'action. Notons cependant que de nombreux dirigeants, durant la crise, s'efforcèrent de recourir au keynésime, dont la science économique avait pourtant dès les années soixante démontré l'inadéquation aux situations nouvelles et de propager l'hostilité au marché, considéré comme néfaste pour les faibles et les pauvres alors qu'il se révéla seul capable de les sauver de la profonde misère. Songeons qu'à la fin de son second mandat, durant l'année 1988, Reagan était considéré par tous les beaux esprits de la planète comme un parfait imbécile doublé d'un cruel ennemi des pauvres, alors qu'il luttait, finalement en vain, pour empêcher le Congrès d'adopter un projet de loi protectionniste, sinistre relent des années trente. Les « libéraux » du parti démocrate et les syndicats, désireux d'élever les tarifs douaniers, sûre recette pour relancer à la fois le chômage et le retard technologique dans leur pays et l'asphyxie économique dans le tiers monde, jouissaient, eux, d'une réputation de généreux philanthropes, solidaires des faibles et des pauvres ! Néanmoins, l'essentiel est qu'entre 1974 et 1984, année où le monde industriel, sauf la France, sort de la crise, les acteurs, dans l'ensemble, aient vu et agi plutôt juste, même si les déclamateurs ont pensé et parlé faux.

Donc, la conversion de l'homme à l'action vraie n'est pas faite, mais elle est possible. Elle ne se réalise pas massivement, mais elle peut se réaliser. Dans le cas contraire, notre civilisation ne pourrait éviter de régresser vers des stades de gestion pour lesquels la connaissance n'est pas nécessaire et dans lesquels nous serons sans doute moins efficaces mais peut-être plus heureux, s'il est vrai que le bonheur de l'homme dépend moins de ce qu'il est que de ce qu'il se figure être. Mais il faudra, et très vite, avancer ou reculer, car nous ne pourrons pas résister longtemps à la tension pathogène que nous inflige notre culture hybride, où chacun de nos états de conscience se divise entre ce que nous savons à la fois et nions être vrai, et où l'humanité est condamnée, pour citer Cioran, à osciller « entre l'opportunisme et le désespoir », et, ajouterai-je, entre le cynisme borné et la contrition impuissante.

# INDEX

ABBAS Ferhat, 330.
ABOUCHAR Jacques, 290.
ABRAMS Elliot, 111.
ACKERMAN, 191.
ACQUAVIVA Sabino S., 346.
   *Guerriglia e guerra rivoluzionaria in Italia*, 346.
ADAMS Berry, 253.
ADLER Renata, 269.
   *Reckless Disregard*, 269, 270.
ALBERTI, 309.
D'ALEMBERT, 386, 387.
ALEXANDRE II, 344.
ALFONSIN, 150.
*Alger républicain*, 330.
ALLENDE Salvador, 128, 309.
ALTHUSSER Louis, 171, 172, 220, 383.
   *Lire « le Capital »*, 171.
*Ambio*, 190, 192.
*The American Scholar*, 181.
AMIN DADA, 108, 109, 111.
ANDROPOV Iouri, 32, 307.
AN Phan Xuan, 244.
ANTUNES Melo, 123.
ARAGON Louis, 124.
ARBATOV Georgy, 136.
ARISTOTE, 19, 53, 94, 116.
ARON Raymond, 50, 51, 52, 55, 57, 66, 79, 101, 142, 163, 175, 205, 312, 328.
   *Introduction à la philosophie de l'histoire*, 175.
ARRABAL, 383.
AULARD Alphonse, 208, 210, 213, 214, 215, 216, 374, 375.
AYALA Pérez de, 309.
AZORÍN, 309.

BAADER Andreas, 331.
BABEUF Gracchus, 210.
BADINTER Robert, 53.
BAECHLER Jean, 213.
BAGAZA Jean-Baptiste, 225.
BARANTE Prosper de, 231.
BARBIE Klaus, 38, 39, 41, 42, 52, 59, 84, 85, 150.

BARBUSSE Henri, 124.
BARRE Raymond, 82, 262.
BARRIN Jacques de, 110, 115.
BARRUEL Paul, 213.
BARTH Karl, 370.
BARTHES Roland, 169, 377, 380.
   *Le Système de la mode*, 377.
BARTHOLY M.-C., 315.
   *Poisson rouge dans le Perrier*, 315.
BARZACH Michèle, 87.
BASCH Victor, 374.
BATISTA, 138.
BAUER Peter, 109.
BAYLE Pierre, 85, 161, 193.
   *Pensées diverses*, 161.
BEAU DE LOMÉNIE Etienne, 59.
BEAUVOIR Simone de, 383.
BEICHMAN Arnold, 323.
BELLOW Saul, 134.
BENDA Julien, 323, 327, 339.
   *La Trahison des clercs*, 323, 327, 339.
BÉNÉTON Philippe, 315.
   *Le Fléau du bien*, 315.
   *L'Inégalité des chances*, 315.
BENIGNO, 383.
BEN YAHMED Béchir, 109.
BERGSON Henri, 12, 390.
BERIA Lavrenti, 151.
BERLIN I., 344.
   *Les Penseurs russes*, 344.
BERNANOS Georges, 59.
   *La Grande Peur des bien-pensants*, 59.
BERNSTEIN Richard, 245.
BERRY Adams, 253.
BESANÇON Alain, 361.
   *Une génération*, 361.
BHUSHAN BHARAT, 294.
BINI Giorgio, 303.
BINYON Michael, 292.
   *Life in Russia*, 292.
BISHOP Maurice, 225, 275.
BLANC Louis, 209, 211.

*Histoire de la Révolution*, 209.
BLOOM Allan, 116.
  *L'Ame désarmée*, 116.
BOAS Franz, 176.
BODARD Lucien, 332.
  *La Chine du cauchemar*, 332.
BOFF Leonardo, 349.
BOKASSA Jean Bedel, 112, 281, 287.
BOLÍVAR Simón, 32.
BONILAURI Bernard, 314.
BONNET, 144.
BORDAS Pierre, 307.
BORGES Jorge Luis, 124.
BORMANN Herbert, 64.
BORN Max, 335.
BOTHA, 135.
BOTTÉRO Jean, 203.
  *Mésopotamie*, 203.
BOUCHER Philippe, 81, 82.
BOUDON Raymond, 164, 165, 315.
  *L'Idéologie*, 164.
  *L'Inégalité des chances, la mobilité sociale dans les sociétés industrielles*, 315.
BOUGAINVILLE Louis Antoine de, 173.
BOUGLÉ Célestin, 374.
BOUKHARINE, 240.
BOUKOSKY, 137.
BOULANGER Georges, 77.
BOURDIEU Pierre, 312, 315.
  *La Reproduction*, 312, 315.
  *Les Héritiers*, 315.
BRANDT Willy, 91.
BRASILLACH, 46.
BRECHT Bertolt, 338.
BREJNEV Leonid, 32, 182, 307.
BRETON André, 328.
BRITTAN Leon, 253.
BROCHARD, 181.
BROOKE James, 107, 244, 245, 357.
BROWN Holmes M., 257.
BRUNO Giordano, 185.
BRUNSCHVICG Léon, 221.
BRZEZINSKI Zbigniew, 198.
  *Game Plan, a Geostrategic Framework for the Conduct of the US-Soviet Contest*, 198.
BUDENNY, 243.
  *The Bulletin of Atomic Scientists*, 187, 197.
BULLITT William, 249.
BURKE Edmund, 208.
BUSH George, 238.
BUYOYA Pierre, 225.

CACHIN Françoise, 366, 367.
CACHIN Marcel, 374.
CAILLOIS Roger, 35.
  *L'Homme et le Sacré*, 35.
CALAS, 326, 327.
*Calendario del Popolo*, 312.
CALVIO Fabien, 342.
CAMOUS Paul, 319.
CAMUS Albert, 328, 329, 330, 331.
  *L'Homme révolté*, 331.
*Le Canard Enchaîné*, 287.
CAPONE AL, 310.
CARRIER, 218.
CARTIER Raymond, 109.
CASANOVA Jean-Claude, 66.
CASTRO Fidel, 37, 68, 90, 123, 138, 139, 153, 181, 215, 309, 348.
CEBRIAN Juan Luis, 282, 283.
CÉLINE L.-F., 46, 66.
CENDRON J.-P., 310.
  *Initiation économique et sociale*, 310.
*Ce soir*, 336.
CHABAN-DELMAS Jacques, 38, 39.
CHADWICK John, 203.
  *Le Déchiffrement du linéaire B*, 203.
CHAMBERLAIN Neville, 242.
CHAMFORT, 179.
CHARBONNIÈRES Girard de, 242.
  *La plus évitable de toutes les guerres*, 242.
CHATEAUBRIAND, 231, 232.
CHAULANGES M. et S., 310, 311.
  *L'Éveil à l'histoire*, 310.
CHAVES Jonathan, 183, 184.
CHESNAIS Jean-Claude, 364.
  *La Revanche du tiers monde*, 364.
  *La Transition démographique*, 364.
CHEVÈNEMENT Jean-Pierre, 82.
CHIRAC Jacques, 113, 150, 264, 356.
*Chronicles*, 183, 184.
CIORAN E.M., 164, 391.
  *Histoire et Utopie*, 164.
  *Précis de décomposition*, 164.
CIRIACO DE MITA, 284.
CJR, 286, 287.
CLARK T. J., 365, 366, 367.
  *The Painting of Modern Life, Paris in the Art of Manet and His Followers*, 365.
CLEMENCEAU Georges, 77, 219.
COCHIN Augustin, 165, 213, 214, 346.
  *Crise de l'histoire révolutionnaire*, 213.
  *L'Esprit du jacobinisme*, 165, 213, 346.

## Index

CODEVILLA Angelo M., 199.
COHEN Stephen, 184, 206.
*Columbia Journalism Review*, 286.
*Combat*, 330.
COMBLIN Joseph, 348.
  *Teologia de la practica revolucionaria*, 348.
*Commentaire*, 66, 344.
*Commentary*, 198, 199.
COMPAORÉ BLAISE, 225.
CONNALLY John, 248.
CONNALLY Tom, 248.
CONQUEST Robert, 43.
  *The Harvest of Sorrow*, 43.
CONSTANT Benjamin, 231, 381.
  *Principes de politique*, 231.
  *De la liberté des Anciens comparée à celle des Modernes*, 381.
COOK James, 173, 174.
COPERNIC, 185.
*Corriere della Sera*, 250, 271.
COT Jean-Pierre, 97.
COUTINHO Rosa, 123.
CRAXI Bettino, 284, 285.
CROCE Benedetto, 222, 327.
  *La Storia come pensiero e come azione*, 222.
*La Croix*, 280.

DAHRENDORF Ralf, 273.
DAIX Pierre, 336, 337, 360, 361.
  *J'ai cru au matin*, 336, 360, 361.
DANIEL Jean, 147, 148, 149, 267.
DANNECKER, 49.
D'ANNUNZIO Gabriele, 327.
DARÍO Rubén, 309, 310.
DARQUIER DE PELLEPOIX Louis, 45, 46, 47, 48, 49, 50, 51, 53, 54, 56, 57, 59, 84, 359.
DAVYDOV, 305.
DÉAT Marcel, 152, 153.
DEBRAY Régis, 79, 151, 152, 153.
  *Les Empires contre l'Europe*, 152.
DECOURTRAY Mgr Albert, 352.
DECROP MAURICE, 307.
DELUMEAU Jean, 156.
DENG XIAOPING, 153, 154, 183.
DENIKINE, 308.
DESCARTES, 20, 372.
DESCOMBES Vincent, 365.
DÉSIR Harlem, 84.
DESPIN J.-P., 315.
  *Poisson rouge dans le Perrier*, 315.
*Diario 16*, 150, 154.
DIDEROT Denis, 173, 386.
  *Supplément au voyage de Bougainville*, 173.
DIEGO Gerardo, 309.
DOBBERTIN, 340, 341, 342.
DOMENACH Jean-Marie, 147, 148, 337.
  *La Propagande du parti socialiste*, 337.
DOSTOÏEVSKI F.M., 164.
  *Les Frères Karamazov, les Démons*, 164.
DREYFUS Alfred, 326, 327, 341.
DRIEU LA ROCHELLE Pierre, 46.
DRUMONT Édouard, 59.
  *La France juive*, 59.
DUARTE Napoléon, 135.
DUHAMEL Alain, 129.
DUPÂQUIER Jacques, 305, 306.
DURANTY Walter, 243, 245, 249.
DURAS Marguerite, 66, 337, 338.
DUVIOLS Pierre et Jean-Paul, 309, 310.
  *Sol y Sombra*, 309.
DYÈVRE Laurence, 359.
DYSON Freeman, 192.

ECHAUDEMAISON C.-D., 310.
  *Initiation économique et sociale*, 310.
*L'École et la Nation*, 306.
*Editor and Publisher*, 276.
EHRLICH Paul, 195, 364.
  *The Population Bomb*, 195, 364.
EICHMANN, 48, 73.
EINSTEIN Albert, 166, 186, 334, 335, 336, 337.
*Éléments*, 63, 142.
  *Encyclopédie*, 173, 386, 387.
  *Enciclopedia Bororo*, 175.
ENGELS, 162, 163, 165, 178, 179.
  *L'idéologie allemande*, 165.
ESCARPIT Robert, 290.
*Esprit*, 328.
*L'Estado de Sao Paulo*, 294, 295.
*Est et Ouest*, 349.
ETCHEGARAY Mgr Roger, 350, 351.
  *Dieu à Marseille*, 350.
  *J'avance comme un âne*, 350.
*L'Événement du jeudi*, 65.
EVRIGENIS Dimitrios, 89.
*L'Express*, 45, 47, 48, 49, 50, 51, 52, 53, 54, 56, 59, 79, 101, 265, 281, 282, 287, 288, 320, 330, 370.

FABIUS Laurent, 79, 92, 267.
FABRE-LUCE Alfred, 52.
FAIRBANK John K., 182.
FARIAS Victor, 367, 368, 369, 370, 371.

*Heidegger et le Nazisme*, 367, 368.
FAURISSON Robert, 47.
FAUVET Jacques, 81, 82, 268.
*Federalist Papers*, 148.
FELICE Renzo de, 148.
FERRY Jules, 224.
FERRY L., 371.
   *Heidegger et les modernes*, 371.
*Le Figaro*, 42.
FINKIELKRAUT Alain, 299.
   *La Défaite de la pensée*, 299.
FONDATION SAINT-SIMON, 301.
   *La Forteresse enseignante*, 301.
*Foreign Affairs*, 191, 192.
FOUCAULT Michel, 167, 168, 169, 220, 380, 385.
   *Surveiller et punir*, 385.
FRANCE Anatole, 374.
*La France libre*, 52.
FRANCO, 130.
*Freedom at Issue*, 276.
FREGOLI Leopoldo, 196.
FREUD Sigmund, 321, 341, 365.
FREYSSINET-DOMINJON Jacqueline, 308.
   *Les Manuels d'histoire de l'École libre*, 308.
FRITSCH-BOURNAZEL Renata, 333.
   *L'Allemagne, un enjeu pour l'Europe*, 333.
FROSSARD André, 42, 43.
FURET François, 212, 213.
   *La Gauche et la révolution française au milieu du XIX$^e$ siècle*, 212.

GALA Antonio, 290.
GALBRAITH John Kenneth, 188.
GALDÓS Pérez, 309.
GALILÉE, 185.
GALLIFFET général, 308.
GALLOIS Pierre, 187, 197.
   *La Guerre de cent secondes*, 187, 197.
GALLO Max, 263.
GANDHĪ Rajīv, 150.
GANIER-RAYMOND Philippe, 49.
GARAUD Marie-France, 262.
GARCÍA LORCA Federico, 309.
GARCÍA MARQUEZ Gabriel, 124, 141, 331.
GARCIA Alan, 140, 141, 147.
GASSET Ortega y, 309.
GAUDIN Jean-Claude, 337.
GAULLE de Charles, 50, 148.
GAXOTTE Pierre, 214.
GELDOFF Bob, 105.

GENET Jean, 331.
GETTY, 220.
GIBBON E., 56.
   *Histoire du déclin et de la chute de l'Empire romain*, 56.
GIDE André, 328, 374.
GIDE Charles, 374.
GIEREK, 360.
*Il Giornale*, 62, 271, 283.
GIRARD DE CHARBONNIÈRES, 242.
   *La plus évitable de toutes les guerres*, 242.
GIRARDET Raoul, 63.
GIRARD René, 298.
GISCARD D'ESTAING Valéry, 50, 54, 56, 76, 79, 82, 101, 248, 281, 285, 287, 288.
GLUCKSMANN André, 63, 105.
   *Silence, on tue*, 105.
GOBINEAU J.A. de, 53, 65.
   *Essai sur l'inégalité des races humaines*, 53.
GOLDMANN Lucien, 371.
   *Dieu caché*, 371.
GOLDSMITH James, 50, 52, 281.
GOMPERZ, 181.
GONÇALVES Vasco, 123.
GONZÁLEZ Felipe, 73, 145, 150, 154.
GORBATCHEV Mikhaïl, 32, 65, 69, 153, 154, 157, 160, 182, 198, 207, 240, 247-249, 255, 274, 320, 351, 368.
   *Perestroïka*, 153, 160.
GORDON Murray, 115.
   *L'Esclavage dans le monde arabe*, 115.
GORIA, 283.
GOYTISOLO Juan, 383.
   *Les Royaumes déchirés*, 383.
   *Pièces d'identité*, 383.
GRACQ Julien, 333.
   *La Littérature à l'estomac*, 333.
GRAMSCI Antonio, 327, 383.
*Grand dictionnaire encyclopédique Larousse*, 266.
GRASS Günter, 134, 135-136, 333.
GROSSER Alfred, 333.
GROTEFEND G.F., 203.
*The Guardian*, 62, 65, 66, 107, 137, 147, 292.
GUICCIARDINI J. P., 386.
GUILLÉN Jorge, 309.
GUIZOT François, 172, 209, 231.
GUTHRIE, 181.

HALTER Marek, 66.
HAMILTON Neil, 252.

HANAU Marthe, 310.
HARDEN Blaine, 98, 107.
HAYA de la TORRE Victor Raúl, 141.
HAYEK, 142.
HEALEY Denis, 62.
HEGEL Friedrich, 372.
HEIDEGGER Martin, 368, 369, 370, 371, 372, 373, 386.
*L'Origine de l'œuvre d'art*, 372.
HELD Jean-Francis, 59, 60.
HELLER Michel, 267, 307.
*Soixante-Dix Ans qui ébranlèrent le monde*, 307.
HERMET Guy, 110.
*Sociologie de la construction démocratique*, 110.
HERNÁNDEZ, 309.
HÉRODOTE, 117.
HERZEN Alexandre, 344.
HIMMLER Heinrich, 100.
HISS Alger, 342.
HITLER Adolf, 39, 69, 74, 75, 77, 81, 85, 139, 147, 148, 153, 184, 241, 242, 246, 249, 288, 313, 326, 334, 337, 339, 357, 369, 370.
*Mein Kampf*, 60, 77, 246.
HOBBES, 174.
HOCHE, 218.
HODJA Enver, 302.
HOLDEN Roberto, 122.
*Holocauste*, 54, 55, 56, 57.
HOOK Sidney, 334, 338.
*Out of Step*, 334, 338.
HOWARTH Gerald, 252.
*L'Humanité*, 151, 184, 223, 280, 374, 375.
HUMBERTJEAN Muriel, 75.
*Les Français et les Immigrés*, 75.
HUME, 372.

*Il libro di testo nella scuola elementare, media, superiore*, 311.
*International Herald Tribune*, 98, 107, 110, 115, 134, 242, 247, 270, 326, 351, 358.
ISAAC, 208.
ISAIAT BERLIN HERZEN, 344.

JACKSON Jesse, 117.
JACOB François, 170, 317.
*Le Jeu des possibles*, 317.
JAFFRÉ Jérôme, 76, 77.
JAKOB, 294.
JARUZELSKI, 68, 127, 267, 273, 362.
JASTROW Robert, 198.

JDANOV Andreï, 366.
JDANOV Victor, 296.
JELEN Christian, 76, 207, 215, 320, 373, 374.
*L'Occident des dissidents*, 207.
*L'Aveuglement, les socialistes et la naissance du mythe soviétique*, 215, 373.
*Jeune Afrique*, 109.
JOHNSON, 188.
JOLIOT-CURIE Frédéric, 186, 336, 337.
JOSPIN Lionel, 113, 114.
*Journal des débats*, 231.
*Le Journal du Dimanche*, 352.
JOUVENEL Bertrand de, 228, 363.
*Un voyageur dans le siècle*, 352, 363.
JOUVENEL Robert de, 228, 382.
*La République des camarades*, 228, 382.
JOYCE Edward M., 276.
JULLIARD Jacques, 149.
*La Faute à Rousseau*, 149.
JULY Serge, 267.

KADHAFI, 109, 181.
KANT, 272, 372.
KAUNDA Kenneth, 115.
KEYNES, 219.
*Théorie générale*, 219.
KHOMEINY, 93, 163, 287.
KHROUCHTCHEV, 25, 153, 240, 302, 306.
KISSINGER Henry, 123.
KLARSFELD Serge, 48, 150, 151.
*Mémorial de la déportation des Juifs de France*, 48.
KLEIN Théo, 267.
KNOPF Alfred A., 269.
KOESTLER Arthur, 361.
*Hiéroglyphes*, 361.
*La Corde raide*, 361.
KOLTCHAK, 308.
KOUCHNER Bernard, 97.
KRAUT Mgr Bernd, 115.
KRAUZE Jan, 359.
KUBRICK Stanley, 196.
*Dr Folamour*, 196.
KUHN Thomas, 219, 220.
*Structure des révolutions scientifiques*, 219.

LA BRUYÈRE, 179, 322.
LACAN Jacques, 340, 379, 380.
LAFFONT Robert, 56.
LAGRANGE M.-C., 310.
*Initiation économique et sociale*, 310.

LAMARTINE A. de, 209, 210, 228, 270.
    *Aux chrétiens dans les temps d'épreuves*, 228.
    *Histoire des Girondins*, 209.
LAMB D., 176, 177, 178.
LAMI Lucio, 312.
    *La Scuola del plagio*, 312.
*The Lancet*, 296.
LANDRU, 281.
LANGEVIN Paul, 183, 374.
LANG Jack, 79, 135.
LANZMANN Claude, 47, 55, 56.
    *Shoah*, 47, 55, 56.
LAPLANCHE Jean, 337.
    *Vocabulaire de la psychanalyse*, 337.
LAQUEUR Walter, 372.
    *Weimar, une histoire culturelle de l'Allemagne des années vingt*, 372.
LA ROCHEFOUCAULD, 179.
LAURENT Alain, 382.
    *De l'individualisme*, 382.
    *L'Individu et ses ennemis*, 382.
LAVISSE Ernest, 208, 303.
LAVOISIER, 219.
    *Chimie*, 219.
LAZITCH Branko, 4, 320.
LEAHY, 246.
LEBEDEL Monique, 370.
LE BON Gustave, 378.
    *La Psychologie des foules*, 378.
LECANUET Jean, 337.
LEGRIS Michel, 268.
    *Le Monde tel qu'il est*, 268.
LEIBNIZ, 20.
LÉNINE, 101, 104, 129, 153, 164, 222, 246, 308, 374.
LEONTIEF Wassily, 188.
LE PEN Jean-Marie, 73, 74, 75, 76, 77, 78, 80, 84, 85, 117, 147, 148, 151, 223, 335, 355, 356, 357.
LE ROY LADURIE Emmanuel, 305, 361.
    *Paris-Montpellier*, 361.
LESOURNE Jacques, 93.
*Les Lettres françaises*, 327.
LÉVI-PROVENÇAL Évariste, 181.
    *Histoire des Musulmans d'Espagne*, 181.
LÉVI-STRAUSS Claude, 175.
    *Le Cru et le Cuit*, 175.
LÉVY BERNARD-HENRI, 137, 383.
    *Les Indes rouges*, 383.
LEWIN Moshe, 184, 204, 205, 206.
    *La Formation du système soviétique*, 184, 204.
LEWIS Bernard, 180, 181.
    *Le Retour de l'Islam*, 181

LEWY Guenter, 323.
LEYS Simon, 182, 183, 184, 332.
    *La Forêt en feu*, 182.
    *Les Habits neufs du président Mao*, 183, 332.
    *Ombres chinoises*, 184, 332.
L'HELGOUALC'H Yves, 100.
*Libération*, 280, 281.
LIÉBERT Georges, 372.
LIGUE DES DROITS DE L'HOMME, 214, 215.
    *Enquête sur la situation en Russie*, 214, 215.
*Literatournaya Gazeta*, 206, 207, 294, 295.
LLYOD GEORGE, 375.
LOCKE, 65, 142.
LOUIS XIV, 163.
LOUIS XV, 386.
LOUIS XVI, 222.
LOUIS XVIII, 313.
LÖWITH Karl, 370, 371.
    *Ma vie en Allemagne avant et après 1933*, 370.
LYSSENKO, 25, 26, 165, 302, 306, 386.

MABLY, 381.
MACHEL Samora, 108, 132.
MACIAS NGUEMA Francisco, 112.
MADARIAGA Salvador de, 309.
MAEZTU, 309.
MAILER Norman, 135.
MAIN, 184.
MAISTRE Joseph de, 208.
MAKHAÏSKI Jan Waclav, 382.
    *Le Socialisme des intellectuels*, 382.
MALESHERBES, 386, 387.
MALET, 208.
MALRAUX André, 183.
*Manchester Guardian*, 334.
MANET Édouard, 365, 366.
MANNONI Maud et Octave, 341.
MANN Thomas, 335.
MAO TSÉ-TOUNG, 32, 37, 157, 182, 183, 222, 332, 339, 378.
    *Le Petit Livre rouge*, 183, 302.
MARCEAU, 218.
MARCHAIS Georges, 282, 287.
MARINETTI, 327.
MARX Karl, 146, 162, 163, 165, 172, 178, 179, 180, 181, 304, 382, 240.
    *L'Idéologie allemande*, 165.
    *Manifeste communiste*, 146.
MASCHINO Maurice, 314.
    *Vos enfants ne m'intéressent plus* 314.

*Index* 399

*Voulez-vous des enfants idiots?*, 314.
MATHIEZ Albert, 208, 210, 211, 216, 375.
 *Révolution française*, 211.
 *Le Bolchevisme et le Jacobinisme*, 216.
*Le Matin*, 234, 263, 280.
MAURIAC François, 328.
MAUROY Pierre, 150, 285.
MAURRAS Charles, 46, 65, 148, 208.
M'BOW Amadou Mahtar, 102, 134, 135, 136.
MCBRIDE Sean, 290.
MCCARTHY Eugene, 188.
MCCARTHY Joseph, 334.
MEAD Margaret, 175, 176.
 *Coming of Age in Samoa*, 176.
 *Sex and Temperament in Three Primitive Societies*, 176.
 *Mœurs et sexualité en Océanie*, 176.
MEDAWAR Peter, 169, 170, 171.
MEMMI Albert, 71, 72.
 *Le Racisme (description, définition, traitement)*, 72.
 *Portrait d'un Juif*, 71.
MENGISTU Haïlé Mariam, 95, 102, 103, 104, 105.
MERLEAU-PONTY Maurice, 376, 377, 378.
 *Sens et Non-Sens*, 376, 377.
MERMAZ Louis, 155, 156, 158.
MICHELET Jules, 208, 210-213.
 *Histoire de la Révolution française*, 212.
MILNE Alasdair, 250, 255.
MILNER J.-C., 315.
 *De l'école*, 315.
MILTON John, 230.
 *Discours pour la liberté d'imprimer sans autorisation ni censure*, 230.
*Mind*, 169.
MIRABEAU, 222.
MISES Ludwig von, 142, 146, 147.
 *État omnipotent*, 146.
MITCHOURINE, 306.
MITTERRAND François, 76, 98, 100, 101, 125-129, 135, 139, 154, 267, 284, 285, 304, 353, 355.
 *Politique*, 154.
MOLIÈRE, 154.
 *L'Étourdi*, 154.
MOLLET Guy, 148.
*Le Monde*, 50, 51, 54, 77, 81, 82, 92, 110, 113, 115, 140, 141, 142, 144, 147, 149, 150, 207, 244, 251, 268, 280, 287, 290, 331, 341, 342, 359, 376, .

MONOD Jacques, 165.
MONTAGNIER Luc, 87.
MONTAIGNE, 116, 117.
MONTAND Yves, 137, 204.
MONTANELLI Indro, 271, 361.
MONTESQUIEU, 65, 116, 142.
MORELLET abbé, 386, 387.
 *Mémoires sur le XVIII<sup>e</sup> siècle et la Révolution*, 386.
MOUNIER Emmanuel, 328.
MOUNIN G., 379, 380.
 *Introduction à la sémiologie*, 379.
MOUTET Marius, 374.
MOYERS Bill, 271.
MUGABE Robert, 111.
MUGGERIDGE Malcolm, 334.
MUSSOLINI Benito, 147, 148, 302, 313. 373.

NADEAU Maurice, 383.
NAGORSKI Andrew, 226, 292, 293.
 *Reluctant Farewell*, 226, 292.
NAPOLÉON I<sup>er</sup>, 211, 212, 213.
NAPOLÉON III, 211.
*The National Interest*, 192, 201
*Nature*, 192, 193, 194.
NEGRI Toni, 343, 345.
NENNI Pietro, 384.
NÉRON, 365.
NERUDA Pablo, 124.
NETO Agostinho, 122, 123.
*Neue Zürcher Zeitung*, 69, 349, 376.
*The New Republic*, 220.
*The New Statesman*, 255.
*Newsweek*, 226, 273, 292, 350.
NEWTON, 219.
 *Principes*, 219.
*The New Yorker*, 269.
*New York Herald Tribune*, 247.
*The New York Review of Books*, 181, 366, 367.
*New York Times*, 107, 134, 147, 182, 194, 199, 240, 242, 243, 244, 245, 248, 259, 270, 271, 351, 357.
NIGHTINGALE Florence, 102.
NIXON Richard, 248.
NKOMO Joshua, 111.
NOELLE-NEUMANN Elisabeth, 273.
NOGUÈRES Henri, 54.
NORA Pierre, 170, 303.
 *Les Lieux de mémoire*, 303.
*Nouvelle École*, 63, 142.
*Nouvelles de Moscou*, 195.
*Le Nouvel Observateur*, 59, 147, 148, 149, 156, 341.

NYERERE Julius, 115.

OBOTE, 218.
L'Observateur de l'OCDE, 158.
The Observer, 130.
OCKRENT Christine, 289, 290.
OLLMAN Bertell, 323.
   Alienation: the Marxist Conception of Man in Capitalist Society, 323.
ORTEGA Daniel, 266.
ORWELL George, 33, 328.
L'Osservatore romano, 364.
Ouest-France, 99, 100.

El Pais, 147, 238, 239, 282.
PAJETTA Giancarlo, 215, 226.
PALME Olof, 91, 96.
PANCINO Gianfranco, 342, 343.
PAPANDHRÉOU Andhréas, 91, 138.
PAPINI, 327.
Parade, 191.
PARETO, 165.
Paris-Match, 66, 248.
PARSONS Talcott, 163.
PASCAL, 167, 179.
PASQUA Charles, 84, 281, 337.
PASQUALINI Jean, 332.
   Prisonnier de Mao, 332.
PASSELECQ Olivier, 63.
The Patriot, 293, 294.
PAULIN Thierry, 281.
PAUVERT Jean-Jacques, 59.
PAVEL Thomas, 364.
   Le Mirage linguistique, 364, 365.
PAZ Octavio, 141, 328.
PELAYO Menéndez, 309.
PETIOT, 281.
Le Petit Parisien, 48, 49.
PÉTRONE, 365.
PEYREFITTE Alain, 54.
PHAM VAN DONG, 244.
PHAN XUAN AN, 244.
PIC Roger, 119.
PILHES René-Victor, 310.
   L'Imprécateur, 310.
PINOCHET, 58, 68, 118, 128, 131, 135, 139, 226, 368.
PIRANDELLO Luigi, 327.
PKROVSKI Valentin, 296.
PLATON, 13, 15, 16, 19, 116.
Le Point, 76, 80, 129.
POLAC Michel, 264, 265.
Policy Review, 323.
POLLACK, 191.

POL POT, 218.
POMPIDOU Georges, 50, 79.
PONOMAREV Boris, 195.
PONTALIS J.-B., 337.
   Vocabulaire de la psychanalyse, 337
Pontiki, 138.
POPPER Karl, 12.
POROT Antoine, 279.
   Manuel alphabétique de psychiatrie, 279.
PORTILLO José López, 140.
Post, 107.
Pravda, 64, 184, 286, 295.
PROTAGORAS, 366.
PTOLÉMÉE, 219.
   Almageste, 219.
Public Opinion, 260, 286.

Quale Realtá, 313.
QUINET Edgar, 210, 211, 212, 218.
   La Révolution, 211.
La Quinzaine littéraire, 364, 365.

RABINOVITCH, 187, 189.
RABUKA Sitiveni, 224, 225.
RAJK, 327.
RANGEL Carlos, 328.
RATHER Dan, 259, 260.
RAUFER Xavier, 64.
   Terrorisme, 64.
RAWICZ Piotr, 37.
RAWLINSON H. C., 203, 204.
REAGAN Ronald, 115, 130, 131, 196, 197, 201, 249, 259, 260, 271, 274, 276, 277, 278, 286, 390.
REBATET, 46.
RÉMUSAT Charles de, 231.
RENAUT A., 371.
   Heidegger et les modernes, 371.
RENAULT Louis, 74.
Repubblica, 147, 290, 291.
REVEL Jean-François, 30, 50, 68, 80, 101, 183, 187, 293, 369, 370, 372, 380.
   Ni Marx ni Jésus, 183, 187.
   Comment les démocraties finissent, 68, 101, 293.
   Idées de notre temps, 370.
   Le Rejet de l'État, 66.
   La Tentation totalitaire, 30, 50.
   Le Terrorisme contre la démocratie, 81.
   Pourquoi des philosophes?, 369, 372, 380.
RICHELIEU, 222.
ROBERTSON Pat, 238, 239, 272, 273.

# Index

ROBESPIERRE, 173, 215.
ROBLÈS Emmanuel, 329.
ROCARD Michel, 74, 155, 262.
RODIER, 181.
ROETHKE, 49.
ROLLAND Romain, 124, 183.
ROMANI Paolo, 283.
ROMANO Sergio, 344, 345.
ROMILLY Jacqueline de, 315.
  *L'Enseignement en détresse*, 315.
ROOSEVELT Théodore, 246, 248, 249, 309, 342.
ROSENTHAL A. M., 351.
ROSSANDA Rossana, 148.
ROUSSEAU, 174, 382.
ROUSSEL Eric, 80.
  *Le Cas Le Pen*, 80.
ROUSSET David, 336.
ROYER-COLLARD Pierre Paul, 231.
ROZENBAUM Willy, 156.
RUFIN Jean-Christophe, 104.
  *Le Piège*, 104.
RUPNIK Jacques, 220.
RUSSELL Bertrand, 137, 186, 326, 327, 334.

SAFIRE William, 270.
SAGAN Carl, 190, 191, 192, 194.
SAKHAROV, 137.
SALINAS, 309.
SALISBURY Harrison, 243.
SAMUELSON Robert, 350.
*San Francisco Chronicle*, 192.
SANKARA Thomas, 225.
SARTRE Jean-Paul, 124, 339, 361, 371, 383, 385.
  *Critique de la raison dialectique*, 371.
SAVIMBI Jonas, 122, 123, 124.
SAVONAROLE, 163, 184.
SCHANBERG Sydney, 244.
SCHAPIRO Meyer, 372.
  *Style, artiste et société*, 372.
SCHEUCH Erwin, 63.
SCHLEICHER Régis, 84.
SCHLOTTMANN Bernhard, 64.
SCHMIDT Helmut, 88.
SCHUMPETER, 142.
SCHWARTZ Laurent, 317.
  *Pour sauver l'Université*, 317.
*Science*, 191, 192.
SECHER Reynald, 216, 217, 218.
  *Le Génocide franco-français, la Vendée « vengé »*, 216.
SEGAL Lilli, 294.
SEIGNOBOS Charles, 213, 374.

SEITZ Russell, 192, 193.
SÉKOU TOURÉ, 100, 101, 102.
SÉLASSIÉ Hailé, 104.
SEMPRUN Jorge, 137.
SERNA Gómez de la, 309.
SERVAN-SCHREIBER Jean-Jacques, 50.
SÉVERINE, 374.
SHARON Ariel, 269, 270.
SHAW Bernard, 328, 373.
SHILS Edward, 163.
SHULTZ George, 134.
SIENKIEWICZ, 56.
  *Quo vadis*, 56.
SKIRDA Alexandre, 382.
SMITH Adam, 142.
SOBOUL Albert, 210.
SOLJENITSYNE, 33, 50.
  *L'Archipel du Goulag*, 50, 207.
*Sollicitudo rei socialis*, 350, 351.
SOMOZA, 104.
SOTO Hernando de, 142, 143.
  *El Otro Sendero*, 142, 143.
SOUVARINE Boris, 183, 184.
*Sovietskaïa Kultura*, 296.
*Der Spiegel*, 273, 274.
SPOCK Benjamin, 188.
STAIGER, 370.
STALINE, 25, 43, 47, 69, 100, 151, 153, 221, 240, 243, 246, 248, 249, 302, 305, 313, 334, 339, 342, 359, 369, 373, 384.
STAVISKY, 310.
STENDHAL, 332.
STROESSNER, 226.
STYRON William, 135.
*Sud-Ouest*, 80.
*Sunday Express*, 294, 295.
*The Sunday Telegraph*, 131.
*The Sunday Times*, 252.
*Survey*, 292.
SUSSMAN Leonard S., 276.
SWIFT, 347.

TAINE Hippolyte, 210, 213, 214.
  *Origines de la France contemporaine*, 213, 214.
TEBBIT Norman, 254.
TEILHARD DE CHARDIN, 168, 169, 171, 378.
*Les Temps modernes*, 47, 371.
THATCHER Margaret, 62, 95, 182, 275.
THIERRY AUGUSTIN, 172.
THIERS Adolphe, 209, 210, 308.
  *Histoire de la Révolution*, 209.
THIRION André, 328.

*Révisions déchirantes*, 328.
*Révolutionnaires sans révolution*, 328.
THOMAS Albert, 374.
THOREZ Maurice, 148.
*Time Magazine*, 243, 269, 270, 277.
*The Times*, 241, 242, 250, 292.
*The Times Literary Supplement*, 66.
*The Times of India*, 294.
TOCQUEVILLE A. de, 65, 142, 148, 165, 208, 210, 211, 222, 230, 232, 233, 325, 326, 344, 381.
  *L'Ancien Régime et la Révolution*, 166, 211, 222, 325, 381.
  *De la démocratie en Amérique*, 232.
TOGLIATTI Palmiro, 384, 385.
TOLSTOÏ Léon, 205, 344.
TOON, 191.
TORANSKA Teresa, 46, 359.
  « ONI ». *Des staliniens polonais s'expliquent*, 46, 359.
TOUKHATCHEVSKI, 308.
TOWNES Charles, 199.
TROTSKI Léon, 240, 308.
TTAPS, 191, 192.
  *The Cold and the Dark*, 191, 192.
TURCO, 191.
TUTU Desmond, 99.

ULRICH Maurice, 56.
UNGARETTI, 327.
*L'Unita*, 290.

VALLADARES Armando, 137, 138.
VALLAT Xavier, 45, 150.
VALLÈS Jules, 374.
VANE John, 354.
VAN GOGH, 74, 372.
VARGAS LLOSA Mario, 140, 141, 142, 147, 164, 328.
  *Histoire de Mayta*, 164.
VASQUEZ Enrique, 290.
VEIL Simone, 40, 41, 47, 48, 83.
VENTRIS Michaël, 203, 204.
VERDÈS-LEROUX Jeannine, 153, 336.
  *Le Réveil des somnambules*, 153, 336.

VERDIGLIONE Armando, 340, 341.
VIANSSON-PONTÉ Pierre, 50, 51.
VIBART Eric, 172, 174.
  *Tahiti, naissance d'un paradis au siècle des Lumières 1767-1797*, 172.
VIDAL-NAQUET Pierre, 203.
VILLON François, 389.
VINCENT, 309.
VOLTAIRE, 173, 188.
  *Dictionnaire philosophique*, 173.
VOROCHILOV, 243.
VOSLENSKY Mikhaïl, 63.

WAEHLENS Alphonse de, 371.
WALESA Lech, 224.
WALLACE Henry, 335.
WALLIS Samuel, 173.
*The Wall Street Journal*, 240, 257, 286, 323.
WARNER Frederick, 194.
*The Washington Post*, 98, 107, 176, 177, 178, 194, 277.
WEBER Max, 164, 175, 205, 363.
WEINSTEIN Allen, 342.
  *The Hiss-Chambers Case*, 342.
WELLS H. G., 373.
WESTMORELAND William, 269, 270.
WILLOT, 310.
WILSON Harold, 255, 375.
WIN NE, 127.
WINOCK Michel, 77.
WOHLSTETTER Albert, 201.
WOLTON Thierry, 105, 207.
  *Silence, on tue*, 105.
  *L'Occident des dissidents*, 207.
WOOD Lowell, 198.
WOODS Rufus, 247.

YOUDENITCH, 308.

ZELLER, 181.
ZIEGLER Jean, 155.
ZINOVIEV Alexandre, 33, 293.
  *Para Bellum*, 293.
ZOLA Émile, 327.

# TABLE

1. La résistance à l'information .................... 9
2. Qu'est-ce que notre civilisation ? ................ 17
3. Du mensonge simple ........................... 24
4. Le grand tabou ................................ 34
5. Fonction du tabou ............................. 58
6. Fonction politique du racisme .................. 67
7. Fonction internationale de l'antiracisme ......... 90
8. Du mensonge complexe ........................ 118
9. Le besoin d'idéologie........................... 160
10. La puissance adultère ......................... 228
11. La trahison des profs.......................... 298
12. L'échec de la culture.......................... 325

*Envoi.* Frères humains qui après nous vivrez.......... 389

*Index* ............................................ 393

Imprimé en France
FROC02n1857071015
14988FR00006B/95/P